テキストブック
現代司法
JAPANESE JUDICIAL SYSTEM
【第6版】

木佐茂男
宮澤節生
佐藤鉄男
川嶋四郎
水谷規男
上石圭一

日本評論社

第6版　はしがき

　1992年に初版を刊行した本書の第6版を上梓することとなった。第5版（2009年）の刊行以降、約5年が経過し、日本の司法をとりまく状況はさらに変化にさらされている。

　日本の法律家、ことに弁護士が少な過ぎるとされ、裁判官も検察官も少ないことから大きな期待を込めて始まった法科大学院（ロースクール）にあって、合格率の低さ、それに伴う受験者の激減、さらにこの間の弁護士人口の増大による弁護士の生活困難などが喧伝され、法科大学院制度そのものにも様々な批判が加えられている。

　他方、職業裁判官のみによる刑事裁判により死刑を宣告される誤判が相次いだことから刑事事件を扱う裁判の見直しが求められ、裁判員制度という新たな国民参加のもとの刑事裁判が始まった。最高裁は裁判員制度を合憲とする判断を下しているが、種々の批判的検証の対象となり、無罪を言い渡した裁判員裁判が高等裁判所で覆されるケースも現れている。

　さらに言えば、現在の最高裁判所以下の裁判所の全般について、裁判所内の現場にいた人たちから裁判官集団のあり方について批判が噴出する事態ともなっている。

　これらは、現在の司法を現すごく一部の現象に過ぎないが、これらの新しい諸問題と共に、この新たな第6版では、日本社会における法現象について、より根源的な課題を取り上げることとした。それは、世の中の法的現象が多様で複雑なものになっているにもかかわらず、市民・住民は、自らを法的に守る術をほとんど知ることなく、刑事事件であれ民事事件であれ、法的な問題について、それが「法的な問題である」ことにさえ気づいていない場合が多いことである。法律的に身を守るためにもっとも重要なことである「証拠を集めておく」といった基礎的な・基本的なことがらさえ初等・中等教育や成人教育の場面でほとんど教えられていない。

　本テキストでは、これまでの各版と比較して、市民・住民が法的な行動をするためのもっと基礎的な課題であることに気づくことができるよう序章を

設けて、市民・住民がぶつかる法的諸場面や法的紛争とは何かについて述べることとした。

　本書は、この「第6版　はしがき」の後に掲載する「初版　はしがき」にあるように、もともと、初代執筆者のうちの渡部、木佐、佐藤が当時勤務していた北海道大学法学部での共同講義を元にして、司法改革への熱い思いを胸に、司法に関する正しい認識とより好ましい方向への議論のための刺激的なテキストブックを目指して企画し、宮澤、吉野もこれに共感して世に送ったものである。後に加わった共著者ともども21世紀の日本社会における望ましい司法の実現に本書がささやかでも寄与できればと願って版を重ねながら、テキストの内容の改善にも努力を続け、個人的にもそれぞれ社会と学界で提言を行ってきた。その基本的なスタンスは、本書でも一貫して保たれているはずである。

　われわれ執筆者の期待と同時進行するかのように、欧米各国ではおおむね1960年代後半から、そしてアジアの一部の国家・地域では1980年代後半から進行を始めた司法改革が日本でも1980年代末以降始まることとなった。本テキストで述べるように、司法改革を求める声は各界で次第に大きくなった。市民も、弁護士・弁護士会も、裁判実務も、司法改革への意識と行動を徐々に広げてきた。1990年代後半になると、政府や財界も規制緩和、行政改革の推進に伴う司法の役割を重視する考え方から司法制度改革に目を向けるようになり、1999年7月に、内閣は司法制度改革審議会という本格的な審議の場を設け、その「最終意見」を2001年6月に当時の小泉純一郎・総理大臣が受け取って、一定の司法制度改革が実施された。その内容については、本文の中で多少詳しく述べることにしたい。

　このたびの日本の司法に関する一連の改革は、「司法制度改革」と称されており、この間、「司法改革」という語はあまり聞かれなくなった。本テキストブック執筆者は、司法「制度」についてある程度の「改革」は進められたが、例えば最高裁裁判官の選任制度、裁判所組織や裁判官制度、さらには、そもそも「裁判はどのようなものであるべきか」といった原理原則に関

わる大問題のように、なお多くの「司法改革」課題は残っている、と考えている。立法化によって推し進められている制度改革も、市民生活にとっては、常に国民の監視が必要な重要課題であり、2009年5月に開始された裁判員制度も、絶えず司法への国民参加制度の充実化という観点からの点検や改善が必要である。このテキストブックが、さらなる真の司法改革のための手がかりとなることができれば、執筆者一同にとってこの上ない喜びである。

今後とも、われわれ執筆者は、各自で、あるいは、共同作業や共同研究を通じて司法のあり方を考えていきたい。

なお、第4版増補版まで共同執筆者であった渡部保夫教授と吉野正三郎教授が共に2007年に病没された。両教授とは、初版や改訂版の作成に当たり、合宿まで行った懐かしい思い出がある。お二人の本書への思いは、第6版執筆者一同が引き継いだつもりであり、ここで改めてご冥福をお祈りしたい。

初版でご協力いただいた方々は、「初版 はしがき」の末尾に記したが、第3版では、神戸大学法学部講師の米田憲市氏（2014年現在、鹿児島大学教授）、第4版では、神戸大学大学院の畑浩人氏（2014年現在、広島大学専任講師）に多大なるご協力をいただいた。日本評論社の担当編集者は、第5版までの加護善雄氏から岡博之氏に担当が変わった。ご両名のご尽力に心から感謝申し上げる。

　　　2015年1月　　　　　　　　　　　　　　　　　執 筆 者 一 同

第6版の年表追録版刊行にあたって

著者一同は、2015年の第6版刊行後4年半が経過した2019年後半より、第7版出版に向けた協議をし始めた。全執筆者が長時間の討議を経て、日本の司法に関する論点の洗い出しと、共著者間の問題意識の共有をはかり、一般の市民や若い読者に読みやすい新著にする企画を立てていた。ところが、コロナ禍となり、集合しての討議も困難となった。改訂ないし補筆を要するテーマは限りなく多い。第6版の増刷を契機に、次善の策として、第6版刊行後の約8年間の激動を年表の追録としてまとめることとした。

　　　2023年1月　　　　　　　　　　　　　　　　　執 筆 者 一 同

初版　はしがき

　1　どのように立派な法律があっても、それを実現する司法制度に問題があれば、法律の本来予定する機能は果たされない。法律がたとえ優れていようとも、司法制度が機能不全に陥っているならば、社会に存在する多数の法的紛争は適切かつ迅速に解決されず、その結果、社会生活に正義と平和はもたらせないことになろう。よき法律とよき司法制度がそろってはじめて、法治国家原理が真に実現される社会が到来することになろう。本書は、このような認識のもとに、司法の本質と機能、法律家の役割、司法の歴史と現状、他の先進諸国の司法制度、国民の司法参加、司法改革の方策などについて概説したものである。

　本書中の一部分は、北海道大学法学部で、3年前から、木佐、佐藤、渡部によって実施された2年生後期向けの特殊講義「裁判法・現代司法を考える」の講義を土台にしている。この講義は、教養課程を終えて法学部に移行した直後の「これから実定法の学習にとりかかろうとする学生」を対象とするものであったが、実施してみると、その反響は大きく、3年目、4年目の学生も参加したほか、他学部の学生などの受講もあり、この問題に対する一般の関心の強いことを知ることができた。なお、講義では、司法に関するいろいろな統計資料を配布したり、内外の裁判所や法廷の風景、法律家の活躍ぶりなどを撮影したスライドなどを映写したり、学外講師として、法律実務家や司法記者などに講演をしていただいたり、さらに、学生に模擬弁論（その方法について、グランヴィル・ウィリアムズ『イギリス法入門』庭山英雄・戒能通厚・松浦好治訳・1985年・第11章参照）をしてもらうなどした。また、講義の際には、司会者を定め、教師が問題提起と説明をした後、学生を含む全員がいつでも発言・質問できるようにし、できるだけシンポジウムの雰囲気を出すことに努力した。毎回の講義の終了まぎわに学生に簡単な感想文を書いてもらうことにしたが、それらには、司法制度に対する鋭い批判や新鮮な視点が含まれていることが多かった。

　宮澤、吉野においても、このような講義の重要性を痛感し、上記の3人と

協力して、「現代司法」に関する教科書を作成することになり、約2年前から5人は再三にわたって編集会議をもち、各自の原稿を交換して相互批判を重ねたり、さらに、若い研究者にも読んでいただき忌憚のない批評や感想を述べていただくなどして、ようやく本書の上梓にこぎつけた次第である。

　2　本書は、講義の教科書としてだけではなく、演習の教材としても使用されることを考え、参考文献は、重複をいとわず各章節ごとに掲げることにした。それらのリストの中には、司法試験、司法書士試験、公務員試験をめざす人々、さらに試験に合格された人々において、実定法をより深く理解するための必読の文献も多く含まれていると信ずる。

　本書で法令を引用する場合は、すべて有斐閣発行の六法全書の法令の略語によることにした［第6版からは、原則として、略語は避けた］。

　3　本書ができるまでに、いろいろな方のお世話になった。神戸大学大学院法学研究科の米田憲市君、同大学法学部学生の大塚浩君には、原稿の段階で全文を通読していただき貴重な批判や感想などを述べていただいた。巻末の司法年表は、読者の便宜を考慮して用意したものであるが、同年表の作成には、東海大学法学部の岡田好弘君の協力を得た。日本評論社社長の大石進氏には、本書の構想の段階から貴重な御助言をいただいたし、同社編集部の加護善雄氏には、本文の構成、コラムの配置、写真の選択などあらゆる面でお世話になった。著者一同、心より感謝の意を表したい。

　著者としては、本書が、一般教養科目における法学テキストとして、あるいは専門課程における裁判法や司法過程論のテキスト、参考書として利用されるならば、私たちの本来の意図が果たされることになり、大学の法学教育に若干の貢献をすることになるのではないかと考えている。

　司法制度の改革が叫ばれる昨今、本書が、法学を学ぶ人々だけでなく、司法問題に関心を寄せられる多くの市民やマスコミ関係の人々にも読まれるならば、望外の幸せである。

　　　1991年11月　　日本国憲法の公布の日に

北海道大学法学部教授　渡部保夫

神戸大学法学部教授　宮澤節生

北海道大学法学部教授　木佐茂男

東海大学法学部教授　吉野正三郎

北海道大学法学部助教授　佐藤鉄男

● テキストブック現代司法［第6版］────目次

第6版はしがき　i　　初版はしがき　iv

序章　本書における「現代司法」の意味 —— 1

第1章　紛争は市民の身近にある —— 5
1　紛争は誰でも経験する ……………………………………… 7
2　私たちは紛争にどう対処しているのか …………………… 10
　(1)　民事の紛争解決 …………………………………………… 10
　(2)　犯罪が辿る様々なルート ………………………………… 15

第2章　日本の司法を考える —— 19
1　いろいろな裁判 ……………………………………………… 21
　(1)　裁判の種類 ………………………………………………… 21
　(2)　裁判ではない紛争の解決手段 …………………………… 26
2　民事の裁判 …………………………………………………… 27
　(1)　民事司法の状況 …………………………………………… 27
　(2)　民事司法の基礎としての民事訴訟 ……………………… 28
　(3)　民事訴訟の概要 …………………………………………… 32
　(4)　民事訴訟の実務 …………………………………………… 33

		(5) 家庭事件の処理 ………………………………………………… 37

3　裁判外の紛争解決 ……………………………………………… 40
 (1)　紛争と裁判所 ……………………………………………………… 40
 (2)　ＡＤＲの分類と見方 ……………………………………………… 43
 (3)　和解とあっせん・調停・仲裁 …………………………………… 46
 (4)　これからのＡＤＲ ………………………………………………… 48

4　民事事件における日本人の法行動と法意識 ………………… 53
 (1)　日本の訴訟率 ……………………………………………………… 53
 (2)　文化説 ……………………………………………………………… 54
 (3)　機能不全説 ………………………………………………………… 55
 (4)　予測可能性説 ……………………………………………………… 57
 (5)　支配的文化論の影響と現状変革の可能性 ……………………… 59
 (6)　司法制度改革の意義 ……………………………………………… 60
 (7)　裁判所利用の変化 ………………………………………………… 61
 (8)　民事訴訟利用者の動機 …………………………………………… 62
 (9)　問題処理行動の国際比較 ………………………………………… 64

5　刑事の裁判 …………………………………………………………… 66
 (1)　捜査と刑事裁判の流れ …………………………………………… 66
 (2)　わが国の刑事手続の特徴など …………………………………… 68
 (3)　少年事件 …………………………………………………………… 75
 (4)　犯罪被害者の保護と支援 ………………………………………… 79

6　行政関係の裁判 …………………………………………………… 82
 (1)　行政を相手方とする裁判 ………………………………………… 82
 (2)　行政関係の裁判の改善策 ………………………………………… 86

7　司法へのアクセスの課題と対策 ……………………………… 90
 (1)　司法の理念と司法へのアクセス障害 …………………………… 90
 (2)　司法アクセスの改善の試み ……………………………………… 95
 (3)　司法のＩＴ化 ……………………………………………………… 100

第3章　司法権の現状はどうなっているのか ── 103

1　司法権の位置づけと仕組み … 105
- (1) 司法権の構造 … 105
- (2) 最高裁判所 … 112
- (3) 裁判官の独立と司法行政 … 116
- (4) 国際比較に見る司法制度 … 118

2　日本の司法制度の来し方 … 122
- (1) 明治期以前の日本の裁判 … 122
- (2) 明治期における外国法の継受 … 124
- (3) 大津事件と司法権の独立等 … 126
- (4) 戦後の占領政策と司法改革、そして「司法の危機」 … 128
- (5) 『司法制度改革審議会意見書』(2001年)とそこに至る道程 … 135

3　裁判官の置かれた状況と統制 … 140
- (1) 本節の課題 … 140
- (2) 最高裁とは「最高裁事務総局」？ … 141
- (3) 裁判官の経歴と判決行動 … 145
- (4) 裁判官会同・協議会 … 153
- (5) 裁判官の団体加入規制 … 155
- (6) 内部からの改革の限界 … 157
- (7) 司法制度改革による裁判官制度の一定の改革 … 159

第4章　司法を担う人々には、どのような人がいるか ── 165

1　日本の法律家 … 167

2　弁護士 … 175
- (1) 日本の弁護士制度の歴史と特徴 … 175
- (2) 弁護士の業務内容と役割 … 176
- (3) 弁護士をとりまく課題 … 180

3 裁判官 ………………………………………………………… 185
(1) 裁判官の法的地位 …………………………………………… 185
(2) 裁判官の市民的自由 ………………………………………… 189

4 検察官 ………………………………………………………… 196
(1) 広大な権限をもつ検察官 …………………………………… 196
(2) わが国の検察制度 …………………………………………… 200

5 法曹養成制度 ………………………………………………… 205
(1) なぜ法科大学院制度は導入されたか ……………………… 205
(2) 法科大学院の設置とその成果 ……………………………… 207
(3) (新)司法試験合格率の激減とその悪影響 ……………… 208
(4) 問題の原因 …………………………………………………… 210
(5) 法科大学院制度はどうすべきか …………………………… 213

6 隣接法律専門職 ……………………………………………… 216
(1) 司法書士とはどのような人か ……………………………… 216
(2) 行政書士とはどのような人か ……………………………… 224
(3) 公証人とはどのような人か ………………………………… 226
(4) その他の隣接法律専門職 …………………………………… 228

7 司法を担っているその他の人々 …………………………… 231
(1) 組織内の法務スタッフ ……………………………………… 231
(2) 警察官ほか …………………………………………………… 234

第5章 司法は専門家だけが担っているのではない ── 237

1 裁判員(制度)とは何か …………………………………… 239
2 裁判員になるあなたのために ……………………………… 250
3 裁判員以外の国民参加 ……………………………………… 258
(1) 検察審査会 …………………………………………………… 259
(2) 調停委員 ……………………………………………………… 261
(3) 簡易裁判所の司法委員 ……………………………………… 263

　　　　(4) 家庭裁判所の参与員 …………………………………… 264
　　　　(5) 新たな試み ……………………………………………… 266
　　4 訴訟を支援する人々 ………………………………………… 268
　　5 裁判を監視したり、裁判の改善を目指す運動 …………… 271

第6章 これからの司法のために ── 273

　　1 国際化の中の司法改革 ……………………………………… 275
　　　　(1) 比較してみる司法 ……………………………………… 275
　　　　(2) 司法制度の分類？ ……………………………………… 278
　　　　(3) 独自の進化 ……………………………………………… 281
　　2 外国への法整備支援とその課題 …………………………… 283
　　3 司法への関心をもとう
　　　　　　──司法は専門家だけのものではない ………… 286
　　　　(1) 司法は専門家だけのものではない ………………… 286
　　　　(2) 裁判の公開 ……………………………………………… 291
　　　　(3) 外国の裁判所では ……………………………………… 293
　　4 法教育に求められるもの …………………………………… 298
　　5 司法改革の成果と新たな課題 ……………………………… 302

終章 あるべき司法実現のための課題は何か ── 313

現代司法年表 ……………………………………………………………… 318
本書全体の参考文献 ……………………………………………………… 338
事項索引 …………………………………………………………………… 344
執筆分担一覧 ……………………………………………………………… 350
執筆者紹介 ………………………………………………………………… 352

序章　本書における「現代司法」の意味

【本書のスタンス】　本書は1992年（平成4）の初版以来、わが国の司法の姿を描き、読者と共にその何が問題でありどうあるべきかを考えようとしてきた。法学教師として、国家三権の一翼である司法の存在状況は、細かい専門分野を異にしていても共通に関心を抱くものであり、これを分析し感じたことを表明し伝えることは、重要な使命であるとの思いからである。それは原著者も現著者も同じである。

　実定法科目がカリキュラムの中心を占める法学部の教育課程では、本書のような内容の授業が恒常的に展開される例は少ないので、初版だけで市場から消えても不思議ではない本だった。つまり、〇〇法の授業で教科書指定されたので、学生が仕方なく買ったという現象に恵まれることはさほどないからである。それでも、本書が読み継がれたのは、ちょうど司法を担う最大勢力と言ってよい弁護士会が当時の司法を改革すべきものと明確に位置づけた時期でもあり、司法が多くの問題を抱えていると認識する者がかなりいたことを推測させる。多く改訂増刷の機会を得たのは、著者らの問題意識と世間の問題意識が（司法との関係に濃淡はあっても）それなりに呼応するところがあったからであると思う。そして、この間に、司法はその改革が社会的な関心の中で進められる事態（司法制度改革審議会とその後の改革推進本部）を迎えたので、本書の第5版からはわが国の司法の長所を誇る書に変貌してもおかしくなかった（以下、本書でしばしば登場する「意見書」とは、同審議会が2001年6月12日に出した意見書のことである）。しかし、そうはならなかった。残念ながら、わが国の司法はまだ問題は多い。それどころか、周囲の社会状況が変わった上に、司法に関連する仕組みもいろいろと変わり、複雑なものになった関係で問題はわかりにくくなった観さえある。したがって、その現時点での等身大の姿を示し、司法の本質に迫るという本書のスタンスは益々有用性を増してきたように思える。

【司法とは何？　司法と国民】　では、本書の議論の対象たる司法とは何であろうか。こう問われれば、優等生なら、小学校以来学んできた、現代の独立国家をして国家たらしめている基本的な作用である立法・行政・司法の一つであると答えるだろう。そして、君主が絶対的・専制的に権力を握る国家体制から脱し、法の下で国民が平等に人権を享受しうるとする近代法治国家の下では、国家の三権は分立し緊張関係にあるのであり、司法は重要と抽象的には認識されているはずでもある。

しかし、そこに落とし穴がある。良くも悪くも君主次第という不安定な国家体制にないという意味では、現代の日本国民は幸せであるが、三権中の司法をリアルな意味でどこまで認識できているであろうか。国会議員の選挙があり、国会のテレビ中継で内閣閣僚と議員の応酬を見る機会もある、そんな形であれ認識対象が目の前に現れることのある立法や行政に比べると、なんとも司法は認識がしにくいものである。

というのも、司法権は裁判所に属しているという意味で（憲法76条1項）、その実質は裁判という営みを通して具現化するものであるからである。確かに、裁判はその公開が保障されているという意味で（憲法82条）、本来はすべての国民に開かれたものである。しかし、実際のところ、日常の生活の中で裁判を体験する機会はそれほど多くない。ならば、積極的に裁判所の門をくぐってみようと、本書はこれまでも読者に呼びかけてきた。ひと頃に比べると、なんらかの形で裁判所見学、裁判傍聴を経験した人の数はある程度は増えたようではあるし、今では裁判員裁判もあり、いつ裁判所から裁判員候補として呼び出しがあるかもわからない。だが、現代の司法は、それに一度や二度触れる機会があったところで、簡単に理解できるほど単純なものではないのが実情である。

しかしながら、そうした見た目の遠さは国民と司法の正しい関係であってよいはずはない。実は、立法、行政と同様に関係深いものと気づく必要がある。いかに司法がわれわれの生活に密着した存在であるのか、そのことをもっと国民は知らねばならない。そして、我が事として関心を寄せ、考えるためのきっかけに本書がなってほしいと願っている。

【司法と裁判】　司法を上のように、国家三権の一つであり、その中心にあるのが裁判であることは本書で詳しく述べていくが、それだけではいかにも教室問答的で現実味が薄い。しかし、裁判沙汰という言葉に象徴されるように、あまり嬉しくはないが、生きている以上はときに降りかかってくる災難というくらいの意味でならば、裁判は実は身近なものであることに気づくはずである。そう、世の中、いい人ばかりではないから、金銭トラブルや近隣トラブルはいつ起こるかもわからないし、車を運転していれば人をはねてしまうかもしれないし、満員電車で痴漢と間違われる危険性だってある。それはまさに裁判沙汰となりうる。

　もともと裁判という社会的な営みは、発生した問題を地域の中で解決する仕組みとして展開していたものであり、中央というよりは地域の問題であったのである。これを国家が形成される中で、統治の一環として裁判機能を中央の権力が吸収していったのである。結果的に国民一人ひとりからは遠ざかった感があるが、そこで扱う問題は昔も今も変わらず国民の日常から発生するものなのである。

　このように司法が国民の日常生活に関係しているとすれば、裁判のみならずもう少し視野を広げて司法を考えてもよい。すなわち、裁判外で紛争を解決する仕組みもあり、解決のための選択肢として公認されている（→26頁）。また、実際に裁判を使わなくても、権力者が国民の権利を侵害しないよう自制するのは裁判が存在しているからであると言ってもよく、裁判の黙示的な効用も忘れるべきではない。

【近代・現代・脱現代】　さて、本書は初版以来『テキストブック現代司法』と銘打っている。英文タイトルJapanese Judicial Systemには、現代に相当するものは表現されていないが、過去や遠い未来の司法を描こうというものではなく、われわれが生きて関係している今の司法を等身大で示すことを意図している。その意味で、「現代」という部分に、格別な歴史学的な視点があるわけでは必ずしもない。しかし、「現代の司法」につながる司法の歴史にも触れている（→第3章2）。

　そもそも、「現代」という時代区分は曖昧なところがあり、近代も現代も

英語では同じmodern（モダン）であるが、現時世と共通基盤のある年代を現代と言うことが多いようである。思想哲学や芸術の世界では、現代が機能主義を求め過ぎて人間性を忘れたことへの反省の意味を込め、「現代」から脱却し人間的な感覚に訴えようと、ポストモダン（脱現代）が唱えられている。しかし、本書執筆者はそうしたことにこだわっているのではなく、子どもからお年寄りまで今を生きるわれわれにとって司法がより人間味あふれるものであってほしい、そして有効にこれを使いこなせるものであってほしい、そういう思いこそ強いのである。

第1章　紛争は市民の身近にある

フランクフルト市レーマーベルク広場の〈正義の泉〉と
台座に立つ〈正義の女神（ユスティティア）〉。1887年製作

バイエルン州司法省の〈正義の女神〉。1897年製作

ベルリン高等裁判所（Kammergericht）（現、
ベルリン博物館）の〈正義の女神〉。
1734年から35年に製作

正義像には、男性像もあるが、圧倒的多数は女性像であり、しかも剣と秤を持っている。しかし、法典やギリシャ神話にでてくる豊饒の角などを持っているものもある。
　観光客が簡単に見学できる〈正義の女神〉像をあげておこう。

[上] フランクフルト市の都心にあるレーマーベルク広場には〈正義の泉〉があって、〈正義の女神〉像がのっている。もともと1611年に置かれ、1887年に現在のブロンズ像が作られた。
[左] ミュンヘン市の都心にあるバイエルン州司法省の屋根におかれた〈正義の女神〉像。
[右] ベルリンの高等裁判所（現、ベルリン博物館）の屋根にある正義像。
（いずれも木佐撮影）

　第2章以下に紹介する正義像の写真は、1点を除いて、Otto Rudolf Kissel, Die Justitia, Beck Verlag, 1984, 143S.からベック社の許諾を得て転載したものである。解説部分における頁数は、写真の掲載頁を示す。解説も大部分は同書からの要約であり、写真掲載頁の前後を参照されたい。著者キッセルは、ドイツ連邦労働裁判所長官を務めた。若き日は司法改革家として、その後は正義像の収集・研究家としても知られている。

1 紛争は誰でも経験する

【トラブルは誰でも経験する】　テレビや新聞を見ると、振り込め詐欺や事故、欠陥商品などなど、様々なトラブルが載っている。だが、「自分はそのようなトラブルとは無縁だ」と思っている人は多いのではないだろうか。

2005年3月に、日本全国を対象として過去5年間の法的問題の経験について行った民事司法全国調査の結果によると、回答者の18.9％が、過去5年以内になんらかの法的な問題を経験したと回答していた。そのうちの約3割は過去1年以内に問題を経験していた。このことは、10年間に約半数の人がなんらかの問題・トラブルを経験する可能性があることになる。そう考えるならば、法的な問題・トラブルというのは、決して騙されやすい人や不注意な一部の人だけが遭うものなのではなく、市民の誰もが経験しうるものなのである。

【問題・トラブルを誰に相談するか】　一般の市民は日常生活で問題にぶつかったとき、どのようにして、その問題を処理しているのだろうか。先ほどの民事司法全国調査によれば、問題を経験した市民でその後の問題にも回答した人のうち38.0％が誰にも相談していなかった（村山＝松村編『紛争行動調査基本集計書』）。

問題を抱えた市民が実際に相談先として選んだのは、[表]の通りであった。弁護士や司法書士のような法律専門家や、自治体の相談窓口、民間企業の相談窓口など、様々な相談機関があり、実際に使われていることがわかる。

問題は、一般市民にとっては、どの相談機関を使うのがよいかである。行政機関の窓口は専門家が対応してくれるわけではないし、民間相談機関が提供する相談サービスが利用者の視点に立った公平中立なものかどうかはわからない。さらに、同じ問題を扱う相談機関が複数ある。例えば、交通事故の場合だと、交通事故相談所、交通安全活動推進センター、（財）日弁連交通事故相談センター、（財）交通事故紛争処理センター、（財）自賠責保険・共

表　市民が利用した相談機関・相談相手

相談機関・相談相手	利用者数	％	相談機関・相談相手	利用者数	％
相談機関利用者数※	1,376	61.3%	職場の同僚・上司・先輩・後輩	126	5.6%
市区町村の法律相談	77	3.4%	学校・学校の先生	18	0.8%
市区町村のその他の窓口	122	5.4%	不動産屋	16	0.7%
消費生活センター	52	2.3%	マンション管理員・管理会社・管理組合	14	0.6%
警察・警察官	270	12.0%			
国や都道府県の機関	56	2.5%	病院	9	0.4%
裁判所の窓口	38	1.7%	民間金融機関	6	0.3%
弁護士会の相談窓口	39	1.7%	自動車ディーラー	10	0.4%
弁護士	128	5.7%	その他の民間業者	32	1.4%
法律扶助会の相談窓口	4	0.2%	大家	9	0.4%
その他の法律専門職	51	2.3%	上記に該当しない家族・親戚・知人・友人	512	22.8%
保険会社・保険会社社員	436	19.4%			
民間の相談機関	22	1.0%	その他	22	1.0%
民生委員・町内会役員など	42	1.9%	**相談せず**	853	38.0%
労働組合	17	0.8%	わからない or 無回答	15	0.7%
政治家・政党	13	0.6%	計	2,244	122.2%

※複数の相談機関利用者がいるため各相談機関利用者数の単純合計とは異なる。
(村山＝松村(2006)をもとに作成。)

済紛争処理機構、自動車保険損害請求センターなどである。これらの相談機関は相互に連携がとれているわけではないし、提供される相談サービスの質も様々である。

　わたしたちが問題を抱えたとき、どの相談機関や専門家に相談しても、同じ解決方法が得られるわけではない。もめごとの解決にヤクザを使えば、素早い解決が可能かもしれないが、法的な解決とはほど遠く、真の意味で当事者の権利を擁護したとは言えない。自治体の相談窓口は、法律相談を除いては、法律専門家が対応するわけではない。民間の相談機関についても、企業や業界が設けた相談窓口は、企業・業界寄りの回答がなされる可能性があるし、その他の民間相談機関も、多くは関連する業界の財政的支援を受けており、本当に中立的な立場から回答されるのかは不明である。

　問題を解決するために法律家に相談するというのは、日本では、必ずしも一般的ではない。しかし、それはかつて弁護士の数が少なく、紹介者を通じて連絡を取る必要があったこと、有料の法律相談が弁護士に限られていたことなど、普通の市民にとっては敷居が高かったことによる。弁護士数が増

え、司法書士も一部の法律相談を行うようになった今日、法律家の敷居は以前と比べるとずいぶん低くなっている。法律家に相談するというのは、当事者の権利を保護して公平・適切な解決を目指すという点で優れた方法なのである。

《参考文献》
　樫村志郎＝武士俣敦編『現代日本の紛争処理と民事司法第2巻　トラブル経験と相談行動』（東京大学出版会、2010年）
　木佐茂男ゼミ『介護保険の救済制度──それぞれのアクター、それぞれの救済』（2003年）
　日本弁護士連合会ＡＤＲセンター『最新ＡＤＲ活用ガイドブック──ＡＤＲ法解説と関係機関利用の手引』（新日本法規、2006年）
　村山眞維＝松村良之編『紛争行動調査基本集計書』（有斐閣学術センター、2006年）
　村山眞維＝松村良之編『現代日本の紛争処理と民事司法第1巻　法意識と紛争行動』（東京大学出版会、2010年）

2 私たちは紛争にどう対処しているのか

(1) 民事の紛争解決

　司法が関係者以外にとっては縁遠いものであるという理解が間違いで、われわれの生活上も身近なものであるというのが本書のスタンスである。ここでは、もう少し具体的に、日々の生活に即してそのことを示しておこう。つまり、民事紛争のことであるが、民事とは、法の世界では刑事と対をなす表現で、民事訴訟法などをはじめ種々の法律の名称の一部にもなっている。ここでの「民」とは私生活を営む一般市民のことであり、要は市民間のできごと、問題、紛争が「民事」という言葉で表現されていることになる。

　【日常生活と法】　わが国では、法律は国語や算数・数学のように学校で誰もが必ず習うものではない。義務教育では、わずかに社会科科目の中で、国の仕組みと共に憲法について触れられる程度である。その意味で、大学（学部・大学院）で初めて法律を本格的に学ぶのが通例である。数学や音楽の天才は若くして出現することはあるが、少年にして法律の天才という話は聞かない。では、法律は法学部や法科大学院に入学した者のみが専門的にこれを学べばよいという性質のものなのであろうか。実はそうではない。確かに、本書で詳しく法専門家の話を展開しており（→第4章）、法律に精通していない一般市民のために存在することの意義を説くことになる。しかし、そもそも市民が自分の身に起きていることが法的な問題であることに全く気づかないでいたのでは、法専門家に近づこうともしない。結果は泣き寝入り、不正義がまかり通ってしまうことになる。法治国家にあって、人々がよき市民生活を営んでいく上では、専門的である必要はないが、すべての者が常識の中にある程度の法的素養を備える必要があると理解されるようになり、大学におけるのではない、一般人のための法教育の重要性が叫ばれるようになった（→298頁）。しかも、単なる教養としてではなく、生きていく上で必要な知識という実践知としての位置づけである。

【身の回りに不満はありませんか？】　自分は法に反するようなことはしていないから、裁判所のお世話になるようなことはない。なので、法律や裁判について知らなくても特に困るようなことはない。大半の人はそう思っているのかもしれない。しかし、現代の社会にあって、それは当たっていない。法に関して無関心でいては、その人はいろいろな意味で損をしてしまい、ときには自らの生命身体の尊い価値に無頓着であることに等しい。人の生命が保護されていることは、道徳的に知っており、それが法の世界では殺人罪の問題になることはほぼ全員が認識できよう（刑法199条）。ところが、これが民事関係の法律ではどうかと問われると、途端に正答率は下がるのが実情であろう。もちろん、ここで民法の不法行為の条文が認識されていないことを悲観したいわけではない。それこそ法律の条文をめぐる難しい問題は法専門家に任せて一向に構わないし、そのために法専門家が存在する。それでも、人の生命なら、不法行為は知らなくても、殺人罪という刑法の問題のほかに民事関係の法律問題になりうることはもっと明確に意識されている必要があるだろう。ただ、それだけでは足りない。

　つまり、生命のような重大なものではない場合はどうかを考えればわかる。バイト代がちゃんと払われていないような気がする、アパートを引き払った際に敷金が返還されなかったばかりか修繕費として追加支払いを家主さんから要求された、隣人との土地の境界をめぐって意見の食い違いがある、バイクにぶつけられ怪我をしたのに加害者のバイク保険の会社が治療費を一部しか払ってくれない、などの現象は生きていればいつ降りかかってくるかもわからない。そんなとき、あなたはどうするだろうか。もちろん、よほどのお人好しでなければ、相手に自分の不満なり言い分をぶつけることはするだろう。自分は口が達者なので問題はないと思っているかもしれない。しかし、これらはすべて民事関係の法律問題にほかならず、ここに正しく法を持ち出すかどうかは結果に大きな違いをもたらすことになるのである。

【私的な交渉の限界】　無人島に漂着したのでない限り、この世の生活は他者との関わりを避けることはできない。直前に示した例でも、それらはどれも相手のある話である。ここで下手に自分に自信のある人は、相手が一枚

上手とわかるとたやすく折れてしまうのが落ちであろう。それは、どちらが正しいかではなく、物事の決着を力関係でつけてしまったことを意味する。つまり、裁判によって法を用いた解決を志向しないことは、大袈裟に言えば弱肉強食（焼肉定食ではない！）の野蛮な社会に生きているのと変わらないのである。現代の法治国家において、自力救済が禁止される代わりに裁判があるというのは、まさしくこのような意味なのである。

　もっとも、民事関係の法律問題は、そのすべてが裁判による解決のみを要するものではない。すなわち、市民同士の私的な関係を規律する基本法である民法を例に取れば、それは市民同士の関係として一般的に何が妥当であるかについて定めたものであるので、合理的な個別修正を妨げるものではない（私的自治の原則）。お互いが一般的な妥当性を認識した上で、それとは違う関係を納得して導いたのであれば問題はないわけだが、どちらかが基本を知らないまま不当な地位に甘んじてしまうことがないよう、適切な法的主張には法専門家の助力の意義があり、それを貫徹できる公式の場としての裁判が重要になるのである。

　【紛争の解決への展開】　　私的な事項でAさんとBさんの間で利害が対立したとする。これを当人たちで解決しようとすると、前述のように、強い者勝ちの弊を免れない。しかし、ここで直ちに弁護士に相談し訴訟にしましょうとはならないのが民事である。

　昔からよく行われていたのは、その人が信頼できる人への相談である。上司や先生に相談し、場合によっては解決に向けて仲介を頼むことである。もっとも、この「先生」はくせ者で、かつては地域に立派なリーダーが存在し身を粉にして解決に奔走してくれたものだが、権限を笠に相手に譲歩を迫ったり依頼者に過大な謝礼を要求するような、困った「センセイ」に出くわすおそれがないとは限らない **[知識1]**。

　その意味では、やはり能力が担保された法専門家が頼りになってくる。この法専門家については第4章で詳しく紹介されることになるが、現在のわが国では、裁判を考える前に多くの解決ルートがある。交通事故をめぐる問題、土地の境界をめぐる問題、賃金をめぐる問題という具合に、紛争内容が

特定されているような場合は、その相談そして解決を導いてくれる、各種の解決機関が存在する場合がある。裁判外の紛争解決機関である（→第2章3）。もっとも、ときには自分の抱く不満、ぶつかっている問題がどういう類のものかもわからないし、したがってどこの誰に相談してよいか皆目見当がつかないということもあろう。近時は、弁護士会や市町村主催の無料法律相談もよく実施されているし、法テラス（→97頁）に行けば適切な解決ルートへと導いてくれる期待もある。

【いざ、裁判所へ】　法的な問題を認知し、法専門家に相談したり、各種の解決機関を利用しても、この段階ではまだ解決に向けての強制力を伴うものではない。裁判所における解決行動と裁判所を介さない解決行動の違いはこの強制力にある。すなわち、裁判所の機能の中枢に位置づけられる民事訴訟では、例えば、Aさんが訴え（例えば、未払いのお金〔アルバイト代〕20万円を払え）を提起すれば、裁判所が相手であるBさんを呼び出してくれる。Bさんは裁判所に出向かない自由は残されているが、それは多くの場合、Bさんの負けを意味する（擬制自白による敗訴、民事訴訟法159条3項）。そして、Aさんが勝ったにもかかわらず、Bさんがその裁判の結果に従わなかったら、Aさんの申立てにより裁判所が判決内容の強制的実現に乗り出してく

―― ワンポイント知識1 ――
警察の民事不介入と民事介入暴力　わが国では、警察官は刑事訴訟法上の捜査機関という以上に、市井の安全を守る「正義の味方」という感覚が市民の間で広く共有されている（→第4章7(2)）。実際、「お巡りさん」は子どもにもお年寄りにも身近にいる頼れる存在であると言ってよい。しかし、暴力、詐欺というような形で犯罪の要素でもない限り、すなわち純粋の民事事件には警察官は極力介入を控えるスタンスを取っている。そのこと自体は間違いではないが、警察官が当てにできない反動とも言うべき現象が、裏社会の実力者の介入である。こうした反社会勢力は、民事事件の解決に乗り出す一方で不当な利益をそこから得ようとする。裁判をはじめとする司法システムの機能不全や正しい法感覚の欠如がこうした民事介入暴力の温床となっていることを知っておきたい。

れるのである(強制執行、民事執行法22条以下)。すなわち、判決内容(金20万円の支払い)が現実に実現できるよう、Bさんの財産を差し押さえこれを売却するなどの措置が取られる。ちなみに、Aさんは訴えの提起に先立ち、必要とあらば、Bさんの財産を仮に差し押さえておくこともできる(仮差押え、民事保全法20条)。

このように裁判所が民事の紛争の解決に乗り出す際には、利害の対立する当事者がいることを前提に、裁判所は中立の第三者として事に当たり、両者に言い分を述べる機会を与えた上で、事実関係を確認し法を適用して黒白をはっきりさせることになる(→第2章2)。その意味で、強制力を伴うことと勝者と敗者が選別されることが裁判所の紛争解決の特徴と言える。

【解決のためのフルコースとアラカルト】　以上に述べた、民事紛争の発生(認識)から解決までの流れを時間軸で整理すると次のようになろう。ざっと、①人が自分の身に問題が起きていることを認識する、②相手方にそれを伝え対応を求める(私的交渉)、③埒が明かないので、各種相談窓口で法的な問題の所在を確認(相談)、④第三者に紛争の調整なり仲介を依頼する(ADR(→26頁)利用)、⑤それでも駄目だったので、裁判所の仮差押えなどの保全措置を講じる、⑥民事訴訟を提起する、⑦勝訴したが相手方がこれに従わないので、強制執行に出る、といった具合に流れる。第3段階まではまだ裁判所は関係していないが、第5段階からは裁判所の強制力が働くことになる。間の第4段階では、民間などのADR機関を使うこともできるし、裁判所の調停(この場合は、民事調停)を使うこともできる。この流れの中における法専門家の活用については様々な可能性があり、特別のルールがあるわけではない。

ところで、民事の紛争が起きた場合、そのすべてがこのような流れで各段階を必ず経て解決に至るわけではない。あくまで私的なレベルでの紛争なので、第2段階の交渉であっさりけりがつくこともある。また、知り合いに弁護士がいたので、途中を飛ばしていきなり訴訟を提起したのが効を奏し、相手方が折れてすぐ決着がついてしまうこともありえよう。その意味で、民事の紛争解決は、上記のフルコースを辿って解決する場合もあれば、どれかを

適宜チョイスできる、アラカルト式解決もあるのである。しかし、アラカルト式解決が可能になるには、とりわけ訴訟が有効に機能していることが鍵を握ることになり、まさしく訴訟が司法の中枢であることを認識してほしい。

(2) 犯罪が辿る様々なルート

【日常生活の中の犯罪】　私たちが日々の生活の中で経験する様々な紛争と異なり、「犯罪」と聞くと、ほとんどの人はニュースなどで見聞きすることはあっても、自分たちとは縁遠いできごとだと思っているのではないか。なぜ犯罪や刑事司法の問題が自分たちとは関係がないことがらだと思うのだろうか。いくつかの問いを立ててみよう。

次のようなできごとがあったとき、あなたはどうするか。

①朝、通学途上に駅前に停めておいた自転車が、帰宅しようとしたらなくなっていた。②電車の網棚に誰かが忘れていった本があった。何げなく手に取ってみると五千円札がはさまっていた。警察に届けようと思ったが、面倒くさくなって届け出るのをやめ、お金を使ってしまった。③友人とけんかになり、激高して顔面に一発お見舞いしたら、友人の前歯が折れてしまった。④「ブランド品が市価の6割引き」という宣伝につられてバッグを買ったところ、粗悪なコピー商品だった。⑤深夜、60キロ制限の国道バイパスで気持ちよく車を走らせていたら、ついつい100キロを超えるスピードになっていた。⑥近所の町工場から廃油が家の前の側溝に流れ込んでいたので、「油を流さないでくれ」と文句を言いに行ったが、工場主は取り合ってくれず、廃油が流され続けた。そのため、側溝が詰まって家の中まで悪臭が入り込んでくる。

実は、上の6つの例は、どれも犯罪に当たりうる。①、④、⑥は被害者となるできごとで、②、③、⑤は「犯人」となるできごとである（ちなみに、①、②は刑法254条の占有離脱物横領罪、③は刑法204条の傷害罪、④は刑法246条の詐欺罪、⑤は道路交通法22条・118条の速度超過、⑥は刑法261条の器物損壊罪などに当たりうる）。このように私たちのごく身近に犯罪に当たるできごとは日々起きている。

では次の問い。上の6つの例のような「犯罪」があったら、あなたならどうするか。

自分が被害に遭う①、④、⑥のような場合は、警察に通報や届出をする人もいるであろう。しかし、それが犯罪に当たるとは思わずに損害を回復したいと思うだけであったり、面倒なことはしたくないと思って、通報や届出をしない人もあるはずである。また、②、③、⑤のように、自分が犯罪に当たる行為をした、という場合は、警察に見つからなければいい、と考えたり、犯罪だとは思わないで、相手から求められたら、被害弁償をしようと思うだけで終わるかもしれない。

このように、犯罪に当たるできごとがあっても、それが犯罪として意識され、通報などによって警察などの捜査機関が捜査を始めなければ、そのできごとは刑事司法の問題にはならない。犯罪に「暗数」（統計に現れない数）があると言われるのは、このためである。

3つめの問い。あなたが警察に届出をしたり、通報をした場合、その犯罪がどのような手続を辿って処理されるか知っていますか。

警察官が犯罪として認知する事件数は、刑法犯だけでも年間約191万件ある。刑法犯のほかに、特別法犯（刑法以外の刑罰法令によって犯罪とされるもの）の数を入れると240万件近い事件がある（以下数値および比率は2013年（平成25）のデータによる）。ところがまず、そのうちで犯人がわかり、一定の犯罪事実に関する証拠が確保できた（この状態を「検挙」と呼ぶ）事件の数はかなり少なくなる。刑法犯で言えば、検挙率は52.0%であり、認知された犯罪の約半数がこの段階で、犯人を特定できないとか、証拠が十分に集まらないという理由で検挙されずに終わる。検挙されなかった事件は刑事司法手続から外れる。警察の捜査が終わった事件は、検察官に送られる。この段階でも検挙された事件のうち一定数は検察官に送られないで処理が終わる（これを「微罪処分」と言う。約7万6,000人）。このため、検察官が処理する事件の数は、検察庁の受理人員の段階で刑法犯、特別法犯合わせて133万人ほどになり、さらに検察官はその中で起訴する事件と起訴しない事件を振り分ける。検察官が起訴しないことで事件の処理が終わるケースがこの段階で82万人以上にのぼる。起訴された人の中でも、簡便な略式手続で罰金、科料を言

い渡される人が34万人以上あるので、通常の起訴がされ、公判の裁判に付される人の数は約9万人にすぎない。刑事事件が自分たちとは縁遠いものだと感じるのは、このように裁判になる事件の数が少ないからであろう。

【刑事裁判は他人事か】　刑事司法が市民生活と縁遠い存在であると感じられる原因はほかにもある。マスコミ報道などによって知る犯罪は、ほとんどが重大かつ凶悪なものである。自分がそんな重大な事件の犯人とされて捜査や裁判の対象になることは想像しづらい。そのような犯罪は、どこか自分たちとは違う人々が犯すものだと考えられているのではないか。他方、事件報道に接して、自分が重大な犯罪の被害者になる可能性があると考える人はいるかもしれない。重大な事件ほど、「犯人」には共感しにくく、被害者には共感しやすいのである。

　しかしながら、刑事司法の実際を知れば、「刑事司法の問題は他人事だ」という認識は見直してみる必要がある。ある日突然、身に覚えのない犯罪を理由に逮捕され、起訴されることがないとは言えない。最近でも選挙違反事件で起訴された10人の人が全員無罪となった志布志事件（2007年2月無罪判決）、有罪判決の後に真犯人が現れた氷見事件（2007年10月無罪判決）、厚生労働省の局長が逮捕・起訴され、裁判中に証拠の捏造が明らかになったりした郵便不正事件（元局長に2010年9月無罪判決）などがあるし、再審で無罪となった東電ＯＬ事件や布川事件（→66頁参照）も記憶に新しい。「自分が被告人になることはない」とは言い切れないのである。しかも、これらの事件では、逮捕されたり、起訴されたりした段階で、その人が「犯人」だと思った人が多かったのではないか。

　他方、犯罪被害者の置かれた状況については、最近、いくつかの制度改正が行われた。被害者から「犯人」への損害賠償請求をしやすくしたり、刑事裁判で被害者の意見を聞く機会を作ったり、裁判自体に被害者を参加させたりする制度が始まっている。自分が犯罪の被害を受けたら、何ができるのか、そして被害者と刑事裁判の関わり方はどうあるべきなのかをこれらの制度を通して考えてみることも必要である。

　さらに、後に詳述するように（→第5章1）、2009年（平成21）5月から始

まった裁判員制度によって、普通の市民が裁判官と一緒に刑事裁判を行うことになった。裁判員裁判が行われる事件の数は、年間2,000件に届いていないので、誰もが必ず裁判員を経験するわけではない。しかし、裁判員裁判が始まったことで、刑事裁判は市民とは関係のないところで行われるものではなくなった。もはや刑事司法は「他人事」ではないのである。

第2章　日本の司法を考える

三角定規と分度器をもつ正義像（右上）と
キリストの横に目隠しをしたシナゴーグ
（旧約聖書の擬人化としての女人像）。
1160年頃の作

秤によって徳目としての正義を表す。
1150年頃の作

秤と炎になった剣をもつ天使長ミカエル。
18世紀後半の作

剣と秤をもった今日の形態の正義像が、いつ、どのような理由から成立してきたのかはなお十分には検証されていない。エジプトの正義像の影響はなさそうであるが、キリスト教とギリシャ・ローマ文化の影響が混ざりあっている。キリスト教の４つの枢要徳（賢明、正義、思慮、勇気）が、1000年頃になって擬人化されるようになる。しかし、正義を表す初期の像の持ち物はいろいろであって、剣と秤をもっているわけではない。12世紀から13世紀に移る頃、旧約聖書を擬人化した女人像であるシナゴーグは目隠しをして描かれるようになる。しかし、これは後の正義の女神の目隠しとは別の意味である。

[左] 三角定規と分度器をもつ正義像（右上）とキリストの横にいる目隠しをしたシナゴーグ。アウグスブルク市立博物館所蔵。(30頁)
[中] 下の絵は祭壇に描かれた秤をもつ聖人。ヴェルフ家宝物。(29頁)
[右]「最後の審判」で秤をもつミカエルは、しばしば剣をもった姿で描かれる。ミュンヘンの聖ペーター教会所蔵。(33頁)

1　いろいろな裁判

(1) 裁判の種類

【民事と刑事の典型的な裁判はわかりやすい】　裁判とは何であろうか。本書では、「はしがき」も含めて、「裁判」という語が既に多く語られ、私たちは、第1章で、もっとも典型的な裁判である民事と刑事の事件について、大まかな流れを見てきた。「裁判」と言えば、最高裁判所以下の裁判所が法律により定められた手続に従って行う判断手続を想定するのが普通であろう。しかし、考えてみればどの範囲のものが「裁判」なのだろうか。本章では、典型的な「裁判」と、それ以外の「裁判外」と言われる手続を説明するので、その前提として「裁判」の意味、範囲を考えてみよう。

【辞典によると】　実は、「裁判」は、いろいろな意味で使われている。月並みであるが、一般の辞典と、法律用語辞典から引用してみよう。

広辞苑（岩波書店）では、様々な意味が書かれている。その3番目に、「裁判官が具体的事件につき公権に基づいて下す判断」という説明がある。「裁判官」と「公権的な判断」がポイントのようである。法律学系の辞典になると、例えば、「通常は、司法機関である裁判所又は裁判官が具体的事件についてする公権的な判断」（有斐閣・法律用語辞典）、「形式的にいえば司法機関である裁判所又は裁判官の法律行為であり、実質的にいえば具体的な争訟を解決するためにされる公権的な法的判断の表示である」（有斐閣・新法律学辞典）となっている。

以上から判断するに、裁判と言っても、「具体的な事件」とか、「公権的な判断」という要素があるが、実際には「形式的なもの」と「実質的なもの」という分類もあるため一義的なものではなさそうである。日本の憲法以下の法秩序の下では、その「具体性」も「公権性」も、さらには「裁判官」の各要素も、もっと多様である。以下、少々検討を加えてみよう。

【裁判はエンドレス？】　　第1章で扱った民事と刑事の事件は、最終的に民事裁判判決、刑事裁判判決として終了する。そうは言っても、現実には、民事事件であれば、判決の内容をどう執行（あるいは強制執行）するか、刑事事件であれば、有罪の場合、無罪の場合に、次の段階でそれぞれ法律家、被告人あるいは被害者など関係者がどのような対応を法的にしなければならないかという問題が出てくる。いずれにしても、裁判所がさらになんらかの行為をしなければならない場面が起こりうる。これは、一連の流れの中で「裁判」の始点と終点があるか、という問いにつながる。刑事事件でも冤罪事件などで「再審」（→68頁）が話題になるように、ある意味、裁判にはエンドレスな部分が伴うこともある。

【国会や行政機関も裁判をする？】　　日本国憲法には、裁判所や裁判官という語も含めて計51回ほど「裁判」という語が出てくる。憲法条文の先頭に近いところでは、「第32条　何人も、裁判所において裁判を受ける権利を奪はれない。」とある。しかし、憲法の全条文を見ても、「裁判」の定義はない。「公開裁判」（37条1項）とか「無罪の裁判」（40条）という語はあるが、その意味は今ひとつ明確ではない。憲法の規定にも、裁判所法で定める裁判所が行わない「裁判」に関する条文もあり、国会が設けて国会議員で組織される弾劾裁判所は、裁判官を罷免するかどうかを「裁判」することとなっている（64条1項）。

【裁判所法にも定義はない】　　同じように、裁判所法にも「裁判」の定義はない。憲法には、「行政機関は、終審として裁判を行ふことができない」（76条2項）とか、国会が国会議員の資格に関する争訟を「裁判する」（55条）という規定もあって、行政機関や国会も裁判を行いうることを前提としている。したがって、裁判所が行うものだけが裁判というわけではない。私人の間で裁判がありえないか、と言えば、そうでもない。それでは、裁判をするということは実質的に法廷を開く、ということなのか（裁判所法69条1項では「法廷は、裁判所又は支部でこれを開く。」、2項で別の場所で開いてもいいとしている）というと、厳密には両者の違いもまた明らかではない。

そして、そもそも、訴訟、争訟、裁判の違いもさほど明確ではない。今、ここで私たちは、非常に厳密に裁判の種類や、各裁判所がどのような事件を扱っているかの緻密な知識までは要らない。しかし、自分がいつ関わり合いをもつかわからない法的な問題について、どのような事件はどこの、どのような裁判所で扱われるか、ということについて簡単な知識をもっているのが好ましい。

```
┌ 裁判所で行う訴訟
│                                                              ┐ 裁
└ 裁判所で行う調停      民事調停法・家事審判法                 │ 判
                                                                │ で
                                                                │ は
  裁判所以外で行うあっせん・  裁判外紛争解決手続法（弁護士会を含む民間） │ な
  調停・仲裁                  仲裁法                            ┘ い
```

【最高裁判所ホームページに見る裁判の種類】　最高裁判所のホームページでも「民事訴訟の種類」と言ったり、「民事裁判の流れ」となっていたりしており、統一的なものではなさそうである。いかに整理が難しいか、ということを示すために、実際に、そのホームページの説明をあげておこう（2014年4月1日現在）。

裁判所が扱う事件（http://www.courts.go.jp/saiban/syurui/）

> 裁判所が扱っている代表的な事件は、次のとおりです。
> 1. 民事事件
>   　貸したお金を返してほしいなどの個人間の紛争や、売掛代金に関する企業間の紛争などを解決するための手続に関する事件です。
>   　民事事件の中には、次のようなものも含まれます。
>   　　・労働事件
>   　解雇や賃金の不払など、労働関係に関連して生じた争いを解決するための手続に関する事件
>   　　・知的財産権事件
>   　特許権や著作権など知的財産権に関する争いを解決するための手続に関する

事件
　　・執行事件
　裁判などによって決められた内容を相手が守らない場合に、強制的に相手の財産から満足を得るための手続に関する事件
　　・破産事件
　借金が増え、すべての債務を返済することができなくなった場合に、債務や財産を清算し、生活の立て直しを図るための手続に関する事件
　　・保護命令事件
　配偶者からの暴力によって、生命または身体に重大な危害を受けるおそれが大きい場合に、配偶者からの保護を目的とする手続に関する事件

2. 行政事件
　国や地方公共団体が行った行為に不服がある場合など、行政に関連して生じた争いを解決するための手続に関する事件

3. 刑事事件
　窃盗などの犯罪の犯人だと疑われている人の有罪・無罪などを決めるための手続に関する事件

4. 家事事件
　離婚や相続など、夫婦や親子関係などの争いごとを解決するための手続に関する事件

5. 少年事件
　窃盗などの犯罪をしたと疑われる非行少年について、再非行防止のために最も適した措置を決めるための手続に関する事件

6. 医療観察事件
　心神喪失又は心神耗弱の状態で殺人、放火等の重大な他害行為を行った者について、医療観察法による処遇の要否などを決めるための手続に関する事件

　同じく最高裁判所のホームページでも別のページでは、民事訴訟が以下のように説明されている。http://www.courts.go.jp/saiban/syurui_minzi/

minzi_01_01/

> 　民事訴訟の種類は大きく次のように分類することができます。
> （1）　通常訴訟
> 　個人の間の法的な紛争、主として財産権に関する紛争の解決を求める訴訟です。例えば、貸金の返還、不動産の明渡し、人身損害に対する損害賠償を求める訴えは、この類型に入ります。この類型の訴訟は「通常訴訟」と呼ばれ、民事訴訟法に従って審理が行われます。
>
> （2）　手形小切手訴訟
> 　民事訴訟法の特別の規定によって審理される手形・小切手金の支払を求める訴訟です。この類型の訴訟は、「手形小切手訴訟」と呼ばれます。この訴訟では、判決を早期に言い渡すことができるようにするため、証拠は書証と当事者尋問に限られます。もっとも、第一審の通常訴訟の手続による再審理を要求する機会は保障されています。手形・小切手金の支払を求める原告は、この類型の訴訟を提起するか、通常訴訟を提起するかを選択することができます。
>
> （3）　少額訴訟
> 　簡易迅速な手続により60万円以下の金銭の支払を求める訴訟です。この類型の訴訟は、「少額訴訟」と呼ばれます。この訴訟については、簡易裁判所の民事事件とその手続をご覧ください。
>
> （4）　その他
> 　その他の類型としては、離婚や認知の訴えなどの家族関係についての紛争に関する訴訟である「人事訴訟」（詳しくは、「家事事件」の「人事訴訟手続」を御覧ください。）と、公権力の行使に当たる行政庁の行為の取消しを求める訴訟などの「行政訴訟」があります。

　このように、裁判所が現に法律の規定に従って行っている裁判の種類であっても、分類自体が統一的なものとはなっていないのである。

(2) 裁判ではない紛争の解決手段

【裁判ではない紛争の解決手段とは】　裁判は、「裁判所」という組織が行う作用だけでないことは上で述べた。最近、裁判外紛争解決という言葉がよく使われるが、「裁判外」とは何であろうか。

【裁判外の紛争解決手続という仕組み】　裁判と非常によく似た形をとりながら「裁判」とは言わない紛争解決手段がある。他方で裁判所が行っているのに裁判とは思えないような一方的な「裁判」もある。その仕分けは非常に難しい。

　裁判類似の手続に従うが裁判の手続面での厳格さをやわらげ、また、裁判よりも迅速に解決を図る手段として、日本ではあっせん、調停、仲裁という裁判外の手続が普及している。もっとも正式の裁判所が扱う調停や仲裁もある（→43頁）が、ここでは、裁判所以外の機関が扱うこの種の紛争解決手段を紹介しておこう。その典型が裁判外紛争解決手続（ＡＤＲ＝Alternative Dispute Resolution）であり、2004年には裁判外紛争解決手続法（正式には、「裁判外紛争解決手続の利用の促進に関する法律」。「ＡＤＲ基本法」という略称が使われることもある）が制定され、訴訟手続によらないで民事上の紛争を解決する仕組みの骨組みが整えられた。ただ、この法律の適用のない裁判外紛争解決の仕組みも非常にたくさんあり、例えば交通事故による保険金請求事件などを扱うＡＤＲ機関も公益財団法人・交通事故紛争処理センターと公益財団法人・日弁連交通事故相談センター、その他があり、相談や和解手続に利用できる場所の数や、そこで提示される解決額などを保険会社が受け容れるかどうかなど、微妙な違いがあって、加害者側はどちら、被害者側はどのＡＤＲを利用するのが適切かについて、ＡＤＲ組織の構成や地域での実務の実態なども踏まえて、加害者・被害者とその代理人がよく利害得失を検討しなければならない場合もある。

　ただ、いずれにしても、証拠を提出して一定の主張をきちんとしなければ言い分は通らないという点で、裁判と似ていることは言うまでもない。

2　民事の裁判

(1)　民事司法の状況

【国民と裁判】　一般国民が裁判でイメージするのは、刑事裁判であることが多い。世間が注目する重大事件の被告人が法廷でどのように裁かれているか、この場合、一般国民にとって裁判は非日常の世界であるとの認識を前提とした関心であると思われる。

　しかし、国民と裁判の結びつきは、むしろ民事裁判に関しての方が日常的なものである。裁判所は、刑事裁判のみならず国民が身の回りで経験するトラブルや悩みから派生した法律問題、すなわち民事事件に対処することもその使命としている。そして、民事事件の場合、国民は裁判所を能動的に利用する立場となりうるのであるから、使い勝手がよいに越したことはない。ここでは、裁判所は、国民が容易にアクセスでき、多様なニーズにも応えてくれるという意味で頼りがいのある存在であることが何よりも求められているはずである（→90頁以下）。裁判は日常であり、国民はユーザー目線をもってよい。

【多彩な民事司法】　もっとも、犯罪の嫌疑をかけられた被告人の裁判という意味で、イメージが特定しやすい刑事事件に比べると、民事事件は多岐にわたっており単一のイメージではとらえにくい面がある。

　すなわち、裁判所における民事裁判と言っても、公開法廷での弁論・証拠調べを経て判決で終わる、狭義の民事裁判のほかに、裁判所は、多様な民事事件について、種々の形でこれに対応している状況にある。どういうことかと言うと、広い意味では民事に属する家庭関係の事件（家事事件）は、独自の理念に基づき、家事調停・家事審判・人事訴訟という形でもっぱら家庭裁判所において扱われているし（家事事件手続法、人事訴訟法）（→37頁）、通常の民事事件でも民事調停という処理がされることもあれば（民事調停法）、また非訟事件として処理される特殊な事件類型もある（非訟事件手続法）。さら

に、民事上の諸権利の保全を図る民事保全事件、権利の実現を図る民事執行事件、企業や個人の破産や再生等の倒産事件、金銭関係の請求について簡易に債務名義を得る督促手続、といったものも民事訴訟の周辺制度として民事司法の一翼を担っている。

(2) 民事司法の基礎としての民事訴訟

【民事訴訟と裁判所の管轄】　このように多彩な民事司法であるが、その基礎をなすのは狭義の民事裁判である訴訟事件である。それゆえ、通常の民事訴訟事件は家庭裁判所を除くすべての裁判所で扱われているが、これらは一定のルールに基づいた役割分担の関係にある。すなわち、審級管轄、事物管轄、土地管轄といった管轄ルールに基づいて、個々の事件を担当する裁判所が決まってくることになる。

　まず、審級制について知っておく必要がある。現代の裁判制度は、同一の事件について複数回の裁判を受ける機会を保障している。神ならぬ人間が裁判官となって行う裁判を前提に、一発勝負のリスクを避けたわけである。わが国の現行の審級制度は、原則として三審制をとっている。したがって、いくら重要な事件であるからといって、いきなり最高裁判所に訴えを提起することが認められているわけではない。すなわち、第一審、第二審（控訴審）、第三審（上告審）と順を踏む必要があり（後二者を「上訴」と言う）、最高裁判所が第一審となることはないのである。言い換えると、民事訴訟事件は、簡易裁判所、地方裁判所、高等裁判所、最高裁判所という4ランクの裁判所で三審制を確保しているので、第一審は簡易裁判所または地方裁判所、第二審は地方裁判所または高等裁判所、第三審は高等裁判所または最高裁判所、が担当するという審級関係が確立している。

　そうすると、これは第一審がどこで始まるかで、原則として、その後の上訴裁判所が決まってくることを意味する。そして、この第一審裁判をめぐる簡易裁判所と地方裁判所の分担関係を事物管轄と呼んでおり、当該民事訴訟の目的の価額（これを「訴額」と言う）を原則的な分担基準としている。具体的に言うと、簡易裁判所は、訴額が140万円を超えない訴訟事件を管轄し

(裁判所法33条1項1号)、地方裁判所はそれ以外の事件を管轄する（同24条1号）こととなっている。この分担基準額は、物価水準などに応じ数度にわたって改定されてきた。

さらに、同一レベルの下級裁判所は各地にあるので、個々の具体的事件をその中のどこで裁判すべきかに関しては、土地管轄について知っておく必要がある。すなわち、全国の各裁判所は地域分担が定まっており、おのおのの事件の関連地点（これを「裁判籍」と言う）の如何を土地管轄の基準としている。その基本中の基本は、応訴を迫られる被告の所在地の裁判所の管轄に属するという、つまりaway matchの考え方であるが（民事訴訟法4条1項）、事件の特性に応じて種々の特別の裁判籍の考え方が定められている（同5条以下）。

【地裁の民事訴訟】　地方裁判所は、通常の民事訴訟の第一審裁判所となるほか、民事保全、民事執行、倒産といった事件を専属的に扱っているので、最前線の裁判所である。

地方裁判所におけるここ10年の民事第一審通常訴訟事件の年間新受件数は15～23万件で推移している。その多くは金銭を目的とする事件や土地・建物関係の事件が占めている。そして、終結までどれくらいかかるか、審理期間であるが、近時とみに短縮化の傾向にあり、2012年（平成24）の既済事件のデータでは、全事件の平均が7.8ヵ月、対席事件（すなわち、争いのある事件）で11.6ヵ月となっている。民事・刑事を問わずすべての第一審事件を2年以内で終えることを目標とする裁判迅速化法が司法制度改革の一環として制定されたが、一般の事件は1年しかかかっていない。

地裁の民事訴訟事件における弁護士の選任状況は、原告・被告双方に弁護士がつくのが約38％、原告側のみ約40％、被告側のみ約4％、双方本人約18％、という割合になっている（2012年。[図1]）。法曹人口をはじめ司法に地域格差があることが知られていて、この選任状況も地域差があると思われるが、最近の司法統計では各地裁別データは公表されていない。

地裁事件の終局区分は、平均すると、判決が5割（対席3割、欠席2割）、和解が3割、取下げを含むその他が2割、となっている。判決で終わった事

図1　弁護士選任状況（地裁）

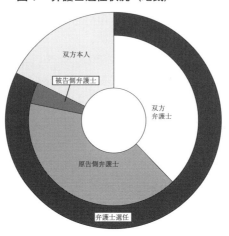

件の勝敗結果は、請求認容すなわち原告勝訴が約85％ほどである。相当の言い分をもって覚悟を決めて訴訟に臨んでいる原告の勝訴率が高いのは当然であるが、行政訴訟のように極端に原告の勝訴率の低い事件類型もある。

民事訴訟の勝訴判決や和解では金銭の給付を被告に命じていることが多く、この場合は原告にとってはそれが履行されて初めて訴訟を闘った甲斐がある。裁判所が執行や保全まで引き受けているのはそのためである。

【簡裁の民事訴訟】　同じ民事第一審訴訟といっても、少額の事件となる簡易裁判所のそれは地方裁判所のそれとは違った様相を見せる。

まず、簡易裁判所における最近の通常訴訟事件の新受件数は約40万件であるが、その大半は消費者信用絡みの貸金や売買代金の取立て訴訟である。その意味で、業者が原告、消費者が被告というケースが多数を占めており、被告側に本質的な争いがない場合が多い。原・被告が逆転する過払金返還事件も一時期多かった。審理期間は極めて短く、平均2ヵ月、対席事件でも2.8ヵ月に過ぎない。判決、和解、取下げの終局区分は、地裁の場合とそれほど変わらない割合であるが、対席判決と欠席判決の割合が簡裁事件では逆転している。

第2章　日本の司法を考える　31

図2　代理人選任状況（簡裁）

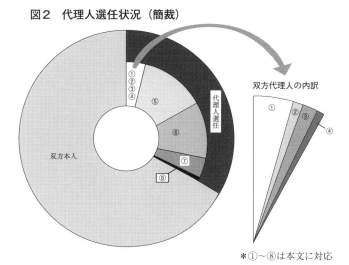

＊①〜⑧は本文に対応

　また地裁事件と比べて何よりも違うのが、専門家の関与状況である。司法書士の簡裁代理が可能になったので（→216頁）、簡裁事件は、代理人として弁護士または司法書士が関与しうると共に、裁判所側から司法委員が関与する可能性もあり、いろいろなパターンがあることになる。2012年（平成24）の司法統計でこれを示すと次のようになっている。
　もっとも、事件総数42万4,368件のうち、28万6,695件つまり3分の2は双方当事者本人となっている。残りの3分の1が様々なわけである。まず、双方に代理人がついているのは1万7,027件（4％）に過ぎないが、その内訳は①双方弁護士（1万4,774件）、②原告側弁護士・被告側司法書士（267件）、③原告側司法書士・被告側弁護士（1,808件）、④双方司法書士（178件）となっている。これに対し、一方にのみ代理人がついているのが12万646件（28.2％）で、その内訳は⑤原告側弁護士（5万2,953件）、⑥原告側司法書士（4万8,071件）、⑦被告側弁護士（1万5,905件）、⑧被告側司法書士（3,717件）となっている［図2］。かつては簡裁事件と言えば9割が双方当事者本人であったことを考えると、代理人がつく割合が高まったことがわかる。そして、これらのどのタイプに関与しているかのデータはないが、5万7,713件（13.6

％）について司法委員が関与しているとのことである（→263頁）。簡裁事件の訴額が高くなったことで、弁護士の関与が増える傾向にあるようだが、司法書士の関与はそれほど多くはなっていない。

(3) 民事訴訟の概要

【民事訴訟の進行】　民事訴訟とは、民事の紛争を裁判所が解決するための手続であり、必ず口頭弁論を開き（民事訴訟法87条）、証拠によって認定した事実に法律を適用した結果を判決という形で示すものであり、民事司法の中核に位置づけられるものである。

　民事訴訟は原告による訴えの提起（民事訴訟法133条）によって始まる。原告から提出された訴状は被告に送達され（同138条）、裁判長が口頭弁論の日を指定し当事者を呼び出す（現在、一部では、インターネットを利用した手続申立ても可能となっている、同132条の10）。争いのある事件は、必要に応じ立てられた審理の計画（同147条の3）に従い、争点や証拠の整理を経て、できるだけ集中的に証拠調べを行い（同182条）、判決へと至るものとされる。

　手続の中枢をなす口頭弁論は、公開の下で行われるが（憲法82条）、一般の民事訴訟はこれを傍聴する人もほとんどなく、実際には当事者の言い分は口頭ではなく準備書面という文書（民事訴訟法161条）を法廷で交換する形で示されることが多い。裁判官も訴訟代理人たる弁護士も同時並行でたくさんの事件を抱えていて、これに伴い準備書面を用意する時間も必要なので、口頭弁論期日は、1ヵ月おきくらいに設定されることが普通である。期日の実施回数は、1回で済むものから20回以上開かれるものまで、事案に応じて様々である。

　私的なレベルの紛争が対象となっている民事訴訟は、先に述べたように、途中で和解が成立し判決に至る前に終わることも多い。私的自治の原則の一環として、判決で黒白をつけるよりも当事者間で折り合いがつけばそれに越したことはないとの考えの下、裁判所は訴訟の程度の如何に関係なくいつでも和解の試みができるものとされている（民事訴訟法89条）。

【民事訴訟の基本原理】　民事の紛争を審理の対象としその解決を目的とする民事訴訟は、できるだけ当事者の自主性を尊重する形で進められる。言い換えれば、民事訴訟では当事者の果たす役割が重視され、そこから処分権主義と弁論主義という基本原理が導かれている。

いずれも私的自治の原則が民事手続上の原理として発現したものである。まず、処分権主義とは、訴訟の開始・終了、訴訟の対象が当事者の意思に左右されることを意味し、より具体的には、訴えなければ裁判はなく（民事訴訟法133条）、申し立てた範囲で裁判がなされ（同246条）、訴えの取下げ・請求の放棄と認諾・和解も当事者の自由意思にゆだねられている。そして、弁論主義は、民事訴訟にあって、事実・証拠に関する支配権が当事者にあることを明らかにしたものであり、具体的には3つの考え方からなる。第1に、事実の認定は当事者が主張したものによってのみなされること（主張責任の原則）、第2に、当事者間で争いのない事実はこれを真実と扱うこと（自白の拘束力）、第3に、争いのある事実の認定は当事者が申し立てた証拠によってのみなされること（職権証拠調べの禁止）、ということである。もっとも、これは民事訴訟において判決の言渡しまで裁判官の積極的な出番がないことを意味するものではなく、釈明権（同149条）の行使によって当事者の主張・立証を促しうることはむしろ当然のことである。逆に、事実と違い法律の適用が裁判官の専権であるとは言っても、法的な観点について不意打ちにならないよう裁判官と当事者の対話が必要であることも今日では疑いない。そして、争点の整理や和解の試みは裁判官の積極的なリードなしにはなしえないし、訴訟手続の進行面、すなわち期日の指定・呼出し、弁論の分離・併合・制限などは裁判所に主導権がある（職権進行主義）。総じて言えば、民事訴訟は裁判官と当事者の協働の営為にほかならない。

(4) 民事訴訟の実務

【争点整理手続】　訴訟事件として紛争が裁判所にきた以上、両当事者の言い分に食い違いがあるのは当然である。そうした中で当事者が期待する適正かつ迅速な裁判を実現するには、何がどう食い違っているのか、すなわち

争いの主要な点（争点）を絞り込み、それについて証人尋問等の証拠調べをすることが大事であろう。民事紛争は人間の生活の上で起きたものであるので、えてして当事者たちは感情的にもエキサイトしてしまっていることが多い。そのため、訴訟の開始段階では争いがどのレベルで生じているのかも混沌としているものである。例えば、AさんがBさんに貸したお金の返還を求めたところこれが拒否され訴訟になったという場合でも、①そもそも借りていない、②本来の返済期日がきていないのに事情の変更を理由に返還を迫られている、③既に返済したはずなのにまた返済を迫られている、というのでは、事件の中身は異なり審理で詰める事項も違ってくる。ただ相手の非を言い放つだけでは審理は空転するので、双方が具体的な主張を出し合い、何が問題の核心であるかを浮き彫りにすることが必要となる。そこで、現在のわが国の民事訴訟法は、早期に争点を整理するため3通りの手続を用意している。

　第1は、公開の法廷における口頭弁論期日の初期段階を自覚的に争点整理のために充てる準備的口頭弁論である（民事訴訟法164条〜167条）。第2は、公開の法廷ではなく準備室などでインフォーマルな雰囲気で争点を整理する弁論準備手続である（同168条〜174条）。そして第3は、期日を開かず準備書面の提出などによって争点整理を試みる書面による準備手続である（同175条〜178条）。第2、第3の争点整理手続では、裁判所と双方当事者の三者間を結ぶ電話方式（トリオフォン）も利用されている。

　こうした効率的な争点整理は、裁判の迅速化に寄与していることは間違いないが、民事訴訟の大半が弁論準備手続と和解期日に費やされ、公開の場が少なくなる傾向がある。そもそも民事訴訟の一般公開の意義をどう考えるかという問題もあるが、見えない部分が多くなっている現状をどう評価すべきかとの視点は必要であろう。

【証拠の収集】　民事紛争に関する裁判の結果は、詰まるところ証拠次第と言ってよい。裁判官とて神ならぬ人間であることを前提とした現代の裁判において、沈黙を貫く者に勝訴の保障はなく、むしろ負けに近づく（擬制自白、民事訴訟法159条参照）。

証拠は大きく分けると、書面などの文書が証拠となる物証と人間の経験や知識が証拠となる人証の２つがある。したがって、日頃からきちんと書面を管理している者は訴訟において優位に立ちうる。しかし、事件の決め手になるような証拠が常に自己の手中にあるとは限らないので、勝訴しようと思えば意識的に証拠を収集する必要が出てくる。資料や文献を揃えたり、専門家の意見を聴いたり、場合によっては私立探偵を雇ったりすることもあろう。そして、法廷で重要な証言をしてくれる証人を確保しておくことも必要であろう。

　また、制度的なものとして、適正な裁判の実現に向けて民事訴訟法が所定の証拠収集手続を設けており、これを有効に活用することも重要である。具体的には、①提訴前の証拠収集処分（民事訴訟法132条の２以下）、②当事者照会（同163条）、③文書提出命令（同221条）、④証拠保全（同232条）といった方法が用意されているが、広範かつ強力な証拠収集手段となっているアメリカのディスカバリーに比べるとまだ見劣りすると言われている。

【証拠調べ】　　何が当該事件にとって決め手となる証拠か、もちろんそれは事件によって異なる。一般に、地裁における民事訴訟は、書証の質と量が勝敗を分かつ鍵と言われる。すなわち、１事件当たり30件近い書証が提出されるのはごく普通のこととされる。裁判のシーンとして象徴的な証人や当事者の発言（いわゆる人証）が決め手になることは少なく、証人尋問を実施する割合は２割を切っており、採用人数も平均すると２人に満たない状況であるし、当事者尋問の実施すら証人尋問の実施率を少し上回るほどでしかない。

　この証人等の尋問は、争点および証拠の整理が済み次第集中的に行うべきものとされている（民事訴訟法182条）。尋問は、その申出をした当事者による①主尋問、他方の当事者による②反対尋問、裁判官による③補充尋問、という順番でなされるのが基本である（同202条）。尋問を効率的に行う上で、予め事件に関する事実関係等について供述した書面、いわゆる陳述書を提出する実務が定着し、これ自体も書面化している。

　鑑定（民事訴訟法212条以下）や検証（同232条以下）といった証拠調べも規

定されているが、実施率は極めて低い実情にある。もっとも、これらの証拠調べはすべての事件に必要なものではなく、医療過誤訴訟、建築瑕疵訴訟、筆界確定訴訟、知的財産訴訟といった事件、すなわち解決に法律以外の専門知識を要する事件であることが多い。長期化しがちな「専門訴訟」として、対策が必要となり、専門委員制度が活用されたり（同92条の2以下）、鑑定に関する法改正（同215条の2以下）や実務上の工夫が進められている。

【民事執行と倒産】　民事訴訟は確かに一般国民にとってもっとも身近な裁判であるが、リアルな生活レベルで考えると、これに接着した形で使われることの多い関連制度のことも忘れるべきではない。前述したように民事訴訟はかなり迅速に進むようになっているが、ある程度の時間は避けられないので、場合によって民事訴訟に先立って、暫定措置を講じておくことが必要になることがある。それが相手方の財産を仮に差し押さえる等の民事保全である。そして、民事訴訟の決着が着いた後も、それがあくまで観念の上での解決であるため、例えば判決で100万円の支払いを命じられた敗訴者が勝訴者に任意の履行をしないという状態を放っておいたのでは、勝訴判決は絵に画いた餅に過ぎないということになるので、これを具体的に実現する強制執行の制度が利用されることになる。強制執行では、裁判所が実力をもって判決内容の実現を図ることになる。具体的には、勝訴者の申立てを受け、敗訴者の財産を差し押さえてこれを換価しその代金をもって勝訴者の権利を満足させるのである（もっとも、ここに至るまでに、訴訟や強制執行の手続を弁護士に依頼すれば費用がかかり、仮に100万円の債権の場合、弁護士の着手金・報酬合わせて半分近くになる可能性がある）。こうした強制執行のほか、担保権の実行、財産開示制度などを民事執行と称している。さらに、義務があるのに任意に履行をしない状態が単発のものではなくなる、つまり不履行が多重的になってくると、民事執行ではなく、もっと事態に適合した対応が必要になってくる。それが、破産や民事再生などの倒産手続である。

　民事保全、民事執行、倒産手続は、いずれも民事訴訟に関連の深い裁判所の手続である。これらの手続は多くの場合、地裁が担当する（民事保全法12条、民事執行法44条・113条・144条、破産法5条、民事再生法5条）。

民事訴訟を始めとする民事司法が、国民にとって利用しやすく期待に応えうるものと実感されるようになるか否かは、司法改革の試金石と言ってもよいであろう。

《参考文献》

最高裁判所『裁判の迅速化に係る検証に関する報告書』(第1回～第5回)(2005～2013年)

佐藤岩夫＝菅原郁夫＝山本和彦編『利用者からみた民事訴訟』(日本評論社、2006年)

菅原郁夫＝山本和彦＝佐藤岩夫編『利用者が求める民事訴訟の実践』(日本評論社、2010年)

中野貞一郎『民事裁判入門〔第3版補訂版〕』(有斐閣、2012年)

日本弁護士連合会『民事司法改革グランドデザイン』(日弁連、2012年)

民事訴訟実態調査研究会編『民事訴訟の計量分析（続）』(商事法務、2008年)

民事訴訟制度研究会編『民事訴訟利用者調査2006年』(商事法務、2007年)

民事訴訟制度研究会編『民事訴訟利用者調査2011年』(商事法務、2012年)

三木浩一編『金銭執行の実務と課題』(青林書院、2014年)

和田仁孝＝太田勝造＝阿部昌樹編『交渉と紛争処理』(日本評論社、2002年)

(5) 家庭事件の処理

これまで述べてきた民事裁判の手続は、民事紛争を解決するための一般の民事訴訟手続や権利実現・保全などに関する手続であったが、民事紛争の中には、特に人の身分関係や相続・離婚などに伴う財産関係をめぐる紛争を解決したり、予防したりする特別の手続もある。これらは、家庭裁判所で扱われる。

家庭裁判所は、民事関係では、家庭に関する事件（家事事件手続法に規定された事件）の家事審判・家事調停と、人事訴訟事件（人事訴訟法に規定された事件）の第一審の裁判などを専門的に扱う（裁判所法31条の3第1項1号・2号。31条の3第3項も参照）（刑事関係では、少年事件の審判などを行う）。ここでは、通常の民事訴訟事件とは異なり、二当事者対立構造をとらず裁判所

が後見的な視点から裁量的に判断することが必要になる事件（例、成年後見事件等）もあり、また、裁判所の判断を求める前にまず話し合いによる解決が望ましく、しかも、非公開の手続で目的に即した判断が要請される事件（例、相続関係事件、離婚事件等）なども存在する。

　家庭事件の背景には、人間関係の調整的な側面があり、裁判官、家庭裁判所調査官、調停委員、参与員などのサポートを得て、原則的には当事者間で、将来に向けた適切な法的救済を創り上げることが期待されているのである（ただし、裁判所の後見的な判断が当初から必要になる場合もある。例、成年後見事件等）。調停委員や参与員は、民間人から選任されるので、司法への市民参加のシステムが裁判制度に組み込まれている（→262頁、265頁）。

　家事事件手続には、「別表第一」と「別表第二」の各事件が規定されている。前者には、例えば、後見開始、失踪宣告、相続放棄の申述の受理、氏や名の変更の許可、戸籍の訂正の許可などの事件があり、調停が行われず、審判で裁判がなされる。これに対して、後者には、例えば、婚姻費用の分担の処分、子の監護の処分、財産分与の処分、親権者指定、遺産分割などの事件があり、審判の前には、必ず調停を経る必要がある（調停前置主義）。

　人事訴訟は、身分関係の形成またはその存否の確認を目的とする訴訟である（人事訴訟法2条）。これには、例えば、離婚の訴え、認知の訴え、親子関係の存否確認の訴えなどがある。ここでも、調停前置主義が採用されており、例えば離婚訴訟を提起する場合には、提訴の前に、まず家庭裁判所に調停の申立てをしなければならない。

　いずれにせよ、戦後、「家庭に光を、少年に愛を」を標語として、アメリカのFamily Courtの制度をモデルに創設された家庭裁判所制度は、裁判所制度の中では、簡易裁判所と共に、利用者のアクセスに比較的配慮した市民に身近なシステムとなっているが、より一層の利便性の向上が望まれる。また、例えば成年後見事件や相続関係事件など遅滞の目立つ事件もあることから、今後より一層の手続の充実化と迅速化が望まれる。

《参考文献》
梶村太市『実務講座家事事件法〔新版〕』（日本加除出版、2013年）
北野俊光＝梶村太市編『家事・人訴事件の理論と実務〔第2版〕』（民事法研究

会、2013年)

松川正毅ほか編『新基本法コンメンタール人事訴訟法・家事事件手続法』(日本評論社、2013年)

3 裁判外の紛争解決

(1) 紛争と裁判所

　直前の第2章2では、民事訴訟を中心に日本の司法の姿を概観したが、私人間で発生する紛争はそのすべてが裁判所に持ち込まれるわけではない。裁判所の外でこれが解決されることも多くあり、そのようなサービスを提供する組織も存在している。それ自体は、もちろん固有の司法に属するものではないが、法が解決の指針となることも多いし、法律家が関与することも多い。その意味で、これへの目配りは司法を考える上で欠かせない。

　【権力者の裁判】　もともと、人間は自分の身の回りに起きた問題は自分で解決しようとするものである。しかし、相手のある話になれば、思うようにこれが運ばないことも出てくる。だからと言って、実力行使に出ては、第1章でも述べたが（→12頁）、社会の平穏は保てない。すなわち、目には目を歯には歯をで、敵討ちが横行して命がいくつあっても足りなくなってしまう。実力行使を控え、第三者に問題の解決をゆだねることをするのであるが、当初は第三者と言ってもごく周辺の第三者であったと思われる。その意味で、個別に発生した問題を裁くという営みは、当初は地域社会に根ざしたものであったと思われる。それがやがては、中央権力の作用として吸収され、つまり国の司法権の行使として裁判が行われるようになった。しかし、原始形態の裁判は、拠るべき法規範も調っていなかったので、裁く人次第という安定性を欠いたものであった。ときには、喧嘩両成敗と称して、両者に痛み分けを強いることもあった。

　最小限の人員で権威を振りかざす存在ではあったが、積極的になんでも受け入れて問題解決に腐心しようというサービス精神は欠いていた。

　【民刑事の分離と接近】　これを現代に当てはめても、裁判所は、理論的にも現実的にも、万能の問題解決機関などではないことがわかる。すなわ

ち、理論的には、裁判所はあくまで具体的に発生した「法律上の争訟」を処理する機関と構成されているし（裁判所法3条1項）、裁判は種々の条件の下に運営されているので、現実に裁判所に持ち込まれた事件でも争い方を誤れば、当事者適格がないだの訴えの利益がないだのと却下（門前払い）されてしまうことも少なくない。もちろん、裁判所の資源も有限であるから、何が持ち込まれても対応できるというものではない。

　しかし、人々の抱える不満や不服は大小様々である。ちょっとした相談にのってもらうだけである程度解決のつくもの、第三者のあっせんや仲介があれば折り合いがつきそうなもの、裁判所でとことん争い決着をつけなければならないもの、といろいろであろう。そして、それが法律的な問題であり裁判所でこれを扱うに適しているという場合も、裁判所では問題を所定のルールによってこれを切り分けて扱う仕組みとなっており、これが法教育の貧弱なわが国では人々に違和感を抱かせるものである。例えば、危険運転の被害者と加害者の関係で言えば、被害者の加害者に対する広い意味での処罰感情への対応は、法律的には、危険運転致死傷罪（刑事責任）、損害賠償（民事責任）、運転免許取消し（行政処分）と別々の側面に分けて現れることになり、被害者が直接に訴訟当事者として加害者と対峙し訴訟で責任を問うていけるのは従来は民事の損害賠償だけであった（民刑事分離）。しかし、近時、被害者対策の一環として、刑事裁判について被害者参加（刑事訴訟法316条の33以下）を導入すると共に、犯罪被害に係る損害賠償請求と刑事手続の連携が図られることになり（刑事和解につき、犯罪被害者等の権利利益の保護を図るための刑事手続に付随する措置に関する法律13条、損害賠償命令につき、同26条）、民刑事の接近現象が見られる（→80頁）。

　さて、民事の紛争について言えば、私的な事項なので、訴訟にするかどうかは当事者の任意の決断にゆだねられている。また、そもそも訴訟よりもそれ以外の方法による解決（ＡＤＲ（→26頁））が望ましい不満・不服・紛争も少なくないのである。その意味で、司法を民事の分野で考える際に、裁判所だけ見たのでは不十分なのである。

　以下では民事の問題について述べるが、これは刑事についてもありうる[知識1]。

【ＡＤＲの位置づけ】　今日、ＡＤＲと呼びうるものはわが国では多数存在している。そして、司法制度改革の一環としてもＡＤＲの拡充・活性化が重要課題として認識されることになり、意見書でも言及され、その後の改革推進本部でも検討会が設けられた。

　ここに至るまでにＡＤＲの評価は変遷した。すなわち、裁判に比べるとラフ・ジャスティス（二流の正義）ともされてきた。しかし、近時は、紛争の多様性に応じて処理方式も多様であるのがむしろ自然であるとして、ＡＤＲのメリットに注目が集まるようになったわけである。そして、裁判もＡＤＲも共に紛争の解決に資することを目指しており、相互に排斥し合ったり、絶対的優劣の関係にあるものでもなく、相乗的に活性化が図られるべきであるとの評価がほぼ定着するに至った。この点を、司法制度改革審議会は、ＡＤＲは「裁判と並ぶ魅力的な選択肢」と評することで、司法を論ずる際にＡＤＲも視野に入れるべきことを明らかにしたのである。

　審議会は、まず、ＡＤＲの特長を、簡易・迅速で廉価な解決、各分野の専

―― ワンポイント知識 1 ――

刑事司法とＡＤＲ　民事事件と違い、刑事では、犯罪者の処罰は刑事裁判を経てのみ行われるのが原則である。したがって、裁判外の処理（ＡＤＲ）といった発想はありえないように思われがちである。もとより、今日、私刑（リンチ）やあだ討ちの類が許されないのは当然としても、刑事でも非公式の処理ルートがありうる。すなわち、①警察段階での微罪処分、②検察段階での不起訴処分、③少年事件における不送致・不開始・不処分、等は正規の刑事司法ルートを回避するものである。さらに、外国に目を転じれば、刑事和解や刑事仲裁のプログラムが早くから存在している。これらは、民・刑責任統合による被害者の救済と関係するほか、ディバージョン（Diversion）と呼ばれ、刑事政策では重要なテーマとなっている。すなわち、価値観ひいては犯罪観の変動の激しい今日、犯罪者としてのラベリングの回避、司法機関の負担軽減などディバージョンのメリットは大きい。ただ、反面、非公式なルートゆえ、恣意に流れ不透明・不平等な扱いにならないかが問題点としてあげられている。アメリカで盛んな司法取引（plea bargaining）もこれに関係している。わが国でも参考に価する面もあろうが、功罪を見極めなければならない。

門家の知見の活用、プライバシーや営業の秘密を保持した非公開での解決、権利義務の存否にとらわれない実情に沿った解決、といったふうに整理した上で、これを一層活かせるようにすることが望ましいと考えた。そして、そのためにはＡＤＲに関する関係機関等の連携強化が必要なこと、総合的なＡＤＲアクセスを整備すること、担い手の育成の充実、さらには、ＡＤＲの法的基盤を確立するという意味で基本法を整備すること、などが提言された。

　その後の司法制度改革推進本部では、ＡＤＲ検討会がこれらの提言を具体化する作業を担うことになり、また概念的にはＡＤＲに包摂されるものであるが、仲裁について別に仲裁検討会が設けられ、長く懸案になっていた仲裁法の改正が実現した。また、労働事件の処理について検討してきた労働検討会も、ＡＤＲに分類可能な、労働審判という新たな仕組みを打ち立てた。しかし、ＡＤＲ検討会では、精力的、ときには激しい議論が交わされ、それが裁判外紛争解決手続法（→26頁）を導くに至った。

(2)　ＡＤＲの分類と見方

　【ＡＤＲの分類】　さて、ＡＤＲという言葉を使っているが、論者によって違ったイメージで使われることも多く、必ずしも一義的ではない。実際、これに属するとされるものは多数に及んでおり、そのどれを念頭に置くかでＡＤＲのイメージも異ならざるをえない。ＡＤＲについては専門家の間でも意見が異なり、一般国民の間でもＡＤＲの理解はまちまちの状態であるのが現実である。

　ＡＤＲを分類するに当たってもっとも大きなものは、裁判所の「内」のＡＤＲか裁判所の「外」かという区別である。前者の意味は、裁判所の用意する、訴訟以外のメニューということであり、調停や和解がこれに当たる。これに対し、後者は裁判所以外でなんらかの紛争処理に携わっているもののことを指し、わが国では数多く存在しているため、細分類を要するほどである。

　後者の裁判所外のＡＤＲの分類としてもっともオーソドックスなのは、設立基盤によってこれを分けることであり、行政型と民間型が区別されること

になる。まず、行政型とは、行政機関が担い手となるＡＤＲで、公正取引委員会や労働委員会などの独立の準司法機関と、中央または地方の行政機関に付設され専門的に所定の紛争処理に当たるもの、例えば、公害等調整委員会・都道府県公害審査会、建設工事紛争審査会、国民生活センター・消費生活センター、そして東日本大震災後に設置された原子力損害賠償解決センターなどがある。これに対し、民間型とは、民間ベースでなんらかの紛争処理に寄与せんとするものを言う。これには、交通事故紛争処理センターや日本商事仲裁協会などのように組織化したものと、クリーニング賠償問題協議会、医事紛争処理委員会、各種製品別のＰＬセンターなどのように業界の予算で業界特有の問題に特化して扱うものとがある［知識２］。民間型では法務省の認証をとっている場合とそうでない場合の両方がある。

　そのほか、自前のＡＤＲとでも言おうか、各企業の消費者（苦情）相談窓口があり、現実にはこの窓口で消費者と企業の相対で問題が解決することも多い。企業側も、スムーズな紛争解決が顧客確保や将来の商品開発につながるので、独自の相談・交渉システムをもって臨んでいるところも多い。また、最近では苦情処理という発想を止揚し、顧客満足（Consumer Satisfaction）へと発展を示す企業も増えている。

　以上のようなＡＤＲの動きは健全なものであるが、わが国では、事件屋・

―― ワンポイント知識２ ――

ＡＤＲとＰＬ（Product Liability　製造物責任）　1995年、わが国でもようやく製造物責任法が成立し施行されるに至った。製品の欠陥により生じた被害につきメーカーに損害賠償責任を負わせることで被害者の保護を目指す同法の制定は待望久しいものであった。同法はＰＬ訴訟をめぐる裁判実務に影響を及ぼすことになるほか、自動車製造物責任相談センター、家電製品ＰＬセンター、医薬品ＰＬセンター、住宅部品ＰＬセンターなど、製品分野別に欠陥製品事故をめぐる紛争の処理に当たるたくさんのＡＤＲを生み出した。専門店方式で迅速な救済という点で意義が認められるものの、これらのＰＬセンターは各業界の協力のもとに運営されていることもあり、中立性の点で疑問がないわけではなかった。実際、その後の実績には格差があり、早くに認証を取ったＰＬセンターがある一方で、開店休業状態のものもあるのが現実である。

取立屋・整理屋といった類により、紛争が闇のルートで処理されている現象もある。しかし、そこでの処理は正当性の担保がないものであり、いわゆる民事介入暴力、反社会勢力の問題である。安易に利用しないことが最大の撲滅策である。

【ＡＤＲの見方】　わが国においてＡＤＲにカウントされるものは多数存在する。しかも多様であるため、どれをもって典型例ないし平均像として議論をすべきかも迷うのが実情である。ここでは、個々のＡＤＲを把握するための分析視点をいくつか示しておきたい。

まず第１に、そのＡＤＲがどのような処理メニューを用意しているかである。一般に紛争処理の方法・態様としては、任意性の強い相談から強制性の強い裁定まで、「相談・苦情処理・あっせん・調停・仲裁・裁定」という具合に数パターンある。そのうちのどれを中心メニューとするか、そして使い分けの基準をどうしているか、その如何で各ＡＤＲの特徴がかなりはっきりしてくる。もっとも、わが国のＡＤＲは、実態としては、その名称に関係なく、調停が中心になるものが多数を占めている。

第２に、設立形態とも関係する点であるが、そのＡＤＲを誰が担っているか、言い換えれば、事件処理担当者のあり方である。役人・法曹・各種専門家・学識経験者など、誰がどういう形で関与し、その報酬はどうなっているかが、意外にＡＤＲの鍵を握る問題である。

第３に、取扱い範囲のあり方である。おそらく、ＡＤＲの多くは、紛争類型に見合った処理を試みるということで、扱う紛争の範囲を限定する、いわゆる専門店方式であろう。しかし、中には紛争類型をあまり限定せず、「駆け込み寺」的に万能型を標榜するタイプも存在している。

第４に、解決規範のあり方である。一般に、紛争解決規範の多重構造と言われ、裁判における解決規範とＡＤＲにおける調停や仲裁の解決規範は違うとされる。おそらく、ＡＤＲにおいては、厳格に法規範のみに頼ることなく、柔軟に実情に適った解決を志向すると思われるが、問題は、その実態である。各ＡＤＲの解決の質を問う視点ともなる。

第５に、紛争処理過程のあり方である。これは、裁判が形式化と遅延のイ

メージで語られるのに対し、ＡＤＲでは実質的でスピーディな解決が図られているといわれているものの、その実情がどうかである。ＡＤＲの定着は手放しで喜べることばかりではなく、効果的な利用で満足が得られることもあれば、窓口を誤ったり、担い手の不適切な対応で、かえって利用者に不満が残る場合もあると聞く。この点は、利用実績に関するデータや事例集が公表されていることもあるので、おのおののＡＤＲがどのような実態にあるか、きちんと見極める必要があるし、関係者の改善努力が続けられなければなるまい。

第６に、そのＡＤＲが認証機関かどうかである。これは、裁判外紛争解決手続法によってもたらされた新たな視点で、所定の要件を満たしたＡＤＲは法務省の認証を受け一定の効果を享受することになるものであるが（→50頁）、早々に認証を取ったＡＤＲがある一方で、従来からあるＡＤＲでも認証を取らないものもある。

こうした様々な見方があるということは、現実のＡＤＲが玉石混交でもあることを暗に示すものであり、利用者には使い分ける知恵が求められるが、情報不足もあってその見極めは必ずしも容易ではない。

(3) 和解とあっせん・調停・仲裁

これらはＡＤＲの典型と言われるものであるが、その場合、これは紛争解決の方法・手続を指している。すなわち、言葉の一般的な意味としては、①和解とは当事者間の自主的紛争解決、②あっせんと調停は第三者が当事者の互譲的解決を仲介するもの、③仲裁は合意によって選んだ第三者たる仲裁人による強制的解決、ということである。しかし、これらが裁判所との関係から、制度的な問題として限定的にとらえられている場合もあるので注意が必要である。簡単に触れておきたい。

【和解】　私的レベルの争いである民事紛争は、もともと当事者が自由に処分できる問題に関するものであるから、解決に際しても当事者が自主的に争いに決着をつけられるのであればこれに越したことはない。したがって、

裁判所において訴訟がなされている場合であっても、裁判所はいつでも和解の試み（和解勧告）をして自主的解決を促しうるものとされている（民事訴訟法89条）。実際、民事訴訟の3割強は和解で終結している（→29頁）。また、訴えの取下げ（同261条以下）も、その背後で私法上の和解（民法695条）が成立していることが多いとされている。さらに、簡易裁判所の事件処理形式として、即決和解（民事訴訟法275条）という方法も存在している。

裁判上の和解は、確かに有効な紛争解決方法であるが、黒白をつけたいと願って訴訟をしている当事者の意に沿わないこともありうる。その意味で、誰が和解のイニシアチブを取ったか（裁判官か、原告か被告か、代理人弁護士か）、対席方式か交互面接方式か、その実情まで踏み込んで評価することが必要であろう。

【調停】　裁判所外の各種機関が紛争解決を導く手法は、多くがあっせん、調停である。もっとも、わが国で調停と言えば、狭義の意味で、裁判所が提供する調停を指すのがむしろ一般である。簡裁が中心になって提供する民事調停、家裁が提供する家事調停は、共に相当数にのぼっている［表］。調停では、従来から民間から選任された調停委員が関与し、条理に適った解決に寄与してきたと言われている（→261頁）。

各種機関の調停も第三者が互譲的解決を促す点は同じである。わが国の司法における調停の占める地位を考えると（→264頁）、調停の進め方や技術についてより精巧な検討と改善努力が求められることになろう。

【仲裁】　仲裁は伝統的なＡＤＲであるが、わが国では、調停に比べると、低調であった。しかし、合意（約款による場合を含む）に基づくという点で自主的な紛争解決手段であるが、仲裁人の判断には従わなければならないという点で強力な紛争解決手段でもある。とりわけ、仲裁判断は確定判決

表　民事訴訟（第一審：地裁・簡裁）と調停事件の新受件数

（裁判所データブック2013より）

地裁	161,312	簡裁	403,309	民事調停	55,418	家事調停	141,802
				（うち、特定調停5,514）			

と同一の効力が認められており（仲裁法45条）、さらに執行決定を得れば（同46条）債務名義となり強制執行も可能であるから、実効性は高い。

　長い間法改正の動きからも取り残されてきたが、国際商取引、建設工事、知的財産関係などの紛争では、わが国でも仲裁の有効性が認識されていたし、近時は弁護士会の仲裁サービスも徐々に広がってきていた。意見書でも仲裁の充実が望まれたことから、その後の司法制度改革推進本部では独立にＡＤＲ検討会が設けられ、その成果として仲裁法の制定に至った。これによって、わが国の仲裁法制は面目を一新した。

　国際的な取引をめぐる紛争や専門的な事件では仲裁を重視するのは世界の流れとも言えるし、常設のＡＤＲ機関では、仲裁が背後に控えることで調停処理がスムーズに進むことも事実である。しかし、仲裁の質はこれを担う仲裁廷を構成する仲裁人に依存する面が多いこともあり、後述の認証ＡＤＲ（→50頁）の下でも仲裁はまださほど活発化していない。

(4)　これからのＡＤＲ

【世界のＡＤＲの潮流】　　ＡＤＲの拡充とこれに対する期待は、わが国だけの現象ではない。従来、ＡＤＲと裁判はトレード・オフの関係にあると思われていたが、現実はそう単純な図式ではない。例えば、アメリカでは、確かに増え続けた訴訟の一部がＡＤＲに流れたこともあったが、1960年代後半以降は、少額事件、家事事件、近隣紛争などの処理をめぐって、ＡＤＲの利点に着目する形でＡＤＲプログラムが発展した。裁判所付設の調停制度も充実し始め、民間のＡＤＲサービスも数多く登場するようになった。ロースクールの教育プログラムの中にはＡＤＲや紛争解決のための交渉術も充実してきている。裁判専門のケーブルテレビ局もあり、本当に紛争を抱える当事者がテレビで決着をつけるPeople's Courtというテレビ番組もある。また、わが国より先に改革が進み裁判所が使いやすくなったこともあって、裁判外のＡＤＲが少ないとされてきたドイツでも、賃貸借紛争、建築瑕疵紛争、多重債務処理、製造物紛争、医事紛争などのＡＤＲサービスが発展してきており、ＡＤＲの利用を勧めるパンフレットが裁判所に備え置かれている。

ところで、わが国のＡＤＲは、その実績と評価に関してなお千差万別の観がある。しかし、裁判所すなわち家裁や簡裁の調停に関しては、諸外国からも注目されるだけの実績がある。狭義の司法制度の改革がないままＡＤＲだけが充実するのは問題だが、現在の位置づけは、ＡＤＲの発展により裁判といい意味での相乗効果が実現されるというものである。

【ＡＤＲの総合窓口】　ＡＤＲの充実がもたらした紛争処理機能と正義の増大は、もちろん正しく評価されるべきである。しかし、一般に裁判所外のＡＤＲについては、宣伝不足もあり、事件吸い上げが十分でないものも多い。とりわけ、民間型のものは財政基盤の問題もあり、そもそも活動範囲が全国に及んでいない。さらに、これまでおのおののＡＤＲは必ずしも相互の連絡調整を取り合ってこなかった。情報不足もあり、現実に何かの紛争に直面した当事者からすると、おのおののＡＤＲがどう違っていて、どれが自分の紛争にとって最適の処理機関であるかわからないという問題が生じている（わかりにくい典型例は、交通事故紛争処理センターと日弁連交通事故相談センターであり、いずれも弁護士が中心を担っているが、利用者の自動車保険がどのセンターの裁定に従う旨の契約をしているかによって使い分けがされることになる）。

そこで、かねてからＡＤＲについては適切な振分けや相互乗入れに寄与できるような総合窓口的なものの必要性が説かれていた（大阪では20のＡＤＲサービスを統合した総合紛争解決センターが展開されている）。このたびの司法制度改革でも、このことは的確に指摘され、インターネット上に総合窓口（ポータルサイト）を整備すべきことが提言された。つまり、総合窓口と言っても、別に新たなハードを設けなくとも、総合案内のソフトを開発して各ＡＤＲが共有することでもある程度対応できよう。その前提として、個々のＡＤＲの情報が他のＡＤＲや利用者にもわかるようになることが望まれる。

総合法律支援法によって設置された司法ネット「法テラス」は、各ＡＤＲや専門家をネットワークの中に取り込んで総合窓口的な役割を担いうるものである。また、現在、次の４つがＡＤＲポータルサイトとしての機能を果たしている。「ADR Japan」「国民生活センター」「インターネットホットライ

ン連絡協議会」「かいけつサポート（法務省）」の４つである。学術的関心も広がり「仲裁ＡＤＲ法学会」が存在し、関係者を統括する「ＡＤＲ協会」もある。

【ＡＤＲ法の考え方】　ＡＤＲと裁判が決して排斥し合うものでないことは既に明らかであろう。一般に、ＡＤＲは簡易迅速性・柔軟性・安価性・非公開性を特長に、裁判は慎重性・厳格性・公開性を特長に、おのおのの持ち味の中で紛争の解決に寄与している。

　もっとも、個別の法規によってなんらかの法的基礎づけのあるＡＤＲはともかく、そうでない特に民間型のＡＤＲについては、いわばその効用も千差万別というのが実態であった。しかし、これでは利用者にしてみれば、予測可能性に乏しく利用しづらい面があった。そこで、裁判外紛争解決手続法の制定によってＡＤＲに基礎づけを与え、標準化を図ることとされた。これによって、例えば、ＡＤＲ利用の間の時効中断効（裁判外紛争解決手続法25条）、訴訟手続の中断（同26条）の効果が一定のＡＤＲには認められるようになった。ただし、ＡＤＲの解決に執行力を付与することは、見送られた。

　今回の裁判外紛争解決手続法でもっとも大きな点は、認証ＡＤＲという制度を導入したことである。これは法が定める所定の要件を満たすＡＤＲは、法務省の認証紛争解決事業者として、前述の時効中断効などの法的効果を享受できるというものである。認証第１号となった日本スポーツ仲裁機構を皮切りに、2014年８月現在、130のＡＤＲが認証事業者となっている。専門性や弁護士の関与による解決の適切さの確保、標準的な手続の提示や秘密保持、財政基盤と資金源からの中立性、といったことが認証の基準としてあげられている（裁判外紛争解決手続法６条１号〜16号）。

【ＡＤＲの課題】　このようにＡＤＲを裁判と並ぶ魅力的な選択肢として発展させるには、裁判に準じた成果が得られることがやはり前提となろう。その意味で、認証ＡＤＲ制度は国がＡＤＲの品質保証に乗り出す思い切った試みと言える。しかし、もともとＡＤＲはインフォーマルで自由度の高い紛争解決手段であったので、認証制度がＡＤＲを型にはめてしまうことで、か

えって発展を阻害しないとも限らない。また、認証を取るかどうかはおのおののADRの自由とされたわけだが、これが非認証のADRを二流扱いするような、形式的格づけとなってしまうのは好ましいことではない[**知識3**]。認証はあくまでADRとしての標準を意味するに過ぎず、認証の有無に関係なく、今後も紛争解決の選択肢としての魅力を追い求めてほしいところである。もっとも、裁判外紛争解決手続法は、認証ADRという新たな枠組みの実現となったが、これによって活発な利用を当然にもたらすものではなかった。そこで、金融ADRが典型であるが、個別の分野ごとにADRで紛争処理を推進させるべく、対策が講じられたものもある。これも格づけの契機であるが、ADRの可能性はこうした権威づけにとどまるものではないはずである。

《参考文献》

小島武司編『ADRの実際と理論』（中央大学出版部）Ⅰ（2003年）・Ⅱ（2005年）

仲裁ADR法学会編『仲裁とADR』1～9号（商事法務、2006～2014年）

仲裁ADR法学会＝明治大学法科大学院編『ADRの実際と展望』（商事法務、2014年）

「特集／ADRの現在」法律時報85巻4号（2013年）

早川吉尚ほか編『ADRの基本的視座』（信山社、2004年）

山本和彦＝山田 文『ADR仲裁法』（日本評論社、2008年）

ワンポイント知識3

ADRの格づけ　裁判外紛争解決手続法によるADRの認証制度の発足は、これまで公的な存在基盤をもつことの少なかったADR機関のありようを大きく変えた。所定の要件をみたしたADRは法務省によって認証され一定の法的効果も享受できるようになり、利用者にとっても質が確保されている安心感につながる。特に、隣接法律専門職が運営するADRはこの法務省認証を獲得することが多い（逆に、弁護士中心のADRは認証に必ずしもこだわっていない）。もっとも、認証がただちに活発な利用につながっているわけではない。中には、金融ADRのように、金融商品取引法などの関連法規で紛争処理機関としてADRを公式に位置づけ、財務省などの関係官庁の認証を得て活発な利用につながっているものもある（この場合、二重の認証を受けたADRということになる）。

和田仁孝編『ＡＤＲ──理論と実践』（有斐閣、2007年）
ADR Japan（http://www.adr.gr.jp/）
かいけつサポート（http://www.moj.go.jp/KANBOU/ADR/adr01html）

4　民事事件における日本人の法行動と法意識

(1)　日本の訴訟率

　他の先進国に比べて、日本における人口当たり民事訴訟件数は極めて少ない。これは日本人が格段に訴訟嫌いなためだという理解が、国際的な通説となってきた。厳密には、紛争が発生する頻度が違えば訴訟制度を利用する必要性も変わるのだから、人口当たり民事訴訟件数、つまり訴訟率で国際比較を行うのではなく、紛争当たり民事訴訟件数、つまり訴訟選択率を計算しなければならない。しかし、そのような調査には多大の費用と時間がかかる上に、紛争かどうかの認識も人によって異なる可能性があり、正確な測定は難しい。そこで、訴訟選択率の代用として、訴訟率が使われる。
　訴訟率で国際比較を行う場合、紛争発生頻度は国によって大きな差がないという仮定を置くことになる。この仮定が許容されるのは、民事紛争の場合、同じような経済発展段階にある国々の間に限られるであろう。
　しかし、訴訟率の比較自体、簡単ではない。国によって、裁判所が取り扱う紛争の範囲が違うだけでなく、裁判所が取り扱う場合であって、一定の紛争類型を通常の民事訴訟とは別の特別の手続に振り分けている国もあるからだ。そのため、この問題を検討したドイツの法学者クリスチャン・ヴォルシュレーガーは、どのような手続によるものであれ裁判所が紛争処理に関与した件数を、訴訟率計算の対象とすることを提唱した。例えば、英米法圏諸国やイスラエルでは、ほとんど全部が通常訴訟であるが、ドイツやスウェーデンでは、債権回収の特別手続が圧倒的多数を占めるし、日本では、債権回収特別手続のほかに調停が大きな比重を占めることになる。
　このアプローチによれば、日本の訴訟率は、通常訴訟だけを取り上げた場合よりも高率になるはずである。それにもかかわらず、ヴォルシュレーガーの分析では、1990年頃の比較で、人口1,000人当たりの訴訟率が、最高のイスラエル、ドイツ、スウェーデンなどでは100件前後、アリゾナ州、イングランド、ニュージーランド、フランスなどでは60件台から40件であったのに

対して、日本では6件に過ぎなかった。このことは、日本では裁判所利用がいかに低調であるかを示している。

このように、日本の訴訟率、あるいは裁判所利用率が極めて低いことは、否定できない事実である。それでは、なぜそのように低いのだろうか。この問に対する3つの代表的な回答を順次見ていこう。

(2) 文化説

【日本人の法意識】 日本の低訴訟率に関して最初に現れた体系的説明は日本人の法意識に注目するもので、川島武宜が、1967年に『日本人の法意識』で提唱した。川島が問題としたのは、日本でも近代的な法制度が整備されてきたのに、人々はそれを利用しないという、制度と行動のギャップである。

そのギャップを説明するために、川島は法意識に注目した。川島によれば、近代的法制度が予定する法意識は、権利・義務の判断基準が客観的に存在し、義務が限定的・定量的なものであることを認めて、他者の権利と自己の義務を進んで認めるというものである。ところが、日本人の間では、義務の内容を非確定的かつ非限定的なものとしてとらえ、法規範の内容を不確定的なものと考えたり、法規範が規範であることを否定したりするような思考枠組が支配的になっている。平等かつ普遍的に適用される公式の法制度によって社会関係を規律しようとせず、当事者間の特殊な関係に基づく影響力で処理しようとしたり、相手との事実上の上下関係を考慮して権利主張を断念したりするというのである。

川島によれば、日本人の多数がこのような法意識を共有しているのであるから、それはまさに日本人の文化を構成していることになる。そこで、川島の説明は、文化説と呼ばれている。

【民事訴訟と法意識】 川島によれば、裁判制度は、紛争事実を明確にした上で、当事者の権利・義務を明確かつ確定的なものにすることを目標にしている。一方、日本では、権利義務が明確・確定的ではないということによ

って当事者間の協同体的な関係が成立、維持されており、訴訟は黒白を明らかにし、協同体的な関係の基礎を破壊するものと考えられている。そのため、訴訟をあえて行うには大きな心理的抵抗に打ち勝つことが必要なため、訴訟は避けられることになる。

こうした川島の主張は、日本国内外で広く通説として受け入れられた。

川島が論じたのは主として紛争当事者の法意識であったが、そのような法意識に基づいて、他者の訴訟を非難することがある。例えば、1983年には、隣人に預けた子供が事故死した責任を問うて隣人に対して訴訟を提起した事件が、社会問題となった。第一審が原告を勝たせたことが報道されるや、全国から原告に非難が浴びせかけられ、結局は訴えを取り下げたのである。このような社会的制裁が出現すること自体、日本人の多くが共有する文化の作用として解釈することができるであろう。

【近代化と法意識】　川島自身は自分が描写した日本社会の現実には極めて批判的であった。川島は、日本社会のあるべき将来像として、権利・義務関係が確定的・限定的で、当事者の社会的関係に関わりなく同一の原理が平等に適用される社会を望んでいた。

そこで問題は、そのような変化の可能性はあるかどうかということになる。川島は、自分が描写した法意識は日本社会の伝統的・封建的な構造に基づくものであり、日本社会の近代化と共に法意識も変化し、公式法制度の利用も活発になると考えていた。『日本人の法意識』は、人々はより強く権利を意識して、主張するようになり、訴訟をより頻繁に利用するようになるであろうという予測で閉じられている。

(3)　機能不全説

【訴訟遅延と弁護士不足】　文化説に対する本格的な反論は、川島の論理を逆手に取る形で提起された。すなわち、伝統的法意識が社会全体の近代化と共に減少するとすれば、戦前よりも戦後の方が、訴訟率が高いはずであるが、統計上はそうなっていないという指摘である。この批判は、アメリカの

日本法学者ジョン・O・ヘイリーによって1978年に提起され、すぐに日本語に翻訳された。ヘイリーは、人口当たりの民事訴訟新受件数を見ると、1934年は1974年の2.2倍であり、人口当たり弁護士数も1930年前後が最高であったことから、公式法制度の利用度を決定するのは、法意識の近代性・前近代性という文化的要因ではない、と考えたのである。

そこでヘイリーは、法制度の機能不全という要因に注目した。裁判所の過剰負担の結果としての訴訟遅延と、弁護士不足とが、訴訟の利用を阻害すると言うのである。ヘイリーは、このような仮説に基づいて、毎年の人口当たり民事訴訟新受件数を、(1)全人口に対する農業人口比、(2)第一審事件総数に対する3ヵ月以内終了(つまり迅速な訴訟)の割合、(3)同じく1年以内終了(つまり訴訟遅延)の割合、(4)人口当たり弁護士数、などの要因で説明する重回帰分析を行った。その結果、訴訟を促進する効果をもったのは(1)(2)(4)であり、訴訟を阻止する効果をもったのは(3)であった。(2)(4)と(3)に関する結果はヘイリーの仮説通りであるし、(1)に関する結果は、社会の近代化が訴訟の利用に直結するわけではないことを示すというわけである。

【訴訟回避の制度的要因】 訴訟遅延や弁護士不足以外にも、法制度側の要因をあげることはできる。訴訟による成果の見込みという要因も、その一つであろう。例えば、実損額の2倍、3倍といった懲罰的損害賠償が得られる国に比べて、実損分しか回復できない日本では、訴訟を利用することのメリットがより小さく感じられるであろう。しかも、勝訴しても相手方から自己の弁護士費用を取り立てることができないのである(→94頁)から、賠償額から弁護士費用を差し引けば、実は実損分すら回収できない。また、日本では差止めが認められにくいので、差止めが認められやすい国に比べて、訴訟が利用される範囲は当然に限定されることになる。

さらに、民事法律扶助制度の充実の程度も、費用との関係で重要な要因となる。日本の民事法律扶助制度は、長らく日本弁護士連合会(以下「日弁連」と言う)が設立した財団法人法律扶助協会が実施してきたが、2006年には、国費によって運営される日本司法支援センター(通称「法テラス」)が担当するようになった(→97頁)。しかし、制度の基本構造は変わっていな

い。すなわち、法律扶助が受けられる者は所得水準で下位5分の1ほどに過ぎず、貸与制で、利用者は原則として償還しなければならない。

【機能不全の政治的背景】　このように、日本の法制度が訴訟を促進する仕組みになっていないことは、文化説の支持者も認めるであろう。しかし彼らは、そのこと自体、国民全体の支配的法意識の結果であるとして、機能不全説に反論するに違いない。ところが、法制度の機能不全の背景についても、文化説とは異なった仮説を考えることができる。

例えば、アメリカの日本法学者フランク・K・アッパムは、環境保護、同和地区、雇用機会の性的差別、産業政策などの分野を事例として、非公式の紛争処理機関や行政的な紛争処理手段が好んで使われていることに注目した。そして、公式の法制度の発達の遅れを、自己の利益に反する法的権利が形成されることを恐れたエリートたちが、非公式処理の機構を意識的に導入・維持してきたことによって説明したのである。この仮説を拡大すれば、裁判官・弁護士の不足、裁判による救済の限界、法律扶助の未発達などの現象も、公式法制度の整備を望まないエリート側の努力の結果として説明されることになる。

このようにして機能不全説は影響力を増しつつあったが、その後さらに、機能不全説をも批判する議論が現れた。それが次の予測可能性説である。

(4)　予測可能性説

【法の経済分析】　法現象に対する学際的研究として、アメリカのロースクールでは、法の経済分析が支配的になっている。立法や法解釈の妥当性を経済的効率性という基準によって判断し、法律に関する人間の行動を富の極大化を求める行動の一環として説明するのである。このような法の経済分析は日本法研究にも影響を与えた。『法と経済学』と題する書物を、日本法を素材として日本語で著す日本法学者が現れた。

日本法学者のマーク・ラムザイヤーは、『法と経済学』の第2章で、文化説と機能不全説を共に批判した。日本で訴訟が利用されず、非公式的処理が

行われるのは、訴訟結果の予測可能性が高く和解が成立しやすいからであって、その意味で法は有効に機能しており、法が機能していないことを問題とした文化説と機能不全説は両方とも誤っているというのである。

【交通事故の処理】　ラムザイヤーは、「当事者は、合理的に自己の富を極大化する手段を通じて紛争を解決している」と仮定して、判決結果が当事者双方に対して予測可能であって、裁判外の処理でも被害者が加害者から損害の法的賠償額に当たる金額を支払ってもらっている場合には、合理的判断の結果として訴訟が回避されると考える。そして、交通事故の処理に関するデータによって、自分の仮説を検証しようとした。

まずラムザイヤーは、交通事故死亡者数に対する保険金支払事件数の割合を検討して、その高さから、日本人が法的利益の追求を諦めているとは思われないと論ずる。その上で、(1)陪審制度が採用されていない、(2)訴訟は、長期間、断続的に、裁判官と何度も相談する制度である、(3)判決内容の統一のために損害賠償額の算定方法や過失相殺率の基準が公表されている、(4)アメリカでは連邦と50州に別々の法制度があるのに対して、日本では法制度が1つしかないといった理由をあげて、日本での判決の予測可能性は高いと主張する。そしてさらに、裁判所の平均認定損害額に対する保険会社の平均支払額の割合を計算して、裁判外でも相当高率で支払いを受けていることになると述べる。

このようにしてラムザイヤーは、交通事故に関する限り、法制度がうまく運用されているから訴訟率が低いのだと主張する。和解によって当事者は費用を節約しており、納税者は裁判所制度への予算を節約しており、裁判官は明確な基準を示して自己の役割をうまく果たしているというのである。

【説明の論理と制度の評価】　このようなラムザイヤーの理論は、日本の法制度の現状を前提とすれば訴訟をしない方が合理的であることを説明するだけであって、そうであるからといって、制度の現状を肯定的に評価すべきであるということにはならない。なぜならば、交通事故のように保険制度が存在していて、裁判外の処理でも裁判による処理に近い結果が得られる紛争

類型は稀なのであって、日本でむしろ多いのは、行政庁を相手とする紛争のように、裁判外の交渉で満足できる結果を得ることが困難なのはもちろん、裁判を起こしても満足できる結果が得られないという意味で、裁判による結果と裁判外の処理による結果が一致する場合だからである。

　訴訟でも訴訟以外でも何も得られないとすれば、被害者の多くは泣き寝入りせざるをえないが、それもまた、制度の現状を前提とすれば合理的な行動であるから、ラムザイヤーの説明の論理は、交通事故の和解の場合と同じように当てはまる。しかし、その現実を肯定的に評価するわけにはいかないであろう。しかも、交通事故の場合ですら、定型化・定額化している損害賠償額が低過ぎるとすれば、なおのこと、訴訟結果の予測可能性が高いからといって、制度を肯定的に評価することはできないのである。

　したがって、機能不全説と予測可能性説は、ラムザイヤーが強調するほど対立するものではなく、むしろ多くの状況では補完的なものである。予測の内容に、訴訟遅延、高い訴訟費用、探しにくい弁護士、勝訴して得られるものの乏しさといった機能不全の実態をも含めて考えれば、訴訟は非合理的行動であり、訴訟回避は合理的行動なのである。

(5) 支配的文化論の影響と現状変革の可能性

　このように見てくると、根本的に対立するのは、文化説と機能不全説であるように思われる。日本の公式法制度の能力が乏しく、訴訟の回避を奨励する構造になっていることを認めた上で、その背後に訴訟による紛争処理の正当性を否定する文化が存在すると考えるか、それとも、公式法制度の能力向上、とりわけ訴訟の拡大を歓迎しないエリートの努力が存在すると考えるかという対立である。

　しかし、実はこの両者も両立しうる。なぜならば、訴訟による紛争処理の正当性を否定する文化自体も、訴訟の拡大を歓迎しないエリートによって主張され、維持されてきたと考えることができるからである。しかも、公式法制度が訴訟を促進する方向で改革されることによって利益を受けるはずの人々も、その制度改革が容易に実現しないとすれば、自己の利益に反する現

実を正当化する文化的説明を受け入れる可能性がある。なぜならば、好ましくない現実が変更し難いものであるとき、それを物事の自然なあり方として説明してくれる発想が提供されれば、人々は現実を受け入れて生きることができるからである。もっとも、そのような心理的プロセスは自覚的なものである必要はない。支配的文化論を受け入れている人々の中で成長する過程で無意識的に支配的文化論を受け入れていくというのが、実態であろう。

　この点について、棚瀬孝雄は、エリート側が、公式法制度へのアクセスを制約するだけではなく、十分ではないにしても相当の満足が得られる代替的紛争処理制度を常に提供した結果、一般市民は、代替的紛争処理制度の利用を当然視するようになり、最終的には制度の人為的性格を認識しえなくなるのであると述べている。また、ヘイリーは、日中戦争から第2次大戦に至る時期に最高潮に達した調停の文化的正当化と弁護士への蔑視の効果が、戦後も人々の意識に影響を及ぼし続けてきたと論じている。そして、最近では、日本的労使関係、「和」の精神、法意識の弱さ等、従来は日本の伝統に基づくと理解されていたものが、実は近代になって作り出され、維持されてきたものであることを示す研究も現れている。

　支配的文化がそのように形成され、維持され、受け入れられてきたとすれば、それは、現実に疑問を感じる人々にとっても、現実を受け入れることへの心理的抵抗を緩和し、現実と妥協することを促す効果をもつであろう。アメリカの法学者ロバート・ゴードンによれば、支配的文化論を受け入れている人々は、既存の秩序が満足できるものであると信じ込んでしまい、自分の状況が現在のものとは異なったより善いものでありえたかもしれないということを想像することさえ困難になっていくという。したがって、日本の法制度の現実が変わりうるとすれば、それは、一般国民の多くが、制度の現状によって自己の利益が損なわれていることを明確に自覚すると共に、既存の法制度を変えることの可能性を認識しえたときであろう。

(6) 司法制度改革の意義

　このように考えると、司法制度改革審議会（以下「審議会」と言う）が、

1999年12月に自ら取りまとめた『論点整理』において、日本では法制度が「国の血肉」と化してこなかったという認識を示し、司法制度と法曹の役割を大幅に拡大すると共に、国民自身を法制度運用の主体とすることを基本方針としたことの意義は大きかったと言える。

　残念ながら、2001年6月に提出された『意見書』の内容は、多くの点で妥協的要素を残していた上に、『意見書』が提示した改革課題は、現実の立法過程の中でさらに後退していった（→302頁以下）。とは言え、司法制度や法曹のあり方についてこれほどの議論を巻き起こすことに成功したということ自体において、審議会は、ゴードンが指摘するような支配的文化論の呪縛を弱める役割を果たしたと言える。

(7) **裁判所利用の変化**

　それでは、ヴォルシュレーガーが国際比較を行った1990年から2012年までの間に、日本の裁判所利用はどのように変化したのであろうか。地裁・簡裁の新規受理事件について、ヴォルシュレーガーが注目した通常訴訟、督促、民事調停、家事審判、家事調停に示すと、[**表1**]のようになる。裁判所の活動のすべてを含むものではないが、裁判所利用の変化を概観することはできるであろう。

　通常訴訟件数は、2006年と比べると減少してはいるものの、1990年当時と

表1　通常訴訟、督促、民事調停、家事審判、家事調停数の変化

	1990年	2006年	2012年		1990年	2006年	2012年
地裁通常訴訟	100,212	182,290	161,312	地裁民事調停	1,867	1,541	7,228
簡裁通常訴訟	96,635	475,624	403,309	簡裁民事調停	59,120	254,013	48,627
（合計）	196,847	657,914	564,621	（合計）	60,987	255,554	55,855
簡裁督促手続	435,967	364,665	281,724				
	1990年	2006年	2012年				
家事審判	245,609	583,426	672,690				
家事調停	85,099	130,061	141,802				
（合計）	330,708	713,487	814,492				

（司法統計年報より作成）

比べると大幅に増加している。民事調停件数は一時的に急増した後、1990年の利用件数を下回るところまで減少しているが、これは過払い返金バブルが崩壊したためであろう。1990年当時と比べて、通常訴訟に占める簡裁の比重が高くなったのは、2004年に簡裁の管轄が90万円から140万円に引き上げられたことも、その一因となっている。今世紀に入ってから、通常訴訟も調停も減少してはいるが、通常訴訟が調停よりもはるかに多いことに変わりはなく、日本人は訴訟よりも調停を好むという文化説の主張は、支持し難いと思われる。

　問題は、このような裁判所利用の増加をどのような要因で説明すべきかである。経済状況の変化や家族関係の変化によって紛争自体が増加したからなのか、日本人の法意識が川島の期待したように変化したからなのか（もしそうなら、その要因は何か）、裁判所改革・法曹増員などによって司法制度の機能不全が改善されつつあるからなのか、裁判所以外の機関や地域による非公式の紛争処理機能が衰退してきたからなのか。おそらくは、これらを含む複数の要因が作用していると考えるべきであろうが、それぞれの要因の相対的な影響力はどのようなものであろうか。

　これらの問に答えるには、慎重な実証分析が要求されるが、残念ながらそのような研究はまだ現われていない。そこで以下では、民事訴訟利用者に関する調査と、問題経験者に関する調査の、2種類の調査の知見を紹介したい。

(8)　民事訴訟利用者の動機

　審議会は、国民に利用しやすい民事訴訟制度の在り方を検討するための資料として、民事訴訟利用経験者の調査を行った。調査結果は審議会ホームページで公表されたほか、調査に関与した研究者たちによって、さらに立ち入った二次分析の結果が発表されている。

　民事訴訟を提起した原告が訴訟を利用した動機は、[**表2**]の通りであった。この回答からは、訴訟には自己の権利・利益を認める公正な解決が強制力を伴う形で与えられることを期待しているが、他方では、同じ解決が裁判

外で得られるならばそれで満足する、という態度が想像できる。訴訟提起に躊躇したという原告は46.2%しかなく、躊躇を感じた理由も、世間体のような文化説に適合する理由よりも、時間や費用など機能不全説に適合する理由をあげる者の割合が高くなっている [表3]。

ただし、これらの結果は訴訟を利用した者から得られたものであって、紛

表2　訴訟を利用した動機

	強く・少し思った	どちらともいえない	あまり・全く思わなかった
権利の実現、権利を守る	86.7%	7.9%	5.4%
経済的利益を守る	84.8%	7.6%	7.6%
自由・プライバシーを守る	21.4%	16.0%	62.6%
名誉や自尊心を守る	31.9%	16.0%	52.1%
公正な解決への期待	91.8%	4.7%	3.5%
強制力への期待	80.4%	11.1%	8.5%
相手を懲らしめる	36.4%	16.9%	46.6%
相手の交渉拒絶	78.2%	13.0%	8.9%
白黒をつける	81.6%	9.2%	9.2%
公の場での議論への期待	45.1%	19.0%	35.9%
裁判官との対話	37.9%	18.8%	43.3%
他に手段なし	88.3%	7.9%	3.8%
勝てると思った	81.3%	14.6%	4.1%
人に勧められた	18.5%	14.3%	67.2%

(『「民事訴訟利用者調査」報告書』より作成)

表3　訴訟を躊躇した理由

	強く・少し思った	どちらともいえない	あまり・全く思わなかった
費用がかかると思った	67.2%	5.6%	27.2%
時間がかかると思った	72.0%	6.3%	21.6%
対立が決定的になると思った	36.6%	16.8%	46.6%
世間体が悪いと思った	19.9%	12.7%	67.4%
負ける可能性が大きいと思った	14.6%	18.4%	67.0%
人に知られたくなかった	18.0%	11.3%	70.7%
準備が大変だと思った	31.1%	13.9%	55.1%
人にやめるようにいわれた	4.1%	9.0%	86.8%

(『「民事訴訟利用者調査」報告書』より作成)

争を経験しながら訴訟を利用しなかった者の動機その他の要因は不明である。そこで、紛争経験以前の問題経験の段階からデータ収集を行った、次の調査結果を見てみよう。

(9) 問題処理行動の国際比較

これは、法律問題の経験から訴訟に至る問題処理行動がどのように展開するのか、その各段階で作用する要因はいかなるものであるかを解明しようとした調査である。

この調査では、調査対象者が過去5年間に民事の法律問題となる可能性のある問題を経験したかどうかから出発する。そして問題経験をベースに、相手方との接触、紛争発生、弁護士などの利用、裁判所利用と、問題処理過程を辿っていくと、日米間の差はさほど大きくない。しかし村山によれば、個別の問題類型で見ると、例えば事件・事故や雇用、離婚問題などでは、相手方と接触する割合は、日米で大きな違いはないものの、裁判所利用に至る割合は日本の方が低かったという。相手方と接触する割合や、接触後に紛争に至る割合、つまり妥協が成立しない割合がアメリカと同程度であることは、文化説と適合しないと言えよう。

以上、日本人の法意識と法行動に関する法社会学的研究の代表的なものを紹介してきた。法行動の一種としての裁判所利用は、全体的に見て、明らかに増加している。問題は、その要因であるが、その結論はまだ出ていない。しかし、少なくとも、日本人の法意識を固定的なものとしてとらえ、それによって法行動を説明すると共に、そのような行動を引き起こしている制度の現状を正当化するという論法が説得力を失ったことは、否定できないであろう。

《参考文献》
川島武宜『日本人の法意識』(岩波新書、1967年)
クリスチャン・ヴォルシュレーガー／佐藤岩夫訳「民事訴訟の比較歴史分析(1)」法学雑誌48巻2・3号 (2001年)
佐藤岩夫＝菅原郁夫＝山本和彦編『利用者からみた民事訴訟』(日本評論社、

2006年）

司法制度改革審議会『司法制度改革に向けて――論点整理』http://www.kantei.go.jp/jp/sihouseido/pdfs/1221ronten.pdf（1999年）

司法制度改革審議会『「民事訴訟利用者調査」報告書』http://www.kantei.go.jp/jp/sihouseido/tyousa/2001/survey-report.html（2000年）

司法制度改革審議会『司法制度改革審議会意見書』http://www.kantei.go.jp/jp/sihouseido/report/ikensyo/pdf-dex.html（2001年）

ジョン・O・ヘイリー／加藤新太郎訳「裁判嫌いの神話（上）（下）」判例時報902号・907号（1978年）

田中英夫＝竹内昭夫『法の実現における私人の役割』（東京大学出版会、1987年）

星野英一編『隣人訴訟と法の役割』（有斐閣、1984年）

マーク・ラムザイヤー『法と経済学』（弘文堂、1990年）

民事訴訟制度研究会編『2006年民事訴訟利用者調査』（商事法務、2007年）

民事訴訟制度研究会編『2011年民事訴訟利用者調査』（商事法務、2012年）

村山眞維＝松村良之編『紛争行動調査基本集計書』（有斐閣学術センター、2006年）

村山眞維「問題経験と問題処理行動の国際比較」小島武司先生古稀祝賀『民事司法の法理と政策（下）』（商事法務、2008年）

山本和彦ほか「民事裁判利用者実態調査の分析＜座談会＞」ジュリスト1250号（2003年）

ロバート・R・ゴードン／深尾祐造訳「法理論の新たな発展動向」デヴィド・ケアリズ編／松浦好治＝松井茂記編訳『政治としての法』（風行社、1991年）

5　刑事の裁判

(1)　捜査と刑事裁判の流れ

　刑事事件の捜査や裁判の流れについて、先頃再審無罪が確定した布川事件を例に、その全体像を説明しておこう（『再審布川事件記録集』（2012年））。

　【事件の発生と捜査】　1967年8月30日、茨城県利根町布川で独り暮らしの老人が自宅で殺害されているのが発見された。検視の結果、被害者が絞殺されていたことがわかり、被害者宅内部はガラス戸が倒れ、床板の一部が割れ、寝具や衣類などが散乱していて、被害者の財布がなくなっていた。警察は強盗殺人事件として捜査を始めた。

　警察の聞き込みにより、8月28日夜に被害者宅の近くで2人連れの男が目撃されていたことがわかった。そこで警察では、素行不良者、前科者などを対象に捜査を進め、10月になってSさんとTさんの事件当日のアリバイがはっきりせず、他に容疑者がいないとして、Sさんをズボン1本の窃盗容疑で、Tさんを暴力行為の容疑で逮捕して取り調べることにした。警察官は、逮捕後、強盗殺人事件について厳しい取調べを続けた。Sさん、Tさんは、当初は8月28日には東京にいたというアリバイを主張するなどして否認していたが、窃盗と暴力行為の事実で起訴された後も取調べは続けられた。取調べで警察官から東京にいたのは別の日だ、などと追及を受け、結局2人とも遊興資金を得るために被害者宅に押し入り、被害者を絞殺した上で現金を奪ったという自白をした。そのため、12月28日にSさん、Tさんは強盗殺人罪で水戸地方裁判所土浦支部に起訴された。起訴後、Sさん、Tさんには弁護人が選任された。

　【公判の手続】　1968年2月15日、第1回公判が開かれた。壇上に3人の裁判官が並び、検察官、弁護人が着席した法廷で開廷が告げられると、検察官がまず起訴状を朗読した。起訴状朗読が終わると、裁判長は被告人のSさ

ん、Ｔさんに黙秘権があることを告げ、起訴状についての意見を求めた（罪状認否）。Ｔさん、Ｓさんは共に「自白は警察官に強要されたもので、自分たちは強盗も殺人もやっていない」として全面否認した。そこで、その後の公判では事件当日やその翌日に２人を見たという証人などが調べられた。しかし、証人たちは弁護人の反対尋問で２人を見かけたのが別の日だったのではないか、などと問われると、明確に日付を記憶していないことがわかった。そこで検察官は、Ｓさん、Ｔさんが起訴された後の1968年３月になって「事件当日の夜に２人を目撃し、その後被害者宅付近で悲鳴のような声を聞いた」と話し始めたＷ証人（クリーニング店店主）の尋問を請求した。Ｗ証人は公判廷で、「２人を目撃したのはバイクですれ違った一瞬だったが、店の客である２人のことは知っていたので見分けられた」、「犯人である２人が裁判では否認していることを聞いたので、自分が目撃したことを話す気になった」などと述べた。その後公判では、自白調書の任意性が争われたため、取調べをした警察官の証人尋問や取調べの様子を録音したという録音テープの取調べが行われた。Ｓさんらは被告人質問で、取調べでは何を言っても警察官が聞き入れてくれないので、「もう勝手にしてくれ」という気になって警察官の言う通りの調書に署名した。録音テープも事前に作った調書通りに答えるように指示されて録音したものだ、と反論したが、裁判長も補充質問で「やってもいないことをなぜ自白したのか」、「録音テープもよどみなく、すらすらとのべている」といった疑問を被告人に投げかけるなどした。

　このような審理を経て、1970年10月６日、第一審の水戸地裁土浦支部はＳさん、Ｔさんを共に無期懲役とする有罪判決を言い渡した。

　　【上訴審】　　第一審判決に対して、Ｓさん、Ｔさんは直ちに控訴した。東京高裁の控訴審では、弁護団はＳさん、Ｔさんを有罪とする証拠は結局のところ自白しかなく、自白は違法な別件逮捕・勾留によって得られた証拠能力がないものである。自白をもとに有罪とした第一審判決には、法令違反、事実誤認、審理不尽、ひいては量刑不当の誤りがあるなどと主張して争った。しかし、1973年12月20日、控訴審判決は、第一審判決に誤りはないとしてＳさん、Ｔさんの控訴を棄却した。そこでＳさん、Ｔさんは、最高裁に上告し

た。しかし、最高裁は弁論を開くことなく1978年7月3日、上告を棄却した。これでSさん、Tさんの無期懲役の判決が確定し、2人は刑務所に収監された。

【再審】 刑が確定した後も、Sさん、Tさんは無実を訴え続け、1978年12月、Sさん、Tさんは共に刑事訴訟法435条6号により、水戸地裁土浦支部に再審請求をした（第1次再審請求）。この再審請求は、新証拠は確定判決に合理的疑いを生じさせるものではないという理由で1987年3月31日に棄却された。弁護団は棄却決定を不服として即時抗告をしたが、東京高裁は1988年2月22日に即時抗告を棄却し、最高裁も1992年9月9日に弁護団からの特別抗告を棄却したため、第1次再審請求はこれで終結した。1996年11月にSさん、Tさんは刑務所から仮釈放された。これを力に弁護団は新証拠の準備を進め、被害者の遺体の状況と自白における殺害方法が一致しないとする新証拠などを添えて2001年12月、第2次再審請求をした。この再審請求は2005年9月21日、水戸地裁土浦支部によって認められた。この再審開始決定に検察官は即時抗告、特別抗告を行ったが、いずれも棄却されたため、2009年12月、再審開始が確定した。そして、2011年5月24日、再審無罪判決が出され、検察官が控訴しなかったため、これが確定した。Sさん、Tさんが逮捕されてから実に43年あまり、ようやく雪冤(せつえん)が実現した。

(2) わが国の刑事手続の特徴など

わが国の警察は、犯罪の予防などにおいては優れた実績をあげており、交番制度が他国のモデルとされるなど、高い評価を得ている。しかし、被疑者の人権の保障および捜査活動の適正さという面では問題が多い。とりわけ批判が多いのは、捜査が被疑者から自白を獲得することを中心に行われていること、そしてそれを支える制度装置として、警察の留置場を逮捕・勾留中の被疑者の拘禁場所として利用していることである。不当な拘禁の抑制は裁判官の役割であるが、裁判官による逮捕・勾留の抑制は十分に機能しているとは言い難い。検察官による捜査も、せいぜい公判で証拠として使うための検

表1　逮捕状・勾留状の請求と却下（2012年）

逮捕状請求数（A）	発付件数（B）	却下件数（C）	取下げ件数	却下率（C/A）
97,865（通常逮捕）	96,391	54	1,420	0.06%
9,069（緊急逮捕）	9,043	26	—	0.29%
勾留請求数（A）	発付件数（B）	却下件数（C）	取下げ件数	却下率（C/A）
47,025（地裁）	45,289	1,734	2	3.69%
72,759（簡裁）	72,342	407	10	0.56%

（司法統計年報による）

表2　通常第一審における無罪率

年次	判決人員	全部無罪人員	無罪率（%）	一部無罪人員
2011	56,843（地裁）	79	0.14%	62
	8,686（簡裁）	10	0.12%	2
2012	55,667（地裁）	83	0.15%	46
	7,927（簡裁）	7	0.09%	0

（司法統計年報による）

察官面前調書を作成することにとどまることが多く、警察の捜査の問題点を正す役割を果たしていない。裁判の面では、有罪率が異常に高い反面、しばしば冤罪を生ぜしめている。このことを念頭において問題を考えていく必要がある［表1、2］。

【捜査と人権】　犯罪が発生すると、警察官が犯人の発見と証拠の収集に努める。検察官も捜査権限をもつが、通常は警察が捜査をし、検察官は仕上げを行う立場でこれに関与する。

　捜査の方法には、任意捜査と強制捜査（強制処分）がある。布川事件で警察が不審人物の洗出しや事件現場の付近の人たちから事情を聞くなどしたのは、任意捜査である。これに対して、逮捕、捜索差押え、検証、鑑定処分などは強制処分である。これらの処分は必然的に人権を制約するし、濫用のおそれが大きい。ことに戦前に広範囲な人権侵害が行われた苦い歴史があるため（例えば、横浜事件、帝人事件など。『日本政治裁判史録・昭和・後』（第一法規、1970年））、憲法および刑事訴訟法によって、その方法・条件などを厳格に規定することにした（憲法31条以下、刑事訴訟法197条以下）。例えば、強制処分をするには原則として裁判官の令状によることとし（令状主義）、こと

に人身の自由を侵す場合には、逮捕状、勾留状を必要とし、その拘束期間を定め、勾留質問や勾留理由開示の制度を設けて、不当な身柄の拘束を抑制することとした。さらに憲法は、自白の偏重を戒め、黙秘権の規定を設け、任意性に疑いのある自白は証拠能力がなく、自白だけでは有罪にすることはできないとの規定を設け、さらに捜査段階から弁護人の活動を認め、被疑者・被告人の防御権保障を重視する姿勢を示した。

　これらの法改正は当時として画期的なものであり、これによって適正な捜査が実現されると期待されたが、その後の展開は期待通りではなかった。いくつかの問題を述べよう。

　第1に、任意捜査の概念が判例により次第に拡張され、しばしば任意の名に借りた強制（権利の制約）が違法でないとされている（逮捕状もなしに被疑者を4昼夜にわたって事実上拘束して取り調べたことを違法でないとした最決昭59年（1984）2月29日刑集38巻3号479頁、深夜の任意同行後、翌日の夜に至る22時間、一睡も与えない継続的な取調べを許容した最決平元年（1989）7月4日判時1323号153頁など参照）。

　第2に、強制処分に関する令状主義は、中立の立場にある裁判官に捜査の必要と人権の保障との調整を期待するものであるが、裁判官による令状請求の却下率は、非常に低率で、令状主義は形骸化していると批判されている[表1]。布川事件で最初にSさん、Tさんが逮捕されたのが強盗殺人とは関係がない軽微な窃盗や暴力行為であったことを思い出してほしい。捜査官は、逮捕・勾留中の時間を強盗殺人事件の取調べに使うためにこれら軽微な事件に名を借りたのである（このような身体拘束を別件逮捕・勾留と呼ぶ）。

　第3に、被疑者の黙秘権が侵害される事態が多発している。少なくとも1954年頃までは著名ないくつかの事件で拷問の事実が報告されていたし[知識1]、最近でもしばしば苛酷な取調べの事例が報告されている（例えば、大野＝渡部編『刑事裁判の光と陰』、志布志事件の例など）。捜査官数人が交替で連日長時間にわたって被疑者を取り調べるならば、たいていの被疑者は疲労こんぱいしてしまい、または迎合的な心境に陥って虚偽自白をしてしまう。そのような精神的拷問の事例は珍しくない。Sさん、Tさんの自白調書もこのようにして作られたのである。

黙秘権を守るために、西欧諸国では判例または立法によって、被疑者を警察の支配下に長時間置くことの禁止（アメリカでは被疑者を警察の下に留置できるのは、せいぜい12時間程度、ドイツでは最大限24時間、イギリスでは通常24時間、最大限4日）、被疑者のための公選弁護人制度の導入、弁護人がいつでも被疑者に面会して助言を与える権利の確立、取調べへの弁護人の立会権の保障、取調べのすべての経過をテープに録音する制度の導入（渡部『無罪の発見』357頁以下）などの法的整備をしており、わが国でも多くの識者によってこのような法的整備（判例の進展を含む）の必要性が指摘されている［知識2］。イギリスでは、被疑者が逮捕された場合、それが深夜であっても被疑者または警察からの電話連絡があれば、いつでも弁護士が駆けつけてきて被疑者に面会して法的援助を与える、24時間体制の当番弁護士制度があり、政府がこの運営のために多額の資金を出している。このイギリスの当番弁護士制度などに着想を得て、わが国でも1993年に弁護士会のイニシアチブで当番弁護士制度が全国で始められた。逮捕・勾留された被疑者やその家族から要請があれば、1回は無料で接見に赴く日本の当番弁護士制度は、国が被疑者取調べや逮捕・勾留のあり方を改善しようとしない中で、弁護士たちの「自助努力」として始められたものである。その後、被疑者にも公費で弁護人を付ける制度が作られたが、今でも当番弁護士制度は身体拘束を受けた被疑者に対するファースト・エイドとしての意味をもち続けている。

　ただし、当番弁護士による接見や国選弁護人の接見が多少充実したとしても、密室の取調べ自体を規制する法的整備がされない限り、今後も、Ｓさん、Ｔさんのように虚偽の自白をさせられ、その自白調書が簡単に裁判所に信用されてしまう事態が続くであろう。現在、取調べの可視化（録音・録画）が立法課題に上がっているのも、無理な取調べによる虚偽自白によって

ワンポイント知識 1

拷問　衆議院議長も務めた清瀬一郎弁護士は、第一、二審で死刑判決を受けた二俣事件、幸浦事件の上告審を担当して無罪への道を開いたが、「これほど明白な拷問の形跡を無視して自白調書を採用するとは何事ぞ。警察官も検察官も裁判官も頭を切り替えよ」と叱咤した（清瀬一郎『拷問捜査』（日本評論社、1959年））。

冤罪が発生し続けているからである。布川事件のように取調べの録音テープが公判で調べられたにもかかわらず、自白の任意性が認められてしまったケースがある。これは、一旦自白した後の取調べの様子だけを公判で調べたためである。取調べの可視化は、取調べの最初から行わなければ意味がないのである。

　第4に、布川事件の誤判のもう一つの原因は、W証人などが誤った目撃供述をしたことにある。英米などではこれについても種々の法的対策を講じている（『無罪の発見』159頁）。また、最近わが国でも心理学の知見を取り入れた目撃供述の取扱いのガイドラインが提案された（法と心理学会・目撃ガイドライン作成委員会『目撃供述・識別手続に関するガイドライン』（現代人文社、2005年））。これらと対比してみた場合、わが国の捜査については改善すべき点が多い。

【公判の準備】　検察官が公訴の提起をすると、事件は裁判所に係属する。裁判所は被告人に弁護人がいない場合には、弁護士会の推薦を受けて国選弁護人を選任する。弁護人は、被告人やその家族または証人予定者などと面会し、検察官の保管する関係証拠を見せてもらうなどして、公判のための準備をする。特に、被告人との面会は重要である。被告人の中には、捜査官の支配下に二十数日間も置かれ、連日連夜厳しい取調べを受けて、自己崩壊・人間不信の心境に陥り、弁護人に対しても心の扉を開こうとしない者が

――――――― ワンポイント知識2 ―――――――
弁護人の立会権と取調べの可視化　アメリカ合衆国最高裁のミランダ判決（1966年）は、捜査官が身体拘束を受けた被疑者を取り調べる際には、弁護人に立ち会ってもらう権利があること、自ら弁護人を選任できないときは公費で弁護人を付してもらえること、これらの権利を放棄しない限り弁護人の立会いなしに取調べを受けることはないことを告知するべきであると判示した。わが国では、2004年に勾留された被疑者に公費で弁護人を付す制度がようやく実現したが、被疑者の弁護人にはいまだ取調べへの立会い権は認められておらず、事後に弁護人が取調べの実態をチェックすることができる録音・録画制度（取調べの可視化）も制度としては確立していない。

いる。その扉を開かせて被告人の心情・性格を把握し、被告人の言い分を聞き、被告人との信頼関係を築く必要がある。また、被告人は、裁判中保釈をしてもらう権利をもつが（刑事訴訟法88条）、保釈される被告人の数は多くない。公判で事実を争うと保釈されにくいという実態があるために、保釈を獲得するために不本意ながら事実を争わないことにする被告人もいるのではないかと指摘されているのである（竹之内明「人質司法の実態はどうなっているか」季刊刑事弁護21号）。

【公判手続の基本原則】　公判の審理は、検察官の主張・立証、これに対する弁護側の反対主張・反証という活動を通じて展開される（当事者主義の訴訟手続）。これは、対立する訴訟当事者が、独立した中立的な立場にある裁判官に対し、それぞれの主張を出し合って裁判所の裁定を求め、裁判官はもっぱら提出された証拠と当事者の主張のみに基づき、当事者のいずれにも偏らない立場から、証拠を観察、吟味、評価して判断を下し、客観的に正当と信ずる裁定を下す、という構想に基づいている。このように訴訟が正しく運営されるためには、有能で公平な裁判官がこれに当たることが必要であるが、そのほかに双方の当事者——検察官と弁護人——の間で能力・武器のバランスがとれ、かつ互いに相手の立場を理解して公正に振る舞うことが大切である。訴訟を担う法律家の重要性もここにある。

ただし、現実には、検察側は警察を含め、強大な組織を背景にもつが、弁護側はそうではない。捜査の過程では被告人に不利な方向で証拠が固められてしまい、無罪方向の証拠は散逸しやすい。その結果生ずるアンバランスを解消するためには、検察官の手元にある証拠を弁護人に開示することが重要であるが、証拠開示が十分に行われない例がある。実際には検察官が圧倒的に優位に立っているのである。刑事裁判では、証拠の最終判断に関して「疑わしいときは被告人の利益に」の鉄則が妥当するとされるが、裁判官が常にこの鉄則に忠実とは限らない。このような原因から、ときとして誤判の悲劇が生じる。

裁判では、捜査官の作成した証拠書類の多くが裁判所による刑事訴訟法321条1項2号後段および322条1項のルーズな解釈により証拠能力が認めら

れてしまう（調書裁判）。そのため、公判で弁護人はこれらの証拠の信用性を争うために非常に多くの努力を払わざるをえない。司法制度改革によって2009年5月から実施されている裁判員制度（→第5章1、239頁以下）がこのような問題点をどこまで解消するのか、注意深く見守る必要がある。

【上訴】　証拠調べが終了すると、判決が言い渡される。これに不服な当事者は控訴・上告などの上訴の申立てをすることができる。判決に対して上訴がない場合、または上訴が棄却されて、それ以上争えなくなった場合には判決は確定する。結果的に無罪となった事件でも、上訴審を含む長い闘いの末にようやく無罪となった事件も少なくない［表3］。

有罪の確定判決に対して、無罪判決を言い渡すべき明白な証拠が新たに発見されたような場合、（元）被告人または検察官は再審の請求をすることができる（刑事訴訟法435条）。通常の上訴と違って、再審の請求は確定判決の後いつでもすることができるし、例えば別の新証拠を発見した場合などのように、複数回にわたって行うこともできる。布川事件の場合でも第2次請求

表3　戦後著名事件の無罪までの期間

事件名	無罪までの期間
甲山	21年
辰野	20年
メーデー	20年
吹田	19年
山中	18年
大津デパート	18年
八海	17年
仁保	16年
鹿児島	16年
青梅	15年
幸浦	14年
松川	13年
遠藤（新潟業過）	13年
大森勧銀	11年
生田崖崩れ	11年
八丈島	10年

表4　著名事件の起訴から再審無罪までの期間

事件名	無罪まで（年）
吉田岩窟王	49年
加藤	62年
金森	28年
免田（死刑）	34年
弘前	27年
財田川（死刑）	33年
米谷	26年
梅田	33年
徳島ラジオ商	31年
島田（死刑）	34年
松山（死刑）	28年
松尾	34年
貝塚ビニールハウス	10年
榎井村	48年
布川	43年
東電OL	15年

でようやく救済されたし、7次、8次と請求が行われている事件もある［表4］。

【略式手続】　軽微な事件については、被疑者の同意を条件に、検察官は略式の方法で公訴を提起し、簡易裁判所の裁判官は検察官提出の証拠書類の審査だけで、100万円以下の罰金または科料を科することができる（刑事訴訟法461条）。反則金で処理される軽微な違反以外の道路交通法違反、情状の軽い業務上過失致死傷、暴行、傷害などが、この方法で処理されている（2012年には約34万件）。

(3) 少年事件

【調査、審判の仕組み】　少年の非行事件は、原則としてすべて家庭裁判所に送致される。14歳未満の少年（刑法41条によりその行為は処罰の対象とはならないが、少年法では「触法少年」として審判の対象になる）については、児

童相談所長から送致を受けて家庭裁判所の審判に付される。14歳以上の少年の犯罪行為（「犯罪少年」と呼ばれる。刑法上は犯罪であるが、処罰よりも保護の対象とすることを優先する）については、警察官および検察官が捜査をした後、全部家庭裁判所に送致される（全件送致主義）。そのほか、少年法は犯罪行為や触法行為がなくても、将来非行を犯すおそれがある少年（「虞犯少年」という）を審判の対象にしている（少年法3条）。家庭裁判所の審判に付される少年の数は、2012年で約12万人である（平成25年版犯罪白書）。

　少年法は、少年の非行を少年の未成熟性と悪しき環境とに起因する事象ととらえ、処罰によってではなく、保護と教育によって立ち直らせようとする理念をもっている。そこで、家庭裁判所において重視されるのは、少年の「要保護性」である。要保護性については、家庭裁判所調査官が中心になって、少年の家庭や学校内の状況、非行歴、資質などを調査する。少年を少年鑑別所に収容して心理学、教育学などの知識に基づいて少年の資質などを鑑別し、その結果の報告を受けることもある。このようにして、少年の非行反復の危険性の有無、現在の環境で処置しうるかどうか、保護処分で少年を立ち直らせることができるかどうか、環境の調整その他どのような保護手段を講ずべきかなどが調査される。

　非行事実に争いがあれば、裁判官が検察官などから送付を受けた証拠書類などを調査し、また審判を開いて少年の陳述や付添人（弁護士が付添人となることが多い）の意見などを聴いて判断する。証人尋問や現場検証などもできる。

【審判不開始と不処分】　家庭裁判所は調査の結果、審判を開くまでもなく事件を終結してよいと判断した場合には審判不開始決定をする（少年法19条）。審判を開始したが、処分の必要がないと判断した場合には不処分決定をする。家庭裁判所の終局人員のうち、約54％が審判不開始となり、約19％が不処分となる（平成25年版犯罪白書）。このように審判不開始、不処分の割合が高いのは、一過性で問題の少ない軽微な非行については、ラベリングを避け、社会における自然治癒にゆだねる方が、よい結果を生むことができるという考えに基づくものである。不開始、不処分にする場合でも、家庭・学

校、福祉機関、警察等と密な連絡をしてケース・ワーク機能を発揮することができる（岩井宜子『刑事政策』）。また、審判によって非行事実を確認できない場合にも、（非行事実なしを理由とする）不処分決定をする。

【保護処分】　審判の結果、保護処分が相当と判断した場合、保護処分の決定をする（少年法24条1項）。保護観察に付したり、児童自立支援施設などに送致したり、少年院に送致したりする。少年院では、非行の原因となっている少年の問題性、今後伸張すべき長所等を明確にし、心身の発達状況、資質の特徴、将来の生活設計等を総合的に検討して個別的処遇計画を立てる。個別的処遇計画では、少年自身が自主的に自己の改善向上に努めるように、教科教育、職業指導、進路指導を組み合わせ、さらに院外教育なども組み入れて、円滑な社会復帰を可能にする処遇を定めている。少年院の処遇では、少年の未熟性、可塑性を考慮し、少年の健全な育成に主眼を置いた個別的処遇の選択が重視される。

調査の結果、家庭裁判所が非行の程度等に照して刑事処分が相当と判断した場合には、検察官に事件を送致（「逆送」）し、検察官が地方裁判所に公訴を提起する（少年法20）。少年の刑事事件については、少年法は、審理の方針や刑の緩和——罪を犯すとき18歳に満たない者に対しては死刑を科することができないことや不定期刑を言い渡せることなど——を定めている（少年法40条以下）。

保護処分に不服があれば、少年や付添人などは抗告をすることができる（少年法32条以下）。

【少年法改正問題】　少年法については以前から改正の論議があったが、冤罪かどうかが問われた山形明倫中事件や草加事件などをめぐって少年審判における事実認定が問題となり、また、神戸の小学生殺害事件など比較的年少の少年による凶悪な非行事件が発生したことにより、少年法改正への関心が高まった。

少年法改正に関する議論のポイントは、以下のような事項であった。まずもっとも重大な意見の対立点は、少年非行に対して保護主義の理念を貫く

か、重大事件について保護主義を後退させて処罰を優先する考え方をとるか、ということであった。少年審判の手続に関しては、少年法は、審判の方法について、非公開で、「懇切を旨として、和やかに行う」（22条）と定めているだけで、刑事訴訟法にあるような予断排除原則・証拠調べの順序と方法・伝聞法則・反対尋問権の保障・弁護人の援助を受ける権利などを定めていない（「無方式な職権主義」）。しばしば冤罪事件や捜査官による少年の人権侵害事件が発生しているが、それは捜査のあり方に問題があるからであり、少年被疑者と参考人の取調べにテープ録音・ビデオによる録画などの捜査過程の可視化を取り入れる捜査の改革が必要であるとの意見が出されていた（黒岩哲彦「少年司法改革についての日弁連の提言」自由と正義49巻11号）。

2001年4月1日から施行された少年法等の一部改正の法律には、16歳未満の少年の事件についても逆送することができること、故意による犯罪行為によって被害者を死亡させた事件および死刑または無期もしくは短期1年以上の懲役もしくは禁固に当たる罪において非行事実の認定をするための審判の手続に、検察官を出席させることができること、3人の合議体で審判する場合を認めること（裁判所法31条の4の改正）などの規定が付け加えられた。検察官が関与する事件については、国選の付添人を付する制度も導入されたが、改正前に指摘されていた事実認定手続の改善よりは、少年に対する重罰化の傾向をもつ改正であった。

その後も、少年の凶悪事件がマスコミで大きく取り上げられるなどしたため、少年法改正の動きは続き、警察官による触法少年の事件の調査や14歳未満の少年の少年院送致の容認（2007年6月）、被害者等の審判傍聴（2008年6月）などの改正が行われた。また、2014年には、逆送事件の場合の不定期刑の上限を引き上げる改正が行われた。国選付添人制度の拡充など評価すべき点もあるとはいえ、それが厳罰化との引換えになされている以上、保護主義の理念が近時の少年法改正によって揺らいでいることは否定できないであろう。

(4) 犯罪被害者の保護と支援

　犯罪の被害者やその遺族には、深い心の傷を抱え、多大の損害を受けたのに加害者に資力がないため賠償金を得られないでいる人が多い。このような問題に対処するため、いろいろな方策が講じられつつある。その1は、犯罪被害者等給付金支給法である。これによると、人の生命または身体を害する故意の犯罪により、不慮の死を遂げた者の遺族または重傷害を受けた者は、都道府県公安委員会に申請し、その裁定によって犯罪被害者等給付金の給付を受けることができる。その2は、検察庁に置かれた被害者支援員の活動である。捜査段階から犯罪被害者の相談に応じたり、法廷に証人として出廷する際にエスコートしたり、被害者からの処分結果の問合わせに応じたり、裁判記録の閲覧や謄写の方法を説明したりしている。その3は、民間のボランティア活動としての犯罪被害者支援の取組みである。自らも犯罪被害者である人々が他の被害者を支える運動を展開するなど、公的な制度以外でも犯罪被害者支援の運動は広まってきている。

　この問題について、諸外国では早くから、手厚い方策が講じられている。イギリスでは、政府が犯罪被害者援護の基本方針を示した被害者憲章が定められ、刑事司法機関は、犯罪によって発生した不利益がそれ以上悪化しないように被害者を支援すると共に、被害者に対して誠実かつ礼儀正しく接することが求められている。刑事手続のそれぞれの段階で、各刑事司法機関が犯罪被害者に対して、どのような情報提供を行うかが具体的に示され、警察は事件捜査の進捗状況、訴追決定、裁判の進捗状況を、検察は訴追事実の変更および訴追の維持に関する事項、証人の証言に関する事項を、保護観察所は受刑した加害者の釈放に関する事項について、それぞれ被害者に情報提供を行う。刑事裁判において、裁判官は刑罰の一つとして弁償命令および賠償命令を被告人に言い渡すことができる。国が加害者に肩代りして被害者に対し補償する制度もある。さらに、民間ボランティアを中心とする犯罪被害者援護協会があり、犯罪被害者に対して、その相談相手となり、防犯上の助言をしたり、被害者の状況やニーズに応じて、精神科医等適当な支援機関を紹介

したり、刑事手続等に関する情報提供を行っている。そのほか、ドイツ、アメリカ、フランス、カナダ、韓国、スイス、オーストラリア、ニュージーランドにも被害者支援の制度がある（犯罪白書平成11年版383頁以下、「自由と正義」1998年11月号、警察学論集50巻4号（1997年）、刑法雑誌29巻2号（1979年）、ジュリスト1163号（1999年）、法律のひろば50巻3号（1997年）に掲載の論文参照）。わが国においても、この種の制度の充実が期待され、法改正も行われている（その一例として、刑事裁判の中で簡便な手続で被害者に対する損害賠償を命じる制度が2007年に立法化された）。

　他方、被害者に対する保護と支援という側面からでなく、被害者の意向を刑事裁判それ自体に反映させようとする動きもある。わが国でも、この側面をもつ法改正が数次にわたって行われている。まず、2000年のいわゆる「犯罪被害者保護2法」は、公判の優先傍聴、刑事裁判の記録の閲覧、反対尋問のない意見陳述（刑事訴訟法292条の2）などを導入し、量刑に被害者の意見が直接的に反映される可能性を認めた。また、2004年の「犯罪被害者保護基本法」は、政府が「犯罪被害者等基本計画」を策定することを定め、その中の重点項目として「手続参加の拡充」を掲げた。さらに2007年6月には、これを受けて被害者が死亡した場合などの一定の重大犯罪について、被害者遺族等が「被害者参加人」として刑事裁判の法廷の中に在廷し、情状事項について証人尋問をしたり、被告人質問や論告・求刑に当たる弁論をしたりすることを認める法改正が行われた（2008年12月施行）。これらの改正は、被害者等が「手続の当事者」ではないが「事件の当事者」であるという説明の下に、刑事手続への関与を認めているが、国が犯罪者に対して公益的な観点から刑罰を科すことを目的とした刑事司法システムのあり方を変容させる可能性も孕む。その運用に当たっては、裁判官、検察官、弁護人等の慎重な対応が必要とされるであろう。

《参考文献》
日弁連人権擁護委員会布川事件委員会編『再審布川事件記録集』（2012年）
　　　　http://www.nichibenren.or.jp/library/ja/committee/list/data/fukawajiken.pdf
石塚伸一編『刑事政策のパラダイム転換』（現代人文社、1996年）

石松竹雄『刑事裁判の空洞化』(勁草書房、1993年)
岩井宜子『刑事政策』(尚学社、1999年)
大塚一男『冤罪に抗して』(日本評論社、1993年)
小田中聰樹『冤罪はこうして作られる』(講談社新書、1993年)
片山徒有『犯罪被害者支援は何をめざすのか』(現代人文社、2003年)
葛野尋之編『少年司法改革の検証と展望』(日本評論社、2006年)
下村幸雄『刑事裁判を問う』(勁草書房、1989年)
谷口正孝『裁判について考える』(勁草書房、1989年)
団藤重光＝村井敏邦＝斉藤豊治編著『ちょっと待って少年法「改正」』(日本評論社、2000年)
津田玄児編著『子どもの人権新時代』(日本評論社、1993年)
東京弁護士会子どもの人権と少年法に関する委員会『子どもの権利シリーズ第2巻 少年司法と子どもの人権』(東京弁護士会、1995年)
平野竜一「現行刑事訴訟の診断」団藤重光博士古稀祝賀論文集第4巻(有斐閣、1985年)
福島至『略式手続の研究』(成文堂、1992年)
守屋克彦『現代の非行と少年審判』(勁草書房、1998年)
渡辺修『刑事裁判と防御』(日本評論社、1998年)

《参考映画》
周防正行監督・脚本「それでもボクはやってない」(フジテレビジョン・アルタミラピクチャーズ・東宝、2007年)
日本弁護士連合会企画・制作「つくられる自白～志布志の悲劇」(新日本映画社、2008年)

6　行政関係の裁判

(1)　行政を相手方とする裁判

【行政関係の裁判とは】　本章の第2節と第5節で、民事裁判と刑事裁判について、その基本構造と重要な改革課題を中心として説いてきた。この2種類の裁判では、それぞれ民事訴訟法、刑事訴訟法のあり方やその実践を問うことが重点であった。ところが、この節で取り上げる行政関係の裁判は、前二者とはやや異った視角に立っている。すなわち、ここで「行政関係の裁判」とは、裁判の「相手方」に注目して、世間が「行政（行政機関・行政組織）を相手方とする裁判」として理解するものである。したがって、行政事件訴訟法による訴訟のみならず、民事訴訟法に従って行われる国家賠償訴訟なども含めている。こうして広めに「行政を相手方とする裁判」をとらえるのは、行政、正確には国、地方公共団体（都道府県や市町村など。以下「自治体」と言う）、およびそれらの機関などを相手方とする訴訟では、行政側が勝訴する判決が多いという批判があるからである。ここでは「行政関係の裁判」のうち、もっとも重要な2種類（→148頁、149頁）を取り上げ、その仕組みについて説明しておこう。

　第1は、国家賠償法に基づく国家賠償訴訟である。国や自治体などの「行政を行う法人」を相手方とする訴訟であり、典型的な例は、国や自治体を被告とし、道路災害事故や公務員の職権乱用を理由として、通常は金銭による損害賠償を求める訴訟である。自治体が被告になる場合でも「国家賠償訴訟」と言う。

　第2は、行政事件訴訟法による行政処分（例、運転免許証の取消処分、外国人の強制退去処分、課税処分）の取消しや無効確認などを求める訴訟で、この法律は、これらをまとめて「抗告訴訟」と言っている（3条）。

　この2種類の訴訟を共に「行政訴訟」と言うことも稀にあるが、一般的には、第2の類型のものを「行政訴訟」と言っている。また、「行政裁判」という場合には、ここで言う行政訴訟に絞ることが多い。例えば、大日本帝国

憲法（以下「明治憲法」と言う）時代の行政裁判と言えば、当時の行政訴訟のことだけを言う。

【昔と今の行政関係の裁判】　今日、人々が「行政を相手方」とする裁判を問題とするのは、これらの訴訟においては、住民や企業がなかなか勝てないためである。

明治憲法のもとでの行政訴訟については、国民が行政の行為を争うことは至難であった、という評価が通説である。この時代には、民事裁判と刑事裁判を扱う裁判所とは別に行政事件の裁判のために「行政裁判所」が設けられ、その行政裁判所も一審制で、東京に唯一存在するものであった。しかも争えることが限られており、さらに行政裁判を提起する前に、現在の行政不服審査［知識1］に当たる上級の行政機関に対する訴願を予め経て、その判断結果を得ておかなければならなかったのである。加えて行政裁判官の大多数は行政官の経験をもっていた。一般的には、悪条件が揃っていたと言われている。国家賠償訴訟もほぼ不可能であった。したがって、明治憲法時代の行政関係の裁判が不十分なものであったという評価は、第2次大戦後にあっては、一見すると常識的であり正しいように思える。

第2次世界大戦後の現在の行政訴訟制度では、原則としてどのような行政事件でも裁判で争える建前に変わり、しかも、全国どこの地方裁判所にでも

―――― ワンポイント知識1 ――――
行政不服審査　行政庁の処分その他公権力の行使に当たる行為に不服がある場合に、処分の相手方などが申し立てることができる。

行政不服審査の一般法として1962年（昭和37）制定の行政不服審査法があり、同法は、簡易迅速な手続による救済と行政の適正な運営の確保を目的とする。いわば役所の内部で処分を見直してもらう手続であるが、この制度があまり機能していないために、1996年から改正作業が進められ、2008年の大改正法案がさらに見直された後、2014年6月に改正法が成立した。2016年4月に施行予定である。従来に比べて改善部分は少なくないが、この法律自体には、韓国や台湾の行政不服審査制度とその実務などと比較すると、果たして日本社会で実質的に運用できるかどうかという初歩的な点で難しいものがある。

図　行政事件数（100万人あたり）

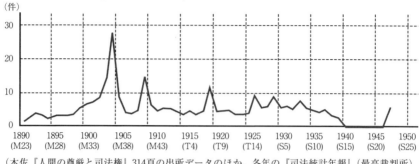

（木佐『人間の尊厳と司法権』314頁の出所データのほか、各年の『司法統計年報』（最高裁判所）

出訴できることとなった。国民の権利意識も向上しているはずであるから、明治憲法の時代に比べて、行政訴訟は格段に増えることとなっても決しておかしくない。裁判官も、原則として一元的な司法試験をパスした民事・刑事の裁判の裁判官と同じ経歴の人たちになった。

　【統計を見ると】　しかしながら、現実を見ると、明治時代より悲惨な一面がある。現行憲法の下での行政訴訟は、法律関係の複雑化や経済活動の活発化を反映することなく、[図]のように、人口比で見たとき、第２次大戦前の行政裁判所時代の約２倍程度の件数にとどまり、権利意識も昂揚し政治的抗議活動などが活発であった1960年代後半から1970年代半ばまでと比較して、1970年代の半ばから1990年前後までは、件数は停滞している。しかも、却下（訴えとしての要件＝訴訟要件を満たさないとする裁判）率も次第に高くなっていた。認容率も戦後の一時期と比べると顕著に下がってきた。逆に、戦前の行政訴訟においては、原告の勝訴率は平均して23％程度であったが（木佐『人間の尊厳と司法権』324頁）、現在では10％を下回ることが多かった。この10％という数字ですら、第一審段階のものに過ぎず、行政側が上訴して控訴審において原告が逆転して敗訴する率も非常に高い。すなわち、絶対数において明治時代の方が救済件数は多かったわけである。ただし、司法制度改革審議会が発足した1999年度分からは、原告勝訴率も最高裁事務総局が発行する『司法統計年報』では公表されなくなったので、裁判の結果がどうなっ

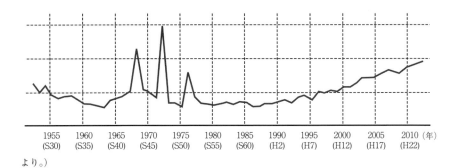

より。)

ているかは判断できなくなった。

　ここで注意を要するのは、「行政関係の紛争」事件自体は確実に増えていることである。1990年代半ばから行政訴訟事件も少しずつ増えてきた。1990年代半ばと比較すると約2倍になっている。ただし、潜在的には、もっと多数の行政に関する法的な事件がある。例えば、総務庁行政監察局に対する行政相談や各種の苦情などの件数は人口比で見ると右肩上がりで伸びている。

　行政関係の裁判の特徴としては、通常の民事訴訟以上に、時間と費用がかかるという問題がある。加えて行政訴訟の提起には、いつまでに訴えを提起しなければならないとか（出訴期間）、訴訟より先に行政不服審査を経なければならない場合（審査請求前置）が多いことなど、注意を要する事項やわからないことが多く、裁判を起こすこと自体が一般の市民にとっては高いハードルとなっている。こうなると弁護士が頼みの綱となるはずであるが、これまで司法試験では選択科目にされたり（1949年から1999年まで）、試験科目から除外されたり（2000年）、変遷を遂げてきた。およそ市民の生活の大きな部分が行政機関のサービスや規制に依存しているが、法律家さえ行政法を

―――― ワンポイント知識2 ――――
行政争訟　　行政不服審査と行政事件訴訟の2つをまとめて「行政争訟」と言う。その点で、裁判所法3条に言う「法律上の争訟」が「裁判」のことを「争訟」と言っているのと用法が異なっている。

知らない時代が長く続いてきた。2006年に新司法試験が導入された際に、行政法は「公法」の一部として必修科目となった。しかし、その後、司法試験受験生にとり短答式試験の負担が重いという理由から、2015年以降、新司法試験では論文試験のみが残ることとなった（予備試験では当面、短答式試験は継続）。しかし、世の中では弁護士実務の中で行政法自体を必要としていないという弁護士も多く、法に基づいて行政活動が行われるべきという考え方（法治主義）に基づく社会の実現という観点からは多難な状態にある。

【外国の発展との違い】　ところで、先進ヨーロッパやアジア諸国においては、行政訴訟の進展が著しい。人口比で見ると、スウェーデンでは日本の2,000倍、ドイツで700〜800倍という膨大な行政訴訟数である。アジアに目を転じると、韓国でも台湾でも行政争訟［知識2］制度の改革は急激であり、訴訟事件数も飛躍的に増加している。台湾や韓国では、1990年代の半ば以降、年によって違いはあるが、行政裁判事件数は、人口比にして日本の25倍から30倍になっている。日本では司法制度改革後の行政訴訟の増加比率は0.2倍程度でしかない。これらの国は、従来、第2次大戦前の日本の行政裁判制度を受け継ぎ、基本的に一審制で訴願前置主義をとる非常に制限的な行政救済制度があるに過ぎなかった。1980年代における独裁政権の崩壊以来、国民の間に権利意識の自覚が大きくなったこと、訴訟の運用や結果に対して国民の期待が大きいこと、改革が裁判所の手によっても行われてきたことの結果である。

(2)　行政関係の裁判の改善策

【日本で行政訴訟が十分機能していない理由】　日本で一般的に行政関係の裁判が機能していない要因には、実に様々のものがある。

　まず、行政事件訴訟の少ないことをアジア的な風土や特徴、および日本人の訴訟嫌いから説明することは難しい。最大の問題は、特殊な裁判官人事システムに組み込まれているため裁判官が人権に対する意識や感覚がマヒしていることである。特に、行政事件訴訟法を悪い意味で厳格に運用しているこ

とが特徴となっていた。裁判が自らにとって役に立つものであることを国民が知れば、いきおい訴訟事件は増加する。わが国でも、行政事件に限らず、明治時代に訴訟制度が整備される前には当時の臣民は極めて多数の訴訟を提起していた。訴訟法が整備されるとかえって訴訟事件が減るような現象も見られる。第２次大戦直後にはわが国でも行政事件数は増え、裁判所も判決の４割近くでは原告の主張を認める判決を出していた。しかし、訴訟法が裁判を提起するための厳格な要件を定めて、訴訟を提起しにくくすると事件数は減ってくる。そして、実際に国民が勝訴する可能性が少なく、勝っても実質的な勝訴と言えないような長時間を要するものや名目的な勝訴に過ぎないことを国民自身が知ってしまうと、裁判所の利用が減るのは当然である。このように、行政争訟が活発でない理由は、国民性や他の手段・方法で合理的な解決がなされているからではなく、制度も運用も悪く、多くの市民は司法による正義にかなった解決を諦めざるをえない状況があるからである。

　なお、行政関係の争訟が機能しない理由として、行政を行う公務員の側の事情もあるが、この点については、後に述べる。

【裁判の改善】　人々の行政裁判離れを防ぐには、まず「裁判官の独立」を実質的に保障された裁判官が裁判に当たることが最重要の方策である。日本の司法行政（→140頁以下）や日本人の訴訟観（→54頁以下）に由来する問題もある。行政関係の裁判で原告が敗訴する理由の１つとして、いわゆる判検交流（→146頁）や差別人事（→152頁）があることは、このテキストでも触れる。行政関係裁判の機能が不十分であることの理由がそのようであれば、官僚的裁判官人事システムの改革や、司法制度が機能するような様々な改革が必要であり、そうして初めて人々が安心して裁判所に行政上の紛争の解決を託すことが可能となる。ただ、あまりに硬直的で、国民や企業が敗訴する事例が多くなったので、批判も高まった。司法制度改革の議論が始まった頃から、東京地裁などで住民勝訴の判決が相次いで出されるようになった。そして、司法制度改革推進本部でも、急きょ、行政訴訟改革の検討会が設けられ、2004年に行政事件訴訟法が大幅に改善され、翌年施行された。例えば訴訟の種類が明文で増加され（例、義務付け訴訟）、仮の救済も認められ

やすくなった。そうした流れの中で、小田急高架事業取消訴訟大法廷判決（最大判平17年（2005）12月7日判時1920号13頁）により行政訴訟を起こせる人の範囲（原告適格）が拡大され、浜松市土地区画整理事業計画取消訴訟大法廷判決（最大判平20年（2008）9月10日）では、公共事業を早い段階で争えることを認めるに至った（処分性の拡大）。これらは若干の事例であり、裁判所が事件を少しずつ本案（中身）で争うことを認める傾向を示している。しかし、これらの著名事件でも差戻審では簡単に原告住民が敗訴しており、本案と言われる裁判の「土俵」の中で市民が勝つことは容易ではない。

　ここでは、行政関係の裁判を改善するための特有の課題を指摘しておこう。個々の裁判に当たっては、次のような改善策も必要である。ドイツの裁判官の間では「訴訟法は実体法の僕（しもべ）である」という発想が根づいていて、訴訟法は裁判で両当事者の言い分を十分に主張させるための一応のルールに過ぎないと考えている。これに対して、日本の裁判官は、訴訟法の規定を厳格に遵守すべきルールと考えていることが多い。行政側と市民（原告）との間には、訴訟法に関する知識や証拠資料の点で、大きなアンバランス（「武器の対等」を欠く状態）があるので、こうした考え方を一層改める必要がある。

　もとより、弁護士や原告も、憲法の定める「裁判を受ける権利」の中身を具体的に詰めて、訴訟法が定める直接主義や口頭主義を徹底して実践することによって、行政関係の裁判の改善に貢献する心構えが必要であろう。

【公務員が行政争訟をこわがらないように】　　日本の公務員は、自分の仕事に関して行政争訟が提起されると出世の妨げになると考えることがあり、現に職場で訴訟が起きると担当者が左遷されることもある。また、争訟が1件起きるとかなり多数の公務員が対応のために忙殺される。ところが、訴訟事件数の多い国々の公務員は、行政争訟を提起されても、それは行政側と住民の間での法解釈の相違に基づくものであると考えるし、争訟が起きたことで公務員個人が批判を受けるようなことも一般にはない。これらの国では、争訟には職員が単独または少人数で対応することができる。そのような態度が取れるのは、法的な素養を身につけてから行政官として責任ある法的判断を行うように教育を受けるからである。

わが国には、警察学校や消防学校はあるが、大多数の公務員には仕事をする上で必要な最低限の法的な面での専門的な養成教育をする場（学校）がないし、採用後にも実践的な法的教育の機会は極めて乏しい。これは先進国の中では極めて例外的である。このような点も改善していかなければ、国民の裁判を受ける権利は実質的なものにはならないと言えよう。

《参考文献》

阿部泰隆＝斎藤浩編『行政訴訟第2次改革の論点』（信山社、2013年）

木佐茂男「（第7章）行政事件からみた親切な訴訟」『人間の尊厳と司法権』（日本評論社、1990年）

小早川光郎編『ジュリスト増刊　改正行政事件訴訟法研究』（有斐閣、2005年）

「特集／改正行政事件訴訟法」法律時報77巻3号（2005年）

「特集／行政訴訟改革」自由と正義53巻8号（日本弁護士連合会、2002年）

日本公法学会『公法研究』52号（有斐閣、1990年）の特集

日本公法学会『公法研究』63号（有斐閣、2001年）の特集

7　司法へのアクセスの課題と対策

(1)　司法の理念と司法へのアクセス障害

【国民と司法】　もとより、理念的には、すべての国民が等しく司法のサービスを受ける機会が存在しなければならない。憲法は、何人に対しても、裁判所において裁判を受ける権利（英文は、"the right of access to the courts"）を保障している（憲法32条）。現在では、司法権は裁判所に属し（同76条1項）、裁判所は、「一切の法律上の争訟を裁判する」と、明記されている（裁判所法3条1項）。そして、裁判官は、「良心に従ひ独立してその職権を行ひ、この憲法及び法律にのみ拘束される」（憲法76条3項）と定められている。しかも、憲法前文で確認されているように、そもそも司法を含むすべての国家権限は、主権者たる国民に由来するものであるから、憲法32条は、国民が裁判所にアクセスして等しく司法サービスを受ける権利を有することを宣言した重要な規定と解することができる。

しかし、これまでの日本の司法は、国民にとって縁遠い存在であると言われ続けてきた。違憲立法審査権をもち（憲法81条）、国家三権の中でも優位に立つ存在（司法権の優位）のはずであるが、例えば、国家予算に占める裁判所予算の割合は、近時でもわずか約0.32％（3,110億円余）に過ぎず（2014年度）、裁判官数（判事等。非常勤裁判官を除く）は、判事補、簡易裁判所判事を含めても3,500人ほど（2013年12月現在）で、在野の法曹として司法を支える弁護士の少なさともあいまって、「小さな司法」とか「二割司法（本来期待されている役割を2割程度しか発揮できていない司法）」とかといった具合に、それが現実に果たしている役割の現状が揶揄されてきた。

確かに、裁判所における民事紛争処理を念頭に置いた場合に、その司法サービスは、一般の国民からすれば、日常的に利用するものではないものの、いざ利用しようとしたとき、あるいは利用せざるをえない事態となったときに、そのわかりにくさ、利用しにくさ、頼りなさ、ひいては存在感の薄さが指摘されて久しかったのである。1990年代初頭から本格化した司法改革の潮

流は、こうした状況を打破し、司法が国民の期待に応えられるような存在へと変わることを強く促したのであった。

【法曹人口と司法改革】　司法を「高嶺の花」（手が届かないもののたとえ）ではなく、誰でもどこでも気軽に利用できるように、とは『司法制度改革審議会意見書』の公表を受けてその具体的方策の検討を政府が始めるに当たって、当時の首相が発した言葉である。インターネットによって情報へのアクセスが容易になった今日的な社会状況になぞらえ、司法の領域にもいわば「ユビキタス・アクセス（誰でもいつでもどこからでも保障された司法へのアクセス）」を実現させようというものである。上記『意見書』の内容を具体化するための議論は、司法制度改革推進本部とその下に設置された10の検討会（後に1つ追加され11となった）を中心に繰り広げられることになったが、検討会の一つが「司法アクセス検討会」と銘打たれたことは、わが国の司法の現状をよく反映している。

　司法へのアクセスを阻む最大の要因は、司法との物理的な距離はもちろん、一般国民が司法を、そして司法の担い手である法曹を、リアリティをもって実感できないことと考えられる。外国人研究者の視点からは、「顔も名もない司法」と評されたこともある。このことは、後に第4章でも触れるが（→165頁以下）、実際に人々が容易に認識可能な医師や警察官などとは大きく異なっている。ともかく、先進諸国の中でも極端に法曹人口が少なかったわが国では、裁判官、検察官、弁護士はまるで想像上の人物かの如き存在であった。裁判官が常駐しない裁判所、弁護士が少ない地域（弁護士がいないか、いるとしても1人という意味で、「ゼロ・ワン地区」と呼ばれる）、に象徴される司法過疎現象は、問題の所在こそ早くから認識されながら、長い間放置されていた。近時の弁護士人口の増加で弁護士のゼロ・ワン地区は解消したが、裁判官の常駐しない地方裁判所支部、家庭裁判所支部・出張所や簡易裁判所は依然残っており、特に、身近であるはずの簡裁は機能が限定された裁判所であるため、アクセスはできても需要は満たさないことも少なくない。

　「小さな司法」は、単に司法試験合格者数の制限等で法曹への参入規制がされてきたことのみが原因ではない。要は裁判所が期待したような役割を果

たしえていないがゆえの悪循環の結果であろう。もともと司法は、事件を自ら発掘し存在をアピールする組織ではなく受動的な存在であるので、スポットライトを浴びることも少ない状況が続き、人々は司法を意識することなく生きることに馴れてしまい、縁のないことを幸せとさえ考えていた、と言い換えてもよいであろう。こうした状況を変えるには、明確な形で方針転換を宣言する必要があったため、司法制度改革審議会が21世紀の日本社会のあり方に言及したのは必然であったわけである。審議会は『意見書』において、司法をこれからの日本の「公共性の空間」を支える柱として定礎し直し、法曹を「国民の社会生活上の医師」と位置づけて大幅増員を打ち出したのである。その後、法曹とりわけ弁護士の数はある程度までは増加した（→168頁）が、それでも国民が司法へのアクセスの容易化を実感するまでには至っていないであろう。

　また、近時、後述のように司法の裾野の広がりによって、ＡＤＲ機関（裁判外紛争処理機関）も裁判所と並ぶ民事紛争処理機関として大きな期待が寄せられているが、ＡＤＲへのアクセスまで視野に入れて考えると、その認知度を含め、司法へのアクセスは必ずしも十分ではない。

　そこで、本書では、以下、裁判へのアクセスの現状を概観し、ＡＤＲ機関へのアクセスを含む近時の動向へとつなげていきたい。

【裁判とお金①：訴訟費用】　無辜（むこ）の者が誤って有罪とされてしまうことがないように、信頼できる刑事裁判が受けられること、これももちろん司法アクセスの一環ではあるが、アクセスの原義からすれば能動的に司法を使用しようとする民事の場合が問題の中心であろう（憲法32条の裁判を受ける権利は、刑事事件・行政事件だけではなく民事事件でも、強く保障されるべきなのである）。民事事件における司法アクセス問題といえば、それは、今も昔もお金が大きなウエイトを占める。

　裁判は国の公共サービスの一つである。もし裁判という制度がなければ、人々は自力によって自己の権利を守ろうとするあまり、あだ討ちや自力救済が横行し、弱肉強食の世界が生まれかねない。これを禁止する代償として、国は裁判制度を整え国民の便宜に供したというわけである。しかし、裁判と

いうサービスは、その利用の有無・頻度は人によって違うので、完全無料にはしにくいものであり、利用者になんらかの負担は求めざるをえない（もちろん、公務員である裁判所職員の給料や裁判所の維持管理は、国家予算によって手当てされる。裁判所法83条）。これを訴訟にかかる費用という意味で、訴訟費用と呼んでおり、民事訴訟費用等に関する法律（民事訴訟費用法）の２条に掲げられた範囲で、当事者が負担すべきものとされている。

　ここでいう訴訟費用は、裁判費用と当事者費用からなり、前者は提訴手数料とそれ以外の裁判費用に区別される。まず、提訴手数料は、文字通り裁判という公共サービスの利用手数料であり、訴えの提起に際して（したがって、原告が）、所定の収入印紙を訴状に貼るなどして納めるべきものである。貼用印紙の額は、利用の効用に応ずるという意味で、訴訟物の価額（訴額）が高いほど高くなってくる（訴訟物のすべてが金銭に換算できるわけではないので、その場合は定額扱いとなり、訴額が160万円の事件の場合と同じ額面の印紙（１万3,000円分）を貼ればよいことになっている。民事訴訟費用法４条２項。例として、会社法847条６項）。それ以外の裁判費用とは、訴状や呼出状等、裁判に必要な書類の郵送料、あるいは証人の旅費・日当、鑑定料のように、事案に応じて必要なものが変わってくる諸費用である。これに対し、当事者費用とは、訴状や準備書面を作成するのにかかる費用とか、自ら裁判所に赴くためにかかる交通費、といった各当事者に必要な諸々の費用のことである。当面、これらの訴訟費用は勝敗が決するまで各自で調達しないことには訴訟の利用もままならないことになるが、最終的には、敗訴当事者が、原則として負担すべきものとされている（民事訴訟法61条）。つまり、勝訴者からすれば、訴訟費用は、紛争がこじれて訴訟になったことから生じたコストであり、勝訴の暁には弁償してもらわないと困るとの発想に基づく。

【裁判とお金②：弁護士報酬等】　この訴訟費用は、最終的には敗訴者の負担となり、痛み分け（一部認容・一部棄却）で各自負担となったとしても（民事訴訟法64条）、通常、訴訟費用はそれほどの金額になることはないが、裁判にかかる費用として実際に大きな金額となるのは、弁護士に支払う費用（弁護士費用）の方である。当事者が弁護士に訴訟を依頼すると、弁護士は訴

訟代理人として委任事務を行うことになり（民事訴訟法54条・55条、民法643条以下）、それは正義のための慈善事業などではないので、報酬を支払う必要のあるものである（民法648条・649条）。通常、当事者が弁護士に事件を依頼するとなると、依頼時に着手金、交通費や宿泊費等の実費や日当、そして目的を達した（例えば、勝訴した）時に報酬金を支払うことが前提となる。具体的な報酬の額は、事件の個性により様々であるが、基本的には提訴手数料と同じ発想で訴訟物の価額に応じて多くかかることになるものであるが、各弁護士は報酬基準を定め、受任に際しては説明して個別的に決めるべきものとされている。訴額に応じるとは言っても、提訴手数料ほど安いものではない。

　問題は、これら弁護士にかかる費用が、敗訴者負担となる費用法上の訴訟費用には含まれていないことである。これは、わが国の民事訴訟法が弁護士の利用を強制する立場（弁護士強制主義）を採用しておらず、本人自身の訴訟追行を許していることに関係するものである。つまり、自身でできるものについてあえて弁護士を利用したのは、自分の事情で贅沢をしたのであるから、あくまで各自で負担すべきであるというものである（例外として、弁護士付添命令の場合〔民事訴訟法155条2項、民事訴訟費用法2条10号〕。判例では、不法行為訴訟等で勝訴した場合は、弁護士費用も相当因果関係のある損害として加害者に負担させることができる。最判昭44年（1969）2月27日民集23巻2号441頁）。

　しかし、本人訴訟が許容されているとは言っても、複雑な現代社会における訴訟という営みは、実体法と手続法を縦横に駆使しなければならない高度に専門的なものであるから、弁護士の利用は合理的な選択であり、これを贅沢と見るのは問題があろう。勝訴しても、弁護士費用分だけ権利が目減りしてしまうとも考えられることから、弁護士報酬も敗訴者に負担させるべきであるとの意見も根強い。そこで、司法へのアクセスを増進するために、弁護士報酬の敗訴者負担に関する法案が国会に提出されたこともあったが、成立することはなかった。

(2) 司法アクセスの改善の試み

【司法へのアクセス①：貧しい人々のアクセス保障等】　司法制度が整えられても気軽にアクセスできなければ、裁判を受ける権利は「画に描いた餅」でしかない。そして、裁判を受ける権利は、決して入り口に辿り着けばそれでいいというものではなく、中身すなわち裁判が実効性のある救済手段となりえることまでを含んで理解されるべきものである。お金の面、時間の面、といった即物的な点のみならず、労力が少なく精神的な面でも勝敗を超えて満足を得られるものであることが理想であろう。もちろん、これまで何の工夫もなかったというわけではない。

司法へのアクセス論は、まず、貧しい人々がいかにして司法にアクセスできる制度環境を作るかという議論から出発した（「司法アクセスの第1の波」）。費用負担から自由に司法を利用できる制度作りである。

この実現のための民事訴訟法上の制度としては、古くから、訴訟上の救助の制度がある。これは、資力が乏しい者に対し、勝訴の見込みがないとは言えないことを要件として（民事訴訟法82条）、裁判手数料等の支払いを一時猶予するというものである（同83条）。しかし、これまで限定的に運用されてきたのが現実であり、その効果も狭い範囲の費用の支払猶予に過ぎず、必ずしも十分ではなかった。

これに対し、費用として比重の高い弁護士費用に関しては、これまで法律扶助の制度が、資力の小さい当事者のために当事者費用を立て替えることで、弁護士利用に役立っていた。弁護士会を母体に創設されて以来、法律扶助協会が、長らく法律扶助を実施してきた。国庫補助金と過去の利用者からの償還金などを財源に、無料法律相談、弁護士代理援助等が行われてきたのであり、一定の評価もされてきた。しかし、この制度も、先進諸国と比較した場合に、国庫補助金の額も少なく、また資力要件も厳格であったので、司法制度改革審議会の『意見書』で一層の充実が求められることになった。その意向に沿って、2000年に民事法律扶助法が制定され、国庫補助金も引き上げられた。さらに、その後、2006年秋からは、後述のように、法テラス

(→97頁)が、その任務の一環として法律扶助事業を扶助協会から引き継いでいる。民事法律扶助事業、国選弁護事業、犯罪被害者支援事業等を行う法テラスへの国の援助額は、毎年異なるが年間100億円〜160億円に上るようになってきた。法律扶助事業として、相談援助件数は2011年度には年間28万件を記録し、また、代理援助件数は10万件を超えるようになった（2009年度以降）。もっとも、援助の対象としては、自己破産等の多重債務問題や離婚等の家事事件など、特定の事件類型が大半を占め、なお対象が限定されており、多様な民事紛争に対応しきれていないのが現実である。また、司法書士等の隣接法律専門職との連携強化や、ＡＤＲ機関を利用するための費用の支援も、今後の課題となる。

　そのほか、地方自治体が、例えば、消費者保護条例で、消費者被害者の金銭的な支援等を行っている場合もあり、また、紛争当事者が、いわゆる権利保護保険（弁護士保険）に加入していれば、訴訟をせざるをえなくなった場合等に有益であるが、現在、日本では損害保険や責任保険の特約でこの種のものが利用されているにとどまる。

【司法へのアクセス②：少額多数被害者・一般市民へのアクセス保障】
　次に、司法へのアクセス論は、例えば消費者被害などの少額拡散被害者の集団的な法的救済手続のあり方に、目を向けることになった（「司法アクセスの第2の波」）。訴訟にかかる費用、時間および労力の大きさを考えると、回復できる金額が少なければ、人は泣き寝入りしがちであるが、少額多数被害者の集団的救済は、同時に、企業サイドから不当な利得を吐き出させたり、企業等の違法行為を差し止めたりすることを通じて、社会正義を実現する意味合いをも有していた。このような事件で司法へのアクセスに貢献したのが、アメリカ等ではクラス・アクション制度であり、ドイツ等では団体訴訟制度であった。日本でも、民事訴訟法上の選定当事者制度の改正（民事訴訟法30条3項・144条）や、消費者契約法の改正による団体訴権の制度の導入（消費者契約法12条以下）によって、十分ではないものの集団的救済の実現に向けた歩みが開始された。特に、後者の適格消費者団体の訴訟としては、消費者保護のための差止請求がまず認められ、まもなく損害賠償請求も可能と

なる（消費者裁判手続特例法）。ただし、差止請求の実績は、必ずしも多くはない。

　さらに、司法へのアクセス論は、正義の総合システムへのアクセス論に展開した（「司法アクセスの第3の波」）。これは、裁判所だけではなく、ＡＤＲ機関をも含めて、正義の総合システムを構想し、そこへの実効的なアクセスの機会の保障を目指す議論である。先にあげた司法制度改革審議会の『意見書』に見られる基本的な考え方もこれに類し、近時は、さらに、「司法のＩＴ化」を実現することを通じて、「司法へのユビキタス・アクセス」の実現（誰でもいつでもどこからでも、法的紛争処理システムに対して恒常的なアクセスをする機会を実効化することを目指すシステムの構築）を企画する議論（「司法アクセスの第4の波」の議論）も展開されつつある。そこでは、後述のように、「法テラス」などの役割にも期待がかかることになる。

　【司法の裾野の広がり】　　近時、このように、法的な紛争処理機関としてのＡＤＲ（裁判外紛争処理システム）が、司法の領域に組み込まれ、裁判所と共に車の両輪のように、国民に対する司法サービスの提供に奉仕することになった。ＡＤＲ機関の認知と普及は、「司法＝裁判、司法機関＝裁判所」という伝統的な図式に変容を迫り、「司法＝裁判・ＡＤＲ等、司法機関＝裁判所・ＡＤＲ機関」といった具合に、司法の裾野を拡大した。これは、個別事件における当事者の具体的かつ多様なニーズに即応でき、わかりやすく、利用しやすく、頼りがいのある司法の実現のためには望ましい傾向であり、今後の展開が期待される。司法の裾野が広がってきたことによって、裁判はもちろんＡＤＲをも含むトータルな視点で、国民が正義の実現を実感できることが望まれるのである。

　【法テラスの設立とその意義】　　司法へのアクセスの改善の試みとしてもっとも注目すべきものは、『意見書』の提言により新たに制定された総合法律支援法に基づいて創設された「日本司法支援センター（通称：法テラス）」である。これは、法が日本の津々浦々を照らすべきという『意見書』の趣旨を具体化し、人々がテラスで語るような気軽さで同センターに足を運んでも

らいたいという期待から用いられたものである、現在では定着した呼称となっている。

　法テラスは、裁判その他の法による紛争解決のための制度の利用を容易にすると共に、弁護士（→175頁）や司法書士（→216頁）その他の法律専門職種のサービスが受けられるように、民事問題か刑事問題かを問わず、総合的な支援を行う独立行政法人である。地裁本庁所在地に窓口となる地方事務所を置き（ほかに、支部・出張所・地域事務所も置いている。2013年3月現在で、事務所数の総計は109ヵ所）、また全国各地に法テラス所属弁護士が常駐する法テラス法律事務所が設けられた。さらには、全国どこからでも専門オペレーターが電話による相談と情報提供に当たるコールセンター（電話0570-078374）が設けられている（なお、犯罪被害者支援ダイヤルは、電話0570-079714）。

　現在、法テラスが提供している主要な業務は、①法・司法に関する情報提供、②民事法律扶助、③被疑者・被告人に対する国選弁護人の確保、④司法過疎対策、⑤犯罪被害者支援、⑥国・弁護士会・ＡＤＲ機関等の連携の確保・強化、といったものである（なお、現在、法テラス震災特例法〔施行後3年間の時限立法〕に基づく、⑦震災法律援助業務も行っている）。①②③は、従来細々と法律扶助協会で取り組んできたところを発展的に受け継ぐものであり、④⑤は、近時の議論を受け法テラスが本格的な展開を担おうとするものであり、①⑥は、法テラスから、国民はもちろん関係機関等とのネットワーク、すなわちセーフティネットを築いて行くことを意図したものであろう（なお、⑦は、東日本大震災の災害救助法が適用される区域に、2011年3月11日に居住していた人を対象として、要件を緩和して、①②の業務を行うものである）。

―――― ワンポイント知識1 ――――
法テラスの課題　　法テラスは、司法アクセスの改善策として大いに期待しうるものである。しかし問題は、いかに実績をあげていくかであり、課題も少なくない。より大きな予算の確保、現場で担当可能な弁護士・司法書士、その他の専門家の確保、法律専門家相互間の連携、人材育成などが急務であり、国民の間にしっかり根づくかどうかが基本的な課題である。

　実際、担い手として相当数の弁護士の確保は不可欠であるが、法テラスは、

独立開業という伝統的な弁護士スタイルとの間で、葛藤を生むことを免れない。と言うのも、法テラスは、法務省の所管法人であり、法的根拠をもち政府が全額出資を行っているという意味で公的色彩を帯びた存在（国による法律支援の業務）であり、その業務の範囲で、当地で開業する弁護士の仕事を国策により奪うかの如く影響する面が出てくるからである。とりわけ、弁護士過疎の中での稀少価値をウリにしていた弁護士がこれにどう向き合うかは、今後の切実な課題である。しかし、法テラスの創設とその活動により、国民の司法アクセスが増進したことは確かであり、最終的には、利用者である国民が選択し決定すべきことがらであろう。

　法テラスは、現在、紛争解決手続に関する総合的情報をワン・ストップで取得できる場所として、重要な役割を演じているが、今後、潜在的な法的ニーズを掘り起こすために、各地の弁護士会や司法書士会などと連携しつつ、より積極的に「アウトリーチ型の活動」（現場に出向いて行うロイヤリング活動）を行うことも期待される。とりわけ、格差社会や少子高齢化社会が深刻さを増しつつある現在、関連する障害者福祉や高齢者福祉の担当機関などとの連携が望まれ、障害者や高齢者が抱える複合的な問題に取り組みその解決を支援する「司法ソーシャルワーク」の具体的な実践も、今後の課題と考えられる。

　法律扶助については、先に述べたように貸与制が採用されているが、今後は、免除を原則とすることにより、法律扶助制度へのアクセスを容易にすることも課題となろう。

　また例えば、被疑者・被告人に対する支援と犯罪被害者支援という、利害が衝突する業務をあわせて取り込んでいるので、利益相反行為とならないだけのスタッフ数の充実が不可欠である。民事事件でも、同様な要請は存在する。法テラスについては、地元弁護士の冷やかな反応もないわけではない。東日本大震災の被災地では、地元弁護士との協力体制も作られているが、今後は、地域の司法の質的向上を図るために、全国的な展開が期待される。後述する法教育（→298頁）への関与も望まれる。ともかく、制度利用の向上を図るための建設的かつ具体的な議論が望まれる。

　さらには、法テラスの試みは新しいものではあるが、弁護士会等がこれまで取り組んできたものと関連性をもっている。これまでの取組みで得た成果と課題を引き継いで活かすことも重要であり、例えば、各弁護士会はこれまでに「地域司法計画」を策定し、各地の司法の実情と将来像を描いている。とりわ

け、この手法で司法アクセスの地域格差が如実に示された意義は大きい。しかし、弁護士会内での運動にとどまり、国や最高裁には届いておらず、肝心の地域住民の関心にもつながっていない。

　なお、弁護士、司法書士、土地家屋調査士、行政書士、弁理士、社会保険労務士など、いわゆる専門士業が数多く存在し、市民にとってそれぞれの職域等がわかりにくい日本の現状で、それらの統合的利用の促進を図る役割も、今後は、法テラスに期待されるのではないかと考えられる。

(3) 司法のIT化

　裁判の基本は、その実態はともかく、裁判官と両当事者が同じ公開法廷の空間で口頭のやりとりをするというスタイルであろう（憲法82条、民事訴訟法87条1項本文参照。現実の民事訴訟では、一方当事者が欠席したり、書面の交換等だけで終わるといったことも多い）。その影響であろうか、行政などの領域と比較して、司法の世界では、IT化が遅れていた。

　しかし、司法の世界にもIT化の波は着実に押し寄せている。例えば、管轄の合意は電磁的記録によっても可能となり（民事訴訟法11条3項）、電話会議方式（音声の送受信）による争点・証拠の整理（同170条3項・176条3項。少額訴訟の場合は、証人尋問も可。同372条3項）、テレビ会議方式（映像と音声の送受信）による証人尋問（同204条）・鑑定人の意見陳述（同215条の3）、さらには、当事者が裁判所に提出する書面に記載した情報の電磁的方法による提供（民事訴訟規則3条の2）は、既に行われており、電子的情報処理組織（コンピュータ）による申立等（民事訴訟法132条の10）と電子的情報処理組織による督促手続（同397条以下）は、指定簡易裁判所（東京簡裁）で可能である。いわゆる「e-裁判所」あるいは「e-サポート裁判所」の時代の到来を予感させる。

　また、裁判所や弁護士会のホームページは、ある程度工夫もされ情報量も増えてきていることは間違いない。インターネット法律相談に乗り出している法律事務所も垣間見られる。司法書士や司法書士会も同様であるが、裁判所のIT化は、必ずしも進捗していない。

インターネットを通じて、複雑多岐にわたる法令情報の検索も格段に容易になっており、判例情報についても同様である。一般国民が法情報から隔絶した状態で紛争などに直面することは少なくなったと思われるが、その分、法専門家は数段上の情報分析と依頼者などに対する丁寧でわかりやすい説明が求められる時代になってきたものと思われる。

　もっとも、裁判の公開は、プロセスの公開と共に、結果すなわち判例の公表、訴訟記録へのアクセスも含むものであろう（民事訴訟法91条1項、刑事訴訟法53条1項）。最高裁の重要判例は、古くから公式判例集が刊行され、現在は裁判所のwebサイトで迅速に公表されている。しかし、下級審の判例にアクセスするとなると、今も民間の法律雑誌が主要媒体である現状は変わっていない。掲載されるのはごく一部で、掲載の基準もはっきりしない。判例の「公共財」としての価値にもっと目を向け、プライバシーなどに配慮しつつも、全件公開に向けた努力が必要となるであろう。この点に関しては、司法のIT化に関する先進国の実例も参考になる。

《参考文献》

金子宏直『民事訴訟費用の負担原則』（勁草書房、1998年）

川嶋四郎「『司法へのユビキタス・アクセス』の一潮流」『民事手続における法と実践〔栂善夫・遠藤賢治先生古稀祝賀〕』21頁（成文堂、2014年）

小島武司編『各国法律扶助制度の比較研究』（中央大学出版部、2006年）

千葉恵美子ほか編『集団的消費者利益の実現と法の役割』（商事法務、2014年）

「特集／司法アクセスの充実に向けて」法律時報75巻11号（2003年）

日本司法支援センター『法律扶助の世界動向』（2012年）

日本司法支援センター『法テラス白書』（毎年12月に前年度版発行）

長谷部由起子「紛争解決制度へのアクセス」新堂幸司監修『実務民事訴訟講座・第3期〔第1巻〕』187頁（日本評論社、2014年）

半田吉信『弁護士報酬敗訴者負担原則の比較研究』（法律文化社、2006年）

民事手続研究会「『e-裁判所』の創造的構想――民事訴訟を中心として」法政研究（九州大学）72巻4号（2006年）

本林徹ほか編『市民と司法の架け橋を目指して――法テラスのスタッフ弁護士』（日本評論社、2008年）

山本和彦『解説消費者裁判手続特例法』（弘文堂、2015年）

M・カペレッティ＝B・ガース／小島武司訳『正義へのアクセス』（有斐閣、1981年）

ダニエル・H・フット／溜箭将之訳『名もない顔もない司法』（ＮＴＴ出版、2007年）

第3章　司法権の現状はどうなっているのか

ドイツ最古の〈剣と秤〉をもった
〈正義の女神〉。1247年製作

フィレンツェの洗礼堂にある〈正義の女神〉の
ブロンズ製レリーフ。1336年の作

中世後期のドイツ語圏における最高傑作。
ハンズ・ブルクマイアー（1531年没）の
木版彫刻

ギリシャ的要素（特に剣をもつ人格化された女神）、ローマ的要素（秤や豊饒の角をもつ女神）、キリスト教的な要素（正義という徳、とりわけ秤と剣をもつ天使長ミカエル）、これらが融合して1250年頃に、今日見ることのできる〈剣と秤をもつ正義の女神〉像が誕生する。そしてこの形は14世紀をもって完成する。複数の要素が混在している様子は、例えば、フランクフルト・レーマー広場の女神像（本書第1章扉写真参照）に見られる。そこでは、正義像の下の台座に、さらに正義が他の徳目とともに描かれている。

　〈剣と秤をもった正義の女神〉像は広がっていく。その原因としては、キリスト教の普及、宗教界に対する世俗の権力の強化、個人主義の再興、当時の法的不安定性（強盗騎士、決闘、隷農制、恣意的な法の適用など）といった事情をあげることができる。法典編纂や裁判制度の確立といった法改革が必要とされる時代背景があった。

［上］バンベルクの大聖堂の所蔵品に描かれた〈秤と剣をもつ正義の女神〉。キッセルによれば、ドイツでおそらく最古のもの。このころに全ヨーロッパで〈剣と秤をもった正義の女神〉が広がっていく。（35頁）
［左］しかし、〈剣と秤をもった正義の女神〉像の傑作は多くはない。このレリーフは、そのうちでもっとも著名なものである。（36頁）
［右］女神は衡量と決断を強く意識したポーズをとっている。秤は球形のガラスに入っているが、これは正義が世界を支配することを意味している。（38頁）

第3章　司法権の現状はどうなっているのか　105

1　司法権の位置づけと仕組み

(1)　司法権の構造

【裁判を受ける権利と裁判官の独立】　憲法は、何人に対しても、裁判所において裁判を受ける権利を保障している（憲法32条）。この権利は国際的にも認められるに至っている（国際人権規約B規約14条）。これらにいう裁判は、なんらかの裁判機関によって行われれば足りる、というものではない。それは、憲法その他の法にのみ拘束される裁判官が「その良心に従ひ独立してその職権を」行使することによって実現される（憲法76条）。すなわち、憲法は＜裁判官の独立＞を保障しており、国民は独立した裁判官による裁判を受ける権利をもつのである。

この独立性は、単独で事件を扱う裁判官にとっては、その個々の裁判官に対して、合議により事件が処理される場合には、その合議部に対して、保障されなければならない。また合議部の中でも、独立・対等な合議ができる環境が保障されなければならない。ここで裁判官が独立しているとは、裁判所が外からの圧力に対して独立していることと共に、裁判所内部において、特に人事などの司法行政上の直接・間接の影響を受けることなく、裁判官が「その良心に従ひ独立して」裁判できる状態を言う。ここに言う「良心」をめぐっては、「客観的な裁判官としての良心」か「個人的主観的良心」かという見解の相違があるが（樋口ほか『注釈日本国憲法（下）』1145頁参照）、厳正に法に従って独立に裁判を行っているという裁判官の心理状態を言うものと解してよかろう。＜司法権の独立＞とか＜裁判の独立＞という言葉は、しばしば、立法府や行政府による侵害から裁判所全体または特定の裁判官もしくは裁判部を守るための原則として理解されがちである（司法権の独立が問題となった歴史的事件については、→126頁）。しかし同時に、裁判所機構内部において司法行政機関や上位の裁判官の干渉行為から裁判官（裁判部）の独立性を保護することも含んでいることにも注意しなければならない。

裁判所制度はこうした憲法上の使命をもって、裁判官を中心にして組織さ

れるものである。したがって、一つ一つの事件において独立した裁判官が職務を行うことによって、裁判所は初めて憲法上の使命をまっとうする。裁判所の組織機構や司法行政については、このような憲法上の裁判を受ける権利とこれを保障する裁判官の独立性という観点を基本原理として考察しよう。

【裁判所の構成】　日本の司法制度の変遷については次節で見るが、明治憲法の下では、裁判所は司法大臣の監督を受けていた。第2次大戦後の改革によって、裁判所はそれ以前からもっていた裁判をする権限に加えて、裁判官をはじめとする職員の人事権や監督権を得て、裁判所の地位は大きく高められることになった。

　すべての司法権は最高裁判所と下級裁判所に属している（憲法76条1項）。この節では、現在の裁判所の組織を検討することにし、裁判官については、基本的な事項についてのみ解説しておくことにしよう（→185頁）。日本の裁判所機構の全体を見ると、[図1]のようになっている。裁判所は最高裁を頂点とし、簡易裁判所を底辺とする一種のピラミッド組織として作られている。身近な裁判所に限って少しだけ説明を加えておこう。

　高等裁判所、地方裁判所および家庭裁判所には、地域住民が利用しやすいように支部が設けられている。このうち東京高等裁判所には、知財事件を専門に扱う特別の支部として、知的財産高等裁判所（知財高裁）が設けられている。

　家庭裁判所は、戦後新たに設けられたもので、家庭事件や少年事件を専門に扱う裁判所である。これは、最高裁を頂点とする通常の裁判所の系列に組み入れられたもので、憲法76条2項に言う特別裁判所には当たらない。地方裁判所と同格で、その数も管轄区域も同一である。

　簡易裁判所は、少額・軽微な事件を簡易・迅速に処理するための裁判所であり、争いの対象が140万円以下の民事事件と罰金以下の刑などの罪に関する刑事事件を扱う（2014年現在）。簡易裁判所では裁判官が1人で裁判を行う。刑事事件については、令状裁判所、軽罪裁判所としての性格ももっている。民事事件については、戦前の区裁判所とは違った理念に立って、少額・軽微な事件を簡易・迅速に処理する「全国津々浦々の民衆が相寄り民衆が裁

第3章 司法権の現状はどうなっているのか　107

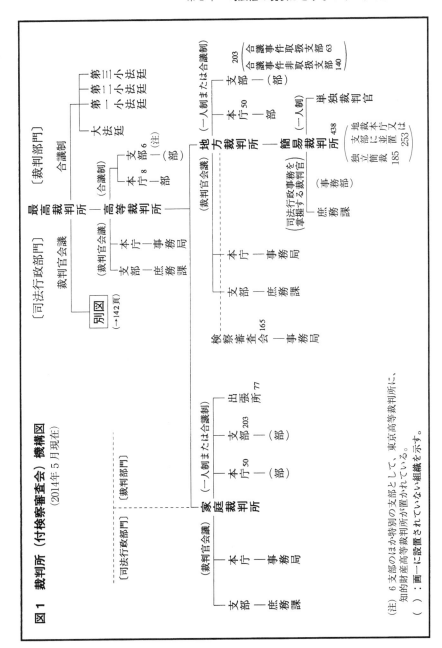

図1　裁判所（付検察審査会）機構図
（2014年5月現在）

(注)　6支部のほか特別の支部として、東京高等裁判所に、知的財産高等裁判所が置かれている。
（　）：画一に設置されていない組織を示す。

く、自分達の手で処理する」（裁判所法起草時の裁判官である委員の発言。日弁連編『簡易裁判所』4頁に引用あり）新しい裁判所として構想されたものである。60万円以下の金銭支払い請求を争う民事事件については、簡便な手続で裁判が可能な少額訴訟制度もある（2014年現在）。簡易裁判所は1980年代には575ヵ所あったが、地方裁判所支部と同様に統廃合が進められ、2014年7月現在では438ヵ所になっている。これに対しては裁判を受ける権利の保障という観点から批判も少なくない。

　各裁判所には裁判と司法行政の2つの機能がある。最高裁判所は裁判に関する最高で最終の裁判所としての側面と、全国の裁判所に関する行政事務の中央行政機関という側面との2つの顔をもっている。裁判については、下級審裁判所を指揮監督する権限はない。また、わが国では、英米法系の国とは異なって最高裁の判例が、差戻判決などを除いて、先例として一般に下級審裁判所を拘束することはない。

【裁判所の内部組織】　　各裁判所がもつ2つの機能に即して、裁判所の内部機構は裁判部門と司法行政部門に分けられる。裁判を行うのは裁判官であり、司法行政を行うのは裁判所の裁判官会議である。長官や所長は、司法行政事務の全体的な取りまとめを行うこととされている（裁判所法12条など）。

　裁判所を構成するのは裁判官であり（憲法79条1項、裁判所法15条・23条など）、裁判官が裁判所の中核をなしていることは言うまでもない。しかし、裁判官が裁判に付随する事務をどの程度自ら処理するかは、国々で異なっている。わが国では、裁判官の数が少ないこともあって、裁判付随事務や司法行政事務のために、多様な職種の多数の職員を置いている。

　裁判所法の53条以下には20以上の官職が定められている。簡単に分類することは困難であるが、次のように整理してみよう。まず、裁判手続の処理のために必要となる種々の事務や、裁判手続に付随する事務を担当する裁判所書記官と執行官がいる。裁判所書記官は裁判の調書を作成したり、訴訟記録の保管や送達などに従事する（裁判所法60条）。執行官は、裁判の結果が任意に履行されない場合に強制執行をするなど、民事訴訟法、民事執行法および民事保全法などに定められた職務を行う（裁判所法62条、執行官法）。

裁判事務を補助する職員として裁判所調査官（裁判所法57条）、裁判所事務官（同58条）、家庭裁判所調査官および家庭裁判所調査官補（同61条の2・61条の3）、裁判所速記官（同60条の2）、廷吏（同63条）がある。廷吏は法廷において秩序の維持、関係人との連絡、事件の呼上げ、開廷簿の管理などをして裁判官の補助をする職員である。

　司法行政事務を担当する職員として、裁判所法が定める最高裁事務総長（同53条）や下級裁判所の事務局長（同59条）のほか、裁判所事務官（同58条）と裁判所技官（同61条）などが置かれている。

　事務官、書記官および速記官などの職種においても、欧米諸国に例のないほど官僚組織化が徹底している。例えば、大規模な地方裁判所の書記官を見ると［**下図**］のようになっている（大法廷首席書記官等に関する規則5条参照）。

　　首席書記官――次席書記官――上席主任書記官――主任書記官
　　――裁判所書記官――裁判所事務官等
　　（注：訟廷管理官が所管する訟廷事務部門は除いてある）

【裁判官の種類と任命手続】　すべての人に対して独立した裁判官による裁判を受ける権利を確実なものとするには、憲法の趣旨にそって優れた裁判官が選ばれなければならない。ここでの主要なチェック・ポイントは、誰がどのような手続で裁判官になるのか、ということである。弁護士から裁判官が選ばれる法曹一元制度（→171頁）をとらず、事実上生涯を裁判官として過ごすキャリア制の裁判官制度がとられているわが国では、裁判官になった後どのような手続で昇進していくかということも重要である。

　まず、裁判官の種類を見ておこう。憲法と裁判所法の定める裁判官とその任命権者は［**表1**］のようになっている。裁判所法のレベルでは合わせて6種類の裁判官が存在することになる。

　長官を含む最高裁の裁判官は「識見の高い法律の素養のある」者で、満40歳以上でなければならないが、そのうち5人までは必ずしも法律家である必要はない（裁判所法41条1項）。こうした任命資格以外には、最高裁裁判官を任命するに当たっての手続は憲法の上でも法律の上でも定められていない。

表1　裁判官の種類と任命者

```
憲法の定める裁判官
    ┌ 最高裁判所長官―――――――(内閣の指名により天皇が任命。憲6条II、裁39条I)
    │ その他の最高裁判所判事――(内閣が任命。憲79条I)
    └ 下級裁判所の裁判官―――――(最高裁判所の指名した者の名簿により内閣が任命。
                                     憲80条I、裁40条I)

裁判所法の定める裁判官
    ┌ 最高裁判所の裁判官 ┌ 最高裁判所長官
    │                    └ その他の最高裁判所判事 (14人――裁5条III)
    │
    └ 下級裁判所の裁判官      ┌ 高等裁判所長官 (天皇が認証。裁40条II)
       (員数は裁判所職員定員法で定める)                      ┌ 判事
                              └ その他の裁判官 │ 判事補
                                                └ 簡易裁判所判事
```

　裁判所法制定当初には、裁判官任命諮問委員会が設置されていたが、内閣の任命権を侵害するものであるという疑義が示され、1948年に廃止された。諸外国の最高裁事の任命手続（→118頁）と比べると、わが国では政権党に最高裁判官を任命するオールマイティが認められているのが特徴となっている。裁判所は、本来、代表民主制によりその権利利益を十分に考慮されることのない少数者のための権利保障機構なのであるべきだが（→189頁）、現在の選考手続とその実務はこのことを十分には考慮できていない。

　下級裁判所裁判官としては、先に示したように、4つの「官」がある。憲法によれば、下級裁判所の裁判官は、最高裁判所の指名した者の名簿によって、内閣が任命する（憲法80条1項）。内閣による任命はあくまで「官」であって、例えば、東京地方裁判所裁判官という「職」に就かせる行為（補職）は、すべて最高裁（実際には、最高裁事務総局）が行う（裁判所法47条）。地方裁判所所長は地裁判事のうちから最高裁判所によって命じられる（裁判所法29条1項）ものであって、「官」の名称ではない。高等裁判所と地方裁判所には部が置かれるが、部の事務を総括する裁判官が最高裁により指名される（下級裁判所事務処理規則4条）。

　司法制度改革審議会の意見書では、「最高裁判所が下級裁判所の裁判官と

第3章　司法権の現状はどうなっているのか　111

して任命されるべき者を指名する過程に国民の意思を反映させるため、最高裁判所に、その諮問を受け、指名されるべき適任者を選考し、その結果を意見として述べる機関を設置すべきである。」とされた。これを受けて、6人の法曹三者と5人の学識経験者からなる下級裁判所裁判官指名諮問委員会が設けられた。最高裁が下級裁判所裁判官の指名候補者を同委員会に諮問すると、委員会は、下部組織に当たる地方委員会に指名候補者についての情報収集を要請する。そして地方委員会が収集した情報や自ら収集した情報をもとに、委員会は指名の適否等について審議し、最高裁に意見することになっている（下級裁判所裁判官指名諮問委員会規則2条）。委員会の諮問に強制力があるわけではないが、現在のところ、最高裁は委員会の意見に沿って任命、再任をしている。

　裁判所法の上では、認証官である高裁長官を除けば、下級審裁判官は3種類にとどめられている。しかし、特別の法律や最高裁規則により、判事補の権限はさらに細かく分かれる。裁判官になってから10年間は判事補であり、まだ一人前の裁判官としては認められず、職権に制限が加えられている。例えば、裁判官会議の構成員にはならない（裁判所法29条3項）。判事補は5年以上の経歴をもつに至ると「判事補の職権の特例等に関する法律」によって、判事補としての職権の制限を受けないことができるようになる。この職権特例判事補になると、高等裁判所で職務代行として陪席裁判官を務めることができ、地裁の裁判官会議の構成員になる。しかし、高裁の裁判官会議のメンバーにはなれない。さらに、わが国では、各裁判所相互には格の違いが隠然としてあることや、3人の裁判官からなる合議部においては裁判長、右陪席裁判官、左陪席裁判官の年齢が逆転しないように年功が配慮されるため、徹底した官僚主義が生まれる素地がある。

　このように、裁判官には複雑な序列が存在し、その人事は最高裁人事当局にゆだねられている。個々の裁判官に対する勤務評定をチェックするシステムや裁判官人事に裁判官代表が関与する制度など、人事権が公正に行使されることを監視・統制する制度は十分には整備されておらず、先進国の裁判所制度の中では稀な制度となっている。

　簡易裁判所判事は、法律の素養があることは必要であるが、必ずしも専門

の法曹であることを要しない。そのため、資格を法定せずに特別の選考により任命することが認められている（裁判所法45条）（→188頁）。

(2) 最高裁判所

【最高裁判所の組織】　15人からなる最高裁裁判官は、3つの小法廷に5人ずつが所属する（最高裁判所裁判事務処理規則2条1項）。各小法廷に欠員や差支えのある裁判官がいても、他の小法廷から補充する制度はない。3人の裁判官をもって裁判が開かれてもよい（同2条2項）。憲法判断など重要な事件に限って全裁判官からなる大法廷が審理をする（裁判所法10条）**[写真1]**。大法廷は9人以上の裁判官が出席すれば裁判をすることができる（最高裁判所裁判事務処理規則7条）。旧大審院の判事が50人近くであったのと比べると現在の最高裁判事の数は少ない。近年、裁判官に占める女性の割合も上がってきているが、女性の最高裁裁判官は2014年現在3人（通算しても5人）しかいない。いずれも裁判官枠以外からの就任である。

　最高裁には、約40人の調査官が置かれ（裁判所法57条参照）、審理や裁判を行うために必要な調査を行うことを仕事とする。民事と刑事の専門別に分かれ、調査官の上に上席調査官、首席調査官が置かれ官僚機構として整備されている。最高裁裁判官の中には、職業法律家でなかった人も選任されているから、調査官が補助することは不可欠であるとも言えるが、いわゆる調査官

[１]　最高裁の大法廷（最高裁判所資料より）

裁判とならないように、改善措置が必要であるとする声も強い。なお、調査官は「官職」の一つであるため、裁判所組織図（→142頁）のどこに所属することになるのかの表示は難しい（最高裁判所広報課による）。

【違憲立法審査権】　最高裁判所は、一切の法律、命令、規則または処分が憲法に適合するかしないかを決定する権限を有する終審裁判所である（憲法81条）。わが国の裁判所は、法令などの解釈に関して抽象的に判断を下す権限をもっていないが、下級裁判所も具体的な紛争に関しては、法律、処分などの合憲性を判断することができる。

　憲法問題を争点とする訴訟を「憲法訴訟」と言う。これまで最高裁が違憲判断を示した裁判例は、諸外国に比べて多くはなく、その消極性が指摘されてきた。最高裁による違憲判決は、以下の通りである。

　　最大判昭48年（1973）4月4日刑集27巻3号265頁
　　　（尊属殺重罰規定違憲判決）
　　最大判昭50年（1975）4月30日民集29巻4号572頁
　　　（薬事法違憲判決）
　　最大判昭51年（1976）4月14日民集30巻3号223頁
　　　（衆議院議員定数配分規定違憲判決）
　　最大判昭60年（1986）7月17日民集39巻5号1100頁
　　　（衆議院議員定数配分規定違憲判決）
　　最大判昭62年（1987）4月22日民集41巻3号408頁
　　　（森林法違憲判決）
　　最大判平14年（2002）9月11日民集56巻7号1439頁
　　　（郵便法免責規定違憲判決）
　　最大判平17年（2005）9月14日民集59巻7号2087頁
　　　（在外邦人選挙権制限違憲判決）
　　最大判平20年（2008）6月4日民集62巻6号1367頁
　　　（婚外子国籍取得制限違憲判決）
　　最大決平25年（2013）9月4日民集67巻6号1320頁
　　　（婚外子・相続分差別違憲決定）

このほかに、法令自体は合憲だが、当該事件に適用することを違憲と判断した適用違憲のケースも、ほぼ同じ程度ある。違憲判決が多ければよいというわけではないが、議員定数の不均衡が２倍を大きく超えていてもなかなか違憲判決が出ないという状態では、最高裁が＜憲法の番人＞としての役割を十分に果たしているとは言い難い。

【最高裁判所の裁判官会議と事務総局】　最高裁判所は、司法行政機関としての事務を裁判官会議という会議体によって行う（裁判所法12条1項）。その事務は広範囲であるが、特に憲法上認められた規則制定権（憲法77条）を行使して、訴訟に関する手続などを定めることができる。最高裁判事は裁判の仕事に多忙であるため、司法行政に関心をもつ余裕は乏しいと言われる。このため長官と事務総局が実質的な判断をし、裁判官会議は形式的な追認機関となっているのが実情である。

事務総局は最高裁判所の庶務を掌るために置かれている（裁判所法13条）（→141頁）。司法行政は、裁判所がその本来の使命である司法裁判権を行使するために必要な人的機構、物的施設を供給維持し、事務の合理的、効率的な運用を図るなど、いわゆるハウス・キーピング的な事務を主たる内容とするものである。事務総局には、事務総長1人が置かれ、長官の監督の下に、事務総局の事務を掌理し、その職員を指揮監督する（同53条）。事務総長は

―――― ワンポイント知識1 ――――
最高裁裁判官国民審査の問題点　投票に当たっては、最高裁判所裁判官国民審査法は、罷免したい裁判官についてのみ、氏名の上欄に×の記号を書き、罷免したくない裁判官については、なんらの記載もしないという方法をとっている。このため、罷免していいかどうかわからないため棄権したいとする者の投票がすべて信任票として扱われる。そこで、現行の投票制度は憲法15条に違反すると指摘する見解もあるほか、立法的改善を要するとの見解も強い。これまで、国民審査によって罷免を可とされた裁判官は1人もなく、罷免を可とする投票はせいぜい有効投票の10％程度に過ぎない。なお、最高裁裁判官として国民審査を受けた後で、長官になった場合に、長官として新たに審査の対象にすべきであるという意見もある。

じめ、多数のポストに裁判官が充てられている。

【最高裁判所裁判官の国民審査】　最高裁の裁判官は、任命後初めて行われる衆議院総選挙の際に国民審査を受ける（憲法79条2項）。手続は、最高裁判所裁判官国民審査法に定められている。投票者の多数が罷免を可とした裁判官は罷免される（憲法79条3項）[知識1・2]。各裁判官は10年ごとに審査を受けなければならない。この審査は一種のリコール制と解されている（通説）。任命後、裁判官としての仕事を十分にしていない段階においてリコールと言うのはおかしいという理由から、任命の事後審査の性格をもつという考え方もある。

―― ワンポイント知識2 ――

2014年国民審査の結果から見た国民審査の制度的課題　2014年の総選挙の際、5人の最高裁裁判官の国民審査も行われた。彼らの前職の内訳は、弁護士が2人、裁判官、検察官、官僚が1人ずつである。結果は、いずれの裁判官も「罷免を可とする」投票の割合が9％前後であった。都道府県別に見ると、「罷免を可とする」投票の割合が高かったのは、東京・大阪とその周辺の府県および北海道、沖縄であった（東京・大阪とその周辺の府県、北海道は約10％、沖縄は約16％）。

　沖縄では以前から「罷免を可とする」投票の割合が高かったが、前回2012年の国民審査の時は11％程度で、東京や大阪、北海道とさほど変わらなかった。しかし今回、国民審査に先立って、最高裁は、沖縄の米軍基地関連の2件の訴訟（沖縄密約開示訴訟、高江ヘリパッド訴訟）で、住民による上告を棄却している。このことが、「罷免を可とする」投票の割合を沖縄で高くしたと考えられる。

　今回の沖縄の投票結果では、両訴訟に関わっていない裁判官についても、「罷免を可とする」投票の割合が高かった。これは、国民審査制度が個々の裁判官の審査というよりは、最高裁全体の信を問う投票になっていることを示唆している。だが、それは国民審査制度の趣旨にはそぐわない。国民審査制度が個々の裁判官の審査を行うことを目的としているのであれば、各裁判官が関わった判決について、有権者が判断材料にできる形での情報提供が求められる。

(3) 裁判官の独立と司法行政

【裁判官の身分の保障】　裁判官が独立心をもち安心して裁判を行うことができるためには、その身分の安定が不可欠である。裁判官が、定年に達した場合、自発的に退職する場合や最高裁裁判官が国民審査で罷免可とされた場合に身分を失うのは当然である。裁判官は、特に憲法上一定の手続で罷免される場合を除いては、その意に反して、免官、転官、転所、停職または報酬の減額を受けることはない（憲法78条・79条6項・80条2項、裁判所法48条）。実際に意に反したこれらの不利益な行為がないかどうかについては別に触れるので（→152頁、188頁）、ここでは憲法や裁判所法に定めのあるものについて見ておこう。

裁判官が任期中に身分を失うのは、①裁判官分限法により、心身の故障のために職務を執ることができないと分限裁判で決定される場合と、②裁判官が著しく義務に違反するとか、はなはだしく職務を怠るとか、あるいは裁判官としての威信を著しく損なうような非行を行ったときに、裁判官弾劾法に従って弾劾裁判が行われる場合の2つに限られる。分限裁判や弾劾裁判は少ないとは言え、実際に行われている［知識3］。

弾劾は国民の信託に反する者を糾弾する制度であるが、これに対して、内部規律違反を問うのが懲戒である。裁判官も、裁判官としての身分関係の秩序を維持するため、「職務上の義務に違反し、若しくは職務を怠り、または品位を辱める行状があったとき」は、懲戒に服する（裁判所法49条）。行政機

───── ワンポイント知識3 ─────
分限裁判と弾劾裁判　弾劾裁判は国会議員からなる裁判官訴追委員会の訴追を受けて行われる。訴追委員会事務局は衆議院にあり、弾劾裁判所事務局は参議院にある。2013年までに総計1万7,659件の訴追請求が受理されている（裁判官訴追委員会のホームページより）。1947年から2013年末までに罷免訴追事件は9件あり、7件（7人）について罷免の判決がなされている。このうち3人はその後、弾劾裁判所の決定により法曹資格を回復した（弾劾裁判所のホームページより）。

関が裁判官の懲戒処分を行うことはできない（憲法78条）ので、この権限は、司法権の独立を確保するために、最高裁または高裁が裁判によって行う。一般の公務員の場合には通常、免職、停職、減給または戒告の4種類の懲戒処分があるが（例、国家公務員法82条、地方公務員法29条）、裁判官については戒告と1万円以下の過料の2種類があるにとどまる（裁判官分限法2条）。すなわち、懲戒処分による免職は認められていない。懲戒の手続は、裁判官分限法に定められている。

　いま一つ、裁判官の身分保障を考える上で、見逃すことができないのは、わが国の憲法が裁判官の任期を10年と限定していることである。最高裁の実務は、1971年に宮本康昭判事補の再任を拒否したとき（→156頁）、再任は任命権者の自由裁量であるという見解をとった。この点で、戦後の裁判官の独立は戦前よりも後退した一面をもつことになっている（→187頁）。大陸系の職業裁判官制度をとっている国では、一般の裁判官に関しては、ラートブルフが言うように、裁判官は原則として終身任期で任命され、裁判で請求できる固定給が与えられ、罷免も転職も禁止されることによってその独立性が保たれると考える傾向にある（『著作集3　法学入門』173頁）。このような見解に立てば、任期終了後に再任命するかどうかは任命権者の自由であるとする考えは、個々の裁判官の独立性にとって大きな圧力となりうる。わが国の任期制は、アメリカの制度にならい、法曹一元が存在し、司法人事に対する種々のコントロールが機能することを前提として採用されたものである。占領軍総司令部（ＧＨＱ）の司法制度を起草した人たちは、再任制度との関係で最高裁の専断から下級裁判所の裁判官を守ることが必要になるとは考えていなかった（オプラー『日本占領と法制改革』79頁）。そこで、裁判官が生涯を裁判官として過ごすのが通常であることを考慮すると、非行や違法行為を理由として弾劾裁判により罷免される裁判官にも保障されている程度の手続を欠いた再任拒否は許されないと考えられる。

【司法行政】　　裁判所において裁判の仕事が適正で円滑に行われるためには、先に触れたように、ハウス・キーピング的な仕事が必要であり、この作用が司法行政である。この仕事は最高裁を頂点として簡易裁判所に至るピラ

ミッド型の行政組織によって行われる（裁判所法80条）。国民が迅速かつ適正な裁判を受ける上で、司法行政の果たす役割には大きなものがある。しかし、司法行政監督権は、裁判官の行う裁判事務にも関連することが多いので、司法行政の実施が裁判官の独立性を侵害しないように細心の注意が求められる。この両者の調和をどのように図るかは重要な課題である（例、平賀書簡事件→133頁）。

司法行政事務を行う権限は、裁判官会議であり、それの取りまとめを行うのが長官や所長である（裁判所法12条など）。しかし、すべての事務を実際に裁判官会議の議を経て行うことは事実上困難である。このため、多くの事項が長官・所長や一定数の裁判官からなる委員会などに委譲されているが、現在では、裁判官会議の形骸化が嘆かれるほどに、会議の実質がなくなるに至っている。裁判官の担当分野の決定や裁判事件の配分など裁判所自治のもっとも根幹的な事項については実質的に裁判官会議が機能するように、裁判官自身の努力が求められる。

なお、司法制度の改革について立案することは、最高裁判所の司法行政権には含まれていない。法案を提出することができるのは法務省である。しかし、同省には、訴訟法や訴訟実務の見直しについて恒常的に検討するための組織が十分には置かれていない。また、見直しをするのに必要な司法統計は最高裁が集約している。このような制度であるから、法務省と最高裁は、事実上、人事交流や官僚レベルの協議によって共同作業を行わざるをえない。しかし司法改革に関連する権限が分かれていることから、いずれの方も制度改革に乗り出す責任を感じないことになりやすく、制度面での改革は遅れがちである。

(4) 国際比較に見る司法制度

【裁判官の人事】　主要な先進国において、政治・行政と司法との関係、裁判官の人事制度、裁判官と市民との関係がどのようになっているかを見ておこう。

外国での裁判官の任命の仕方はいろいろである。アメリカの最高裁判事は

第3章　司法権の現状はどうなっているのか　119

大統領が任命する。しかし、任命に先だって上院の同意が必要とされ、上院では公聴会が開かれる。数日間にわたって長時間の審査が行われ、新聞でも第1面などで、私生活にも及ぶ詳細な報道がされる（[**写真2**]参照）。アメリカの各州では公選制や任命制など種々の選考方式がとられ、中には任期が定められる場合もある。しかし、法曹一元が前提になっており、市民による種々のコントロール制度が見られる。イギリスでは職業裁判官は形式的には国王に任命されるものの、実質的には職業裁判官集団と弁護士集団の中で強い信任を受けた弁護士経験者のみが選ばれるシステムである。

　キャリアシステム（官僚裁判官制度→171頁）をとる国々を見よう。ドイツでは、連邦憲法裁判所裁判官は半数ずつが両議院により3分の2の多数決によって選出される。このため、政権党と野党が事実上半数ずつを推薦する運用となっている。下級審裁判所などでも裁判官選出委員会が設けられたりして、選出過程に裁判官の代表や、中には弁護士会代表も加わる制度がある。また、すべての裁判官に対して勤務評定をする制度がある。これは本人と協議の上で行われ、本人の意見・見解も評定書に記載される。フランスでは、裁判官や検察官の昇進のために設けられた委員会が昇進候補者名簿を公開し、これに対して異議申立てを受けつけている。同じくキャリア制のスウェーデンでも、職業裁判官に転任や昇任の制度はなく、裁判官推薦委員会は応募者に推薦順位を付し、それは理由書や基礎資料と共に公開されている。ヨーロッパ先進国では、特別の制度が適用される一部の高位のポストを別にす

［2］　アメリカの上院における最高裁判事候補者に対する公聴会の模様を報道するニューヨーク・タイムズ紙

れば、裁判官の任命に当たって、空席公募、裁判官推薦諮問委員会制、労働組合との協議、決定文書の公開、不服者の抗告などの手続のいくつかがとられ、人事の民主化が進められている。日本のように、最高裁と下級審を問わず、裁判官の任命を内閣または最高裁事務総局の専権にゆだねる方式は先進国の中ではほとんど例がない。

【最高裁の権限】　外国では、裁判官が裁判官を支配することがないようにあえて裁判所の権限を少なくしたり、分割したりする試みもしばしば見ることができる。ドイツでは、裁判官の人事権を裁判官自身がもたないようにしている。イギリスの司法行政機関は複雑であるが、裁判官の昇任制度がないし、裁判所の長は行政官庁の長としての性格をもたず、また司法行政担当機関に法曹適格者がいないことなどにより、結果として、人事差別や給与差別に対する畏怖を利用して判決内容に介入する余地は生じないようになっている。イタリアでは、わが国の最高裁がもっている司法行政、通常裁判の終審裁判所、行政事件の終審裁判所、違憲審査などの権能をそれぞれ別個の機関に配分して、司法権の分権化が進められてきた（憲法101条以下）。歴史的な事情は様々であるが、最高裁が専門分野別に存在する国も少なくない（フランス、ドイツ、スウェーデン、イタリア、アメリカなど）。

【最高裁と下級審】　わが国では、戦前の一時期を除いては、陪審制も参審制もなかったため、裁判員制度が導入されるまでは下級審では職業法律家のみが裁判を行い、最高裁では必ずしも法律の専門家でない人も裁判官となり、ある意味では大所高所の政治的判断が行われるようになっていた。大多数の先進国では、最高裁判所は職業法律家のみが裁判官となり、逆に下級審では陪審制や参審制、あるいは素人裁判制度がとられている。わが国は、ほとんどの欧米諸国とは全く逆のシステムをとってきたわけである。

　裁判員裁判の実施によって、一部の刑事裁判では素人が職業法律家と共に裁判をするようになった。その結果、量刑判断に一般市民の感覚が反映されるようになってきた。国民の司法参加の観点からは、より軽い事件や民事訴訟などに市民が関わる制度も検討に値する。

【国際比較の中の日本】　裁判所が本来の役割を果たしているかどうかを判断するには、裁判官の市民生活にも目を向ける必要があろう。この点については、裁判官の市民的自由について、政治活動と団体活動を中心に触れてあるが（→190頁）、制度的な側面についてまとめるならば、わが国の司法は世界の先進国の司法と比較して、国民的なコントロールを受けず、1つの最高機関にほぼ一切の権限を集中させていることが明らかとなろう。

《参考文献》

家永三郎『司法権独立の歴史的考察〔増補版〕』（日本評論社、1967年）

潮見俊隆「日本の司法制度改革」東京大学社会科学研究所編『戦後改革4　司法改革』（東大出版会、1975年）

小田中聰樹『現代司法の構造と思想』（日本評論社、1973年）

下級裁判所裁判官指名諮問委員会http://www.courts.go.jp/saikosai/about/iinkai/kakyusaibansyo/index.html

兼子　一＝竹下守夫『裁判法〔第4版〕』（有斐閣、1999年）

小島武司編『ブリッジブック裁判法〔第2版〕』（信山社、2010年）

裁判官訴追委員会http://www.sotsui.go.jp/data/index3.html

弾劾裁判所http://www.dangai.go.jp/lib/lib1.html

丁野暁春＝河本喜与之＝根本松男『司法権独立運動の歴史』（法律新聞社、1986年）

日本弁護士連合会編『簡易裁判所』（日本評論社、1976年）

日本弁護士連合会編『最高裁判所』（日本評論社、1980年）

馬場健一「裁判官制度改革の到達点と展望」法律時報77巻8号（2005年）

樋口陽一ほか『注釈日本国憲法（下）』（青林書院、1988年）

松井康浩『司法政策の基本問題』（勁草書房、1987年）

宮本康昭『危機にたつ司法』（汐文社、1978年）

A・オプラー／内藤頼博監訳／納谷廣美＝高地茂世訳『日本占領と法制改革』（日本評論社、1990年）

2　日本の司法制度の来し方

(1)　明治期以前の日本の裁判

　現代の司法制度の下で生きる者の目から見た場合には、日本の古い時代の裁判の歴史は奇異なものに映るかもしれない。しかし、人々の公正な裁判に対する希求や願望は、古今東西を問わず変わらない命脈を保っているようにも思われる。近年、司法制度改革が行われたが、日本の歴史上の様々な局面で、司法制度は問題とされてきた。まず、日本の近代裁判制度が成立する以前の裁判を一瞥したい。

　【聖徳太子の「公正な裁判」への希求】　日本の上代と言えば、ともすれば、「盟神探湯(くかたち)」などに象徴されるように、非合理的な裁判や糾問が行われていたと考えられがちである。盟神探湯は、事件における正邪を決するために、当事者が神に誓った後に、手を熱湯の中に入れて探り、手の爛(ただ)れ具合で、その真偽等を判断したりする手続であった。また、例えば『万葉集』の巻5に収められた、山上憶良(やまのうえのおくら)(660年～733年)の「貧窮問答歌」の一節には、個人の尊重や人権・手続保障など思いも寄らない時代における苛酷な夜間執行の実情が描かれていた。律令国家の成立は、今日に続く「法による支配」を基調とする国家の誕生とも評価できるが、その律令国家の基礎を築き、この国で初めて国家制度を創ったと考えられるのが、聖徳太子(574年～622年)である。

　太子は、「十七条憲法」の制定でも名高いが、その第5条には、「裁判官の心得」あるいは「司法へのアクセス」の観点から注目すべき規定が見られる。すなわち、「五に曰く、饗(むさぼり)を絶ち、欲を棄てて、明らかに訴訟を弁ぜよ。百姓の訟は、一日に千事あり。一日すら尚爾(なおしか)るを、況(いわん)や歳を累(かさ)ねてをや。頃のごろ訟を治す者、利を得るを常と為し、賄(まいない)(賄賂)を見ては讞(申立)を聴く。すなわち、財有るものの訟は、石を水に投ぐるが如く、乏しき者の訴は、水を石に投ぐるに似たり。これを以て、貧しき民は則ち由る所

第3章 司法権の現状はどうなっているのか　123

を知らず、臣の道、赤焉に闕く。」と。太子は、裁判担当者に対して、私利私欲（賄賂等）を貪ることを禁じ公明正大な訴訟運営を切望したのである。

【「迅速な裁判」を期待した阿仏尼】　鎌倉時代には、裁判制度が特に重要な役割をもつようになった。「北条氏が陪臣の身をもって、よく150年の間の天下を保ち得たのは、全くその裁判が公平であって、人民のための政治をしたからである。」と評した法制史家がいるが、そのような公平な制度が存在したゆえに、阿仏尼（1222年頃～1283年）は、鎌倉で訴訟を行うための旅をしたのかもしれない。

『十六夜日記』の冒頭で、阿仏尼は、自分の子藤原為相に亡夫（為家）が遺贈してくれた所領を、その継子（嫡妻の子。為氏）が、「押領」したことを、雅文で表現した。『十六夜日記』については、ドナルド・キーンが、「その裁定を無為に待ち暮らして、阿仏尼は鎌倉に４年も滞在したのである。明らかに日本の裁判は、北条執権の時代も、今日と同じく時間がかかったものと見える」と記している。日本における訴訟遅延の問題は、既にこの時代にも存在し、訴訟による法的救済を求める人々は、迅速かつ公正な裁判を希求していたのである。

【大岡裁きと「三方一両損」】　江戸期には、より一層司法制度が整備された。明治の初めに日本に来たアメリカ人ウィグモア（John H. Wigmore, 1863-1943）は、江戸期の資料を収集・研究し、その当時、イギリスだけではなく、極東の日本にも判例法主義が普及していたことを発見し驚嘆した。

享保の改革期の江戸町奉行、大岡越前守忠相（1677年～1751年）や、天保の改革期の江戸北町奉行、遠山金四郎こと遠山大隅守景元（1793年～1855年）らである。特に、大岡裁きについては、大岡の死後に「三方一両損」の話などが創作されるほどに、町奉行の大岡は市民に慕われたようである。この話には、様々なヴァリエーションがあるが、３両を落とした者が、拾った者の届け出にもかかわらず、その受取りを固辞した（拾った者も受取りを拒否した）ので、忠相自身が１両を出して計４両とし、落とした者と拾った者の双方に２両ずつ与えることにより、その紛争を解決したというものである

（結果的に、落とし主、拾い主、奉行が、それぞれ1両ずつ損をしたように見えることから、「三方一両損」と言われる）。このような判決は、大岡裁きの典型であり、庶民から喝采を浴びた［知識1］。

(2) 明治期における外国法の継受

【江藤新平の悲願、「民の司直」】　日本の近代司法制度は、明治初期に確立した。司法制度の根幹をなす裁判所の組織と構造を規律する現在の「裁判所法」の原型は、1890年（明治23）に制定された裁判所構成法であるが、この法律は、明治憲法と共に、当時のヨーロッパの大国であったドイツ・プロイセン法をモデルとして起草された。

ワンポイント知識1

「三方一両損」から「四方よし（司法よし）」へ　しかし、「三方一両損」の大岡裁きには疑問がある。「一両損」などといった言葉に象徴されるように、裁判所に行けば損をすること、あるいは、譲歩を余儀なくされること、そのような謙譲の美徳が市民のあるべき姿であるといったことなどが、一般市民の脳裡に刷り込まれているのではないかとさえ疑いたくなる。

これに対して、筆者は、民事裁判というものを、「三方一両損」とは逆に、より前向きな制度として考えている。示唆的なのは、大岡裁きではなく、江戸期に活躍した近江商人の家訓、「買い手よし、売り手よし、世間よし」といった「三方よし」の訓（おし）えであろう。それは、買い手に喜んでもらえる商売ができることが、売り手の喜びでもあり、そういう商いが広く行われることで、世間全体（日本の経済）もよくなるという考え方である。商人（あきんど）として、そのように心がければ、商いの信用が拡大し、商売が繁盛していくと、信じられたのである。これは、含蓄の深い教訓である。

これを、例えば民事訴訟の場面に置き換えてみれば、「原告よし、被告よし、裁判所よし」と言うことができる。さらに、原告、被告および裁判所の三者がよければ、世間（日本社会）もよくなっていくと考えられる。つまり、「原告よし、被告よし、裁判所よし、世間よし」であり、これは、「三方よし」を超えた「四方よし」の考え方への展開である。

このような「四方よし」こそ「司法よし」なのである。

第3章 司法権の現状はどうなっているのか 125

［1］ 佐賀市本行寺にある江藤新平の墓
（本節の撮影：川嶋四郎）

　明治維新後における政府の焦眉の課題は不平等条約の改正であり、日本の近代化も、その成否にかかっていた。政府は、諸外国と対等な通商条約を締結するために、早急に法体制や司法体制を整備する必要に迫られた。西欧法の継受は、国民の生活の安定と福祉の向上のためだけでなく、政治的・外交的な要請、さらには官僚支配の確立の要請にも由来したとも考えられる。

　当初、明治政府は、それまでヨーロッパの強国であり最大の文明国の一つとされていたフランスをモデルとし、まずその法律を日本語に翻訳し、それに基づいた法律作りを企画した。1872年（明治5）、初代司法卿に任命された、江藤新平（1834年～1874年。[写真1][知識2]）の強い指揮のもとで法典編纂作業が推進された。就任後間もなく、江藤が定めた「司法省誓約」には、その第1項目に、「方正廉直ニシテ職掌ヲ奉ジ、民ノ司直タルベキ事」といった、現代にさえ通用する注目すべき官吏服務規程が見られる。司法権の行使を担う者は、「民」の司直（裁判官・検察官）となるべき旨を規定したのである。それに続けて、法の遵守、人民の権利保護、充実した審理と迅速な裁判、冤罪の防止、予防司法の重要性等も、そこにはあげられていた。これらは、後の「司法職務定制」に展開していくことになる。

　【ドイツ法等の継受】　1870年、ヨーロッパ大陸では、その覇権をかけた普仏戦争が勃発し、翌1871年、フランスはプロイセンに敗北した。この事件は、フランス法をモデルに国作りを目指していた明治政府にも大きな衝撃を

与えることになった。プロイセンが立憲君主制の政治体制の下でドイツの統一を成し遂げたことから、明治政府は、プロイセンに近代化の範型を求めることとなった。岩倉遣欧使節団の帰国後、明治政府は、天皇を頂点とする立憲君主制の確立を志向した。まず、プロイセン憲法を範として、1889年（明治22）に明治憲法が制定され、さらに、裁判所構成法、民事訴訟法、ひいては、民法等の主要な法律が相次いで制定された。そこでは、破格の高給で迎えられた、ボアソナード（Gustave Emile Boissonade de Fontarabie, 1825-1910）などの御雇外国人が、法律草案の起草等に活躍した。

(3) 大津事件と司法権の独立等

【大津事件の勃発】　三権分立を規定していた明治憲法下では、司法行政の監督権は司法大臣に属し、司法権の独立は十分には保障されていなかった。司法行政の関係では、裁判官も検察官も司法大臣の監督下にあった。し

―― ワンポイント知識2 ――

江藤新平の志　江藤は、その生涯に数多くの意見書（上申書）を著した。例えば、1856年（安政3）の『図海策』では、鎖国攘夷論を厳しく非難した。本文で述べたような「民」の視点から行う議論は、稀有の「創造の才」をもつと後世評価された江藤の志の基礎に通底していた。彼は、「人民の安堵」という言葉をよく使ったと言う。この国の近代化のために司法制度を創設し、法典整備の礎を築いた江藤は、1874年（明治7）に、板垣退助、後藤象二郎、および、副島種臣らと共に、国会開設を求めて、『民撰議院設立建白書』を提示した。しかし、佐賀の乱の後、同年4月13日、江藤は、当時の権力者（大久保利通）や権力志向者（河野敏鎌）らの後ろ暗い思惑によって、「梟首」、すなわち、さらし首という前近代的な刑罰によってこの世から抹殺された。

　江藤と同年に生まれた福沢諭吉（1834年～1901年）は、後年『丁丑公論』を著し、公開裁判を経ないで江藤らを処刑した政府を強く批判した。福沢は、公正な裁判を実現するために、国民が裁判に関与する「陪坐聴審」の制度、すなわち、陪審裁判の創設の必要性を論じた。近時の裁判員裁判の制度は、このような国民参加による公正な裁判への思いが、形を変えて現代に蘇ったものとも考えられる。

第3章　司法権の現状はどうなっているのか　127

［2］　大津事件の現場に建つ記念碑。滋賀県庁方面から、京都方面を望む。

かし、1891年（明治24）5月11日に、司法権の独立の契機となった大津事件が勃発した。これは、来日中のロシア皇太子（後のロシア帝国最後の皇帝、ニコライ2世）が、琵琶湖遊覧等を終え、大津から京都に戻るために滋賀県庁を出たところで、警備の巡査、津田三蔵が皇太子に斬りつけ負傷させた事件であった[**写真2**]。津田が、来日後日本の「主人」たる天皇に即座に挨拶にも行かないニコライを「大逆無礼」であるなどと考え、かつ、長崎から日本の地勢を視察しながら周遊するニコライに、日本侵略の野望を感じたことが、その犯行の動機とされた。時の政府は、大国ロシアの報復を恐れ、津田に対して日本の皇室に対する罪を適用して、津田を死刑に処すことによってロシアに詫びを入れ、かつ、報復感情を和らげようと画策した。

【児島惟謙による干渉排除のための「干渉」】　このような政府の裁判干渉に対して、事件発生の5日前に大審院院長に就任したばかりの児島惟謙（1837年～1908年）[**写真3**]は強く反対した。児島は、津田に対して日本の皇室に対する罪が適用されれば、国家百年の大計を誤り、法の世界における価値が毀損されることになると考えた。罪刑法定主義を規定した刑法2条（当時）に違反するだけではなく、法律による処罰を規定した明治憲法23条や、司法権は天皇の名において法律により裁判所が行う旨を規定した同57条1項にも反すると考えた。児島の「説得」の結果、1891年（明治24）5月27日、大津地方裁判所内に設けられた大審院特別法廷（堤正己ほか大審院判事6人）は、全員一致で、津田に対して無期徒刑を言い渡した。事件発生から2週間

［3］ 宇和島城跡に立つ児島惟謙の銅像。なお、同郷の法学者で大津事件に際して児島にアドバイスした穂積陳重らは、銅像の建立話しが出たさいに固辞し、人々の渡る橋の建設を提案した。
［4］（上右）は、今に残る穂積橋。

余の速さである。

　これは、日本の司法の歴史上、政府の干渉を排除し「司法権の独立」を確立した画期的事件と評されている反面で、事件の担当ではない児島が、担当裁判官の判断に干渉したゆえに、「裁判官の独立」を毀損したとして、消極的に評価する見解もある。しかし、当時の世論は、津田の死刑には反対であったと伝えられており、児島の行為は、時代的制約の下における緊急避難的なやむを得ない行為であったとも考えることができる。その後、明治政府にとって積年の懸案であった不平等条約の改正も、成し遂げられたのである[写真4]。

　ただし、例えば、日本最初の大規模な公害事件である足尾鉱毒事件などでは、その解決のために民事裁判が用いられることはなかったのであり、国民の裁判所に対する信頼は必ずしも高くはなかったように思われる。

　また、大逆事件など、司法を通じた過酷な思想統制なども行われた [知識3]。

(4) 戦後の占領政策と司法改革、そして「司法の危機」

【司法権の優位の確立】　国民主権を規定する日本国憲法の下では、「すべて司法権は、最高裁判所及び法律の定めるところにより設置する下級裁判所に属する」（憲法76条1項）として、三権分立が厳格に貫かれ、最高裁判所

第3章 司法権の現状はどうなっているのか　129

が、国会および内閣とならぶ憲法上の機関として位置づけられた。明治憲法下の司法権については、「司法権ハ天皇ノ名ニ於テ法律ニ依リ裁判所之ヲ行フ」（明治憲法57条）と規定され、司法権は、天皇が総攬する統治権の一作用とされていた。このような天皇主権の下での司法権が改められて、国民主権・三権分立制度に基づいた人権保障のための機構として、戦後、新たな司法権が誕生したのである。このような基盤に加えて、「最高裁判所は、一切の法律、命令、規則又は処分が憲法に適合するかしないかを決定する権限を有する終審裁判所である」（憲法81条）として、違憲立法審査権が、最高裁判所に付与されることになった（下級裁判所も、具体的事件の審理の過程で、当然に違憲立法審査権を行使することができる）。これにより、国会と内閣に対する「司法権の優位」が、憲法上保障されることになった。

　違憲立法審査権の憲法への明記は、日本の占領政策を遂行していた連合国軍総司令部（GHQ）の強い指示によるものとされている。敗戦直後の憲法問題調査委員会では、違憲立法審査権は明文を置くことなく解釈にゆだね、明治憲法の建前と同様とする旨の結論が出されていたが、1946年（昭和21）

──── ワンポイント知識3 ────
大逆事件　これは、1910年（明治43）、社会主義者の幸徳秋水らが明治天皇暗殺計画を企てたとして検挙された事件を言い、後年、資料から、政治的なでっち上げであったことが明らかになった。大審院の第一審限りの手続を通じて、異例の速さで公判が行われ、1911年に、幸徳秋水、大石誠之助、管野スガら24人が、大逆罪（1947年削除前の刑法73条）で死刑判決を言い渡された。その6日後に幸徳ら11人が処刑され、その翌日に管野が処刑された。戦後、再審請求がなされたが、1967年（昭和42）7月5日に棄却されている。

　「大逆事件は、当時の刑事裁判制度が抱えていた問題点がすべて出ています。捜査における拷問などの人権侵害、予審による職権的、糾問的な手続、広範囲にわたる裁判の非公開、計画・謀議をも処罰対象にする刑法のあり方など、制度的な問題がすべてあらわれている。現代ではありえないようなこととは言え、こういう裁判があったことを、忘れてはいけないし、いつでも反省材料にしなくてはいけません。」と、島田仁郎・元最高裁判所長官も指摘している。

２月13日のマッカーサー憲法草案では、違憲立法審査権が明記されていた。占領政策の一環として、司法制度の民主化や諸改革が推進されたのである。

【裁判官の独立と司法権行使の自主性】　司法権の独立は、現実に裁判を担当する個々の裁判官が、その自主独立性を確保できることによって実現される。「すべて裁判官は、その良心に従ひ独立してその職務を行ひ、この憲法及び法律にのみ拘束される」（憲法76条3項）という規定が、このことを明らかにしている。裁判官がその良心に従うとは、裁判官の内面的・精神的な独立性であり、裁判に際して公正無私な判断を行うべきことを言い、裁判官の職務の独立とは、対外的な独立性であり、裁判事務については、他の裁判官や裁判所その他のいかなる国家機関からの干渉をも受けることなく自主的に行うべきことを意味する。大津事件（→126頁）では、この点が問題とされたが、平賀書簡事件（→133頁）でも、裁判官の独立が問題となった。

【裁判所の機構改革】　戦後の司法改革には、さらに目覚ましいものがある。明治憲法下の裁判所制度と比較した場合に、日本国憲法の下で改革されたのは、先に述べた点に加えて、次の諸点である。

　①特別裁判所の禁止　まず、特別裁判所の設置が禁止された（憲法76条2項）。これは、裁判を受ける権利の保障（憲法32条）に即応して、法の下の平等の要求をさらに具体的に法廷における平等にまで徹底させ、法の支配を実現することを目的としたものである。

　②行政機関の終審裁判の禁止　行政機関が終審として裁判することは禁止されている（憲法76条2項）。確かに、行政機関も事件の法的解決を行うことはあるが、裁判を受ける権利の保障（憲法32条）から、行政機関の処理に対しても必ず最終的には裁判所の司法審査が受けられることが保障されなければならない。

　③簡易裁判所の創設　裁判所法の制定と共に、区裁判所が廃止され、新たに簡易裁判所が創設された。これは、ミニ地裁化していた区裁の制度を改め、より市民に身近な裁判所として設けられたものである。その後、この簡裁も、必ずしも市民にとって身近な存在とはならなかったために、新たな手

続として少額訴訟手続（→137頁）が設けられた。
　④家庭裁判所の創設　1948年（昭和23）には、裁判所法が改正され、家庭裁判所が創設された。アメリカのFamily Courtのシステムを参考にしたものである。家庭裁判所は、家庭事件の審判、調停、訴訟や、少年事件などを扱うこととされた（裁判所法31条の3）。

【「裁判闘争」の展開】　日本を占領した連合国軍総司令部（GHQ）は、日本の民主化政策の一環として司法制度の大改革を行った。しかし、戦後、日本の司法制度は、日米安全保障体制を破棄しさらに徹底した民主化を求める反体制勢力と、日米安保体制を基調とした秩序の維持を強調する体制側との衝突などを背景に、様々な具体的事件に関してしばしば危機的な状況を迎えることになった。占領体制が終了し、日米安全保障条約が締結され安保体制に移行した。この時期において、大衆運動の高揚とそれに対する徹底した国側の取締りの中で、白鳥事件、青梅事件、メーデー事件、破防法違反事件といった事件が勃発した。被告人の人権を守るために広範な大衆運動が組織され、その運動の一部が「裁判闘争」へと展開した。このような状況で、国側は、裁判闘争から法廷の秩序を守ることをも視野に入れて、1952年（昭和27）に、法廷等秩序維持法を制定した。

【吹田黙禱事件】　その直後、国鉄吹田駅操車場付近で朝鮮戦争に反対する者たちが警官隊と衝突し、騒擾罪として起訴された事件である吹田事件の公判廷で発生したのが、吹田黙禱事件である。多数の被告人が、法廷において朝鮮戦争の休戦の成立に当たり、拍手し黙禱を捧げたいと申し出た際に、検察官は禁止を求めたが、大阪地方裁判所の事件担当裁判長、佐々木哲蔵は、それを認めた、これに対して最高裁判所は、翌1958年9月に、全国の裁判官に向けて、「法廷の威信」と題する通達を発し、法廷の秩序維持は現下の重要問題であるにもかかわらず「かような事態が発生したことはまことに遺憾」と指摘した（その後、裁判官訴追委員会は、佐々木に罷免事由があるとしながらも、罷免訴追猶予の決定を行った）。

【「司法の危機」の顕在化】　1955年（昭和30）に入って、一方で、当時の最高裁判所長官、田中耕太郎は、「ジャーナリズムその他一般社会の方面から来る各種の圧力に対して裁判官は毅然として独立を維持しなければならない」ことを強調し、また、司法行政の側面からは、裁判官への統制が強化されることとなった。これに対して、民主的な学者や弁護士は、このような一連の経緯を「司法の危機」と批判して、司法権の独立および裁判官の独立を守るための運動が展開された。

その後、安保反対運動は次第に激しさを増したが、1959年（昭和34）3月に、砂川事件で、東京地方裁判所は、アメリカ軍隊の駐留が憲法9条2項前段の「戦力保持禁止」に違反するとする違憲判決を下した（この判決は、裁判長の姓を取り、「伊達判決」と呼ばれた）。この違憲判決は、安保反対運動を活気づけたので、政府は大きな衝撃を受け、右翼ジャーナリズムは、「偏向判決」としてこの判決を攻撃した。同年12月、異例の跳躍上告後に、最高裁判所は原判決破棄・差戻しの判決を言い渡した（近時、この事件の最高裁係属中に、田中・最高裁判所長官が駐日アメリカ大使らに会い裁判情報を伝えていたことなどを記録したアメリカ公文書が公開された）。砂川事件最高裁判決により、安保条約は合憲性が承認されたのである。

【臨時司法制度調査会意見書（1964年）】　当時は、民事訴訟の遅延が著しく、また訴訟手続の合理化、上告制限、弁護士報酬の訴訟費用化等に関する議論も活発に行われ、裁判官の待遇を改善し十分な数の優れた人材を確保することが課題とされた。政府は、これらの課題と取り組むために、1962年（昭和37）5月、内閣に臨時司法制度調査会を設置した（→160頁）。司法制度の運営の適正さを確保するために、主として裁判官の任用制度・給与制度はいかにあるべきかについて、緊急かつ必要な施策等を、国会・政府・裁判所・検察庁・弁護士会および学識経験者各界代表によって調査・審議することを目的とした調査会であった。2年間にわたる調査と審議を経た後、1964年（昭和39）8月に『意見書』を公表した。

これは、弁護士会が主張していた、いわゆる「法曹一元制度」（→171頁）の採用に対しては否定的な態度を取り、また弁護士の公的性格を強調して弁

護士の在野性を批判する内容であったために、日本弁護士連合会以下、各単位弁護士会から徹底した批判がなされた。『意見書』は、結果的には官僚司法の強化の方向を採用する内容となったが、多くの重要な事項の検討を行ったものであり、その後徐々に『意見書』の提言に沿った制度改革が実現された。例えば、裁判官の給与の改善、裁判所調査官制度の拡充、簡易裁判所の適正配置と事物管轄の拡大、地裁・家裁の支部の適正配置、司法試験制度の改革等が、それである。

【裁判所と政府等との緊張関係】　1965年（昭和40）以降、下級審裁判所で違憲判決が相次いで下されたことに端を発して、「偏向判決」批判のキャンペーンが、一部マスコミで展開された。とりわけ民主的な法律家の研究団体である「青年法律家協会（青法協）」（→155頁）に加入している裁判官に対しては、執拗な批判が繰り返された。

　これに呼応するかのように、自由民主党は、違憲判決や無罪判決をあげつらい攻撃を開始し、「偏向した裁判」として批判しつつ、さらに最高裁裁判官の任命に圧力をかける目的で、1969年（昭和44）5月に、自由民主党司法制度調査会を設置した。このような動きに対して、同年4月に、最高裁は、「仮に特別委員会が設置され、その活動が係属中の事件に対する裁判批判となりあるいは裁判所に対する人事介入によって裁判の独立をおびやかすようなことがあるとすれば、誠に重大である。裁判所は憲法に従い、自らの伝統とする不偏不党、かつ中立な立場において裁判の独立を厳守する決意に変りない」という岸盛一事務総長の談話を発表し、政府からの圧力に対抗する決意を述べた。

【平賀書簡事件】　しかし、最高裁が裁判の独立を厳守するとの決意を述べたその直後に、裁判所の内部で裁判官の独立を脅かすような事件が再び生じた。1969年（昭和44）9月の平賀書簡事件である。北海道長沼町で自衛隊のミサイル基地を建設する目的のために保安林解除の農林大臣告示が出されたのに対して、地元の農民が、札幌地方裁判所に、農林大臣を被告として、自衛隊が憲法違反であるという理由等で、保安林解除処分の取消しを求める

行政訴訟を提起した。ここでの争点は自衛隊の合憲性の有無にあったが、当時の札幌地裁所長、平賀健太は、私信の形式で、担当裁判長、福島重雄に対して、裁判所には自衛隊の合憲性についての判断権限はなく、違憲立法審査権の行使を差し控える旨の意見を伝えた。これは、明確なる裁判干渉であった（憲法76条3項、裁判所法81条参照）。しかし、この平賀書簡問題は、その後意想外の展開を見せた。つまり、送り手（平賀）ではなく受け手（福島）が書簡を公表したことを理由に、訴追されることになったのである。

【裁判官不再任問題等】　しかしその後も、特に青法協の会員である裁判官に対する攻撃は続いた。最高裁は、青法協会員の裁判官の再任を拒否するという方法をとった。この状況の中で生じたのが、1971年（昭和46）の判事補、宮本康昭の再任拒否事件（→156頁）と、同年の司法修習生、阪口徳雄の罷免事件であった。最高裁判所は、宮本不再任問題については、これが青法協会員という理由だけではないと言明した。しかし、その他の理由として新聞報道で伝えられたような、平賀書簡の公表への関与と、いわゆる欠席裁判への反対という理由は、いずれも理由としては薄弱であり、結局のところ、限りなく明確に思想信条（憲法14条・19条）を理由とする差別であったと批判されている。

　なお、裁判官は積極的に政治運動をすることが禁止される（裁判所法52条1項）が、最高裁自体、裁判官の団体加入の自由が保障されていることは認めている。

【内部統制の強化】　このように、特に1970年以降、裁判所は、行政官庁と同様に、上意下達の政府組織として管理する傾向を強めた。確かに、第2次大戦の直後は、新たな憲法の下でのリベラルな雰囲気はあった。ただ裁判所が官僚機構化を強めてきた最大の契機となったのは、1968年前後の保守政治家の圧力であった（→155頁）。青法協会員に対する事務総局の方針が急激に変化したことから推測すれば、裁判所内部での管理強化と立法権・行政権の多数派へのすり寄りは、裁判所側の自己防衛的行動と理解することができようが、裁判所内部にも、保守政治家からの非難に呼応して、積極的に同調

しようとした者がいたことにも注意しなければならない。それは、戦前からの裁判官であって、戦後も裁判所に居残ることに成功し、68年前後に司法行政上の支配的な地位についた者たちである。その代表例が、69年から73年まで最高裁長官の地位にあった石田和外である。

【石田和外最高裁長官】　1960年代末の公務員・公共企業体従業員の争議権に関する最高裁判決が保守派政治家に危機感を与えたが、その危機感から具体的行動を起こした者があった。戦後、旧制度下の司法大臣を務め日本国憲法に署名した木村篤太郎（後、初代防衛庁長官）である。木村が司法大臣の当時、東京地裁判事から司法省人事課長に抜擢した石田に白羽の矢を立てた。裁判所の内部統制の強化のために、1969年1月、石田が最高裁長官に就任したのである。石田は、司法行政の官僚主義化と最高裁判例の変更の両面において大きな「功績」を残した。例えば、再任拒否、任官拒否、修習生罷免などは、すべて石田長官の下で起き、判検交流（→136頁）が拡大され、判決行動・青法協所属と処遇との関係も目立ってきた。しかも、国民の基本的人権に理解を示しつつあった従前の最高裁判例の変更のために、リベラルな最高裁判事の退官を待った。石田は、彼らの退官のつど、元高検検事長、元駐米大使、元最高裁事務総長（複数の元高裁長官を含む）などを最高裁に迎え入れ、ついに自らの定年の1ヵ月前の1973年4月25日に、「全農林警職法闘争事件」など3つの事件を一挙に裁いた大法廷判決で、1票差のものを含めて判例変更に成功した。これに対して、最高裁の急激な保守化に失望した田中二郎は、その判決で少数意見を書いたものの、定年まで3年以上もの任期を残して退官した。

　戦後の最高裁判所には、このような歴史が存在するものの、21世紀初頭以来の司法制度改革においては、最高裁のあるべき姿について十分な議論が行われることはなかった。

(5)　『司法制度改革審議会意見書』（2001年）とそこに至る道程

【20世紀末までの日本の司法】　1975年（昭和50）以降、下級裁判所によ

る違憲立法審査権の行使の事例は少なくなり、また行政訴訟では住民敗訴の判決が続いた。司法行政における最高裁判所の統制は徹底され、司法が「冬の時代」を迎えたとも評されることになった。青法協の会員であった裁判官は、ほぼ全員退会したとされ、以前ほどには裁判官が自由に発言することもなくなった。それに代って裁判所と法務省との間の人事交流（「判検交流」）が前にも増して活発になり、国を被告とする国家賠償請求訴訟で住民側の敗訴判決も相次ぐようになった（→149頁。なお、刑事裁判の領域での判検交流は、2011年度限りで廃止された）。また、近時はともかく、その後最高裁が違憲判決を下すこともほとんどなくなり、最高裁の動向が以前ほど社会の注目を浴びることもなくなった。しかし、それは同時に、国民が1960年代に司法に対して抱いた期待感と信頼感が、ある意味では減少した結果とも考えられる。「伊達判決」や「福島判決」、あるいは「杉本判決」といった、判決に裁判官の固有名詞が付される判決はほとんどなくなり、裁判官も「没個性化」して「保守的傾向」だけが強まった時代も存在した。

しかし、その後、刑事事件の領域では、相次いで冤罪事件の再審手続で、無罪判決が下され、これを契機に、国民の司法への参加の要求として、陪審制度ならびに参審制度（→248頁）の導入への機運も高まってきた。また、最高裁等も積極的に諸外国における国民の司法参加の実態調査に乗り出し、さらに、裁判官を外国に留学させて海外の法制の調査・研究等に従事させたりもしている。また、民事訴訟の領域では、裁判の充実化・迅速化の実践が、個々の裁判官単位でも、また裁判所単位でも行われ、さらには、個々の裁判官の法実践が、法律雑誌等に公表されることも数多くなってきた。先に述べたように、耳目を賑わした判決が個人名で呼ばれることが多かったが、今度は、訴訟運営の工夫等が個人名等で呼ばれることになった。これは、「○○コート」あるいは「マイ・コート」とも呼ばれ、民事訴訟の領域では、裁判官による手続改革の提言なども頻繁に行われることになった。

さらに、司法を国民にわかりやすいものにするために、近時、一連の法律が、現代語に改められた。刑法も民法も、すべて現代語に改正され、民事訴訟法については、民事訴訟手続を国民に利用しやすくわかりやすいものにするという目標の下で、現場の手続改善の潮流をも呑み込むかたちで、1996年

第3章　司法権の現状はどうなっているのか　137

（平成8）に大改正が行われた。

　この現行民事訴訟法では、迅速かつ効率的な裁判を目標とした「争点中心型の集中審理の実現」が追求され、そのために、争点・証拠の整理手続の整備（民事訴訟法164条以下）と証拠収集手続の拡充（同164条・220条4号等）が行われた（→33頁）。最高裁への上告を制限する上告受理申立ての制度（同318条）が設けられたが、抗告事件においては最高裁での審理の範囲を拡大する許可抗告の制度（同337条）も設けられた。さらに、市民が30万円（2003年改正以降は、60万円）以下の少額請求事件については、弁護士を頼まずに本人でもできるようにとの配慮から、訴訟手続をかなり簡易化し、できる限り1回の口頭弁論で事件を終わらせてその日に判決を得ることができる、少額訴訟手続の制度（同368条以下）も創設された。

【司法制度改革審議会の『意見書』と課題】　1999年に設置された司法制度改革審議会は、主要な10項目をあげて議論を行い意見書にまとめた。それが、2001年に公表された『司法制度改革審議会意見書』である［知識4］。『意見書』での3本柱は、①国民の期待に応える司法制度の構築（制度的基

――――― ワンポイント知識4 ―――――
司法制度改革審議会意見書の「志」　『意見書』が公表された2001年（平成13）6月12日は、日本史上の画期的なできごとの記念日と重なる。2001年は、律令（律は、刑法、令は、行政法・民法等）を具備した初めての法典である「大宝律令」（701年）が制定されてから丁度1300年後であり、6月12日は、まさに律令制度の契機とも言うべき（暦は異なるものの）「大化の改新」（特に、乙巳の変）が行われたとされる日と符合する。両者は、合わせて原初的な法治国家の起点を象徴しているように思える。

　司法制度改革審議会が、意図的にその日を選んで『意見書』を公表したのか否かは定かではないが、古代の日本とは異なり、静謐のうちに公表された『意見書』は、司法制度の整備、担い手の育成、そして国民の司法参加を統合的に実現することを意図した画期的な内容をもつ。身近な司法の実現とその民主化を増進するという、その高い「志」は、常に立ち返るべき原点を示すであろう。

盤の整備)、②司法制度を支える法曹の在り方の改革(人的基盤の拡充)、③国民的基盤の確立(国民の司法参加)であり、「司法制度改革のめざす大きな目標」は、「国民に、より身近で、速くて、頼りがいのある司法」であった。司法制度改革の後に創設された重要な制度は、本書の各所で述べるように、①に対応するのが、「日本司法支援センター(法テラス)」であり(→97頁)、②のための制度としての法科大学院であり(→205頁)、③の実現のための裁判員制度(→239頁)であった。

このような制度改革以降、法教育への関心、裁判所や大学等のいわゆる出前授業、マスコミでの各種報道などの結果、以前と比べて、司法に関する関心の高まりも、少しは増加したように思われ、また、「社会生活上の医師」としての弁護士へのアクセスも、多少は利便性を増した感もある。今後より一層の拡大と、法の支配の普及が望まれる。

また、近時の最高裁判決の中には、画期的な内容をもつものや、国民の目線に立った興味深い意見が付されたものなども見られるようになった。「国民に分りやすく利用しやすく頼りがいのある司法」の実現を目指した司法制度改革の着実な実現と普及が期待される。

《参考文献》

A・オプラー／内藤頼博監訳／納谷廣美＝高地茂世訳『日本占領と法制改革』(日本評論社、1981年)

山本祐司＝岡田けい子「最高裁インサイド物語(2)」法学セミナー378号(1986年)

ジュリスト900号記念特集『法律事件百選』(有斐閣、1988年)

最高裁判所事務総局編『裁判所百年史』(大蔵省印刷局、1990年)

山本祐司『最高裁物語(上)(下)』(日本評論社、1994年。文庫版は、講談社、1997年)

村井敏邦「知られざる罪と罰(18)～(20)——大逆事件」法学セミナー543～545号(2000年)

佐藤幸治＝竹下守夫＝井上正仁『司法制度改革』(有斐閣、2002年)

高地茂世ほか『戦後の司法制度改革』(成文堂、2007年)

福島重雄＝大出良知＝水島朝穂編『長沼事件・平賀書簡——35年目の証言：自衛隊違憲判決と司法の危機』(日本評論社、2009年)

夏樹静子『裁判百年史ものがたり』(文藝春秋、2010年。文庫版は、2012年〔元最高裁長官、島田仁郎との対談も収録〕)
田中伸尚『大逆事件』(岩波書店、2010年)
清水克行『日本神判史——盟神探湯・湯起請・鉄火裁判』(中央公論社、2010年)
川嶋四郎『日本人と裁判』(法律文化社、2010年)
布川玲子＝新原昭治編『砂川事件と田中最高裁長官』(日本評論社、2013年)

3　裁判官の置かれた状況と統制

(1)　本節の課題

　この章では、1で司法権の位置づけと仕組みについて一般的な説明を行い、2では、日本の司法制度の変化の過程を概観した。本節は、日本の裁判官の現実の行動を規定する大きな要因として司法行政に注目し、裁判所内部でどのような人事行政が行われているのかを検討したい。ここでは、いわゆる司法制度改革の前後を通じて一定の変化の兆しのある裁判官人事について、具体的データに即しつつ論じる［**知識1**］。1960年代後半から行われ、『名もない顔もない司法』（ダニエル・H・フット）と称される日本の裁判所の裁判官がどのような状況にあるかを検討する。

――――― ワンポイント知識1 ―――――

裁判官経歴と判決内容の調査法　　日本のどこの裁判所にどのような裁判官がいるかを知る方法がある。しかし、アクセスは簡単ではない。裁判所のホームページから次のようにして、辿り着くことができる。「裁判所の組織」というところには載っていない。裁判所トップページ→各地の裁判所→「地図」の都道府県または「裁判所一覧」から見たい裁判所を選ぶ→（例）東京地方裁判所→右側バナーから「裁判手続を利用する方へ」→このページを開いてから最下段または下の方にある「担当裁判官一覧」をクリック。これを見ても、着任時期は不明であるし、その裁判所に所属していることになっている全裁判官名を知ることはできない。例えば、高裁の事務局長や、名目上、東京地裁や東京高裁の所属となっている最高裁事務総局勤務の裁判官名などはわからない。

　読者もある程度は各裁判官の経歴などの調査を行うことができる。経歴については、全裁判官経歴総覧編集委員会編『全裁判官経歴総覧　改訂第五版』（公人社、2010年）という書物によって、現行の司法修習制度導入後2010年8月13日現在までの全裁判官のデータが得られる。ただし、同書の第四版（2004年刊）に比べると若干調査密度が落ちるようである。2010年以降については複数の手段を掛け合わせて調査しなければならない。一つの方法は、「官報」の利用であり、とりわけインターネットで提供される『官報情報検索サービス』

を利用すれば、裁判官名で検索して各裁判官の経歴を追うことができる。もう一つの方法は、裁判所と法務省・検察庁の職員親睦団体である法曹会の月刊誌『法曹』に掲載される人事異動欄や裁判所の内部広報誌である『裁判所時報』の人事異動欄を調べることである。どちらも一般には入手できないので、大学の図書館や法学部の資料室で閲覧してほしい。なお、『法曹』や『裁判所時報』で追跡できるのは、任地の異動と所長、局長、支部長などの主要な役職だけで、各裁判所内部での役職、特に各部の総括（いわゆる部長）に就いているかどうかまで把握することはできない。法曹会の会員のみが購入できる『司法大観』（法曹会）という書籍は、裁判官、検察官らの写真入り人事録である。

他方、判決内容については、判例検索データベースが何種類か出ているが、特にインターネットで提供されている『D1-Law.com』（第一法規）では裁判官名でも、『LEGAL Base』（日本法律情報センター）では、裁判官名だけではなく弁護士名でも判例を検索できるので、最高裁入りした検事や弁護士のバックグラウンドなども知ることができる。『e-hoki』（新日本法規出版）では、無料で裁判官名による経歴検索ができるが、必ずしも正確ではない。

(2) 最高裁とは「最高裁事務総局」？

【最高裁事務総局】　第11代最高裁判所長官の矢口洪一は、退官後、自らの出身大学の卒業生が集った場において「誰が最高裁か？」という質問に対する答えとして当時の最高裁事務総長の名前をあげたという（長嶺超輝・49頁）。どのような意味において、最高裁事務総局が「日本の最高裁」なのであろうか。

本章1で裁判所組織を説明したが、裁判官の管理を日常的かつ実質的に行っているのは、最高裁の裁判官会議（→114頁、117頁）ではなく、最高裁事務総局である。最高裁の裁判官会議がほとんど会議体として議論や決定の場になっていないことについては退官した多数の最高裁判事による証言で明らかである（伊藤正巳『裁判官と学者の間』、大野正男『弁護士から裁判官へ』、園部逸夫『最高裁判所十年』、藤田宙靖『最高裁回顧録』ほか）。裁判所法13条によれば、事務総局は「庶務を掌る」部局であって、サポート機能を果たすだけのように見える。しかし、実際には、下級審裁判官に対し行動の指針を示

図　最高裁判所司法行政部門

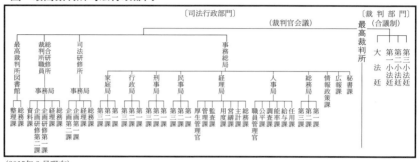

(2015年2月現在)

し、ときには統制をする点で、もっとも強力な機関となっているのは、最高裁事務総長経験者である場合が圧倒的に多い長官と、最高裁事務総局そのものである。事務総局のトップである事務総長の権力は絶大である。そこでまず問題になるのは、誰が事務総局のポストに就くのかということである。

　事務総局には、[図]のように、事務総長と事務次長の下に7つの局がある。この中で、人事局は裁判官の採用、昇進、配置転換を担当し、民事、刑事、行政、家庭の各局は、担当の分野について、下級審裁判官からの照会に対するレファレンス・サービスを行い、裁判官会同あるいは協議会と呼ばれる会合で見解を述べる。事務総局では、事務総長、事務次長（常設ポストではない）、各局長（民事・行政は兼務）を含めて、2000年に国会議員が最高裁判所より入手した1999年10月〜12月現在の機密資料（10月1日付け、4日付け、6日付け、12月1日付けなど）によれば56人の裁判官がフルタイムで勤務していた。さらに、各高裁の長官、事務局長の計16人も裁判を行わない（[表1]参照）。以下、日本の裁判所や裁判官に関する最新のデータは、容易に入手できないため、特に断らない限り、上記2000年の国会資料による。

【事務総長と最高裁判事】　「裁判をしない裁判官」については後で言及するが、そのもっとも中軸は、事務総局勤務の裁判官である。ここに勤務する裁判官は、繰り返し事務総局勤務を繰り返し、他の裁判官を管理しながら彼らよりも早く昇進し、他の裁判官に比べて事件審理の経験が乏しいにもかかわらず最高裁判事に任命される可能性ははるかに高い。実際、最近の9人

表1　裁判官の定数と実数（実際に裁判実務に携わる者で裁判所調査官を除く）

(1999年10月1日現在)

	定員	現在員	裁判実務に携わっている裁判官数（裁判所調査官を除く）
最高裁判所長官	1	1	1
最高裁判所判事	14	14	14
高等裁判所長官	8	8	8
判事	1385	1346	1244
判事補	735	723	683
合計	2143	2092	1950
裁判をしない長官・判事・判事補数			142名
簡易裁判所判事	806	779	776
長官・判事・判事補・簡裁判事総計	2949	2871	2726

（参議院法務委員会の中村敦夫議員・福島瑞穂議員の求めにより最高裁が提出した資料による。）

の最高裁長官のうち、2014年に着任した寺田長官を除いて、すべて事務総局に長期間勤務した者である。裁判官全体に対する事務総局経験者の比重を考えれば、これは異常な過剰代表ぶりである。

【事務総長の経歴】　そこで、事務総局勤務の、いわゆるエリート裁判官の経歴パターンを、1986年以降に事務総長を経験した11人（草場良八、大西勝也、川嵜義徳、千種秀夫、金谷利廣、泉徳治、堀籠幸男、竹﨑博允、大谷剛彦、山崎敏充、大谷直人）について検討してみよう（ワンポイント知識掲載資料ほかを利用した）。上記各裁判官のうち、先行する10人の事務総長就任前の事務総局・法務省経験と経験後の経歴は、本書〔第5版〕191-192頁に経歴を詳しく紹介しているが、本第6版では割愛した。

　法務省経歴が長い千種を除く10人は、裁判官として勤務した期間は事務総長就任前のおおむね半分以下に過ぎず、最高裁事務総局など管理部門勤務の期間の長さが目立つ。直近の5代の事務総長のうち前3人は地裁所長経験をもたず、東京地裁総括判事が現場裁判官経験の最後である。彼らは稀な例外

である地方勤務（それも短期間）と高裁長官勤務を除いて東京周辺からいわゆる地方に出ることはまずない。また、千種および現職の大谷を除いて、事務総長経験後はすべて大阪高裁、東京高裁または名古屋高裁の長官に就任しており、その後は、ほとんどが最高裁判事になっている。このような裁判官は相次いで同じポストに就任しているので、事務総局その他のキャリア形成上好ましいポストに、相互に引き立て合っているようなものであった。

【寡占化の正当性】　少数の者が事務総局や東京近辺の裁判所の管理職を歴任することと、同期任官の裁判官の間で次第に任地や昇進で差をつけていくことに対しては、様々な正当化が行われてきた。すなわち、司法権は三権の中でもっとも弱い部門なので、その独立性と廉潔性を守るためのフルタイムのスタッフを必要とする。事務総局のポストは、他の政府機関、政党、その他の外部的勢力との案件を処理するため、特別な行政能力と政治的判断力を要求される。事務総局勤務は過酷であるため、配置転換において優遇する必要がある。事件処理能力と法的判断能力には不可避的な差があるので、過大な事件負担の下で複雑な事件を適切に処理する能力をもった者を主要裁判所に配置すべきである、といった具合である。

しかし彼らが、政権政党の圧力に抵抗して裁判官を守ったとか、財政当局を説得して裁判所機構の拡充や裁判官や職員の増員に努めたとかいう実績はない。現実は逆であって、司法への国民参加に関する議論が起きたときに、最高裁が裁判官中心の制度を維持しようと自民党司法制度調査会の国会議員らに頻繁に接触を図っていた実態はマスコミでも大きく報道された。自民党と最高裁事務総局幹部の日常的接触は、既に知られた事実である。後で述べるように、1970年代以降、当時の政権政党からの圧力の下で裁判官の官僚的な統制を強化してきたのは彼らであるし、簡裁や地裁支部の統廃合を進めて裁判所へのアクセスの縮小に努めてきたのも彼らなのである。そして、そのような行政経験に勝る裁判官のほうが法律家として優れており、事務総長や最高裁判事にふさわしいという根拠も存在しない。

(3) 裁判官の経歴と判決行動

【裁判をしない裁判官】　既に上で72人（1999年時点）の裁判を行わない裁判官に言及した。2013年12月現在では、裁判官出身者で行政省庁・民間企業等に勤務する者は、180人にのぼる［表2］。さらに最高裁調査官（2006年現在、34人）も直接には裁判を行っていない。判事と判事補2,700人程度（簡

表2　行政省庁等に勤務する者のうち、裁判官出身者の役職等

（2013年12月現在。最高裁判所事務総局回答）

省庁等	人数	役割
内閣官房	3	参事官、内閣官房副長官補付、事務官
内閣法制局	2	参事官
公正取引委員会	2	上席審判官、審判官
金融庁	11	事務局次長、審判官、証券調査指導官、課長補佐
総務省	2	課長補佐、主査
公害等調整委員会	3	審査官、特別専門官
法務省	91	局長、審議官、部長、課長、参事官、局付、部付、課付、財産訟務管理官、財産訟務管理官付、民事法制管理官、法務局長、法務局部長、法務局部付、教官、検事（法制度整備支援）
外務省	10	一等書記官、二等書記官、領事、課長補佐、事務官
財務省	1	課長補佐
国税不服審判所	5	所長、国税審判官
文部科学省	3	室長、事務官
厚生労働省	1	専門官
中央労働委員会	2	特別専門官
農林水産省	1	事務官
経済産業省	2	課長補佐、係長
国土交通省	1	課長補佐
衆議院	2	参事
裁判官訴追委員会	1	事務局次長
預金保険機構	2	参与、総括調査役
日本司法支援センター	1	室長
弁護士	20	
民間企業等・団体	14	
計	180	

裁判事除く。2013年12月現在）のうち、少なくとも11％程度は、裁判を行っていないのである。別表の省庁派遣先のうち、本来は、各省庁が独自に採用・任命して法律的問題を検討すべきポストに、高額な報酬の裁判官が勤務する必要があるかどうか、検討されるべきであり、しかも、これらの派遣が個々の裁判官の意向を尊重し、あるいは応募によって行われているかどうか、裁判官人事行政の国際的な慣行という観点からも問題にする余地が大きいと思われる。

　裁判官を法務省ほかの省庁や各種組織に勤務させることのメリットとして主張されているのは、キャリア裁判官制の下で裁判所以外の社会を知らない裁判官に対して、社会的経験の幅を拡大させることである。この点については、いわゆる法曹一元問題と絡めて、裁判官の他職経験問題として後に触れる。

　【判検交流とその分類】　裁判官が行政官僚として勤務する多様な姿のうち、ここでは、約40年程度にわたってもっとも問題とされてきた法務省での検察官としての勤務を取り上げる。この逆が、検察官が裁判所で裁判官として勤務する形態で、こうした相互交代人事のことを「判検交流」と称してきた。これまで、やや一括して「判検交流」という言葉が使われてきたが、後に述べるように、判検交流が、ある分野では廃止、ある分野では縮減という方向を辿っているため、今日では細分類をして考察する必要が生じていると考えられる。

　まず、法曹界では、司法修習の直後に、裁判官として裁判所に勤務することになると、その人は生涯にわたって裁判官出身とされ、逆に、法務省勤務から始まると法務省（検察官）出身とされる。仮に、初任のわずか数年間だけ裁判官または検察官であっても、法曹である限り、それぞれ裁判所出身または法務省の人、という見方をされることが多い。したがって、圧倒的に法務省勤務が長くても初任が裁判官であれば、後に一時期だけ裁判官として裁判所勤務をしても、その仕事は本来的に裁判官としての仕事である、という見方がなされる。その逆も然りである。

　裁判官が法務省に出向して行う業務の大部分は民事法の立案である。その

逆に、法務省から最高裁事務総局に出向して内部事務を行うことも考えられるが、実例はほとんどないようである。ただ、この種の交流、実質的には裁判所から法務省への出向は「判官交流」とでも言うべきものであろう。

　今ひとつ、法務省は、国が当事者となる民事訴訟において法務省の法律家は国側を代理するという訟務検事の役割をかなりの程度、裁判官が果たしてきた。検察官にとっての最高のポストは検事総長であるから、彼らは刑事実務以外の分野を担当したがらないし、実際にも刑事以外の分野に対する専門知識は乏しい。そこで裁判官が、将来裁判官に復帰できることの保証付きで法務省に移り、国の代理人として訟務検事という役割を行っていた。このような例は、1960年代の末頃以降に増えて、法務省によると、例えば2007～2011年度では全国の法務局に勤務する訟務検事67人のうち、裁判官は37人（55.2％）であった。この間における弊害の指摘を受けて、2011年度にはやや減少し、2012年度には比率は50％以下に減った（朝日新聞2012年4月7日付け朝刊）。法務省勤務の裁判官は、上記の訟務検事を含めて衆議院提出資料では101人（1999年10月1日現在）であったが、別表のように、2013年12月では91人になっている。訟務検事の減員が影響していると見られる。

　裁判官の法務省勤務について注目すべきこととして、とりわけ本省経験者が裁判所復帰後優遇されていることがあげられてきた。過去の多数の人事を見る限り、法務省経験者は、裁判官として復帰する場合にも、東京を中心とする都市圏に勤務し、重要な裁判を担当することが多かった。なお、法務省長期勤務経験者の典型事例として、例えば2014年に最高裁長官に就任した寺田のケースがある。同裁判官は、初任が東京地裁であり、約40年の法曹経歴の中で、法務省勤務が約26年、裁判官勤務が約14年である。このような経歴の裁判官を「本来は裁判官」と言いうるか一考に値しよう。

　他方、法務省も、かつては毎年20人前後の検察官を一定期間裁判官として派遣してきた。しかし、検察官がある日、裁判長として訴訟指揮をし、判決を書くことについて批判も多く、2012年には、刑事事件を担当する検事と裁判官の人事交流は廃止されたことが明らかになった（朝日新聞2012年4月26日付け朝刊）。捜査や起訴をする検察官が裁判官になっては被告が公正な裁判を受けるという信頼が損なわれ、また、裁判官と検察官の間の一種の癒着

が生まれて刑事裁判の原点である「無罪推定」が機能しない、などの批判があったからである。

【法務省経験者の戦略的配置】　このような批判があって、上述のように裁判官と検察官の人事交流は廃止ないし縮小傾向にあるが、なお、残された問題がある。法務省での勤務については、その経験者の裁判所復帰後の処遇を見ると、国側の立場を理解させるという目的から意図的な人選と派遣が行われているのではないかという疑念が指摘されてきた。そのもっともよい例が、行政事件（[知識2]→82頁）を取り扱う特別部への配属である。特別部の設置自体、専門能力の必要性という一見中立的な正当化の下で、具体的人選を通して判決内容を間接的にコントロールする可能性を事務総局に与えるものであるが、その問題点は、国が当事者となる行政事件を担当する裁判部において特に大きい。

【判検交流のいくつかのパターン】　こうして検討してみると、いわゆる判検交流は、元の職場に戻ることが前提である。裁判官から法務省へ、法務省から裁判所へという一方通行パターンを（ア）としよう。「判検交流」による弊害は、（イ―1）裁判所→法務省（訟務検事）勤務→裁判所、（イ―2）法務省（訟務検事）→裁判所→法務省（訟務検事）という場合に、訟務検事としての国側の思考を帯びる弊害が指摘されるケースと、（ウ）裁判所初任→法務省（長期）→裁判所（短期）→法務省（再び要職）という事実上は法務省の幹部法曹と見られるケースにも問題があると考えられる。

　（ア）のパターンのうち、裁判所→法務省の例は話題になったことがないようである。その逆に、杉本良吉裁判官（後述→152頁）は、法務省→裁判所

───── ワンポイント知識2 ─────
行政訴訟　行政庁の処分、裁定などの適法性自体を争う訴訟事件のこと。行政事件訴訟法の適用を受ける。抗告訴訟、当事者訴訟、民衆訴訟、機関訴訟という4つの類型に限られるほか、原告適格の制限、出訴期間の制限、職権証拠調べ、内閣総理大臣の異議、事情判決など、一般の民事訴訟にない多くの特徴をもつ（→82頁以下）。

第3章　司法権の現状はどうなっているのか　149

（裁判官で終わり）のケースであり、法務省出身でありながら過去にも現在でも例がないほど自由闊達に裁判を行った。

　判検交流の弊害としては、（イ―1）のケースで訟務検事としての経験、国や地方自治体に有利な判決を出す傾向があることについて国民・原告側から問われる場合が多いが、元々の訟務検事が突然、裁判官ないし裁判長として原告に不利な判決を言い渡すケースが指摘されてきた。

【長良川水害訴訟】　判決に影響を与えるという意図的配属の可能性を示す事例としてよく知られているのは、1979年の長良川水害に対する国賠訴訟（[知識3]→82頁）である。

　長良川の堤防が豪雨のため決壊したために、岐阜県内の安八町と墨俣町が水浸しになってしまった。長良川は国が管理責任をもつ一級河川であったので、両町の住民は、岐阜地裁に国を相手とする国賠訴訟を別々に提起した。その結果、奇妙な事態が生じた。2つの訴訟は同じ事実関係に基づくにもかかわらず、判決結果は正反対になった。すなわち、先に出された安八訴訟判決（岐阜地判昭57年（1982）12月10日判時1063号30頁）では原告の住民側が勝訴したが、後に出た墨俣訴訟判決（岐阜地判昭59年（1984）5月29日判時1117号13頁）では国側の主張が認められた。

　両判決での陪席裁判官2人は同じだったので、マスコミや弁護士会等は、この違いの1つの鍵が裁判長の交代にあると考えた。安八訴訟の裁判長は同裁判結審後82年4月付けで長野地裁に転勤になり、墨俣訴訟判決は後任の裁判長の下で出されたのである。問題は、この後任裁判長の経歴であった。彼は、初任は裁判官であるが、75年から法務省訟務局に勤務し、特に78年から80年までは行政訟務課長の地位にあって、多くの水害訴訟を含めて、国側の

── ワンポイント知識3 ──
国賠訴訟　国または地方公共団体の不法行為責任を問う訴訟で、国家賠償請求訴訟とも通称される。国家賠償法が適用される。公権力の行使に当たる公務員が、職務を行うについて、故意または過失で違法に損害を与えた場合と、道路、河川、その他の、公の営造物の設置や管理に誤りがあって損害を与えた場合とに分かれる。長良川水害訴訟は後者である。

弁護活動の中心に位置していたのである。裁判官としても国側の利益を配慮した判決を下すことが大いに期待できる人物であった。

　両判決の違いの、もう1つの要因として考えられるのは、両判決の間に出た大東水害訴訟最高裁判決（最判昭59年（1984）1月26日民集38巻2号53頁・判時1104号26頁）である。この判決は、従来の下級審裁判例よりも国の河川管理責任を限定したので、墨俣訴訟判決もこの最高裁判決の効果であると考えられなくもない。

　しかし、大東水害は護岸から水が溢れた事件であるのに対して、長良川水害は護岸が決壊した事件であるから、最高裁判決は、当然には適用されないのであって、裁判官による法律解釈適用の差は、やはり意味をもっていた。このようにして、三審制のシステムを通して当の事件が最高裁に到達することを待つ必要もなく、最高裁判決の適用範囲が下級審で拡大されることになったのである。なお、墨俣訴訟判決は控訴審で支持される一方、安八訴訟判決は控訴審で覆されて、上告審でも国の責任は認められなかった（安八訴訟について、最判平6年（1994）10月27日判時1514号28頁）。

　以上は、裁判官の前歴と判決行動との関係を示唆するデータであるが、2人の裁判長に対する判決後の処遇は、また、判決行動がその後の経歴に与える影響をも示唆している。すなわち、国を敗訴させた安八訴訟判決の裁判長は、まず長野地家裁（地裁と家裁の兼務）に移され、さらに静岡地裁沼津支部で5年勤務、東京地裁八王子支部で1年半、静岡地裁沼津支部で1年半、勤務することとなり、これに対して、国を救済した墨俣訴訟判決の裁判長は、86年に東京地裁へ戻り、その後も横浜地裁、名古屋高裁裁判長となり大規模裁判所のキャリアを積み重ねたように見える。ただ、前者の裁判官は司法改革論議が活発化する時期の2005年に福岡高裁裁判長、さらに福岡家裁所長、そして東京高裁裁判長（約1年間）となり定年退官となった。後者の裁判官は名古屋高裁裁判長を約3年半務めた後、定年前の1997年に依願退官した。1990年代半ばからの司法人事には、裁判官人事自体への批判、司法改革の兆しなどが反映しているのか、若干の変化が窺えるようにも見える。

　　　【事実上の判検交流と言える人事】　　事務総局は、初任が裁判官であるも

のの、法務省で国側を代理した経験をもつ裁判官あるいは省内で法案作りなどを長く担当してきた裁判官を、国が被告となっている事件を処理させるために戦略的に配置することもあるようである。さらには、ある意味で偶然にしか生じないが、問題ケースがある。具体的には、裁判官（裁判長）が訟務検事時代に扱った事件とほぼ同一案件と言える内容の裁判事件（例えば、拘置所や刑務所内での被収容者の処遇に関する国家賠償事件）で、裁判長として訴訟指揮をする場合は、露骨ではないが公正な審理に疑念が生じうる。この場合、裁判長本人が回避をしないし、原告側の忌避の申立てにも裁判所として応じない（「回避」と「忌避」について→［知識4］）という事が起きうる。こうした裁判では、初任時に元々の身分は裁判官であっても（すなわち、初任が検察官や法務省職員ではないが）、実質的には隠れた判検交流と受け取られてもやむをえないと考えられ、中立性を疑われることがないよう先進的諸国の裁判官の行動基準（自主的な回避や裁判所における忌避申立認容）が今少し考慮されてよいであろう。

【身分保障の現実】 ここで注意を要するのは、公式には、事務総局には裁判官の配置転換を自由に行う権限がないことである（→141頁）。裁判所法48条は、裁判官の身分保障の一環として、原則的には裁判官本人の「意思に反して……転所……をされることはない」と定めているからである。

しかし、現実には、裁判官も行政官庁の職員と同様にほぼ3年の周期で転勤させられている。10年の任期（憲法80条）ごとに勤務地の平等化を図るため、規模の異なる3ランクの任地にそれぞれ1回ずつ勤務するというのがその元来の正当化理由であったが、実際には、10年という期間が、本来は身分保障の手段として規定されたにもかかわらず、事実上は裁判官の官僚的支配

── ワンポイント知識4 ──

回避と忌避 民事訴訟・行政訴訟において、回避とは、裁判官自身が裁判の公正を妨げるべき事情があると判断する場合に監督権を有する裁判所の許可を得て、その裁判から退くことで（民事訴訟規則12条）、忌避とは、同様の事情があるときに、裁判官ではなく当事者が申し立てて当該裁判の審理から外すように求めることを言う（民事訴訟法24条1項）。

を正当化するという皮肉な結果をもたらしている。また、転勤に当たっては本人の希望を聞くのが一般的であるが、希望に反する任地を提示された場合でも拒否することは困難である。拒否の事実が否定的な評価を招き、それがまた不利益な転勤を招くという悪循環に陥る危険があるからである。そして、繰り返し希望に反する任地を提示されると、退官するしかないという心理的圧力が生じうる。

【不利益処遇と判決内容】 不利益な処遇に対する判決行動の影響が特に明確に現れるのは、一般的には、支部勤務や家裁勤務が異例に長いとか、同じ経験年数の裁判官の大多数が到達している管理職的な地位につけないといった場合である。その例としてもっとも有名なものの１つは、おそらく、東京都公安条例の違憲判断（1967〜68年）、ココム規制の違憲判断（69年）、「家永訴訟」での教科書検定の違憲判断（70年）などで知られる杉本良吉裁判官（前出）の処遇であろう。彼は、長く法務省に勤務し、訟務検事も経た後、裁判官になり東京地裁の行政部裁判長になったのであるが、これらの判決の後、この行政部の担当を外され、その経験年数にもかかわらず定年直前（81年）まで、地裁所長はもとより高裁の部総括にも任命されなかった。

不利益処遇のもう１つの著名な例は、「長沼ナイキ基地訴訟」で自衛隊違憲判決（73年）を出した福島重雄裁判官である（→134頁）。彼はその後、連続12年間家裁に所属し続けた。これらはいずれも、後で述べるように、68年前後の保守派政治家による裁判所攻撃の機縁となった判決を下した裁判官である。

判決内容が不利益な処遇に影響を与えたのではないかと思われる例は、その後も続いており、杉本裁判官や福島裁判官ほど政治的インパクトのある判決をしたわけではないにもかかわらず明白に不利益な処遇をされた例がある。例えば、公職選挙法の戸別訪問禁止規定について、既に最高裁大法廷の合憲判断があったにもかかわらず違憲判断を出した（79年）Ａ裁判官の例がある。Ａ裁判官は、判決当時既に１年半九州の裁判官１人だけの地家裁支部に勤務していたのであるが、判決後さらに３年半同じ支部にとめおかれ、その後も引き続き４年間、はるかに離れた中部地方の別の単独勤務支部に配属

されたのである。10年間の1任期中に規模の異なる3ヵ所の裁判所で勤務するというのが裁判官の平均的な異動パターンであるから、9年連続の地方支部勤務というのは、最高裁判例に抵抗する裁判官への制裁としてしか理解できないであろう。A裁判官は、結局、23年間の裁判官生活を経て、ある地裁の判事で任期中に退官した［知識５］。

ただ、ここ10年程度、裁判官人事には少しよい意味での変化が見られるが、しかし、元の青年法律家協会、全国裁判官懇話会、日本裁判官ネットワーク（これらについて、後述）に所属する裁判官が、高裁の裁判長や家裁の所長になる事例が出てきたものの、いまだ地裁所長、いわんや高裁長官や最高裁判事になった者はいない。

(4) 裁判官会同・協議会

【会同・協議会と判決行動】　前項で述べた裁判官の配置替えによる判決のコントロールは、裁判官個人を対象とする間接的なものであるが、事務総局は、より組織的かつ直接的に判決をコントロールする機会ももっている。それが、裁判官会同あるいは協議会と呼ばれる会合である。

これらの会合は以前から行われていたが、その役割ないし意味が変わったことの決定的な証左が1987年に偶然の事情から明らかになった。多摩川水害訴訟原告弁護団のメンバーが、『水害を原因とする国家賠償事件執務関係資料』と題する文書を入手したのである。「取り扱いには、特に注意を」と記されたその文書は、前記の大東水害訴訟最高裁判決の1ヵ月半前、83年12月に開催された協議会の議事録で、テーマは、最高裁判決と同じく水害訴訟における国の責任であった。そこでは、現に水害訴訟を担当している裁判所の

───── ワンポイント知識５ ─────
＜しぶしぶと支部から支部へ支部めぐり、四分の虫にも五分の魂＞　良心に従い裁判業務を行っているものの、常に、地裁支部から地裁支部に異動を命じられてきた裁判官が詠んだ狂歌として、関係者の間で有名なものである。作者は、裁判官人生のほとんどを地方裁判所支部で過ごさざるをえなかった田中昌弘元判事である。

裁判官が意見を述べた後、事務総局民事局が、まだ出てもいない最高裁判決を先取りする見解を述べていたのである。参加した40人近い裁判官からは、それまでの下級審判決の大勢に反して、国の責任を積極的に認める意見は出ず、むしろ全体の雰囲気は、民事局の見解を伺いたいという姿勢が支配的であった。この協議会の後、既に述べた墨俣訴訟判決その他の、国の責任を否定する下級審判決が続くのである。

【会同・協議会の変質、さらなる変化】　これらの会合は、1960年代頃までは議題・記録とも公表され、参加者は各裁判所の側で選んでいた。この頃までの会同記録は全国の大学図書館や国立図書館にも所蔵されている。ところが1970年代に入ると、名称は協議会となり、議題に関連した事件を取り扱っている裁判官が召集され、記録は非公開となった。このようにして協議会は、裁判官が自由に討論する場ではなく、事務総局の見解を拝聴する研修の場に変わってしまった。

　この状況について、事務総局側は、これらの会議は一種のレファレンス・サービスとして意見を述べているに過ぎず、現場裁判官への影響力は、資料、人材、時間などで恵まれている事務総局側の意見がもつ事実上の説得力の結果に過ぎないとしている。しかし、前項で見たような判決行動とその後の経歴との関係からすれば、その説得力なるものが背後に人事的制裁の威嚇力を伴ったものであったことは否定できないであろう。

　ここに来て、評価の難しい問題が生まれている。福井地方裁判所は、2014年5月21日に大飯原子力発電所3・4号機の再稼働を認めないように原告が求める民事差止訴訟において、地震対策に構造的欠陥があるとして、差止めを認めた。この判断の背後には、最高裁が、福島原発事故後の2012年1月に開催した研究会があり、そこでは、この事故を踏まえ放射能汚染の広がりや安全審査の想定事項など従来の判断枠組みを再検討する必要があるという意見が出たという（共同通信2014年5月23日配信）。本来、新しい専門性のある複雑困難な事件についても、裁判官の独立性は強く要請されるものであって、この最高裁事務総局主導の研究会は、結果が適切かどうかとは無関係に、裁判官が検討する場がいかにあるべきかについて、極めて深刻な問題を

改めて提起している。これがドイツであれば、裁判官の自主的な団体なども入ってプログラムが立案される裁判官アカデミーにおいて自主・自律的に討議・研究されるものであり、こうした論点に麻痺しているかのような日本の司法・社会・政治の全体が危機的な状況にあるとも言える。

(5) 裁判官の団体加入規制

【青法協】 1960年代末以降、裁判官は、自ら選択したテーマについて自由に議論ができる場に参加しようとすると、事務総局によって不利益な処遇を受けることとなった。その典型的な例が青年法律家協会（青法協）という団体に所属する裁判官への弾圧である。

青法協（青年法律家協会）は、1954年に280人ほどの若手法曹・法学者によって結成された。その主たる目的は、自衛隊の発足と改憲論議を前にして、憲法を擁護することであった。その後、青法協は司法修習生の勧誘に努め、毎年任官する判事補の3分の1が加入するほどになった。青法協裁判官部会は63年には140人の会員を抱え、時事的な法律問題をテーマとする独自の機関誌を発行するまでになった。

ところが1968年頃になると、保守的なジャーナリズムや政治家が、裁判所に対して政治的偏向という非難を浴びせるようになった。彼らの念頭にあったのは、公務員および公共企業体従業員の労働基本権（憲法28条）に関する一連の最高裁判決であった（例、「東京中郵事件」判決（最大判昭41年（1966）10月26日刑集20巻8号901頁）や「都教組事件」判決（最判昭44年（1969）4月2日刑集23巻5号305頁））。また、下級審でも、保守派に危機感を与える判断が続出していた。その代表的な例が、既に紹介した杉本裁判長の下で東京地裁が出していた一連の判決であり、各地の裁判所で出ていた戸別訪問禁止規定の違憲判決だったのである。このような状況のなかで、保守派のジャーナリズムが、青法協加入裁判官に対して「赤い裁判官」という非難を浴びせるようになっていた。

その最中に発生したのが、既に取り上げた福島裁判官に対する札幌地裁所長の裁判干渉事件、いわゆる「平賀書簡事件」であった（→133頁）。福島裁

判官が青法協会員であることから、青法協への攻撃が一段と激しくなり、11月には、最高裁が青法協加入の裁判官に対する脱会勧告を行うようになった。その結果、70年1月に事務総局勤務の判事補全員が脱会したのを皮切りに、続々と脱会者が現れた。3月には青法協会員の修習生が任官を拒否されたり、4月には罷免される者まで出て、5月の憲法記念日向け談話において石田和外最高裁長官が明確な思想の持ち主は裁判官として好ましくないと語るに及んで、青法協会員を裁判所から排除する政策は明確になった（前掲『青法協』第2編「裁判官部会の歴史」）。

【再任拒否と任地・昇給差別】 1971年に入ると、青法協会員への圧力はさらに強化された。3月には宮本康昭裁判官の再任が拒否されたが、事務総局は「それだけが理由ではない」という言い方で、青法協会員であることが理由の1つであることを認めた。これに修習生の任官拒否と罷免が続いたのである（→134頁）。宮本裁判官の事例も、10年という任期保障が、じつは再任拒否の可能性という、裁判官統制のための心理的な梃子を事務総局に与えるものであることを示唆している。

また、再任拒否という目に見える形での不利益処分には至らなくても、配属先を操作することで退官を暗に促していると思われる事例には事欠かない。とりわけ、青法協裁判官部会のリーダーと目された人々に対する不利益処分が特に厳しかった。ここでは、3人の例をあげよう。まずB裁判官は、1974年から79年までの間家裁勤務の後、一貫して支部勤務を続けた。30年近い裁判官経験にもかかわらず、部総括に任命されたことも全くない。続いてC裁判官は、72年以降87年まで、3年間の家裁勤務以外はすべて支部勤務とされ、ついには10年以上後輩の裁判官しか勤務していなかった支部に転勤を命じられて退官した。その上D裁判官は、なんと69年から93年の定年退官まで支部勤務を続けた。これらの裁判官は、前記のA裁判官と同じく戸別訪問禁止規定を違憲と判断したことがあるので、判決内容のインパクトも考えられるが、それと並んで青法協での活動が問題視されたことは否定できない。

青法協会員に対する不利益処遇は、統計的なパターンとしてもまた確認することができる。勤務先（任地）差別、昇級差別、任地先と転任サイクルの

結合による年収の格差など、様々な側面で現れた。

　同期の裁判官が各自の給与額を知ることは難しいし、いわんや外部から知ることはできない。しかし、公式の場の席次など司法行政上の地位は俸給によって決まるので、内部的には一目瞭然である。青法協会員と、宮本裁判官の再任拒否をきっかけとして結成された裁判官懇話会の世話人を対象にした調査によれば、ほぼ全員が他の裁判官よりも遅れていることが明らかになっている。ただ、上述のように、現在では、以前ほどの露骨な人事差別は見られなくなっている。当時は、これらの体制側から「批判される」裁判官が、知られている限りでは世俗的な意味での不祥事を起こしたことはない。

　こうした一連の保守派政治家らによる裁判官批判については、裁判所内部で、長官や事務総局が協力体制をとっていた。

(6) 内部からの改革の限界

【閉塞状況と内部からの改革胎動】　日本では、裁判官の任命や昇進について、選挙、議会の承認、党派別均衡の考慮といった、明白に政治的な過程が介在することはない。しかし、司法権全体が外見上政治過程から独立していることは、実際にも司法権が立法権・行政権に対する独立性を確保していることを意味しないし、司法権内部で裁判官相互の独立性が保障されていることも意味しない。裁判官は行政官庁とほぼ同様な官僚機構の中に置かれている。

　こうした中で、内部からの胎動と言える動きも生じた。1990年代中期には、ごく少数ではあるものの、一般裁判官の中から、慎重な言葉遣いをしつつ、勇敢に司法制度改革の構想を提起する者が現れ始めた。例えば、裁判所のイメージアップを目指す裁判所ＣＩ作戦という企業的発想から、裁判所の組織と組織文化の改革という根本的問題への改革案を含む、包括的な構想を示した第一線裁判官が現れているし（浅見『裁判所改革のこころ』（初出は1993～94年））、勤務評定と人事のあり方という司法行政の根幹について発言する者も現れた（伊東「裁判官の勤務評定と人事について」（1994年））。これらの動きは、後に「日本裁判官ネットワーク」の発足に至る（→192頁）。

【エリート裁判官らの相次ぐ告発】　しかし、最近では、法律関係者が裁判所内エリートと考えてきたような元裁判官から、裁判所に入れば「一切の希望を捨てよ」とか「死刑囚人」の処遇になっているとか、2000年代以降に、裁判所、裁判官集団の官僚化が急速に進行し、各種のハラスメントも増え、全体主義的共産主義体制に非常によく似ているとまで主張される（森炎、瀬木比呂志ほか）。裁判所関係者から反論はあろうが、続発する不祥事はこれらの発言を裏づけているようでもある。

したがって、日本の司法人事が抱えている問題点への対策としては、根本的には、司法とは何かについて徹底した再検討が要る。具体的には、最高裁判事の選出方法の再検討も不可欠であるが、これには憲法改正が必要である。法律レベルにおいても、司法権の政治的中立性や、司法権と立法権・行政権の分離を、単に制度上強化することよりは、事務総局の権限を縮小し、かつ、その全活動を透明化することと共に、司法権内部に政治的多様性と裁判官個人の独立性を確保する仕組みを導入することの方が、検討に値するであろう。日本と類似のキャリア裁判官制でありながら、裁判官がより大きな独立性と自由を享受し、国民のために開かれた裁判所を実現しているというドイツの状況に関する比較法社会学的研究は、そのことを示唆している（→275頁、278～282頁）。日本で、事務総局の大再編や根本的改革は、全最高裁判事が入れ替わるほどの期間、従来とは異なる政権政党が続かなければ不可能であるか、そうした長期政権が可能になっても無理であるかもしれない。さしあたりのキャリア裁判官制改革については次節で述べよう。

1970年代に裁判官の独立性を擁護した裁判官たちは次々に退官し、最近任官した裁判官たちの多くは、裁判所内部の官僚制を当然の前提としてその任務についている。特に、1980年代末以降に採用された裁判官は既に40代半ば以降になっているが、その頃からある程度市民向けに柔和で親切になった裁判所（裁判所内の絵画、観葉植物、ＢＧＭ、専門窓口への廊下の誘導ライン、オブジェ、口頭申立てへの配慮など）を所与のものとして受け入れている。その結果、多くの裁判官は、その職場が不自由なものとは思っていないようである（映画『日独裁判官物語』に描かれる日本の裁判所は現実のものではないという感覚をもつ）。現状肯定的な裁判官から、内部改革が必要であるという声が

大きくならないのは、そのような意味において自然なことであろう。

　司法制度改革が進められたものの、改革内容は、弁論兼和解に代表される裁判手続の非公式化、争点整理手続に代表される裁判手続の効率化（→33頁）、そして判決書の簡素化など裁判実務の側面が顕著であり、裁判所機構と裁判官のあり方それ自体を問うものはほとんど見られない。

【裁判官の市民的自由】　裁判官自身が一人の国民ないし市民としてどのような自由をもつのか、という憲法上の人権課題も十分には意識されていない。1998年に、裁判官に対する内部統制の強化を窺わせる事件が発生した。寺西和史判事補に対する戒告処分である（特集「裁判官と政治的表現の自由」ジュリスト1150号（1999年））。寺西判事補は、いわゆる組織的犯罪対策法（98年3月に成立）の立法化に反対する立場から、朝日新聞に投稿し、97年10月2日付朝刊に掲載された。さらに、98年4月には、同法に反対する集会で、パネリストとしての発言は断ったものの、集会には参加し、パネリスト辞退が所属地裁の所長から懲戒の警告を受けたことによる事実を明らかにした。この言動が、裁判所法52条1項が禁止する「積極的に政治運動をすること」に当たるものとされて、裁判官分限法の手続による懲戒手続が開始され、最高裁まで争った結果、戒告処分となった（最大決平10年（1998）12月1日民集52巻9号1761頁・判時1663号66頁。5人の反対意見があった）。この事件は、「裁判官の独立」、「裁判官の中立性」、「裁判官の表現の自由」といった原理的問題を裁判所の主流派がいかに狭く理解しているかを示すものであり、アメリカのワシントン州であれば、裁判官行動準則規定によって保護される事案と言われる（フット『名も顔もない司法』183頁）。

(7)　司法制度改革による裁判官制度の一定の改革

【法曹一元に向けた動きと中断】　1997年7月に始まった司法制度改革の正式な議論の中で、いわゆる法曹一元制の導入を求める声が広がった。法曹一元制とは、「裁判官は弁護士となる資格を有する者で裁判官としての職務以外の法律に関する職務に従事したもののうちから任命することを原則とす

る制度」(→171頁) である。イギリス、アメリカ、カナダ、その他、主として英米法諸国で採用されている。日本の弁護士の一部には、現実に弁護士経験をもつ者に限るべきだとする主張もあるが、仮にそのような立場が採用されなくても、実質的には裁判官の大多数が弁護士経験者にならざるをえない。

日本国憲法は、じつは法曹一元制を要求している（後藤『官僚司法を変える——法曹一元裁判官』）。憲法は「司法権の優越」を採用して通常裁判所に違憲立法審査権を与え（81条）、その権限を行使する裁判官について「裁判官の独立」を規定している（76条3項）。したがって、独立して裁判を行うことができない裁判官である判事補（裁判所法27条1項）を認めることはできない。また、下級審裁判官の任期10年という規定（憲法80条1項）は、官僚制を廃止して、進退を自由に決定しうる完成された職業人を判事とする趣旨であると理解することができる。したがって、判事は、既に法曹として相当の経験を積み、「裁判官の独立」を担うことが可能な主体性を十分に確立した者から採用しなければならない。それは、まさに、法曹一元制にほかならない。

それにもかかわらず法曹一元制が阻止され、判事補制度が導入されたのは、裁判所法立法過程での、官僚裁判官制の崩壊を恐れた守旧派司法官僚の運動による（畔上「裁判所法制定当時の思い出」）(→171頁)。

【裁判官制度の改革】 その後、1962年から64年にかけて設置された臨時司法制度調査会（資料「臨時司法制度調査会意見書」）（以下「臨司」と言う）(→132頁) でも、法曹一元制の採用が再び明示的な検討課題となったが、諸般の理由から実現が阻止された。それから35年を経て設置された今回の司法制度改革審議会は、99年に法曹一元制「検討」という課題を引き継ぐことを明言した（司法制度改革審議会「司法制度改革に向けて——論点整理」）。しかし、現実には、経験豊かな弁護士が大量に裁判官になる仕組みは実現できなかった。理由は簡単であり、裁判官として適格と考えられる弁護士は既に収入や地位も高く、個人または少数で経営する法律事務所を廃止して裁判官になっても10年後に復帰したとき、依頼者はいなくなっている、という事情も

ある。また、日本の裁判官の定期人事異動も、地域に定着している弁護士にはなじみにくい。そこで、法曹一元の理念に近づける代替策が採用された。

1つは、正面からの「弁護士任官制度」である。これには2種類があり、非常勤裁判官制度と常勤裁判官への弁護士任官制度である。前者は2004年1月に、第1回目の任命が完了し、30人が任命された。その後も20人台から50人台の応募がある。しかし、後者は2003年の初年度こそ10人であったが、その後の任用数は低迷している。中には、5年半の在任中に大きな成果を上げた田川和幸弁護士の例（田川『弁護士　裁判官になる——民衆の裁判官をこころざして』）は、10年あれば何が可能かを如実に示しており、法律事務所の体制整備などによる対処が望まれる。

第2は、判事補の実務経験である。2004年に「判事補・検事の他職経験に関する法律」が成立し、任官10年未満の判事補・検事が2年間、弁護士登録をして弁護士業務を経験することになった。今のところ、登録者数が少なく、しかも2年間にとどまる点で実験的な範囲を超えてはいないが、裁判官や検事とは異なる意味で厳しい職でもある弁護士業務を経験する点で、法曹一元の次善の策として極めて有益なものと評価することができる。

第3に、裁判官の任命過程の透明化を図り、外部の意見を取り入れるための下級裁判所裁判官指名諮問委員会が2003年に発足した。委員会は、法曹三者および学識経験者により構成され、最高裁判所の諮問に応じ、下級裁判所の裁判官の指名の適否について審議し、その結果を答申する。ブラックボックスであった任命過程に弁護士会代表も入ることにより、透明化が進められている。各高等裁判所の区域にも地域委員会が設けられている。中央、地域の各委員会とも議事録が公開されており、中には、最高裁の人事政策に批判的であった弁護士委員も入っており、相当に透明化機能を果たしていると考えられるが、他方で、以前であれば再任拒否として問題化されるようなケースが依願退職として扱われ、反って「隠れた肩たたき（退職）」も見られるという指摘もある。

第4に、これまで全く不透明であった裁判官人事評価につき、2004年制定の「裁判官の人事評価に関する規則」に基づき、新しい人事評価制度がスタートした。個々の裁判官を裁判所所長が評価するが、外部情報も取り入れ、

評価者は被評価者と面談を行い、評価書は開示され、内部手続ではあるが不服申立制度も設けられた。この制度についての評価はまだ定まっていない。

【裁判官差別は解消？】 このたびの一連の司法制度改革によって、40年程度続いてきた裁判官差別は消滅したのであろうか。上記のように、人事差別は相当程度解消したという見方もある。確かに、従来、地家裁所長や地裁総括判事になることのなかったかつての裁判官懇話会メンバーが、所長や総括判事に就く例も出だした。しかし、この現象を、裁判官の会同や協議会であまりにモノを言う裁判官が少ないため、多数派にならない程度で異種として入れておき、議論の活性化を図るための事務総局の戦略である、という見方もある。今少し、時間をかけてこれからの推移を見る必要があろう。

《参考文献》

朝日新聞「孤高の王国」取材班『孤高の王国』（朝日新聞社、1991年、朝日文庫、1994年）

浅見宣義『裁判所改革のこころ』（現代人文社、2004年）

畔上英治「裁判所法制定当時の思い出」自由と正義37巻8号（1986年）

安倍晴彦『犬になれなかった裁判官』（日本放送出版協会、2001年）

石松竹雄＝梶田英雄ほか編『自立する葦――全国裁判官懇話会30年の軌跡』（判例時報社、2005年）

伊東武是「裁判官の勤務評定と人事について」判例時報1504号（1994年）

伊藤正己『裁判官と学者の間』（有斐閣、1993年）

大野正男『弁護士から裁判官へ――最高裁判事の生活と意見』（岩波書店、2000年）

木佐茂男『人間の尊厳と司法権』（日本評論社、1990年）

後藤富士子『官僚司法を変える――法曹一元裁判官』（現代人文社、1999年）

司法制度改革審議会「司法制度改革に向けて――論点整理」月刊司法改革4号（2000年）

新藤宗幸『司法官僚 裁判所の権力者たち』（岩波新書、2009年）

青年法律家協会弁護士学者合同部会編『青法協』（日本評論社、1990年）

瀬木比呂志『絶望の裁判所（講談社現代新書）』（講談社、2014年）

全裁判官経歴総覧編集委員会編『全裁判官経歴総覧改訂第五版』（公人社、2010

年)
園部逸夫『最高裁判所十年』(有斐閣、2001年)
田川和幸『弁護士　裁判官になる——民衆の裁判官をこころざして』(日本評論社、1999年)
塚原英治「裁判官経歴と裁判行動」法律時報62巻9号(1990年)
長嶺超輝『サイコーですか？　最高裁！』(光文社、2007年)
西川伸一『日本司法の逆説——最高裁事務総局の「裁判しない裁判官」たち』(五月書房、2005年)
西川伸一『裁判官幹部人事の研究——「経歴的資源」を手がかりとして』(五月書房、2010年)
日本裁判官ネットワーク『裁判官は訴える！　私たちの大疑問』(講談社、1999年)
藤田宙靖『最高裁回顧録』(有斐閣、2012年)
ダニエル・H・フット／溜箭将之訳『名もない顔もない司法——日本の裁判は変わるのか』(NTT出版、2007年)
ジョン・O・ヘイリー／浅香吉幹訳「日本における司法の独立・再考」石井紫郎＝樋口範雄編『外から見た日本法』(東京大学出版会、1995年)
毎日新聞社会部『検証・最高裁判所——法服の向こうで』(毎日新聞社、1991年)
宮澤節生『法過程のリアリティ』(信山社、1994年)
本林徹＝大出良知＝石塚章夫編『市民の司法をめざして——宮本康昭先生古稀記念論文集』(日本評論社、2006年)
森炎『司法権力の内幕(ちくま新書)』(筑摩書房、2013年)
山本祐司『最高裁物語(上)(下)』(日本評論社、1994年、講談社アルファ文庫、1997年)
湯川二朗「行政事件における裁判官会同・協議会」法律時報62巻9号(1990年)
J・M・ラムザイヤー＝E・B・ラスムセン／河野勝訳「日本における司法の独立を検証する」レヴァイアサン22号(1998年)
デイヴィッド・S・ロー／西川伸一訳『日本の最高裁を解剖する——アメリカの研究者からみた日本の司法』(現代人文社、2013年)

第4章　司法を担う人々には、どのような人がいるか

正義の女神に目隠しをする道化師。アルブレヒト・デューラーの1494年頃の作品

裸の正義の女神が皇帝に目隠しをする。
1524年の作

貧者・被抑圧者の側に傾いた秤。
1564年頃の作

1500年頃になって初めて〈目を隠した女神〉像が登場する。裁判権を世俗の権力が行使するようになる。この頃ドイツに継受されたローマ法には種々の理由からする批判や抵抗があったし、支配者により任命された専門的裁判官団に対する不信もあった。〈目隠し〉は、人の外見や身分に関わりなく公正に裁判をすべきである、という非当事者性の要請や、当事者を平等に取り扱うべきとの要請を表現する。裁判官は独立して裁判をせよ、という〈裁判官の独立性〉をも示すものとなる。
　目隠しをした女神像は南西ドイツから広まっていく。18世紀にはこの種の女神像が主流となり、その後は再び目を開いた像が多くなる。ちなみに、1907年には、プロイセンの大臣が、裁判所庁舎を新築するにあたっては、目隠しのない正義像を描いたり、置いたりするように命令をしたことがある。

［上］この画の載った本は当時のベストセラーである。ここでは、目隠しをされても真実を発見できる女神が表されている。(39頁)
［左］裁判権を行使する世俗の権力としての皇帝に目隠しをする正義の女神。これは、目隠しを肯定的意味で用いる点で画期的である。(61頁)
［右］正義の女神の両側には訴訟当事者がいる。秤は、貧者・被抑圧者の側に傾いている。地球儀に腰かけているのは正義の支配が世界に及ぶことを示している。(45頁)

第4章　司法を担う人々には、どのような人がいるか　167

1　日本の法律家

【法律家】　日本で＜法律家＞とは、裁判官、検察官および弁護士のいわゆる法曹三者を言うのが通例である。

　実際の法律実務は、これら法曹三者のみにより支えられているのではない。裁判所内で働く書記官その他の職員や、税理士、弁理士、司法書士や行政書士なども法律実務の少なからぬ部分を担っている。ことに、弁護士が大都会に集中する傾向があるため、地域によっては弁護士の役割を司法書士が担い、弁護士も司法書士もいない地域では行政書士が実質的な法的助言者として活動する、あるいは弁護士があまり扱わない少額の民事事件は司法書士や行政書士が法的助言者として活動するという代替関係も見られる。弁護士資格をもってはいなくとも、企業や行政機関において法律事務を担当する人々も法律家と言うことが可能である。本書では、こうした人々を広い意味で法律家として取り上げよう。

　欧米では法律学の教師も法律家と見ることが普通であるが、日本ではこのような見方は稀である。その理由としては、わが国の場合、実務家教員以外の大学教師は、法曹資格試験をパスしていない場合がほとんどであったという事情をあげることができる。

【法律家の数】　法律家の数がどの程度であるかは、その国の政治や社会がどの程度法律に基づいて行われているかを占う一つのバロメーターになる。職業法曹の数の歴史的変遷を人口比で見ると［**図1**］の通りである。日本の職業法律家の数を外国のそれと人口比で比較すると［**表1**］の通りであり、法曹人口の増加率を示すのが［**図2**］である。弁護士の数が増えたとは言っても、元々あまりにも少な過ぎたのであって、日本の司法が「小さい」ままであることを読み取ることができよう。

　今世紀になって法曹養成制度が変わり、司法試験の合格者数が一旦は年間2,000人近くになった。だが、司法修習を修了した者が法律事務所に就職することが難しくなったり、法科大学院修了者の法曹としての質が低下してい

図1　総人口に対する法曹人口の割合の推移（人口100万人当たり）

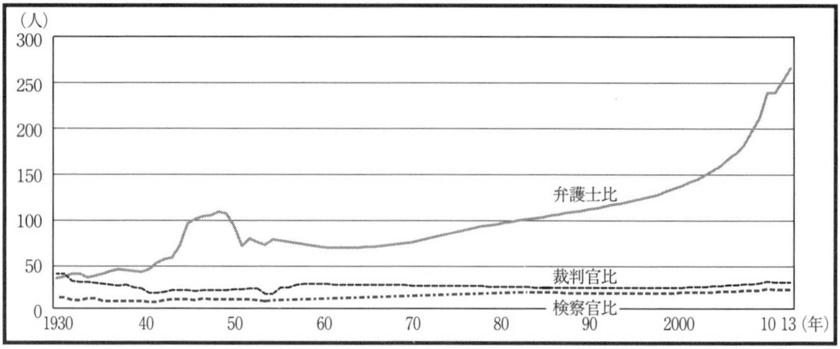

（最高裁判所事務総局『裁判所百年史』（大蔵省印刷局、1990年）、最高裁判所事務総局、日本弁護士連合会、総務省各資料より）

表1　各国法曹人口の比較

	法曹人口		法曹一人当たりの国民数	
アメリカ	1,252,713	（2014年）	252.4	（2013年前後）
イギリス	143,689	（2013年）	393.7	（2013年前後）
ドイツ	188,309	（2012年）	427.6	（2013年前後）
フランス	66,092	（2012年）	995.9	（2012年前後）
日本	39,892	（2014年）	3,204.4	（2014年前後）

（出所：『裁判所データブック2014』）
（注：「前後」とあるのは、人口統計が前年または前々年のため）

るという批判がある。一部の弁護士会が司法試験合格者数を1,000人以下に削減することを求めたり、日弁連や自民党、民主党が1,500人程度に削減することを提案しており、司法試験合格者数の削減はほぼ確実な情勢にある。

しかし司法試験合格者数を増加させて法曹人口の増加を図ったのは、『司法制度改革審議会意見書』で唱えられたように、「社会生活上の医師」の役割を弁護士が果たすようになることが期待されたためであった。弁護士人口が大幅に増加したことで、裁判所のない自治体にある弁護士の事務所の数もずいぶん増えた。とは言っても、地方では、まだまだ法律家に対する需要は強く、日本のどこにいても、法曹にアクセスすることが容易とは言えない。

弁護士の増加に見合うほどに訴訟件数が増えていないことをもって、弁護士需要はさほどないという見方もある。だが、これは訴訟関連業務を中心と

図2　各国における法曹人口の増加

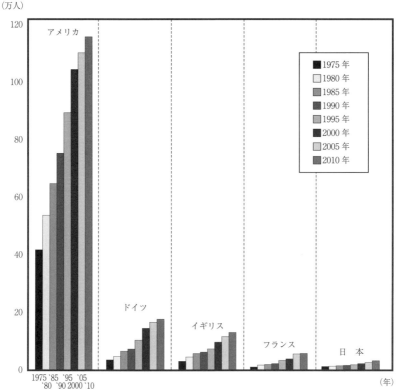

＊ドイツは1990年までは、旧西ドイツの数字。
（ジュリスト増刊『法曹養成制度』（1991年）104頁、日弁連資料をもとに作成）

する従前通りの弁護士業務をこれからも弁護士業務の中核に据えることを前提にした話である。格差社会、超高齢化社会の本格化に伴い、様々な社会的弱者の権利保護が必要となってきている。一方では、社会のグローバル化に対応する法律家も求められている。このように考えるならば、法律家の活躍が期待される分野は、益々拡がっているのであり、法曹の数を大幅に増やすことが望まれる。

【法曹養成教育】　わが国でいわゆる職業法曹になるためには、司法試験

に合格する必要がある。この試験の合格者は、1960年代半ばからは500人程度で推移してきたが、意識的に法曹養成を怠ってきたという面もあながち否定できない。1990年代以降、合格者数を700人から1,000人程度に増やしたり、合格者の一部を受験開始から3年以内の者に優先して割り当てる優遇措置をとるなどの対応がとられてきたものの、根本的な対策には至らなかった。

現在のように法科大学院を経て司法試験を受けるという方式がとられるようになったのは、1999年に設置された司法制度改革審議会の意見書で、従来の司法試験という「点」による選抜から、法科大学院をベースとするプロセスによる法曹養成が唱えられたことによる。これに基づいて、2004年度から法科大学院が設けられた。

法科大学院は、大学卒業もしくはそれと同等とみなされる者であれば、法律学の勉学経験の有無を問わず受験資格があり、適性試験と各法科大学院が独自に実施する試験によって入学選抜される。法科大学院では法律学について理論と実務の両面から、原則として3年間、ただし法律学既修者として認定されれば2年間履修する。修了者は法務博士の学位を授与される。

法科大学院の修了者は修了後5年間、司法試験を受験することができる。2011年からは、司法試験予備試験も実施され、法科大学院を経なくても予備試験に合格すれば、司法試験の受験資格が与えられている。これは、経済的事情などで法科大学院に通えない者に対する救済策として設けられたものであったが、現実には、法科大学院を避けて、あるいは法科大学院在学中に予備試験を受ける者も増加していることが問題になっている。予備試験の受験資格を制限する動きもある(「司法試験の予備試験、年齢など資格制限を検討 有識者会議」日経新聞2014年5月23日)。

司法試験は短答式試験(憲法、民法、刑法)と論文式試験(公法系科目、民事法系科目、刑事法系科目、選択科目)とからなり、中1日の休みをはさんで4日連続で実施される。当初、司法試験の合格者数は、2010年頃に3,000人程度になることが予定されていたが、現実には2,000人程度にとどまり、2013年にこの目標は撤回された。司法試験合格者数を1,500人あるいはそれ以下に引き下げようという意見も強い。司法試験に5年以内に合格しなかっ

た場合には、新たに法科大学院を修了するか、予備試験に合格すれば、再び司法試験の受験資格が得られる。

　司法試験に合格した者は最高裁判所に司法修習生として採用される。司法試験合格者は法科大学院で実務教育が既に行われているものとされ、実務修習を10ヵ月間、司法研修所での修習を2ヵ月間受ける。実務修習は全国で実施されるが、これは民事裁判2ヵ月、刑事裁判2ヵ月、検察庁2ヵ月、弁護士会2ヵ月、選択型実務修習2ヵ月からなる。選択型実務修習では、修習生が自分の進路や興味に基づいて、裁判所、検察庁、弁護士会が提供する様々のプログラムを履修したり、法曹の活動に密接に関わる分野を自分で開拓して修習し、特定分野について深く学ぶ。その後、司法研修所で2ヵ月間の集合修習を受ける。

　司法研修所での集合修習は、民事裁判、刑事裁判、検察、民事弁護、刑事弁護の5科目からなり、事件記録をもとに起案を中心とした修習を受ける。この全科目を履修の上、司法修習生考試に合格しなければ、法曹三者のいずれの道にも進むことはできない。

　ところで、司法試験の実施は法務大臣の所轄の下にある司法試験委員会（司法試験法12条）が、その合格者の修習を行う司法研修所の管理は最高裁判所が行っている（裁判所法14条）。法曹一元の理念に立ったときには、司法研修所の管理が現在の形でよいかどうか検討の余地がある。法曹三者の自治的共同運営が考えられるし、少なくとも、運営に対する弁護士会の参加や弁護研修教官の弁護士会からの派遣などについては大幅な改善が行われてよい。

【法曹一元】　　法曹一元という言葉は、いくつかの意味で使われている。例えば、裁判官、検察官および弁護士の養成を統一的に行うことも法曹一元の考え方を示すものである。しかし、法曹一元制度は、主として、裁判官、特に下級審の裁判官（判事）を任用する制度として、法曹資格を有する者のうち裁判官以外の法律に関する職務（特に弁護士）に従事した者のうちから任命することを原則とする制度を言う。これは英米で行われている制度である。もっとも英米には法曹一元という言葉はない。法曹一元に対比されるのはキャリア（官僚裁判官）制である。わが国でも明治時代から法曹一元を採

用すべきとする意見は弁護士層から主張されていた。第2次大戦直後にこの制度の採用をめぐって真剣な議論があった。しかし、まもなく法曹一元構想は否定され、判事補制度がとられた。裁判所法は、判事補その他の法律職を通算して10年以上在職した者から判事が任命されるとするが（裁判所法42条）、実際にはほとんど例外なく、司法修習を終えた者から任期を10年として任命された判事補が任期を終えて判事として採用されるので、事実上キャリア・システムとなっている。戦後、多少積極的に裁判官が弁護士から採用された時期があったものの、その後は、ほとんど実行されなかったが、弁護士会による熱心な運動の結果、再び一定の実例が見られるようになったとは言え、細々続いているに過ぎない。

なお、判検交流（→146頁）を合理的なものとして説明するために、法曹一元制があげられることがある。これは、制度の理念として存在するに過ぎない一元制を、実際に存在するかのように説明するものであって、用語を半ば意識的に誤用するものと言える。

2001年6月に出された司法制度改革審議会の意見書では、「判事となる者一人ひとりが、それぞれ法律家として多様で豊かな知識、経験を備えること」が重要だという観点から「判事の給源の多様化、多元化」が掲げられ、弁護士任官を進めることや判事補が他の法律専門家の経験を積む必要のあることがうたわれていた。

この意見書に基づいて、日本弁護士連合会（日弁連）は、弁護士任官推進センターを設けるなど弁護士任官を進めている。さらに最高裁と日弁連との協議により、非常勤の民事調停官・家事調停官（非常勤裁判官（パートタイム裁判官））制度が2004年より設けられている。ただ非常勤裁判官になる者はそれなりにいるものの、弁護士任官者は毎年ほぼ10人以下にとどまる。任官希望者が少ない上に、希望者に対して任官拒否がなされるケースもある。

判事補による他職経験について、意見書では、「判事補が裁判官の身分を離れて弁護士、検察官等他の法律専門職の職務経験を積むことが基本となるべきであ」り、そのためには「実のある経験を積むにふさわしい相当程度長期の期間」が必要だとされていた。この意見書を受けて、弁護士事務所に派遣されて弁護士の経験をする制度が2005年から始まった。この制度によって

弁護士事務所に派遣されている裁判官の数は、2013年12月時点で20人と必ずしも多くない上に、期間も2年間に過ぎず、「実のある経験を積むにふさわしい」期間になっているとは言えない。

【職業法律家の所得】　日本の法律関係公務員の月額報酬は［表２］のようになっている。外国の中には、一般行政職の公務員であれ、裁判官・検察官であれ、個々のポストについて、その報酬がオープンになっている場合が少なくない。裁判官・検察官および法律職行政職員の報酬表をポストごとに示した学生向けの進路ガイドブックが売られている国もある。わが国の場

表２　裁判官と検察官の月額報酬

(抜粋)（2014年4月現在）

裁判官		検察官		現行（円）
最高裁判所長官				2,050,000円
最高裁判所判事		検事総長		1,495,000円
東京高等裁判所長官				1,434,000円
その他の高等裁判所長官		東京高等検察庁検事長		1,328,000円
		次長検事その他の検事長		1,222,000円
判1		検1		1,198,000円
判2		検2		1,055,000円
判3	簡○	検3		984,000円
判4	簡1	検4		834,000円
判5	簡2	検5		720,000円
判6	簡3	検6	副○	646,000円
判8		検8	副2	526,000円
補1	簡6	検9	副4	426,900円
補4	簡9	検12	副7	345,100円
補8	簡13	検16	副11	277,600円
補12	簡17	検20	副15	227,000円
			副16	215,000円
			副17	206,600円
司法修習生（貸与の基本額）				230,000円

注）裁判官および検察官の項中、「判」「補」「検」および「副」は、それぞれ判事、判事補、簡易裁判所判事、検事、および副検事を示し、○印は、裁判官の報酬等に関する法律第15条または検察官の報酬等に関する法律第9条の俸給を、アラビア数字は、前記報酬等別表の号を示す。
注）司法修習生への貸与額は、司法修習生の修習資金の貸与に関する規則第3条1項による。

合、最上級の指定職クラスを除いては、個々人の適用号棒は公になっていない。特別昇給制度の適用や、管理職手当支給の有無も加わって、わが国の報酬制度は著しく透明度が低いものとなっており、これが日本型官僚制を維持する重要な手段となっている（→156頁も参照）。

　弁護士の所得は、50万円未満から1億円以上まで分布している。2010年に日弁連が実施した経済基盤調査では、所得の中央値は959万円であった（分布が偏っているため平均値は適切でない）。これは10年前と比べて300万円あまりの減少である。相対的に所得が低いと考えられる新人の弁護士が大幅に増えたことも、その一因となっている（経済基盤調査回答者の43％が経験10年未満）。

　最近、低所得の弁護士が増えていることが指摘される。国税庁調査によると、申告所得税を納めた弁護士2万8,000人あまりのうちの2割近くが所得70万円以下であって、この割合は近年、上昇している。所得の少ない弁護士が存在することは確かである。しかしその割合は他の職業と比べて必ずしも高いわけではない。とは言え、弁護士が大幅に増えたことにより、業務内容や顧客の種類、所得などによる弁護士界内での階層化が進み、所得格差は拡がっているとは言えるだろう。

《参考文献》
海川道郎『先生、馬で裁判所に通うんですか？』（北海道新聞社、2003年）
最高裁判所事務総局編『裁判所データブック2014』（法曹会、2014年）
司法制度改革審議会『司法制度改革審議会意見書』（2002年）
日本弁護士連合会編『西欧諸国の法曹養成制度』（日本評論社、1987年）
松井康浩『法曹一元論』（日本評論社、1993年）
「特集／日本の法律家」ジュリスト700号（1979年）
「弁護士業務の経済的基盤に関する実態調査報告書2010」自由と正義62巻6号（2011年）

2 弁護士

(1) 日本の弁護士制度の歴史と特徴

【代言人から弁護士へ】　明治維新（1868年）以前の徳川時代には、公事師（くじし）と呼ばれる訴訟において当事者を代理する者はいたが、制度としては確立していなかった。弁護士制度が誕生するのは、1893年（明治26）3月4日の法律第7号として公布された弁護士法によってである。同法によれば、弁護士は各地方裁判所の名簿に登録されなければならず、所属地方裁判所ごとに設立された弁護士会は、所属地方裁判所検事局の長である検事正の監督を受けることとされており、現在の弁護士法から見るとまだ自立性に乏しいものであった。

その後、弁護士の地位の向上と弁護士事務の改善進歩を図ることを目的とする弁護士法の改正が1933年（昭和8）5月1日になされ、ここで初めて婦人弁護士が認められることになり、また弁護士会の監督が検事正から司法大臣に変更された。しかし弁護士会には依然として自治権が認められていなかった。

【弁護士自治の確立】　第2次大戦敗戦の後、日本は、司法制度においても日本国憲法の定める民主主義の原理を徹底的に浸透させる必要があった。裁判所法が制定され、刑事訴訟法も英米法の影響を強く受けたものとなった。これらの改正作業に続き、1949年6月1日に新しい弁護士法が制定公布された。新弁護士法は旧法に比べて格段に弁護士の自立性を強化するものとなった。まず弁護士および弁護士会が裁判所、法務省等の国家機関の指揮監督を脱し、完全に独立した自治権を取得した。独立自治をまっとうするために、最高の統一機関として置かれた日本弁護士連合会が、その下にある各地の単位弁護士会およびその会員である弁護士の指導、監督を行うことになった。そして弁護士登録は、日本弁護士連合会の所管事項とされることになった。なによりも弁護士自治のメルクマールである弁護士の懲戒権と資格審査

権が、日本弁護士連合会および単位弁護士会の権限とされたことは、わが国の弁護士自治を確立するものとなった。

(2) 弁護士の業務内容と役割

【弁護士法の基本原則】　現行弁護士法は、その冒頭にまず、「弁護士は、基本的人権を擁護し、社会正義を実現することを使命とする。」（1条1項）、として弁護士の役割が基本的人権の擁護と社会正義の実現にあることを高らかに謳っている。弁護士職は自由職業であるが、決して営業ではなく、国民の側に立って国民の基本的人権を擁護することを第一義としている。

　弁護士の職務につき、弁護士法3条は、「①弁護士は、当事者その他関係人の依頼又は官公署の委嘱によって、訴訟事件、非訟事件及び審査請求、異議申立て、再審査請求等行政庁に対する不服申立事件に関する行為その他一般の法律事務を行うことを職務とする。②弁護士は、当然、弁理士及び税理士の事務を行うことができる。」と規定している。つまり弁護士は、民事訴訟事件・刑事訴訟事件を受任し、裁判所において訴訟追行を行うほか、会社顧問として法律意見を提供したり、市民の法律相談を受けたり、法律問題について鑑定したりすることができ、独占的にこれら業務を提供するものとされている（同72条）。この他に、弁護士は破産事件や会社更生事件において、裁判所から指名を受け、破産管財人や更生管財人の職務を行うことができる。

【弁護士の仕事の多様化と複雑化】　弁護士の仕事の中心あるいは「花」の部分は、民事と刑事の裁判で、裁判所において代理人や弁護人として活動することである。しかし、実際には裁判所にいる時間はそう多くはなく、極めて多様な仕事をしている。

　弁護士の仕事としては、まず、一般民事事件を受任し、民事訴訟において訴訟代理人として訴訟を行うことがあげられる。最近では、国内の民事事件にとどまらず、人の行動や企業活動の国際化に伴い、外国の法人、自然人、

表1　簡裁・地裁の本人訴訟率（2012年）

（　）は、1998年のデータ

	事件総数	本人訴訟数	％	弁護士訴訟数	％
簡裁	424,368 (306,662)	286,695 (277,567)	67.6％	137,673 (29,095)	32.4％ (9.5％)
				双方弁護士付き 14,774 (3,552)	3.5％ (1.2％)
				双方司法書士付き 178 (当時、司法書士代理権なし)	0.0％
地裁	168,230	32,468	19.3％	135,762 (124,049)	80.7％ (79.2％)
				双方弁護士付き 63,302 (64,062)	37.6％ (40.9％)

物が関わっている事件である渉外事件の受任も次第に比重を増しつつある。外国企業との民事紛争も多発することは必至であるが、外国居住のための年金の送金や医療費負担、国際結婚後の相続やそれに伴う相続税など民事・行政の各種事件も国際化し、弁護士業務は分野と形態が一層拡大、多様化していく。弁護士のスタイルも、医師が地域医療を担う全分野型と、専門病院で特定部位の高度の手術を行う専門医型に両極分解していくように多様化・専門化が進むであろう。

　企業の中にはあまり費用を心配せずに弁護士に訴訟を委任することができるものもあるが、一般市民にとっては、訴訟は一生に一度あるかないかのできごとであり、そう容易には弁護士に訴訟を委任することができない。特に資力の乏しい人にとってはなおさらである。ドイツでは、地方裁判所以上の一般民事の訴訟事件は必ず弁護士を付けなければならないが（弁護士強制主義）、わが国では、弁護士強制主義は採用されておらず、本人訴訟の比率が結構高い。簡易裁判所では、双方全く弁護士が付かない本人訴訟の比率は約67.6％であり、地方裁判所では19.3％である（[**表1**] 参照）。2007年のデータと比べて、簡裁・地裁とも弁護士が付く比率は数％ずつ上がっている。ただし、簡裁では司法書士の代理権も認められたが、事件数との比率で言えば、0.1％にも満たない。弁護士を頼むとどのくらいの費用がかかるかは、依頼

者の大きな関心事である。日本弁護士連合会が定めていた弁護士報酬会規は廃止され、2004年（平成16）4月1日に弁護士報酬は自由化され、同年2月に制定された「弁護士の報酬に関する規程」に従い、各弁護士が自由に報酬を決めることになっている。実際には、旧来の日本弁護士連合会の報酬規程を多くの弁護士（事務所）が利用している。それにより、例えば債権者が1,000万円の債権回収を弁護士に依頼した場合の費用を計算してみよう。まず事件の依頼に当たり、弁護士に着手金を払わなければならず（24＋35＝59万円）、債権回収に成功すれば報酬を支払わなければならない（48＋70＝118万円）。その両者を合計すると177万円である。このほかに訴状に貼る印紙代として、5万円が必要となる。もし着手金を払えない場合には、弁護士と相談して報酬金を規程よりも多く払うことを約束することができるし（→94頁）、実際に着手金、報酬金共に低くして委任契約を結ぶ弁護士も多い。

　弁護士は受任している事件について、相手方から利益を受け、またはこれを要求し、もしくは約束してはならない（弁護士法26条）。近年、これに反して弁護士が逮捕されたり、懲戒を受けたりする例が増え、弁護士の倫理的規制が問題になっている。

　【弁護士会の活動】　　民事訴訟は本人訴訟でも可能であるが、刑事訴訟では、被告人の人権保護のために、死刑または無期もしくは3年以上の懲役もしくは禁固に当たる事件の審理の場合には、弁護人がいなければ裁判をすることができないことになっている（刑事訴訟法289条1項）。これらの事件を「必要的弁護事件」と言うが、必要的弁護事件の場合に、弁護人が出頭しなかったり、または弁護人がいない場合には、裁判長は職権で弁護人を添付するよう命じなければならない（刑事訴訟法289条2項）。これを「国選弁護人制度」と言う。

　国選弁護人制度（→72頁）は、裁判が開始される公判段階では、被告人の人権擁護に役立っているが、しかし現実の刑事裁判では、起訴前の逮捕・勾留された段階においていかに捜査当局に対抗して被疑者の人権を守るかが重要である。代用監獄（正式には「代用刑事施設」と言い、警察の留置場のこと→68頁）が存在するわが国では、ともすれば被疑者が密室において違法な取

調べを受けたり、自白を強要されたりして不利な扱いを受けることが多い。現在でも選挙違反に問われた12人が踏み字などを強制された鹿児島志布志事件（その後、全員無罪）など後を絶たない。被疑者が逮捕され、警察署に拘置された段階で、弁護士が即座に拘置場所に接見に行き、被疑者を弁護するという制度が大分県・福岡県の両弁護士会で設けられ、全国的に拡大した。その実績もあって、2004年の刑事訴訟法改正により、勾留後の被疑者について国選弁護制度が導入された。その対象事件は「死刑又は無期若しくは長期３年を超える懲役若しくは禁錮に当たる事件」（殺人、傷害致死、強姦、窃盗、傷害、業務上過失致死、詐欺、恐喝など）とされている。逮捕直後の被疑者弁護制度は、弁護士が当番で弁護士会から連絡があり次第、被疑者の拘置場所にかけつけるシステムになっていることから、「当番弁護士制度」と呼ばれている。こうした当番弁護士制度の導入は、弁護士が基本的人権擁護のために真に国民の立場に立って活動しているということの一つの好例である。

　日本の弁護士制度は、国民の基本的人権の擁護と社会的正義の実現をその使命としているが、ただ単に時の権力や最高裁判所、法務省の司法政策を批判するだけでなく、制度の改革に向けた積極的なイニシアチブを取り、社会的、経済的弱者の救済に大きな役割を果たしてきた。ときには立法の草案も作成し、国会における立法活動に重要なインパクトを与えたりしている。弁護士がただ単に依頼者の利益を代弁するだけでなく、憲法の理念を現実化し、公共の福祉に資する、積極的かつ公的な活動も展開していることに留意する必要があるであろう。単位弁護士会の動きが、ブロック単位の弁護士会連合会に、さらに日本弁護士連合会（以下「日弁連」と言う）の活動となり、法改正や政府の政策変更が行われるというケースも珍しくない。各地の単位会や日弁連は、多様な公共的課題に対処し、具体的な提案と行動を行っているが、これは弁護士の団体の活動としては世界的に見て極めて珍しい。法務省や最高裁判所が行うべき公共的活動を半ば代替するという側面をもっている。

(3) 弁護士をとりまく課題

わが国の弁護士制度は、諸外国に類を見ない強固な自治権を認められ、裁判官や検察官と比較しても遜色のない高い社会的地位が保障されてきた。しかし現在、わが国の弁護士制度が内包する問題も少なくない。弁護士の数の増加と弁護士倫理の問題が近年特にクローズ・アップされている。

【弁護士業界の国際化】　日本国内で外国人弁護士が働くことについてはいわゆる日米貿易摩擦という問題の中から、1970年代後半よりアメリカ合衆国より強く要求されてきた。日弁連は当初強く反対していたが、最終的には外国弁護士の受入れを決定した。これを受けて1986年5月23日に「外国弁護士による法律事務の取扱いに関する特別措置法（外事弁護法）」が制定公布された。この法律によれば、外国弁護士で日本において業務をしようとする者は、法務大臣の承認を受けた場合に限り、外国法事務弁護士となる資格を有し（7条）、この者が外国法事務弁護士になるためには、日本弁護士連合会

図1　外国法事務弁護士登録数の推移

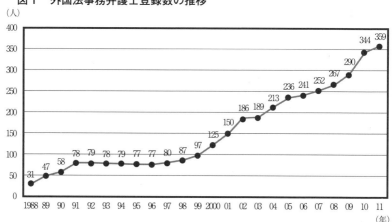

注：1．各年4月1日現在。
　　2．外弁法の施行日が1987年4月1日であり、1987年4月1日時点での登録者はいない。

に備える外国法事務弁護士名簿に登録されなければならない（24条）。1987年4月に施行され1988年に31人の外国法事務弁護士が登録していたが、2014年7月時点では383人が登録して活動中である［図1］。特に1998年以降は平均すると毎年20人以上が新規登録をしている。

　この間、日本法および外国法を含む包括的・総合的な法律サービスに対するニーズの増大に対応するため、外事弁護法が改正され（2005年4月施行）、活動規制の緩和が行われた。外国法事務弁護士は日本の弁護士を雇用できることとなり、共同事業を営もうとする外国法事務弁護士は日弁連に届出義務を負うことになった。既に海外の法律事務所が日本で、日本の法律事務所がアジアをはじめ各国で業務展開をしており、リーガル・サービスの国際化は時代の趨勢となっている。日本人の弁護士と外国の弁護士が1つの法律事務所の中で執務をする風景も稀ではなくなっている。

【問われる弁護士倫理、問われる懲戒請求者の倫理】　近年弁護士の不祥事が多発し、弁護士が逮捕されたり、弁護士資格剥奪等の厳しい懲戒処分を受ける例が多くなっている。依頼者に渡すべき金銭を着服したり、依頼者の相手方から賄賂を受け取る、といった弁護士倫理に反する行為が多発し、日本弁護士連合会も、厳しい弁護士綱紀の保持粛正策をとらざるをえなくなっている。高度の自治を享受している者は、より高い倫理意識をもって身内の倫理違反行為には厳しく対処することが要請される。これができなくなれば、弁護士自治は内部から崩壊していくことになる。現在、懲戒処分の内容を理由と共に公表するという制度が新たに作られたが、弁護士の不祥事は後を断たない。法科大学院では法曹倫理が必須科目となり、弁護士会でも全弁護士に対して5年ごとに義務的倫理研修が行われている。

　他方で、懲戒請求の濫用も問題となっている。「懲戒の事由があると思料するときは」「何人も」その事由の説明を添えて弁護士会に懲戒を求めることができる（弁護士法58条1項）。弁護士会が懲戒しない旨の決定をすると、懲戒請求者は日弁連に異議を申し出ることができる（同64条）。これが、しばしば相手方弁護士を威嚇する方法として濫用されている場合もある。明らかに懲戒請求が権利の濫用とみなされる場合には、不法行為となり、当該弁

護士は懲戒請求者に損害賠償を請求することができる（最判平19年（2007）4月24日民集61巻3号1102頁）。

【適正な法曹数・弁護士数】　司法制度改革に伴う法科大学院の設置とあいまって、弁護士登録者は、2001年から、それまでの300人ないし400人の登録者時代と比べて様変わりし、2000年に1万7,000人に過ぎなかった弁護士数は、2014年7月現在では3万5,000人を超えた［**図2**］。2013年の司法試験の合格者は、予備試験も含めて、2,169人である。司法試験合格者数の増加に伴い、弁護士の質の低下、弁護士としての就職先の不足が指摘されている。

弁護士の質の問題について、実際に質が低下しているかは、新司法試験の合格者が、従来の教育とは異なった課程で学んでいることや、新司法試験制度以前では実務的能力に欠ける新人法曹はいわゆるイソ弁（後述）として修行を積んでいたことなどを前提として比較する必要がある。このようなOJT的な訓練の機会をもてない若手弁護士の経験不足が、能力低下と受け取られている面がある。この点、新人裁判官のレベルは下がっていないという裁判所側の見解があるが、それは、上位合格者のみを限定して採用し法曹人口

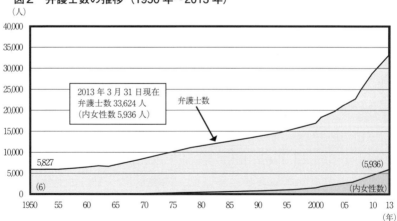

図2　弁護士数の推移（1950年～2013年）

注：1．各年4月1日現在。
　　2．弁護士数は、正会員のみの数値で、（　）内は、内女性数である。

の増加に比例した数の裁判官採用を増やしていない、かつ、裁判所内で過去と同様の修練の場があることによる。

　他方、弁護士の増員問題について、司法試験合格者数をいくらにするかが問われるが、弁護士会では弁護士過剰論が多数派のようである。新規の弁護士登録者が1,000人を超え始めてまもなく、2006年頃から「ノキ（軒）弁」という言葉が頻繁に使われ出した。既存弁護士の事務所の軒先に机と電話を置かしてもらう（無給の）弁護士という意味である。業務を始めるとき、ほとんどは経験を積んだ先輩弁護士のもとで給料を得て勤務する居候（いそうろう）弁護士＝イソ弁をもとに作られた言葉である。その後、弁護士登録直後から自宅で開業する弁護士を「タク（宅）弁」と称するようにもなっている。

　弁護士の質については、新司法試験で合格した若手弁護士について批判的コメントが加えられることが多いが、弁護士の競争が過度に強くない地域においては、高年齢層の一通り資産形成をした弁護士にあって、最新の法令や判例の知識を欠いたまま、談合体質で和解により決着させるという傾向も稀ならず見られる。弁護士層の全体を見たバランスのよい弁護士論が必要である。

　あるべき法曹人口数は、あるべき司法像、すなわち裁判官や検察官、さらには、今回の司法制度改革で手つかずに終わった簡易裁判所判事や副検事のあり方、裁判官や検察官の事件数と絡めて定員のあり方も含めて論じられるべきであり、また、法廷での活動を中心とする既存の弁護士像とは異なる官公署、各種団体、企業における勤務弁護士としての需要創出なども含めて、あるべき法治国家像にも絡めた議論が必要とされよう。さらに、予備試験のあり方や、さらなる法科大学院の制度設計、教育内容・教育方法なども考慮した上での検証が必要であろう。

《参考文献》
　大胡田誠『全盲の僕が弁護士になった理由』（日経ＢＰ社、2012年）
　大野正男著／日弁連法務研究財団編『職業史としての弁護士および弁護士団体の歴史』（日本評論社、2013年）
　加藤新太郎『弁護士役割論〔新版〕』（弘文堂、2000年）

司法アクセス学会編集委員会編『司法アクセスの理念と現状——法律扶助の法理・弁護士倫理・司法制度改革』(三和書籍、2012年)

鈴木秀幸ほか『司法崩壊の危機——弁護士と法曹養成のゆくえ』(花伝社、2013年)

高中正彦『弁護士法概説〔第3版〕』(三省堂、2006年)

田中紘三『弁護士の役割と倫理』(商事法務、2004年)

「特集/内部統制を考える——市民のための弁護士をめざして」自由と正義58巻11号(2007年)

東京三会有志弁護士倫理実務研究会編『弁護士倫理の理論と実務——事例で考える弁護士職務基本規程〔改訂版〕(東弁協叢書)』(日本加除出版、2013年)

東京弁護士会法友会『利用者のための司法——頼りがいのある弁護士と司法』(現代人文社、2013年)

日本弁護士連合会地方自治のあり方と弁護士の役割に関する検討ワーキンググループ編『自治体と弁護士の連携術』(ぎょうせい、2012年)

日本弁護士連合会弁護士倫理に関する委員会編『注釈弁護士倫理〔補訂版〕』(有斐閣、1996年、オンデマンド版・2002年)

日本弁護士連合会調査室編著『条解弁護士法〔第4版〕』(弘文堂、2007年)

日本弁護士連合会編著『弁護士白書 2013年版』(各年版あり)(日本弁護士連合会、2013年)

布施柑治『ある弁護士の生涯——布施辰治』(岩波新書、1963年)

「法曹の質」研究会編『「法曹の質」の検証——弁護士に求められるもの』(商事法務、2008年)

本林 徹ほか編『市民と司法の架け橋を目指して——法テラスのスタッフ弁護士』(日本評論社、2008年)

和田仁孝=佐藤彰一編『弁護士活動を問い直す』(商事法務、2004年)

3 裁判官

(1) 裁判官の法的地位

【裁判官の役割】 裁判の当事者と言えば、原告と被告、あるいは検察官と被告人である。裁判官には本来、レフェリーまたは行司の役割が期待されている。しかし、普通のスポーツと異なるのは、裁判にあっては当事者の実力が大いに異なることが多く、争いの進行状態や行方も法廷でのやりとりからは容易に窺えないことである。レフェリーの考え方や裁判の進め方次第で結論（判決）が逆転することもありえないではない。見方によっては裁判官が主役であるとも言える。そのため、裁判官がどのような法的地位にあり、現実にどのような心理状態で裁判に当たっているかは、裁判を受ける国民にとって大きな関心事となる。

【裁判官の任用】 わが国の下級裁判所の裁判官は、ほとんど例外なく、司法研修所修了直後の者から採用されてきた（裁判所法43条参照）。この判事補への任官の際に、採用の人数が明確ではなく、公募手続もとられず、また選考基準も公になっていないため、従来から少なからぬ任官拒否が行われてきたと言われる。

　今次の司法制度改革の結果、下級裁判所裁判官指名諮問委員会が設けられ、裁判官の任用に際しては、同委員会の審議結果をもとに、最高裁が裁判官の任用候補者を指名することになった（→111頁）。また、司法試験の成績や司法修習の成績については当事者が請求すれば開示されるようになった。

【裁判官の人数】 2013年12月現在、最高裁裁判官を含む全裁判官の数は3,489人であり、このうち簡易裁判所判事を除く裁判官は2,716人、簡易裁判所判事は773人である。うち女性の裁判官は666人と全体の2割弱を占める。しかし女性の高裁長官はいない。最高裁判事では、女性は3人いるが、いずれも行政枠や学者枠によるものであって、裁判官枠で最高裁判事になった女

性はまだいない［**知識1**］。

　簡裁判事を除く全裁判官の半数が、効率的な配置という観点から、複数の裁判所に勤務している。また、簡裁判事を除く裁判官のうち直接裁判に携わっていない人は1割をはるかに越えている。データが古いが、1999年時点で114人が最高裁の事務総局や研修所などに勤務し、さらに、地裁、高裁の所長・長官や事務局長など百数十名の裁判を行わない裁判官がいた。こうした実情により、＜裁判官＞の意味が曖昧になり、裁判官自身も、特定の裁判所の裁判官としての独立の気構えを失い、官僚機構の一員としての思考をもちやすくなりがちである。

　裁判官の定年は、憲法ではなく、法律で定められている。最高裁判事は70歳であり、下級裁判所裁判官については、簡易裁判所判事は70歳、その他の裁判官は65歳である（裁判所法50条）。

【戦前の裁判官】　　戦前において、裁判官になるためには、高等試験に合格した後、司補として1年半以上の修習を行い、その修了時に試験に合格する必要があった。これにより判事または検事という官を得た。もっとも裁判

――ワンポイント知識1――

司法における女性の進出　　最近では日本でも女性の進出が著しく、2013年現在、女性裁判官は全裁判官の18.0％、新任の裁判官の3割から4割が女性である。検察官も同様で、新任の検察官に占める女性の割合はほぼ3割である。このように女性の新任裁判官、検察官の女性比率が高い一方で、新任弁護士に占める女性の割合は2割強にとどまる。司法修習生が新任弁護士として法律事務所に就職しようとする際に就職差別があることが指摘されており（伊藤和子「動き出した――東弁内の男女共同参画推進への取り組み」）、裁判官や検察官の女性の割合が高い背景にはこうしたことが影響していると思われる。

　新人の女性弁護士には大規模法律事務所に所属して企業関係業務を担う人が多く、企業法務の担い手になる可能性がある。その一方で、既婚の女性弁護士の所得が男性より低かったり、出産を経験した女性弁護士が育児を負担に感じているという。ワーク・ライフ・バランスの改善が急務である（宮澤節生ほか「第62期弁護士の教育背景、業務環境、専門分化、満足感、及び不安感」）。

所に欠員が生じて初めて特定の裁判所の判事となるため、それまでは予備判事と称された。一旦判事になると、終身官として身分保障があり、意に反した転勤や免職は許されなかった。

戦前の司法制度には司法の独立や裁判官の独立という観点から見ると様々な不十分な点があった（→126頁）。このため、改革が行われた戦後の制度にあっては、司法の独立は充実した、という見方が通説であり常識である。しかし、今日と異なり、戦前には裁判官の再任制度はなかった。この任期制度や司法行政権が最高裁事務総局に集中したことなどを踏まえて、そのような常識は「厳密な学問的検討を経たものではなく、むしろ一片の神話……二十世紀の神話の一つにすぎない」という見解がある。これによれば、日本国憲法の時代に入って独立が強化された面もあるが、かえって独立性が大幅に減退している面も認められる（家永三郎『司法権独立の歴史的考察〔増補版〕』）。

【司法行政と身分保障】　裁判官の身分保障のうち、弾劾裁判や懲戒裁判との関係については、先に説明をした（→115頁）。裁判官の職務に関連する司法行政上の一切の行為は、裁判官の独立性を侵害しないように、常に慎重に行われなければならない。

まず、正式の懲戒手続に加えて、実務では裁判官に対する厳重注意処分などの懲戒行為がある。これは司法行政上の監督権（裁判所法80条）に基づく制裁的実質を伴わない注意であるとされている。これらの注意処分は、制裁の実質を伴わないという理由で司法救済の対象にならないと考えられがちであるが、ときには、実質的に裁判官の独立を侵害する恐れもある。そこで、裁判官に対する注意処分の可能性と限界については検討の余地が残されている。

キャリア・システムをとる国々にあっても、裁判官の独立の中核をなすのは、不可動性の原則（転勤の禁止）である。配転や転勤を憲法で禁止している国もある（イタリア憲法107条）。わが国では、実質的に転勤を拒否できない状況の中で、少なからず形式的な同意をもって転勤が行われている。

【裁判官の人事評価】　司法制度改革審議会の意見書では、「裁判官の人

事評価について、評価権者及び評価基準を明確化・透明化し、評価のための判断資料を充実・明確化し、評価内容の本人開示と本人に不服がある場合の適切な手続を設けるなど、可能な限り透明性・客観性を確保するための仕組みを整備すべきである。」とされた。この規則は、人事評価の客観性、公正性を担保するため、裁判官の人事評価に関する規則が2004年に設けられた。それによれば、人事評価は、原則として、地裁と家裁の判事、判事補については、所属する裁判所の長が、簡裁判事については、所属の簡裁を管轄する地裁の長が、毎年1回、実施し、その結果を、当該地裁・家裁が所属する高裁の長官が調整・補充する（裁判官の人事評価に関する規則2条1項・2項）。評価は、事件処理能力、部等を適切に運営する能力、裁判官として職務を行う上で必要な一般的資質及び能力の3点について行うこととされ、評価権者は本人から職務状況についての書面を提出させると共に面談を行うほか、裁判所外からの情報についても配慮することになっている（同3条）。

　評価結果は、本人が評価権者に申請すれば書面で開示され、不服がある場合には評価権者に対して申し出ることができる。不服申立てがなされると、評価権者は評価内容を再考した上で、その過程や結果を記録する（同4条・5条）。このような制度が設けられていなかった時と比べれば、一歩前進したとは言えるが、適正な人事評価を保障するためには、少なくとも不服申立てに対しては第三者機関による検討が必要であり、現行では「本人に不服がある場合の適切な手続を設け」ているとは言い難い。

【簡易裁判所判事】　　裁判所や検察庁では、正規の法曹養成過程を経ていない人も含まれる簡裁判事や副検事が、法曹有資格者が行うべき仕事をかなり処理している。

　簡裁判事の原則的な任命資格は、1つまたはいくつかの職業法曹の経歴を通算して3年以上もつ者である（裁判所法44条）。このほかに、多年にわたり司法事務に携わり、その他簡裁判事の職務に必要な学識のある者が、別途、簡裁判事選考委員会の選考を経て任命されることができる（裁判所法45条）。もともと、簡易裁判所は民衆の裁判所として戦後発足し、民衆の中から裁判官を得ようとした。しかし、現実には、裁判所書記官・事務官、副検事など

の経験者が圧倒的比率をしめている。簡裁は、一方では少額訴訟手続の導入に見るように市民が気軽に利用できる裁判所としての性格をもってはいるものの、訴訟手続や権限はミニ地裁化している。もし、正式の裁判手続に進むのであれば、裁判官としては法曹有資格者が好ましいが、簡裁判事のうち、法曹有資格者は次第に増えているとは言うものの、その数は限られている。女性簡裁判事の少なさも、特別選考に由来するところが大きい。他方で、民衆の中から簡裁判事を得るという立場に立てば、今日の採用人事は司法関係の元公務員のみを対象とする点で問題が多い。これらの判事には、裁判官の独立性に関する意識が低いことも指摘されている。ミニ地裁化を徹底するにせよ、民衆裁判所としての理念に立ち帰るにせよ、簡易裁判所とその裁判官人事は再検討が不可欠である。

(2) 裁判官の市民的自由

【裁判官の市民的自由】　戦前の裁判官は「天皇ノ名ニ於テ」(明治憲法57条1項) 裁判を行う天皇の官吏であった。戦後の裁判官は基本的人権の擁護者に変わり、違憲立法審査権も与えられた。現代の裁判は、決して、対等な私人間の小さな民事事件のみを扱っているのではない。刑事事件や行政事件であれ、大規模な民事事件であれ、少なからず政治的色彩を伴っている。もともと、司法は、政治的多数者により支配される立法機関や行政機関によって十分な配慮をされない少数者の基本的人権を保障するところに、究極の存在理由をもっている [知識2]。そのためには、裁判官自身が広く社会のことがらに関心をもち、豊かな人権感覚をもたなければならないし、裁判官自身が市民としての人権を十分に享受していなければならない。自らが最高度に人権を享受して初めて他人の人権に思いを致すことが可能となる。世事から離れた生活をしていたのでは、国民の人権救済などおぼつかないことになろう。

　ところが、現在のキャリア裁判官制度のもとでは、裁判官が市民的生活を十分に享受することのできない様々な要因がある。例えば、圧倒的多数の裁判官は、定期的な転勤があるために官舎に住み、一般市民と交流する機会は

かなり乏しい。また、裁判の当事者との接触や種々の疑惑や誘惑を避けるために、意識的に市民的生活を回避する傾向もある。これは、市民的な常識を踏まえた裁判判決にとって好ましいことではない。裁判官が比較的豊かに市民性を享受した時代はあったが、1960年代末以降、政界・ジャーナリズムの一部や司法当局によって、強い自制が求められてきた。今日では、裁判判決が市民常識にそわないような例も稀ではないため、裁判官に市民的な生活を保障すべきことが次第に声高に唱えられるようになっている。

　イギリスでは、平均して50歳くらいになってから、裁判官になる。こうした法曹一元制の国において、裁判官の市民性を問うことは既にナンセンスである。フランス、ドイツ、スウェーデンなどのキャリア裁判官制度をとっている国でも、裁判官や検察官が自己の意思により出向したり、あるいは市民としての資格で、政府機関、労働組合、環境保護団体、教会、慈善団体などにおいて極めて積極的に活動している。

　裁判官は、裁判実務を通じて、単なる法解釈によっては対処できない立法や法改正の問題にも高度の知見を有している場合が多い。裁判官には、市民としての自由を行使して立法政策の面でも積極的な発言をすることが期待される。

【裁判官の政治活動と団体活動】　裁判官の市民性がもっとも大きな争点になるのは、人々の人権の保障や民主主義の実現に不可欠と言える思想・表現の自由、政治活動および団体活動などをめぐってである。戦前の日本で

ワンポイント知識2

少数者を保護する機関としての裁判所　わが国では、政治的多数者に対して遠慮をすることが裁判官の政治的中立性であると解する傾向がある。しかし、裁判所は少数者の権利の保護機関でなければならない。ドイツのヴァイツゼッカー大統領（当時）は、ある最高裁判所の記念式典において「法の番人であり市民の守護者としての裁判所」と題して演説を行い、「権力分立の点では、立法権と行政権は相互の関係が強いので、裁判所は政治から独立の機関でなければならない。裁判所は強者に対する弱者の本来的保護のための法（権利）の番人である」と述べている（木佐『人間の尊厳と司法権』389頁参照）。

は、裁判官が政党の党員になることが禁止されていた。現行の裁判所法は国会や地方議会の議員になることと積極的な政治活動を禁止している（52条）。したがって、「政党員になったり、一般国民としての立場において政府や政党の政策を批判すること」は許されている（最高裁事務総局『裁判所法逐条解説（上）』178頁）。市民的自由の行使として表現行為を行ったり、団体を結成することが禁止されているわけではないのである。

　日本において、この点に関して世論が沸騰したのは、いわゆる青法協加入裁判官の問題をめぐってであった。1960年代後半に、少なからぬ裁判官が青年法律家協会（→155頁）に所属していたとき、最高裁関係者は繰り返し「裁判の公正らしさ」を確保することが必要であると説いた。裁判官が政治的色彩をおびた団体に加入していると、公正な裁判であっても、その団体の方針にそった裁判がなされたと受け取られるおそれがある、とされ、以後、様々な形で同協会から会員を脱退させる策がとられた。青年法律家協会の裁判官部会は1984年に解散し、新たに如月会を結成して活動していた。1971年には正式の会員組織ではない全国裁判官懇話会という研究会も発足し、ほぼ1年おきに開催されてきたが、既に活動を実質的に停止している。

　この点に関して、外国の事情を見て見よう。第1に、裁判官の政治的党派性が明確になると、逆に裁判判決に法的論理的結論づけが強く要求されることになる。大抵の先進国においては、最高裁判事など高位の裁判官は政治的手続を経て任命される。そのことによって、裁判官は個人として一定の政治思想をもつことが国民に明らかになり、種々の思想をもつ裁判官が、裁判官として任命された後は、もっぱら法的論理によって審理をし、判決をしなければならなくなるのである。第2は、ドイツに見られる考え方で、裁判所は、少数者の保護機関であることから、そもそも裁判官集団は全体として、国民の社会構成を反映しなければならないとされることである。種々の階層の出身者や種々のものの考え方をする裁判官がいると、裁判は全体として、国民世論を反映し、法的論理を展開したわかりやすい判決が行われるというのである（このような考え方について、木佐『人間の尊厳と司法権』229頁以下参照）。

　裁判官も、裁判官としての勤務条件について交渉したり、その他の団体行

［1］ 市民向けに講演会を開いているドイツ裁判官組合所属裁判官たち。テーマは、「ナチス時代において法律家が果たした役割について」

動を行うために、団体を結成することが考えられる。一部の例外はあるが、各国には裁判官の自主的な団体があり、特に、ヨーロッパ諸国では相対的に見て保守的な団体と進歩的な団体というように複数の裁判官組織があるのが通常である［写真1］。国際的な裁判官団体も複数存在し、裁判官の勤務条件や裁判官の独立性を確保するために種々の活動を行っている［知識3］。

1985年に行われた国連決議である「司法の独立に関する基本原則」（国連総会第40会期決議40／32）は、裁判官に市民的自由を保障し、結社の自由を認め、政治的意見によって差別をしてはならないとしている（8〜10項）。もとより、裁判官には、その職務の尊厳、司法部の不偏不党性と独立性を守ることが義務づけられている（8項）。国連関係のいくつかの機関は、相次いで、裁判官の独立性や市民性を保障すべきとするこの種の決議を行っている。

【日本裁判官ネットワーク】　1999年9月18日に日本裁判官ネットワークが結成された。これは、現職裁判官をメンバーとし、元裁判官をサポーター会員とする「裁判官の団体」であり、わが国で初めてのものと言える。その目的は、「開かれた司法の実現」と「司法機能の充実強化」にある。すなわち、一般社会と隔絶することなく、会員自らが個性や人間性のある市民として生きることにより裁判の向上に努めると共に、司法改革の議論の中に入っていこうとするものである。ネットワークは、その発足に当たって『裁判官は訴える！　私たちの大疑問』（講談社）を刊行し、裁判官自身の口から裁判官として日常的に考え、あるいは実行していることを率直に述べて、社会

第4章　司法を担う人々には、どのような人がいるか　193

的にも大きな話題となった（同ネットワークのホームページは、http://www.j-j-n.com/）。

　このネットワークは、設立前に、ドイツの裁判官たちと現地で数回の交流をし、1992年以降は、各界の関係者との講演、独自の地道な研究会活動を経てきた。ネットワークの規約は、政治的、労働組合的性格を有しない、メンバー裁判官の意志を拘束するような決議、決定をしない、加入脱退は自由とすることなどを定めて、緩やかな組織であることを強調している。司法改革をめぐる議論が活発に交わされている時期に発足したこともあって、サポーター組織もある。ウェブサイトや集会を通して、裁判官が個人として司法のあり方について市民に向けて具体的に語っているという点でも特徴的である。残念ながら、加盟している裁判官は少数にとどまっており、新たに加入

―――― ワンポイント知識3 ――――

裁判官の国際組織　世界の主要な国の81協会（2013年現在）の自主的な裁判官団体が加盟している国際裁判官連盟（ＩＡＪ）は1953年に設立され、ローマに本部がある。国際裁判官連盟は、国連経済社会理事会（ＥＣＯＳＯＣ）や国際労働機関（ＩＬＯ）、ヨーロッパ連合（ＥＵ）と協議関係をもち、ヨーロッパ、南米、アフリカ、アジア・北米の4つの地域組織があり活動している（http://www.iaj-uim.org/）。これとは別に、ヨーロッパ諸国には、裁判官・検察官（司法官）の組合があり、1985年にヨーロッパ司法官組合協会（ＭＥＤＥＬ「民主主義と自由のためのヨーロッパの司法官」）が結成され、そのメンバーは少なくとも13カ国21協会にのぼる（2014年現在）（http://www.medelnet.org/pages/）。1994年秋には、ドイツ、フランス、イタリアの行政裁判官によって環境や税法、移民などの共通課題を討議するための組織が設立されるなど（http://www.aeaj.org/）、広域的連携の動きは急速な拡がりを見せている。

　ひるがえって日本の状況を見ると、青法協裁判官部会は弾圧を受けて解散したし、日本裁判官ネットワークはごく少数の裁判官が細々と地道な活動を続けているにとどまる。先にあげた国際裁判官連盟のホームページによれば、「日本裁判官協会」なる団体が日本から加盟していることになっている。だが、同協会を知る裁判官はほとんどおらず、実態はよくわからない。国際裁判官連盟と日本の裁判官との関わりについては、最高裁のホームページに、最高裁から裁判所関係者が会議に派遣された旨が記されているのみである。

する裁判官もほとんどいない状態にある。

《参考文献》

池田政章＝守屋克彦編『裁判官の身分保障』（勁草書房、1972年）

石松竹雄ほか編『自立する葦——全国裁判官懇話会30年の軌跡』（判例時報社、2005年）

伊藤和子「動き出した——東弁内における男女共同参画推進の取り組み」LIBRA 7 巻11号（2007年11月）

江藤价泰「ＭＥＤＥＬとは何か（一）〜（五）未完」法と民主主義309〜313号（1996年）

小田中聰樹「伝統的裁判官像か民主的裁判官像か」（1980年）同『続・現代司法の構造と思想』（日本評論社、1981年）所収

木佐茂男「（第3章）裁判官の身分組織・利益団体」同『人間の尊厳と司法権』（日本評論社、1990年）

ユルゲン・キューリンク「民主的法治国における司法と裁判官」札幌弁護士会編『市民と歩む裁判官——ドイツと日本の司法改革』（北海道大学図書刊行会、1993年）

司法制度改革審議会『司法制度改革審議会意見書——21世紀の日本を支える司法制度』（2001年）（http://www.kantei.go.jp/jp/sihouseido/report/ikensyo/iken-3.html）

瀬木比呂志『絶望の裁判所』（講談社現代新書、2014年）

環直彌「ＭＥＤＥＬに参加して」法と民主主義286号（1994年）

塚原英治「最高裁とは何か　第1回〜第9回」月刊司法改革12〜20号（2000〜2001年）

西川伸一『日本司法の逆説——最高裁事務総局の「裁判しない裁判官」たち』（五月書房、2005年）

日本裁判官ネットワーク『裁判官は訴える！　私たちの大疑問』（講談社、1999年）

ネット46編『裁判官になれない理由——司法修習と任官拒否』（青木書店、1995年）

宮澤節生ほか「第62期弁護士の教育背景、業務環境、専門分化、満足感、及び不安感」青山法務研究論集6号（2013年）

宮本康昭「裁判官制度改革過程の検証」現代法学9号（2005年）

守屋克彦「青年法律家協会裁判官部会の消滅」現代法学9号（2005年）
ピエール・リオン＝カーン「フランスにおける裁判官の市民的自由と独立」法と民主主義244号（1990年）
デイヴィッド・S・ロー／西川伸一訳『日本の最高裁を解剖する——アメリカの研究者から見た日本の司法』（現代人文社、2013年）
安原　浩「「日本裁判官ネットワーク」をどうぞよろしく」法学セミナー540号（1999年）
「特集／裁判官の市民的自由と国民のための司法改革について——ヨーロッパの司法官とともに考える」法と民主主義315号（1997年）

4　検察官

(1) 広大な権限をもつ検察官

　検察官は、主として刑事司法の分野で国家機関として活動する法律家であり、そのほか、民事司法の分野においても一定の職責をもつ（検察庁法4条）。

　【検察官の種類、検察庁の組織など】　検察官の官名には、検事総長（最高検察庁の長、1人）、次長検事（最高検察庁のナンバー2、1人）、検事長（高等検察庁の長、8人）、検事（1,835人）、副検事（899人）の5種類がある（ほかに検察庁の職員として、検察事務官9,062人が配置されている。定員は2014年度）。検察官の任命資格は原則として司法修習を終えた者である。副検事については、公務員の経歴などがあって選考審査会の選考を経た者にも任命資格が認められている。副検事の中から検事として登用されることもある（特任検事と呼ばれる）。検事総長から検事長までは内閣が任命して天皇が認証する。検事、副検事は法務大臣が任命する。

　検察官が勤務する役所が検察庁で、検察官のほかに検察事務官、検察技官などがいる。検察庁には、最高検察庁・高等検察庁・地方検察庁・区検察庁の4種類があり、それぞれ、最高裁判所・高等裁判所・地方裁判所および家庭裁判所・簡易裁判所に対応して設置され、対応する裁判所の裁判に関連する事務を扱う。庁舎も大抵裁判所のすぐ近くにある。検事総長は最高検察庁の庁務を掌握し、かつすべての検察庁の職員を指揮監督する。検事長は高等検察庁の庁務を掌握し、その庁ならびに管内の地方検察庁および区検察庁の職員を指揮監督する。地方検察庁には検事正が置かれ、検事正（これは職名であり、その官名は検事である）はその地方検察庁の庁務を掌握し、その庁および管内の区検察庁の職員を指揮監督する。区検察庁には主として副検事が勤務しているが、検事も配置されていることがある。検察事務官は検察官の補助として捜査その他の仕事に従事している（刑事訴訟法191条2項）。

【権限、同一体の原則】　検察官は刑事手続に関して広い権限をもつ（検察庁法4条参照）。①検察官は、いかなる犯罪についても捜査することができる。ただし、通常事件については警察が主体となって捜査をし、検察官は警察からの送致を受けて事件を処理する。これに対して、高度の法律判断や慎重な配慮が要請される事件——政治家の贈収賄事件や複雑な経済事犯など——は、検察官が主体となって捜査するのが通例である（そのため、東京、大阪、名古屋の各地方検察庁には特別捜査部という捜査に専従する部門がある）。②捜査が終ると、起訴すべきかどうかが問題となるが、その決定は検察官の独占的な職務である。その際、検察官は、有罪判決を得る高度の蓋然性があるかどうか、および犯人の性格・年齢・境遇、犯罪の軽重・情状などを考慮して決定する（起訴便宜主義、刑事訴訟法248条）[知識1]。③公判においては、原告官として被告人・弁護人と対立する当事者の役割を担い、裁判所に対して法の正当な適用を求めて種々の公判活動をする（→66頁以下）。また、検察官は、判決等に不服があれば上訴することができる。④確定した判決の刑の執行を指揮する（ただし、死刑の執行は法務大臣の命令による）。⑤さらに、公益の代表者として法令によりその権限に属させられた事務を行う。この中には、民事事件に関する事務も含まれ、検察官は公益に関わる人の身分関係のことがらについて原告として訴えを提起し（民法744条1項など）、身分関係の主体の死亡後にこれに代って職務上の当事者として訴訟に関与するなどの職責を負っている（人事訴訟法12条3項・26条など）。

　検察官のこれらの権限は検察権と呼ばれ、各検察官はこれらすべてを行う権限をもつ。この意味で検察官は独任制の官庁（国家機関）であると言われる。しかし、検察権の行使の不統一を防止するため、検察官は上司の指揮・命令に従って権限を行使すべきものとされている。これがいわゆる検察官同一体の原則であり、検事総長、検事長、検事正などは、それぞれ部下の検察官の事務を自ら取り扱い、または他の検察官に移転することができる（検察庁法11条以下）。この権限を通して検察官は上命下服の階層組織を形成している。

　検察官の職務は司法権の行使に密接な関わりをもつ。検察官は、刑事事件において原告官であると同時に公益の代表者でもあるから、それが正義に合

致するならば、被告人の利益のためにも行動すべきであるし、国家公務員たる法曹なのであるから、良心に従って職権を行使し、憲法および法律を尊重することが強く要請されている。その意味で検察官は客観義務を負うと言われる。また、事件によっては巨悪と戦わなければならないから、外部からの不当な圧力に屈することがないように、身分の保障が認められ、検察官適格

── ワンポイント知識 1 ──

起訴率と起訴猶予率　検察庁終局処理人員のうち、起訴率（起訴人員／終局処理人員）は32.8％である（2013年（平成25））。これに対して、起訴猶予率（起訴猶予人員／終局処理人員）は65.2％に上る（起訴猶予以外の不起訴があるため両者の計は100％にならない）。下の表のように、起訴率と起訴猶予率は、罪名によってかなりの差があり、ここに検察官の刑事政策上の方針が現れている。

罪　名	起訴(％)	起訴猶予(％)	罪　名	起訴(％)	起訴猶予(％)
殺人	30.7％	10.7％	自動車運転過失致死傷	9.5％	90.3％
傷害	42.7％	52.2％	道路交通法違反	64.2％	34.7％
窃盗	41.3％	51.5％	覚せい剤取締法違反	80.6％	8.2％
強盗	54.4％	8.9％	麻薬取締法違反	47.7％	29.2％
わいせつ物頒布等	74.8％	21.4％	銃刀法違反	33.0％	63.4％
危険運転致死傷	91.1％	0.5％	入管法違反	24.8％	74.7％

　自動車運転過失致死傷については、1987年から起訴率が激減し、近年概ね10％前後で推移している。ところが同じ交通事犯でも危険運転致死傷や道路交通法違反は起訴率が高い。このことは次のように分析できよう。交通事故のうち特に悪質とされ、重い処罰が予定されている危険運転致死傷は原則として起訴する方針があるが、それ以外の交通事故は、保険制度によって被害者救済が図られていることや過失犯で事故の抑止に刑罰が必ずしも有効ではないことを考慮して、原則として起訴しない方針がとられている。道路交通法違反について比較的起訴率が高いのは、軽微な違反が反則金で処理されていることとのバランスから、起訴猶予を増加させて重大な違反の方が制裁を受けないという事態を招来すると不公平感が強まることを考慮している。

　いずれにしても、重い刑罰が予定されている犯罪ほど起訴率が高いとは言えないということである。

審査会による罷免および懲戒処分による場合のほか、その意に反してその官を失い、職務を停止されまたは俸給を減額されることがない。

【法務大臣の指揮権】　検察権は行政権の一作用であり、内閣に属する法務大臣は検察官の事務に関し、検察官を一般に指揮監督することができる。これは検察が独善に陥らないための制度的な保障の一つである。法務大臣が検察官の会同で犯罪の取締りの方針について訓示したりするのは、一般的な指揮監督の事例である。しかし、個々の事件の取調べや処分について法務大臣が検察官を無制限に指揮監督できるとするならば、法務大臣を通じて多数党に属する者の犯罪容疑が揉み消されるような事態も生じかねない。そこで、個々の事件の処理などについて法務大臣は、検事総長のみを指揮することができる（検察庁法14条但書）。この指揮権発動があっても、検事総長がその職を賭して検察権の独立性を守ろうとすれば、法務大臣からの不当な干渉を阻止することができるであろう［知識2］。

なお、法務省には、司法法制の調査、行政事件に関する訴訟事務、人権擁護その他の事務に従事する検事が配置されている。また、法務事務次官以下法務省の主要ポストは検察官が占めており、この点で法務省の人事システムは他の省庁と大きく異なっている。検察官であっても、検察庁以外の行政機

───── ワンポイント知識2 ─────
法務大臣の指揮権発動　1954年4月20日、いわゆる造船疑獄事件に関して、検事総長が犬養健法務大臣に対して当時の自由党幹事長佐藤栄作に対する逮捕状請求の請訓を行った。これに対し犬養法務大臣は逮捕状請求を見合わせるよう指示した。検事総長は、これをはね返して逮捕状請求に踏み切ることもできたはずであるが、東京地検特捜部に対して逮捕状請求を見合わせ、任意捜査に拠るよう命じた。このため、事件の捜査は尻すぼみになり、政権中枢への追及は行われずに終わった。しかし、犬養法務大臣の指揮権発動は、マスコミによって指弾され、指揮権発動の翌日、犬養大臣は辞職した。具体的な事件の捜査について法務大臣の指揮権が発動されたのは過去にこの一例のみであり、これが結果的に大臣の職を賭するものとなったため、法務大臣の指揮権は（抜いてはならぬ）「伝家の宝刀」と言われるようになった。

関の一員として職務を行う場合には政治的影響を受けざるをえない。また、検察官と裁判官の間で一定の人事交流（判・検交流と呼ばれる）が行われてきたことも、裁判官、検察官それぞれの職務の独立性や裁判官の中立性との関係で問題を孕んでいる。

(2) わが国の検察制度

検察権の運用上の問題点について考えてみよう。

第1は、訴追権限が検察官に集中されていることである。検察官のみが起訴権限をもつことで、起訴基準の全国的な統一を期待できる。その反面、検察官が起訴しない以上は、裁判は行われないで終わる。この点で想起するべき事例は、熊本県を中心に発生した水俣病公害事件である。化学会社チッソは戦前から多量の工場廃水を水俣湾に流し、それが魚介類を汚染し、これを食べた多数の住民が水俣病にかかり、1953年頃から死亡者が出始め、その後被害者が増加していった。この公害事件は社会問題となり、熊本大学医学部の研究班が調査を開始し、熊本地検の検事正に対して「工場を捜索して廃水を押収してほしい」と申し出たが、検事正は応じなかった。警察も捜査に乗り出さない。逆に漁民が抗議のために工場に立ち入ったところ、数十人の漁民が起訴された。やがて研究班は水俣病が有機水銀中毒であり、工場廃水に原因があることを突きとめた。それでもチッソは工場廃水を流し続けた。その後、患者の川本輝夫さんら数名がチッソの東京本社に出かけ、連日のように社長との面会を求めたところ、これを阻止しようとする会社従業員と患者らとの間に紛争が生じ双方に怪我人が出た。この際にもチッソの社員らは起訴されず、川本さんだけが起訴された。患者らは訴追裁量の不公平を強く非難し、世論もこの問題に注目し始めたところ、1976年に至って、検察官はチッソの社長や工場長らを業務上過失致死傷罪の嫌疑で起訴した。川本さんに対する起訴は、裁判所からも、「いかにも偏頗、不公平であり、これを是認することは法的正義に著るしく反する」との非難を受けた（東京高判昭52年（1977）6月14日高刑集30巻3号341頁）。

これに対して、外国の立法例には、訴追権限を原則的に検察官にゆだねる

ことにしながらも、なんらかの形で例外を認めるものが多い。その1は、アメリカ合衆国の連邦および多くの州にある大陪審制度である。市民から選ばれた大陪審が訴追するかどうかを決することができる。その2は、私人訴追主義の併用である。ドイツでは、若干の軽微な犯罪について私人訴追を認めている。さらに、イギリスでは訴追権の行使はすべての私人（公共団体、公務員を含む）に開かれている。実情としては、大部分の訴追は、警察の依頼するソリシターにより、ことに最近では公訴官によって行われているが、それでも私人訴追主義の理念は保持されている。また、フランスでは被害者等に私訴権を認め、刑事裁判所で損害賠償請求を行う際に訴追の権能を認めている。わが国にこのような制度が存在したとするならば、水俣病公害を刑事事件として捜査することを警察、検察がためらっていても、私人や他の公務員や公共団体などによって訴追され、チッソが早期に工場廃水の排出を中止したかもしれない。国家機関が常に公正な態度で訴追権を行使すると考えるのは空想に過ぎない。「訴追権を国家が独占することこそ、罪悪である」「私人訴追の権利は、憲法上の権利であり、私人訴追主義は公的な機関の怠慢、差別、不公正、偏見、汚職に対する究極的な保障である」というイギリス的思想には健全性がある。

　第2に、訴追権行使のあり方の問題がある。検察官が捜査の権限を有し、訴追権の運用として、有罪判決を得る高度の蓋然性——おそらく100％近い見込みがなければ起訴しないという方針をとっていることに問題がある。例えば、1988年6月の朝日新聞の報道が端緒となって、社会問題化したいわゆるリクルート事件がある。値上がり確実な未公開株式が多量に当時の首相および前首相の身辺者や多数の政治家や高級官僚に対して譲渡され、巨額の利益が供与された疑いがあるという報道は多くの国民に衝撃を与えた。東京地検特捜部は数ヵ月間にわたってこの事件を捜査したが、最終的に少数の政治家と数人の秘書を起訴しただけで、いわゆる大物政治家については不起訴にした。世論はこれに納得せず、起訴されなかった政治家について疑念が残ったままとなった。

　ここで問題となるのは、密室で行われた捜査が果たして十分であったか、この捜査によってどの程度の証拠が収集され、検察官はそれをどう評価し、

どの程度の疑惑があると判断したかである。仮に検察官が80％の疑惑があるが100％有罪判決が得られる見込みがないから不起訴にしたとしよう。しかし、捜査が尽されたという客観的な保証もないし、80％に過ぎないとした証拠評価が妥当であったとも言いきれない。もしこれが起訴され法廷で審理されたならば、関係証人が宣誓の上、より真実に迫る証言をし、その他の証拠も発見され、また証拠の評価方法の相違などにより裁判所によって有罪と判断されたかもしれない（英米などではより低い程度の見込みで訴追し、有罪・無罪の決着を公開の法廷における審理にゆだねる—Justice must be seen to be done. —べきだとされている）。

　検察官において100％近い有罪の見込みがなければ訴追しないという運用は、刑事裁判所の機能を空洞化してしまうおそれもある。もっとも、この点については種々の政策的考慮を必要とする。もし検察官があらゆる種類の事件について確実な嫌疑がなくても起訴するという方針をとれば、公判で事実が争われる事件が増加し、刑事裁判のコストは著しく増大してしまう。単純な窃盗や傷害など、公権力のあり方と関わりのない事件については、手続負担を強いられる被告人や裁判所の負担も考慮して、検察官が100％近い確実な嫌疑がなければ起訴しないという処理方針をとることには政策的な合理性がある。しかし、公権力の腐敗や政治家の汚職などに関わる事案、その他社会的な関心の強い重大な事件についてまで、このような処理方針を貫くことには疑問がある。このような事案については、「確実な嫌疑」ではなく「十分な根拠」があるという程度の嫌疑で起訴し、有罪か否かの判断を法廷における審理にゆだねるという処理方針が合理的である。このような事件で結果的に無罪の判断がされたとしても、検察官の訴追権行使が不適切であったとは言えない。しかし、検察官から見て合理的な起訴の基準が、事件当事者や一般の人々を納得させるとは限らない。このことを考慮して、検察官の不起訴処分に不服がある者は、検察審査会に審査の申立てをすることができることになっており、最近の法改正で検察審査会が拘束力のある起訴議決をすることもできることになった（→260頁）。

　第3に、上記とは逆に、起訴するに値しない事案が起訴されているのではないかという問題がある。また、起訴の時点では起訴することが合理的だと

考えられた事件でも、公判の審理の結果、その合理性が失われる場合もある。そのような場合、法律上、検察官は公訴を取り消すことができるが（刑事訴訟法257条）、実際には、日本の検察官には一旦起訴した以上は、あくまでも有罪判決を得ようとする意識が強く、公訴取消しの規定はほとんど活用されていない。しかし、ドイツなどには裁判所が検察官、被告人の意見を聞いて手続を打ち切る制度があり、広範囲に活用されている。アメリカの連邦およびいくつかの州においても、有罪判決よりも手続を打ち切った方が「正義の増進のため」に役立つと判断した場合には公訴を棄却する制度がある。わが国でも公訴取消しの制度を活用すべきであろう。なお、公訴の提起が極限的に不当な場合には、裁判所は公訴を棄却することができる（公訴権濫用論、最決昭55年（1980）12月17日刑集34巻7号672頁。この事件は先に紹介した水俣病患者の川本さんが傷害等で起訴された事件で、最高裁は公訴棄却としたのは相当でないとしながら、結論的には高等裁判所の公訴棄却の判断を覆さなかった）。

　第4に、検察官上訴の問題がある。英米では無罪判決に対して訴追側は上訴できない。これに対してわが国では検察官による上訴が認められている。検察官上訴は憲法39条後段に違反するとの有力な学説があり（上野勝『憲法的刑事手続』）、検察官の上訴はしばしば刑事裁判の大きな遅延の原因になっている。2012年に再審無罪判決が出された東電ＯＬ事件では、第一審の無罪判決（2000年4月）に対して検察官が控訴し、控訴審で無期懲役の判決が出された。これを救済にするために無罪判決から再審無罪判決までに12年以上の歳月を要したことを忘れてはなるまい。少なくとも検察官の上訴権の運用については慎重な考慮を要する。

　第5に、検察官の職業倫理の問題がある。わが国の検察官は常に公正であろうか。弱い者いじめに堕したり、反体制側に必要以上に厳し過ぎたり、検察のメンツにとらわれて有罪判決の獲得にこだわったり、弁護人の接見交通権を妨害したり、弁護側の証拠の開示要求に対して偏狭な態度を取ったり、真実義務に反してまで弁護人側の無罪または再審開始に向けての活動に不協力だったり、さらに、警察官による不当な取調べや警察官の職務犯罪を大目に見たりということはないだろうか。過去のさまざまな事例に照らしてみる

と、検察官の姿勢が問われる事例は決して稀ではないと言えよう。検察官も法律家（法に仕えるプロフェショナル）として、何よりも正義と公正の実践者でなければならない。この要請は検察官同一体の原則と本質的に矛盾するものではない［知識3］。

───── ワンポイント知識3 ─────
検察不祥事と「検察の理念」　2010年9月に無罪が確定した厚生労働省元局長の事件で、証拠品であるフロッピー・ディスクの改ざんをしたとして、元担当検察官が証拠隠滅容疑で逮捕された。その後、その改ざんを隠ぺいしようとしたとして、大阪地検特捜部長および副部長が犯人隠避容疑で逮捕されるという事態に発展した。また、ほかに検察官が有罪獲得に固執した足利事件の再審無罪判決があったことなどを受けて、検察の在り方検討会議が設けられ、その提言に従って2011年11月、検察官の職務規範として、「検察の理念」(http://www.kensatsu.go.jp/oshirase/img/kensatsu_no_rinen_japan.pdf) が発表された。そこでは、「常に有罪そのものを目的とし、より重い処分の実現自体を成果とみなすかのごとき姿勢となってはならない。われわれが目指すのは、事案の真相に見合った、国民の良識に適う、相応の処分、相応の科刑の実現である。」といった基本姿勢が謳われ、10項目の倫理規範が提示されている。向後は、具体的な事件において検察官がこの「検察の理念」に従った職務執行を行っているかどうかが問われることになるはずである。

5　法曹養成制度

(1)　なぜ法科大学院制度は導入されたか

【背景】　日本の司法制度の包括的な改革を審議した司法制度改革審議会は、2001年6月に提出した『意見書』において、法曹人口の大幅な増員と質の向上を司法制度改革の前提要件として位置づけ、旧来の司法試験という「点」を中心とした法曹養成制度に代えて、法科大学院を中核として新司法試験と実務修習が有機的に結合した「プロセス」によって法曹養成を行う、新たな制度を提案した。旧制度（2010年まで併存）では、大学での法学教育は司法試験受験の前提条件ではなく、大学の法学部は法曹養成機関として位置づけられていなかった。それに対して、法科大学院は、法曹養成を目的とする法学教育に特化した大学院レベルのプロフェッショナル・スクールであって、法科大学院の修了が新司法試験受験の原則的な前提条件となった。

【法科大学院制度の特徴】　法科大学院制度の基本的特徴は、以下の諸点にある。①標準修業年限は3年間であるが、「法科大学院において必要とされる法律学の基礎的な学識」を有すると認められる者（既修者と呼ばれる）は、2年での修了が認められる。②多様な背景・能力をもった法曹を養成するために、法学部以外の学部（以下「他学部」と言う）を卒業した者と社会人経験者の合計を学生の3割以上とすることが目標とされる。③1クラス50人以下の少人数教育によって、法律基本科目、実務基礎科目、基礎法学・隣接科目、展開・先端科目などからなる、「理論と実務の架橋」を目的とする教育を行い、十分な予習・復習を前提とする、密度の濃い双方向・多方向の教育によって、修了者の約7割から8割が新司法試験に合格できるようにすべきものとされる。④最低12人以上でかつ学生15人に対して1人以上の専任教員を擁し、2割程度以上を5年以上の実務経験を有する実務家としなければならない。⑤双方向型・多方向型の授業が行われ、⑥修了者には、「法務博士」の学位が授与される。⑦全国適正配置が図られなければならず、⑧設

図　新旧法曹制度の比較

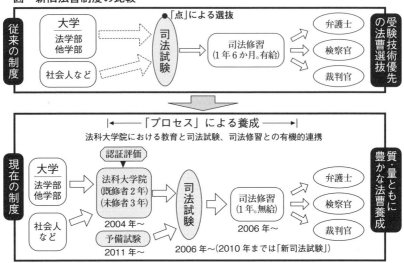

（宮澤節生「法科大学院制度の成果と課題」都市問題研究58巻4号に基づき作成）

置後は一定の間隔で認証評価機関による適格認定を受けなければならない。

　なお、⑨当初から、「経済的事情や既に実社会で十分な経験を積んでいるなどの理由により法科大学院を経由しない者にも、法曹資格取得のための適切な途を確保すべきである」とされ、法科大学院制度を掘り崩しかねない「予備試験」制度も提言されていた。

【司法試験】　法科大学院修了者を対象とする新司法試験（現、司法試験）について、『意見書』は、1999年の旧司法試験合格者が約1,000人であったのに対して、2010年頃までに合格者を3,000人にするという目標を設定した（ここには、「計画的にできるだけ早期に」達成すべき目標で、上限と理解すべきではないという注記までなされていた）。新司法試験の内容は、法科大学院において充実した教育が行われ、かつ厳格な成績評価や修了認定が行われることを前提として、法科大学院教育の内容を踏まえたものとすることとされた。また、新司法試験の合格率が上記のような高水準になることを想定して、法科大学院修了後5年間に3回という受験回数制限が設けられた（旧司

法試験は2010年に廃止)。さらに、新司法試験合格者に対する司法修習は1年間に短縮され、法科大学院教育を踏まえて実務修習を中核とするものとされ、司法研修所での集合修習(前期修習)は廃止された。

(2) 法科大学院の設置とその成果

【法科大学院の設置】　文部科学省は、当時の政府による規制緩和の方針の下で、認可基準を満たす申請は認可する方針を採用した。その結果、2004年に68校の法科大学院が設置され、2005年には6校が追加されて合計74校となり、入学定員の総数は約5,800人に達した。学生定員の最大は300人、最小は30人であった。

　地方における法科大学院の設置は期待されたほどではなかったが、それでも、東京周辺・京阪神地域その他政令指定都市以外では、那覇、鹿児島、久留米、松江、高松、姫路、金沢、長野、甲府、小山などの各地方都市にも設置され、全国適正配置という理想にわずかながらも近づいた。1995~99年の旧司法試験合格者の72%は東京高裁管内の大学の出身者であったが、法科大学院の定員面では、東京高裁管内の大学の比率は56%に低下したのである。学生の多様性という点でも、初期の成果は明らかであった。2004年には、『意見書』の基本構想に賛同しその趣旨を忠実に実現すべく未修者を積極的に受け入れる法科大学院も見られた(10校では、入学者の過半数が他学部出身者であり、34校では、過半数の入学者が社会人経験を有していた)。また、数校ではあるが、夜間・週末の授業だけで修了可能な法科大学院、複数の大学による連合法科大学院、学部をもたない独立法科大学院も創設された。

【法科大学院創設の成果】　法科大学院の設置は、法学教育の内容にも大きな変化を生み出した。まず、法曹養成過程が透明化され、従前の研究中心志向が強かった法学教員の多くが、(再度)法学教育にも真剣に取り組むようになったと考えられる。従来の法学部でも教育されていた、憲法、行政法、民法、商法、民事訴訟法、刑法、刑事訴訟法などの法律基本科目でも、法曹養成機関であることを自覚した新たな内容とスタイルの教科書や教材が

作られるようになり、教育方法にも変化が生じた。法曹倫理（専門職責任）の科目が初めて大学教育に登場し必修科目とされた。新司法試験合格後に前期修習なしで実務修習が行われることを反映して、事実認定論、模擬裁判、エクスターンシップなどの実務基本科目が導入され、一部の法科大学院では、学生が実務家教員を補佐して法律相談や訴訟に関与するリーガル・クリニックも導入され、「理論と実務の架橋」を実践し、大学の地域貢献が行われた。法律基礎科目以外の法律学科目（展開・先端科目や基礎法学科目）では、知的財産権からジェンダーと法、法と経済学、法と文学などに至る、多様な科目の強化・新設がなされた。外国のロースクールと提携して国際契約交渉のシミュレーションを行ったり、英語の授業を取り入れたりするなど、国際的なプログラムの開拓がなされた法科大学院もある。それらと共に、法曹志望という明確な目的をもった学生が集まることにより、多くの法科大学院で学生参加型の密度の濃い授業も実践されることとなった。さらに、臨床法学教育学会など法科大学院教育の「理論と実務の架橋」の推進と発展を目的とする学会も創設され、今日に至っている。

(3) （新）司法試験合格率の激減とその悪影響

【(新) 司法試験合格率の激減と各種提言】　2005年の秋には、早くも法科大学院の未来に暗雲が垂れ込めた。それは当初から危惧されたボトルネックとしての司法試験合格者数に起因する。約5,800人という入学定員で、『意見書』の言う7、8割という合格率をあげるには、2010年頃に3,000人合格という目標を見直し、合格者をより一層増加させる必要があったが、（新）司法試験の管理を行う法務省の司法試験委員会は、その意思がないことを示したのである。司法試験委員会は、2010年頃に3,000人合格という目標に向けて、徐々に合格者数を引き上げていく方針を採用したため、一期生（既修者）だけが受験した2006年の第１回試験の合格率でさえ、48％という低率（1,009人合格）にとどまった。未修者が初めて受験した2007年の第２回試験では40％に低下し（1,851人合格）、2008年の第３回試験では33％に低下した（2,065人合格）。受験有資格者の19％もの者（約５人に１人）が受け控えをし

たにもかかわらず、この率だったのである。しかも、2013年に至るまで、3,000人合格には程遠い状況であったが、2013年7月には、政府は、司法試験の合格者数を「年間3,000人程度」とした政府目標を撤廃した。このような状況で、2014年の司法試験合格者数は、1,810人（うち、予備試験合格者163人）であった。しかし、同年10月には、法科大学院の基盤を強化し、新人弁護士の支援等を目的とする「LAW未来の会」による「司法試験3,000人合格を実現する国民大集会」が開催された。

【悪影響】　このように司法試験合格率が当初から予想外の低率にとどまり、しかも急激に低下を続けていることは、法科大学院内外に悪影響を及ぼしている。法科大学院内部での最大の悪影響は、受験指導を求める学生からの圧力が急速に高まり、『意見書』が問題視したダブルスクール現象が復活する兆しが見えることである。（新）司法試験は短答式と論文式の2種類の試験で構成されるが、短答式試験で一定成績に達しない者の論文は採点されないので、学生の関心が短答式の準備に集中するようになり、双方向・多方向的教育方法は嫌われて、多くの知識を短時間に記憶させる講義方式への回帰が強まっていた（なお、2015年度から、短答式の試験科目数は削減されることとなった）。カリキュラムでは、新司法試験に出題される法律基本科目の比率を高めたり、展開・先端科目の枠で事実上法律基本科目の授業を行ったりする傾向も窺われる。様々な名目で受験指導が行われるようにもなった。制度の信頼性をその基盤から揺るがせかねない事件としては、著名大学法科大学院の教員で新司法試験の公法系基幹科目の考査委員であった者が、試験問題漏洩まがいの行為で社会的な責任を問われたことである（同年の司法試験の合格者の見直しなどは一切行われなかった）。既修者コースの定員を拡大する法科大学院や、奨学金や合格後の資金援助で学生を優遇する法科大学院もある。この状況をこのまま放置すれば、法科大学院制度の形骸は残っても、実質は本来の期待とは遠く隔たってしまうことが強く危惧される。

　法科大学院の外部では、現在、法曹の魅力が急速に失せている。法科大学院入試の出願条件としての適性試験は、当初2つの機関が実施していたが、そのうちの大きな方の受験者は2003年に2万8,000人以上であったものの、

2008年には1万3,000人ほどにまで減少した。2011年に、2つの試験が一本化されたが、2014年には、全2回の合計でさえ6,800人ほどにまで減少した。しかも、受験生に占める法学部在学生・卒業生の割合も増加し、2003年の61％から2014年には79％に増加し、背景や経歴の多様性はとみに減少している。また、法科大学院の受験者数（延べ人数）も、2004年度には4万人以上であったのに対して、2013年度には1万2,000人程度である（受験倍率は、7.3倍〔2004年度〕から2.9倍〔2013年度〕に減少した）。

(4) 問題の原因

【問題とその背景】　このような状況の最大の原因は、法科大学院を認可する文部科学省と新司法試験を管轄する法務省との間で、全く調整がなされなかったことにあった。さらに、文部科学省がこれほど多数の法科大学院を認可した要因は、法科大学院制度が検討され始めた1999年当時に存在した論争に遡ることもできる。法科大学院構想の一つの立場を代表したのは、ハーヴァード・ロースクールの客員教授を務めた柳田幸男弁護士であった。法科大学院は3年制のみとして、これに純粋な資格試験として運営される（新）司法試験が続き、法学部は教養学部に改組する提案であった。同種の提案は第二東京弁護士会からもなされており、司法修習を廃止して研修弁護士制度の導入も提案していた。これに対して、もう一つの立場を代表したのが、田

――― ワンポイント知識1 ―――
法学部存続の帰結？　その結果、法学部は従来通り存続し、しかも事実上大多数が法学部出身者となる2年短縮コース（既修者コース）の設置が認められた。法学部をもつ大学がこぞって法科大学院設置を望んだのは、当然であった。法科大学院制度が、学部段階に法学部がないアメリカにおけるロースクール制度にならった側面があり、アメリカではランキングの上位校にもロースクールが存在しない大学が多いにもかかわらず、日本における既修者コースという制度設計は、法学系学部の上に法科大学院を創設することに拍車をかけた感がある（74校中1校のみが独立法科大学院であったに過ぎない）。また、一見厳しい認可基準にも、様々な緩和策が設けられていた。

中成明京都大学教授（当時）であった。法学部の4年次に法曹養成コースを設け、これに大学院修士課程2年間を連結するというもので、入学者選抜は法曹養成コースへの入学について行うという提案であった。このように、法科大学院と法学部との関係のあり方が根本的な対立点であったが、制度実現の過程では、後者の提案が支配することになった［知識1］。

【新たな障害と脅威①】　法科大学院定員と（新）司法試験合格者の大きな乖離という問題を解消する一つの方策は、新司法試験合格者の数を飛躍的に増やすことであった。しかし、現実には、3,000人合格の前倒しや3,000人合格を超えることは、全く期待できなくなった。その一つの要因は日本弁護士連合会（以下「日弁連」と言う）の方針転換である。2008年4月に就任した宮崎誠会長は、会長選挙で司法制度改革全体を批判した対立候補に追い上げられたことから、2010年に3,000人合格という政府方針の見直しを主張し、2008年7月には同趣旨の提言が日弁連から法務省などに提出された。増員反対の立場は、弁護士過疎地の弁護士会から、若手弁護士を吸収し続けている東京弁護士会に至るまで、「質の低下」を合言葉に、多数の弁護士会から表明された。司法修習の修了試験で6％（2007年）や5.6％（2008年）の不合格者が出たということが、「質の低下」の論拠としてよく用いられた。他方、政府・与党の中では、鳩山邦夫元法務大臣・高村正彦自民党副総裁（例、「法曹養成と法曹人口に関する緊急提言」（2009年4月16日）等を参照）や、河井克行元法務副大臣（例、同『司法の崩壊』〔PHP研究所、2008年〕参照）などを顕著な例として、法曹増員の手段とみなされている法科大学院を攻撃する勢力も台頭した。しかも、現実に、司法試験の合格者数は、上述のように、2014年度には、ついに2,000人を大きく割り込んだのである。

【新たな障害と脅威②：予備試験の開始と司法研修所における修習資金の貸与制】　これらに加えて、2011年に現実化した予備試験も新たな脅威となった。この試験は、もとは法科大学院に進学できない者の救済策として提案されたものであるが、最終的には一切の制限なしに導入されたことから、この試験に合格すれば法科大学院を修了せずに司法試験を受けることができ

るルートが新たに設けられたこととなった。(新) 司法試験の内容が、公法系、民事系、刑事系という必修3科目と、選択1科目であるのに対して、予備試験の内容は、憲法、行政法、民法、商法、民事訴訟法、刑法、刑事訴訟法に、一般教養1科目と実務基礎1科目であるから、予備試験は、いわば通れば儲けものの司法試験の予行演習のようなものでもあり、かつ、法科大学院生でさえ受験可能であり、現にかなりの数の現役法科大学院生が受験している。法科大学院では、最低2年間、実務科目も含む試験科目以外の多くの科目の広範かつ厳しい学修が要求されるのに対して、予備試験では、前記の少数の科目で法科大学院修了と同等の資格が得られるのである。また、司法修習における給費制は、2011年11月に司法研修所に入所した修習生から廃止され、現在は貸与制がとられている。既に法科大学院の在学中に債務を負っている者にとっては、法曹になった後も多大な債務を負うことになったのである。法科大学院が創設される前のダブルスクール化現象の下で、(旧) 司法試験は、経済力のある学生に有利な側面があったことから「資本試験」などと揶揄されたが、その悪夢が再来した感もある。

【新たな障害と脅威③：文部科学省による交付金等の制限】　この間に、当初74校存在した法科大学院は、2014年秋までには22の大学院が学生の募集停止等を公表した。その背景には、様々なものが存在すると考えられるが、さらに、文部科学省は、2014年9月、全国52（74校から22校を引いた数）の法

ワンポイント知識2

文部科学省による交付金等の削減　文部科学省は、残る52の法科大学院を対象として、司法試験の合格率や教育内容の改善が見込めない大学院への財政的な支援を減らすことにしたのである。これは、これまで水面下で行われてきた統廃合を、財政面から積極的に促すことを狙いとしたものである。例えば、過去の修了者が受験した司法試験の合格率のほか、入学定員の充足率、社会人の入学者数、夜間の開講などを点数化して、5グループに分けて行われた。最上位のグループ（13校）は、文科省の従来の基準に沿った支給額の90％、2番目（7校）は80％、3番目（5校）は70％、4番目（20校）は60％と段階的に減額し、最下位（7校）は50％に半減させたのである。

科大学院に支給する来年度の交付金などを、各法科大学院を5段階に分けて、それぞれ傾斜配分する一覧表を公表した。個々の法科大学院の評価は、第三者評価機構による認証評価に基づいて行われることが当初から企画されていたが、3つもの認証評価機構の存在意義も明確ではなく、その評価がアメリカにおけるような実質的な法科大学院教育の充実や発展にどれだけ寄与したかも明らかではない。認証評価委員の選任過程も不透明であり、3機構の存在意義も明らかではなく、いずれの機関でも、当初から新司法試験の合格者数や合格率などは、評価対象とはされていなかったのである［知識2］。

(5) 法科大学院制度はどうすべきか

【「法科大学院問題」ではない諸問題】 法科大学院制度については、これまで多くが語られてきた。それらは、「法科大学院問題」として、そのシステム自体に対する批判的内容を含むものであった。しかし、法科大学院制度の今日的な閉塞状況を生み出したものの中には、外在的な要因も少なからず存在する。それは、端的に言えば、法科大学院制度に内在する問題だけではなく、法科大学院制度外にある、司法試験問題（合格者数問題、予備試験問題を含む）であり、司法研修所問題、弁護士の意識や職域開拓の問題などであり、弁護士を中心とする法曹や社会の意識改革の不十分さに起因する問題であると考えられる。これらの諸問題の総合的な対処とその克服が、法科大学院制度自体の再生の第一歩であると思われる。

【「社会生活上の医師」の涵養】 そのためには、とりわけ、日本の司法制度を支える人的基盤としての21世紀の法曹像については、今一度、法科大学院制度の創設の原点に立ち返り考える必要があるであろう。『意見書』は、日本の津々浦々に「法の支配」を行き渡らせるために、法曹人口を増やすことにより、国民の「社会生活上の医師」の増加を目指したはずであった。国民に身近な弁護士としては、法廷で活躍する弁護士だけではなく、社会に生起する様々な法的な紛争の予防や解決に当たる多様な弁護士像が想定され、しかも、社会における特別な存在ではなく、社会に遍在する身近な法

の助言者であり、健全な日本社会を下支えする頼りがいのある法の専門家であったはずである。法曹人口の増加は、その方向を着実に推進するものと考えられる。司法制度改革の根底には、司法をめぐる様々な利権に関する既得権を撤廃し、より多くの「人のために法を生かす法曹」の養成を実現することが存在したはずであったからである。

【司法試験制度・予備試験制度の問題克服】 司法試験に関しては、2015年度からは受験回数の制限緩和（修了後5年3回から5回への緩和）や短答試験科目の削減（憲法、民法、刑法のみ）が行われる予定であり、さらに、論文試験の選択科目については、現在、その削減の可否等が検討課題としてあげられている。しかし、これらは、司法試験制度問題の決定的な解決にはなりえず、現在ではその実現は困難であるが、合格者数年間3,000人程度の早期実現こそが、喫緊の課題となるであろう。また、法科大学院の多くの在学生さえもが受験し、法科大学院制度を根底から掘り崩しかねない予備試験については、再検討がなされつつあるものの、現在のところ（2014年秋）、決定的な対処はなされていない。しかし、学術環境におけるプロセスを通じた法曹養成を実現するためには、その早期廃止が不可欠の課題となるであろう（なお、アメリカでは、経済的な困窮者のための様々な奨学金等の財政支援が行われている［知識3］）。

ワンポイント知識3

法科大学院復活の方策？ かつては、法科大学院をめぐる様々な脅威に対して、例えば、司法試験合格者について、2010年に3,000人合格を実現することによる対処、法科大学院教育における受験指導への圧力を引き下げることによる対処、および法科大学院による厳格な成績評価や大胆な定員削減による対処などが、有効な方策としてあげられていた。そもそも、大学という公的機関が、入学者の大多数が法曹になれないことを知りながら入学させ、また、国家がそのような事態を黙認し続けることは、法科大学院や国家が、学生を搾取している状態にほかならないと考えられた。アメリカならば、法科大学院については ロースクール認定基準違反となる事態である（http://www.abanet.org/legaled/standards/standards.html）。

【法科大学院・文部科学省の課題】　その意味で、2008年10月から、文部科学省と法務省が協力して全法科大学院に対して定員削減や統合を促し始めたことは、肯定的に評価できる側面もあるが、しかし、その働きかけが、合格率のみを理由として小規模校に集中するとすれば、全体状況の改善にはつながらない。もとより法科大学院における総定員が膨張した大きな要因は、大規模校の定員拡大競争にあり、現実に多数の不合格者を出しているのも大規模校であることから、定員削減は、大規模校ほど大きな割合で取り組む必要も存在したのである。なお、合格率の低い法科大学院の中には、弁護士過疎地などの地方に設置されたものや、夜間・週末開講のものなど、それが閉鎖されると地域住民や社会人が法曹を目指す機会が著しく阻害されるものもある。それらについては、基本的には現状を維持する形で存続させることが望まれる。

　文部科学省による交付金の削減を通じたいわば「兵糧攻め」は自己矛盾であり、認可の責任を棚に上げ、法曹養成教育の負担と責任を個々の法科大学院や学生に転嫁するものであろう。設置基準にはない事後的な基準に基づく対応という側面もあり、適正手続の保障の観点（憲法31条参照）からも疑問があり、平等な教育を受ける権利（憲法14条・26条1項）などに反する疑いさえあるであろう。

《参考文献》
河井克行『司法の崩壊』（ＰＨＰ研究所、2008年）
田中成明「日本型法科大学院構想について」自由と正義50巻9号（1999年）
宮澤節生「法科大学院制度の成果と課題」都市問題研究58巻4号（2006年）
宮澤節生「法科大学院の定員削減は不可避」エコノミスト2008年12月23日号
柳田幸男『法科大学院構想の理想と現実』（有斐閣、2001年）
柳田幸男＝ダニエル・Ｈ・フット『ハーバード卓越の秘密』（有斐閣、2010年）
「特集／学術環境における法曹養成」比較法研究73号（2011年）
川嶋四郎『アメリカ・ロースクール教育論考』（弘文堂、2009年）

6　隣接法律専門職

(1)　司法書士とはどのような人か

【司法書士とは】　司法書士は、司法制度改革の後、その職域の拡大と共に、最近注目を集めている隣接法律専門職（総合法律支援法1条参照）の一つである。

司法書士とは、他人の嘱託を受けて、①登記・供託に関する手続や審査請求手続について代理をすること、②裁判所、検察庁、法務局または地方法務局に提出する書類を代って作成すること、および、③簡易裁判所において当事者の訴訟代理などを行うことを業とする者を言う。

国民の暮らしの中の身近な紛争について、書類の作成や簡易裁判所における訴訟代理などを通じて、その解決をサポートする法律実務家である。

司法書士制度を定めた司法書士法（昭和25年法197号）は、司法書士の業務の適正を図ることにより、登記、供託および訴訟などの専門技術性の高い法的手続の円滑な実施に資し、それにより国民の権利保護に寄与することを目的として（1条）、諸種の規定を置いている。司法制度改革の一環として、2002年（平成14）の法改正によって、簡裁における訴訟代理権の付与や、簡裁事件について、相談に応じ、または裁判外の和解について代理することも可能となった（「認定司法書士」と言う。その数については、[表]を参照）。

【現状】　特に、本人訴訟主義をとる民事訴訟法の下で本人訴訟の比率が比較的高いわが国において、しかも、弁護士の地域的な偏在などにも起因して弁護士へのアクセスが必ずしも十分には保障されていない現在の日本の状況の下で、弁護士の職域の間隙を埋め、かつ、市民の司法へのアクセスをサポートするかたちで、多様なニーズを汲み上げているのが司法書士である。司法書士は、2万1,589人（2014年10月現在。なお、認定司法書士は、1万5,070人。2014年1月現在）である。

表　都道府県別の弁護士・司法書士・行政書士の数

	弁護士数	司法書士数	行政書士数		弁護士数	司法書士数	行政書士数
○北海道	881	656(467)	1,662	滋賀県	139	227(146)	451
○旭川	67	65		○京都府	670	570(422)	841
釧路	70	86		○大阪府☆	4,096	2,303(1,723)	2,877
○札幌☆	695	457		兵庫県	821	1,028(703)	1,804
○函館	49	48		奈良県	162	218(139)	398
				和歌山県	141	168(94)	360
青森県	113	124(69)	321				
岩手県	98	156(77)	339	鳥取県	68	107(64)	212
○宮城県☆	405	320(212)	875	島根県	69	123(70)	266
秋田県	76	113(75)	288	岡山県	353	369(239)	766
山形県	91	156(92)	403	○広島県☆	528	512(381)	1,081
福島県	174	278(147)	745	山口県	151	232(133)	477
茨城県	249	317(179)	1,135	徳島県	90	137(75)	346
栃木県	198	230(136)	840	香川県☆	164	168(118)	389
群馬県	261	303(205)	1,074	愛媛県	157	247(144)	557
埼玉県	718	838(579)	2,267	高知県	87	118(81)	232
千葉県	683	691(464)	1,912				
○東京都☆	16,177	3,730(2,521)	5,780	○福岡県☆	1,087	926(679)	1,344
○神奈川県	1,434	1,097(804)	2,700	佐賀県	95	115(70)	220
				長崎県	149	164(100)	372
新潟県	248	291(179)	847	熊本県	250	326(232)	567
富山県	106	165(89)	385	大分県	144	171(104)	314
石川県	168	190(133)	342	宮崎県	125	182(101)	508
福井県	99	131(74)	344	鹿児島県	182	320(217)	778
山梨県	117	129(68)	332	○沖縄県	242	215(136)	351
長野県	229	382(233)	1,002				
岐阜県	179	348(204)	842	合計	34,961人	21,589人	44,951人
静岡県	424	491(296)	1,543			(14,483人)	
○愛知県☆	1,690	1,238(826)	2,753				
三重県	173	264(183)	709				

・弁護士数は、2014年11月１日現在、司法書士・行政書士数は、2014年10月１日現在。
　なお、（　）内の認定司法書士数は、2013年４月１日現在。
・○は、弁護士の方が司法書士よりも多い地域。
　なお、左欄は、都道府県名等であり、弁護士会名・司法書士会名などとは一致しない場合がある。
・☆は、高等裁判所（本庁）の所在地。ただし、……は、必ずしも高裁管轄区域とは一致しないものもある。
・本書第５版（2008年現在）では、地方裁判所の管轄区域で見た場合に、司法書士よりも、弁護士の方が多い区域が、大都市を有する６ヵ所（札幌、宮城県、東京都、神奈川県、愛知県、大阪府）であったが、本書（2014年現在）では、倍の12ヵ所（北海道〔旭川、札幌、函館〕、宮城県、東京都、神奈川県、愛知県、大阪府、京都府、広島県、福岡県、沖縄県）に増えている。

　司法書士の職域は、弁護士のそれと重なり合う面もある[知識１]。そこで、近時、その職域の拡大について議論が行われ、また、後述のように両者の職域をめぐる紛争も生じることになったが、簡易裁判所においては、司法書士の職域は拡大し、法テラスの創設と共に、市民が、法律実務家にアクセ

スしそれを利用する機会も拡大しつつあると考えられる（簡易裁判所で処理可能な裁判外の民事紛争も同様である）。

なお、司法制度改革によって、従前と比較して弁護士人口が増加した。日本全国における弁護士（→175頁）・司法書士（および行政書士→224頁）の分布は、[表]の通りであるが、2008年（平成20）の時点（本書第5版の53頁参照）と比較して、弁護士数の方が司法書士数よりも多い都道府県数が、6から、10に増加している。その10ヵ所の中には、香川県を除く高等裁判所（本庁）の所在地およびその隣接する府県などが含まれている。確かに、全国各地における弁護士人口の増加は見られるものの、おおむね大都市における弁護士数の増加という特徴も窺われるであろう。また、日本弁護士連合会が、大都市にも公設事務所を設けなければならない実情を考えると、市民に身近な法律実務家としての司法書士の役割は、今後も大いに期待される。

【法的地位】　司法書士は、法曹三者に隣接する法律専門職であるゆえに、隣接法律専門職と呼ばれるが、後述の公証人（→226頁）とは異なり国家の一作用を担当する公務員ではない。ただ、法定の要件を満たした者だけ

―― ワンポイント知識1 ――
司法書士の歴史　司法書士制度は、イギリス法上のソリシター（solicitor：事務弁護士）の制度に準える見解もあるが、諸外国に類を見ないわが国独自の制度であるとも言われている。沿革的に見てこの制度は、1872年（明治5）の司法職務定制（明治5年法8月3日太政官無号達）が定めた証書人代書人代言人職制に遡るとされるが、1919年（大正8）の司法代書人法（大正8年法48号）により確立されたものである。その後、1935年（昭和10）に司法書士法（昭和10年法36号）が成立し、名称も司法書士と改められた。1950年（昭和25）に現行司法書士法が制定されたが、司法書士試験の制度を創設した1978年（昭和53）の大改正や、司法書士の自治権等を強化することを目的とした1985年（昭和60）の改正、さらには、2002年（平成14）の簡易裁判所における訴訟代理等を行うことを可能とした改正等の主要な法改正を経て、現在に至っている。この過程で、司法書士の職務内容が除々に拡大され地位も明確化されてきたが、必ずしも十分ではないとの根強い批判もある。

が、司法書士となる資格を取得することになる（司法書士法3条）。監督官庁は、法務省である。

【資格】　司法書士の資格は、司法書士試験に合格した者、裁判所事務官、裁判所書記官、法務事務官もしくは検察事務官として通算10年以上その職務に従事していた者、または、これと同等以上の法律に関する知識や実務の経験を有する者で、法務大臣が司法書士の業務を行うのに必要な知識や能力を有すると認めた者に認められる（司法書士法4条）。ただし、司法書士法5条に規定された欠格事由がある場合は、この限りではない。

国家試験としての司法書士試験制度は、1978年（昭和53）の法改正により初めて設けられた。合格者は当然に司法書士となる資格が認められる（法曹三者のような研修所の制度はない）。試験は、年1回実施され、筆記試験とその合格者に対する口述試験との2段階に分けて行われる（同6条参照）。この試験の合格率は、3％弱である。

【権利・義務】　司法書士は、法務省令の定める基準に従い、事務所を設けなければならない（司法書士法20条）。司法書士は、常に品位を保持し、業務に関する法令および実務に精通して、公正かつ誠実にその職務を行わなければならない（同2条）。また、正当な事由がある場合でなければ、依頼人の依頼を拒むことはできない（同21条）。さらに、当事者の一方（相手方）から依頼されて取り扱った事件（同22条2項1号）などについては、業務を行ってはならない（業務を行えない事件については、同22条を参照）。司法書士も、守秘義務を負う（同24条）。司法書士は、その所属する司法書士会・日本司法書士会連合会が実施する研修を受け、その資質の向上を図るように努める義務を負う（同25条）。なお、司法書士は、司法書士法人を設立することができる（同26条）。この点は、弁護士の場合と同様である。

【懲戒等】　司法書士・司法書士法人が、司法書士法またはこれに基づく命令に違反した場合には、司法書士法49条が定めた手続に従い、法務局長・地方法務局長は、戒告、2年以内の業務停止（法人の場合は、2年以内の業務

の全部または一部停止）または業務の禁止（法人の場合は、解散）を内容とする懲戒処分を行うことができる（同47条）。この点で、会内に懲戒手続を有している弁護士の場合とは異なり、司法書士自治は、弁護士自治（→175頁）ほどには強く保障されていない。

【非司法書士の取締り】　司法書士会に入会している司法書士・司法書士法人でない者は、司法書士の業務（司法書士法3条1項1号〜5号）を行うことを禁止され、また、司法書士・司法書士法人でない者は、司法書士、司法書士法人またはこれと紛らわしい名称を用いることは許されない（同73条1項・3項・4項）。違反者は刑事罰を受ける（同78条・79条等）。

【司法書士会】　司法書士は、法務局・地方法務局の管轄区域ごとに、会則を定めて一個の司法書士会を設立しなければならない（司法書士法52条1項）。その会則および会則の変更は、法務大臣の認可を受けなければならず（同45条1項）、その限りで法務大臣の監督に服することになる。司法書士会は、司法書士の品位を保持し業務の改善進歩を図るために、会員の指導および連絡に関する事務を行うことを目的とする（同52条）。さらに、所属会員の業務に関する紛議についての調停、所属会員の法令違反を思料する場合の法務局等の長に対する報告義務、会員に対する注意勧告などの権限も有する（同59条・60条・61条）。司法書士会への加入は強制的とされており、登録や移転などの申請は、すべて司法書士会に行わねばならない（同8条・9条・13条。なお、登録の拒否については、同16条を参照）。

　各地の司法書士会は、ＡＤＲ機関（→26頁）を設けているものもある。

【日本司法書士会連合会等】　全国の各地の司法書士会は、日本司法書士会連合会を設立しなければならない（司法書士法62条1項）。連合会は、司法書士の品位を保持し、業務の改善進歩を図るために、司法書士会およびその会員の指導や連絡に関する事務を行い、司法書士の登録事務を行うことを目的とする（同62条2項）。この登録事務は、形式的資格の有無だけではなく、司法書士としての適格性の審査を行う権限をも含むのであり、1985年（昭和

60）の改正により、この権限が法務局長・地方法務局長から司法書士会連合会に委譲されたことは、司法書士の自治権の強化として意義がある。

【司法書士の業務】　業務内容としては、以下に述べるように、登記・供託事務と裁判事務に大別できるが、後者の局面では、近時、一定の条件の下で、簡易裁判所における訴訟代理権が付与された。

【業務①：登記・供託事務等】　この事務には、法務局・地方法務局またはその支局・出張所（いわゆる登記所・供託所）に提出する書類の作成だけではなく、登記の申請や供託等に関して、相談に応じることや、依頼人を代理することを含む。さらに、筆界特定手続の提出書類の作成や電磁的記録の作成についても、同様である。

　具体的な業務内容は、第1に、司法書士は、不動産の権利に関する登記、商業登記の申請行為を代理し、また供託法による供託・供託物の還付および取戻しの手続を代理する。司法書士は、委任を受けると、原則として委任の趣旨を実現するのに必要な行為をなすことができる。第2に、司法書士は、法務局・地方法務局の長に対する登記・供託に関する審査請求の手続について、嘱託人を代理する。これは、登記官・供託官の処分に対する行政上の不服申立てとしての審査請求の手続について、代理することを指す。

　これらの場合に司法書士が作成を嘱託される提出書類には、登記申請書、供託書、供託物払渡請求書および審査請求書などがある。

【業務②：裁判事務】　かつて裁判事務は、裁判所・検察庁に提出する書類の作成に限られ、嘱託人を代理することまでは含まないとされていたが、認定司法書士（法務大臣が実施する簡裁訴訟代理能力認定考査で認定を受けた司法書士）には、簡易裁判所における訴訟代理権が付与された（司法書士法3条1項6号）。すなわち、上記の業務のほかに簡易裁判所における訴訟代理および紛争の目的の価額が140万円（簡易裁判所の事物管轄）を超えないものについて、相談に応じ、または裁判外の和解について代理することなどの法律事務を業とすることが認められたのである。

なお、裁判所・検察庁に提出する書類とは、訴状、答弁書、準備書面、証拠申請書、民事・家事調停申立書、家事審判申立書、支払督促申立書、告訴状などを言う。一般に、司法書士の業務に属する書類の作成は、単に定型書類の作成に限定されることを意味するのではなく、国民の権利の保護に寄与するために、法律的判断を前提とする書類（電磁的記録も含む）の作成にも及ぶ。

【業務③：日本司法支援センター（法テラス）との連携等】　さらに、法テラスの創設（→97頁）と共に、司法書士も、法化社会の実現のために、その制度の一翼を担うことになった。つまり、法テラスは、市民からの相談を受けて、法的トラブルの解決に役立つ法制度の情報提供を行うが、相談を受けた職員は、相談内容に応じて、もっとも適した機関や団体、すなわち、弁護士会・地方公共団体だけではなく、司法書士会を紹介することとされたのである（総合法律支援法3条）。また、法テラスにおける法律扶助事業の一環として、弁護士だけではなく、司法書士に対しても、依頼者が支払う裁判代理費用や書類作成費用の立替えも行われているのである（同4条）。法テラスの法律相談援助は、法テラスの事務所のほかに、法テラスに登録した事務所相談登録司法書士の事務所などでも行われている。なお、司法書士が民事法律扶助業務を行う場合には、法テラスと契約を締結しなければならない。

【司法書士の業務の限界】　司法書士の業務は、司法書士法3条1項・2項に定められているが、司法書士は、22条に定められた事件や、他の法律で制限されているもの（同2条8項。例、土地家屋調査士法2条・19条1項に規定された表示の登記等）を担当することはできない。

　司法書士は、隣接法律専門職とは言え、弁護士よりは市民に身近な法律実務家という側面もあり、市民の目からは、その職域の違いを認識することが困難な場合もある。司法書士会は、司法書士倫理を定めて、自己規律に努めているが、弁護士会と司法書士会との間で、意見対立が生じる問題もなくはない。例えば、登記申請業務をめぐる職域争い（いわゆる埼玉訴訟事件）や、認定司法書士の裁判外代理権の範囲をめぐる問題［知識2］などが、そ

れである。今後とも、市民による司法アクセスの向上のために、弁護士と司法書士が議論を重ねつつ職務内容を明確化することが望まれる。

なお、比較的新しい議論として、司法書士の「ミニ弁護士化」を批判し、新しい司法書士像を提案する考え方も見られる。司法書士は、狭い法専門性の枠を超えた紛争処理専門家として、当事者自身による水平的な交渉関係の整序を促し、法廷内外を視野に入れつつ紛争処理を支援するという、いわば「本人援助型の職能集団化」の目標を設定すべきであるとする。

ともかく、全国的な各地域における法曹人口の増加や司法過疎地対策の局面では、司法制度改革の成果が必ずしも十分に行き渡っていない現状で、市

―― ワンポイント知識2 ――

司法書士と弁護士の職域問題　両者には、その職域をめぐる対立関係が存在している（現在も、司法書士による債務整理をめぐって、和歌山訴訟事件が最高裁に係属中である）。

　まず、登記申請業務をめぐる埼玉訴訟事件は、弁護士が顧問会社の登記業務を行ったことに対して、司法書士会が登記申請の際には司法書士に嘱託してほしい旨の文書を送ったことに起因した事件である。この頒布行為が弁護士の業務を妨害し、その名誉と信用を毀損したとして提起された損害賠償請求事件が、埼玉訴訟事件である。浦和地判平6年（1994）5月13日判時1501号52頁は、登記申請業務が、弁護士の法律事務に含まれる旨を判示し、控訴審でも同様の判断がなされ（東京高判平7年（1995）11月29日判時1557号52頁）、この問題に決着がつけられた。

　次に、認定司法書士の裁判外代理権の範囲をめぐる問題は、裁判外代理権の範囲も、訴訟の目的の価額が140万円を超えない範囲（司法書士法3条1項6号）とされ、通常は、その価額は債権額によって算定される。ただ、債務整理を受任する司法書士の代理権をめぐっては、債権額説と受益説の対立があるとされている。例えば、債権者が300万円の債権を主張し、債務者が250万円の残債務を主張する場合に、債権額説では300万円が、受益説では50（300－250）万円が、それぞれ目的額となる。債権額説では、認定司法書士が受任できないのに対して、受益説では、受任できることから、職域問題につながるのである（例えば、神戸地判平20年（2008）11月10日等は、債権額説に立つ）。市民の視点から明確化が望まれる。

民に身近な法律実務家としての司法書士の役割が、今後とも期待される。

(2) 行政書士とはどのような人か

　行政書士は、他人の依頼を受け報酬を得て、①官公署への提出書類（電磁的記録を含む）その他権利義務または事実証明に関する書類を作成すること、②官公署への提出書類について、その提出の手続および当該官公署に提出する許認可などに関して行われる聴聞・弁明の機会の付与手続その他の意見陳述のための手続において当該官公署に対してする行為について代理すること、③契約その他の関係書類を代理人として作成すること、④行政書士が作成することができる書類の作成について相談に応じることを業とする隣接法律専門職を言う。いずれも、当事者間で争いのない案件の処理であり、弁護士でない者が扱うことができる法律事務である（弁護士法72条ただし書参照）。

　行政書士は、行政書士法（昭和26年法4号）に基づく国家資格である。行政書士試験の合格者など、行政書士となる資格を有する者が、行政書士となるには、日本行政書士会連合会の行政書士名簿に登録を受けなければならない。国家試験の合格率は、年によって差異が見られるが、おおむね10％前後である。

　行政書士・行政書士会などの監督は都道府県知事が行い、日本行政書士会連合会に対する監督は総務大臣が行う。

　各地の行政書士会には、ＡＤＲ機関を有するものもある（ここでは、法の適用による紛争解決を目指すのではなく、話合いでの利害調整が目的とされている）。

　近時、市民等が官公署などに書類を提出する機会が多くなりつつあることから、行政書士の役割に対する期待も高まっている。行政書士法1条は、行政書士の業務の適正を図ることにより、行政に関する手続の円滑な実施に寄与し、あわせて、国民の利便に資することを目的とすると規定する。現在、行政書士の登録者数は4万4,951人（2014年10月現在）であり、その数は、弁護士や司法書士の数を上回り、市民にとって身近な法律実務家と考えられる

(→ [表])。ただ、国民の視点からは、弁護士、司法書士、行政書士の職域が必ずしも明確でないことから、国民の利便に資する方向での明確化が望まれる。

《参考文献》

石谷毅＝八神聖『司法書士の責任と懲戒』（日本加除出版、2013年）

江藤价泰「準法律家」『講座現代法6〔現代の法律家〕』（岩波書店、1966年）

江藤价泰編『司法書士の実務と理論』（日本評論社、1991年）

江藤价泰『司法書士の現代的役割と未来』（日本評論社、2014年）

加藤新太郎『司法書士の専門家責任』（弘文堂、2013年）

小林昭彦＝河合芳光『注釈司法書士法〔第3版〕』（テイハン、2003年）

埼玉訴訟研究会編『司法書士と登記業務──いわゆる登記職域訴訟をめぐって』（民事法研究会、1991年）

司法書士倫理研究会編『注釈司法書士倫理』（日本加除出版、2004年）

住吉　博『司法書士訴訟の展望』（テイハン、1985年）

住吉　博『新しい日本の法律家──弁護士と司法書士』（テイハン、1988年）

住吉　博『権利の保全──司法書士の役割』（法学書院、1994年）

全国青年司法書士協議会簡裁事件受任推進委員会編『実践簡裁民事訴訟』（民事法研究会、2006年）

仁木恒夫「司法書士の紛争処理機能」樫村志郎＝武士俣敦編『現代日本の紛争処理と民事司法〔第2巻〕』167頁（東京大学出版会、2010年）

日本司法書士会連合会編『日本司法書士史〔明治・大正・昭和戦前編〕』（ぎょうせい、1981年）

日本司法書士会連合会編『司法書士制度の概要と職務の実際』（日本司法書士会連合会、2001年）

法学セミナー増刊『総合特集シリーズ・市民のための法律家──公証人と司法書士ほか』（日本評論社、1983年）

若旅一夫「隣接士業問題と弁護士制度」自由と正義60巻11号11頁、同「認定司法書士の裁判外代理権の範囲」同66頁（2009年）

和田仁孝『民事紛争処理論』（信山社、1994年）

(3) 公証人とはどのような人か

【公証人制度の沿革】　およそ法律関係の規律には、その前提となる事項が明確であることが望まれる。このことは、訴訟における事実認定・証拠の問題を考えれば明らかであろう。すると、訴訟に至らない場面であっても、われわれの生活は多くの法律問題を含んでいるので、関係をスムーズに進める上で、なんらかの形で所定の事項が公に証明されていることは大きな意味がある。そうした役目を担うべく、私人の活動で法に関係する一定の事項について公に証明することを職務とする法律家が存在する。それが公証人である。

　公証人制度の起源はローマ法に由来するとも言われていて、ヨーロッパでは12、3世紀頃には、国家公認の資格者として法律文書の作成などに従事していた者が存在していたと言われる。わが国では、まずフランスの制度を参考に、1886年（明治19）に公証人規則が制定され、100人余りが選任されたのが始まりである。当時はまだ公正証書の作成くらいしか権限がなかったようであるが、その後、主要な実定法がドイツ法の影響を受けたこともあり、1908年（明治41）、ドイツの制度にならった公証人法が成立し、今日の公証人制度の原型となった。社会経済的な需要によって創られたというより、当時の一連の法整備の一環と位置づけられるものである。各国における公証人の人数やその果たしている役割には違いがあり、所定の事項について利用強制がされるなどの結果、市民の生活に深く関わっている国もあるのと比べると、わが国の公証人は、人数も少なく、一般のなじみも少ないのが実情である。

【公証人の地位と仕事】　公証人は、法務大臣によって任命され、国家作用として法律事項の公証に専心する専門家であり、公務員の地位をもつ。しかし、国家公務員法上の公務員ではなく、国から俸給を受けることもない。指定された地域で役場を開き（公証人役場と呼ぶ）、依頼人から受け取る手数料が収入源となる独立採算制が採られており、むしろ各種「士業」に近い面

もある。

　任命資格は、公証人法12条以下に掲げられている。試験制度も定められているが、実施されたことはなく、①法曹資格者からの任命（公証人法13条）、②学識経験者からの任命（同13条ノ2）によっている。2002年から、任命基準を満たす者からの公募が定期的に行われている。もっとも、公証人は日本全国で550人ほどしか任命されておらず、裁判官経験者150人、検察官経験者250人、法務省職員ＯＢ140人、でほとんどを占めている。定年は70歳とされていて、任命時の年齢も高めで、判・検事、法務局長らの天下り先のようでもある。

　公証人は、法務局または地方法務局に所属し、その管轄区域が公証人にとっての職務執行区域となる。

　公証人の仕事は、公証人法によるものと、その他の法令によるものとがある。前者は、①公正証書の作成、②私署証書の認証、③定款の認証、が古くからあり、近時は④電磁的記録に関する公証（電子公証）も加わっている。また、後者には、⑤遺言関係の仕事（民法969条・970条）、⑥確定日付の付与（民法施行法5条・6条）、⑦執行文の付与とその送達（民事執行法26条、民事執行規則20条）などがある。細かい事項が多いが、これらは紛争の予防に資し、また法（権利）の具体的実現に深く関わるものと言える。

【公証人制度の課題】　前述した公証人が提供する法的サービスは、他の法専門家をもってしても（権限として）代替できない独自性をもったものである。公証人が職務として行っている所定事項の認証があることで、国民の日常生活を支えていると言える。

　しかし、わが国の公証実務には問題もある。すなわち、法曹実務としての経験が30年に及ぶ判・検事からの任命者が多いことからもわかるように、個々の公証人の専門知識・経験は高度なものと思われるが、公証の現場における依頼者の意思確認が不十分であると指摘されることもあり、能力・報酬に見合った仕事になっていない嫌いがある。能力に見合った厳格な内容の審査、本人出頭による確認、なども検討されるべきであるし、今後の電子公証への対応を含めて、この先も550人程度で足りる仕事なのか根本的な議論も

必要であるが、公証人は年齢も高く在職期間も短いのでなかなか改革の機運が盛り上がらないようである。公証人制度は、司法制度改革の中で取り残された問題の一つである。

(4) その他の隣接法律専門職

【隣接法律専門職】　わが国では、法律家（法曹）と言えば、裁判官、検察官、弁護士の三者のみを指している（→167頁）。原則として、司法試験に合格し司法修習を経た者がなる法曹三者は、特別の眼で見られる。しかし、法曹三者というものは、実態としては法律業務のうち裁判所の手続にかかるものに専心してきたと言ってもよかった。

したがって、社会には多くの法律業務が存在しているところ、法曹三者がそのすべてをカバーしているわけではなく、不可能でもある。長く法曹人口が抑制されてきた（司法試験合格者数は年間500人時代が30年続いた）わが国では、法曹へのアクセスは人数の点だけでも大きな制約があったわけである。しかし、その間隙を縫うかのように、わが国では、種々の法律専門職種が存在し、法曹三者が一般には提供しない法的なサービスを、役割分担しながら提供していた。それらは、法曹（とりわけ、資格をもった自由業者という意味で弁護士）に隣接する法律専門職と総称され、司法制度改革審議会ではこれらの存在にも光が当てられることになった。

【多様な隣接法律専門職】　司法制度改革審議会において隣接法律専門職種として意識的に議論の対象になったのは、弁理士、司法書士、行政書士、土地家屋調査士、税理士、社会保険労務士、といったところである。司法書士、行政書士については既に別途扱っているので（→216頁、224頁）、ここではその他のものについて触れておく。①弁理士は、特許などの知的財産権の出願や争訟、②土地家屋調査士は、不動産の表示登記や境界、③税理士は、税務代理や税務書類作成、④社会保険労務士は、労働・社会保険関係に関する書類作成・事務の代理、といった形で特有の業務分野をもっている。これらの業務についてサービスを提供するには、関連する法律に関する知識・経

験を要するものであるから国家資格制度が確立している。その人員、地域分布は、職種によって違いはあるが、なお人員の少ない弁理士を除くと、数も多く比較的地方にも散らばっており、弁護士に比べるとアクセスは容易とされてきた。司法制度改革審議会の議論をきっかけに、司法書士の簡裁における訴訟代理権が認められ、弁理士や税理士がその業務分野にかかる訴訟で弁護士と共同を条件に法廷活動ができるようになるなどの改革が行われた。特有の業務分野に関するＡＤＲを展開する例も数多い（→44頁）。

【隣接法律専門職の今後】　司法制度改革の審議開始前のわが国は、法曹三者の数が抑制されていたので、裁判所の手続に関するもの以外の種々のリーガル・サービスは、隣接法律専門職がその需要に応えてきたと言ってよい。しかし、現実の法律案件は、それほど単純に区分できるような形で現れるものではないし、各専門家のサービスの垣根は一般人には決してわかりやすいものでもない。これまで、弁護士と司法書士、司法書士と行政書士、などの職域論争が巻き起こったことがあるし、法律事務の独占を謳う弁護士法72条は、隣接法律専門職にとっては目の上のたんこぶのような存在であるとされてきた。これは、弁護士が地域的に偏在し、かつ、提供するサービスの範囲が狭く高価であることが問題の背景にあると考えてよい。

　しかし、法科大学院制度発足後は、かつて不足と偏在が叫ばれた弁護士の存在状況は大きく変わった。弁護士は大都市における裁判業務にのみこだわることから脱し、業務を拡大し地方にも進出してきた。そうすると、隣接法律専門職のサービスとの競合は益々避け難くなることが予想される。どのように差別化するか、あるいは協調するか、先行きが見えていない。

【裁判所職員】　司法の中心を担う裁判所は、裁判官だけでその業務を遂行しているのではない。調停委員などの関与は別の所で触れるが（→261頁）、裁判官のほかに、書記官（裁判所法60条）1万人弱、事務官（同58条）1万人弱、家庭裁判所調査官（同61条の2）約1,600人、速記官（同60条の2）、執行官（同62条）、廷吏（同63条）などの諸職員が存在し、裁判所の業務の一翼を担っているが、もとより相応の法的素養を試される裁判所職員採

用試験を経ており、その能力は高い。とりわけ、手続に立ち合い裁判記録の作成などに携わる書記官、送達や民事執行の一部を担当する執行官、家裁事件における調査官は、これを欠いては裁判手続が円滑に進まなくなるほど重要なものとなっている。もっとも、尋問の速記などの事務を担当する速記官は新規養成が停止されて極端に数が減り（全国で235人ほど）、微妙な位置づけにある。速記録の意義、速記・反訳機器と技術の位置づけが揺らいでいる。国費で支給される速記タイプが時代遅れとなり、速記官がアメリカ製のステンチュラ（反訳スピードが格段に速い）を自費購入し問題が先送りされている。尋問の速記録の位置づけ如何は審理のあり方にも影響してこよう。

【岐路に立つ法学修士と法務博士】　司法制度改革によって法科大学院が開校されてからは、法曹三者の原則的な養成ルートは極めて明確になった。しかし、法科大学院修了者（法務博士）のすべてが法曹三者になる（なれる）わけではない（合格率と進路先）。他方、法曹三者以外の法専門家がどのようにして養成されるかは、曖昧なままである。資格試験というハードルを設け、広く門戸を開放することは悪いことではないが、法曹三者とのギャップが激し過ぎる。また、前述したように、法曹人口が相当数に達した際の、隣接法律専門職との関係も不透明である。法学部卒業生、そして既存の大学院修了生（法学修士）が各種の法専門家の給源となっていたことは間違いないが、彼らは今後どういう職業選択をすることになるのだろうか。早急に国レベルでの検討が必要であるし、各大学も見識に基づいた展開を打ち出す時期でもあろう。

《参考文献》
河野順一『司法の病巣　弁護士法72条を切る』（花伝社、2001年）
反町勝夫『士業再生』（ダイヤモンド社、2009年）
「特集／さまざまな法律専門職の新しい職域――競争と協調のはざまで」法社会学76号（2012年）
「特集／公証人制度の現状と課題」自由と正義56巻4号（2005年）
「特集／弁護士隣接法律専門職種のポスト司法改革」月刊司法改革18号（2001年）

第4章　司法を担う人々には、どのような人がいるか　231

7　司法を担っているその他の人々

(1)　組織内の法務スタッフ

【会社法務部の発展】　今日のわが国の企業の活動は、複雑に連鎖し、しかも地球規模に広がった。それに伴って種々の法的紛争に巻き込まれる可能性も増えた。企業が存続を続けるには、こうして生じた紛争をなんらかの形で解決へと導かなければならない。

わが国の企業の法務部署は、当初は、現に生じた法律案件に事後的に対応する、ある意味で後ろ向きのセクションとして認識されていた。しかし、その後、国際的な法律案件を経験する企業も増え、その中で、企業における法的対応の重要性を学ぶようになり、次第に社内で法律案件に対処するセクションを充実・強化させていった。法律案件への対応を誤れば、甚大な損失を招いたり、企業の存亡にも影響しかねないからである。

企業には、毎年多くの社員が入社するが、就職に強い学部として法学部出身者が相当程度入社している。社員は適材適所で人事異動を繰り返すが、法律案件に専門的に対応する社員が意識的に集められ、法務のスペシャリストとなる者も増えてきた。弁護士の数が少なく抑えられてきたわが国では、企業内のすべての法律案件の処理を社外の弁護士にゆだねては高くつくことは目に見えている。企業の事情に通じた社員を法律専門家として養成し解決に当たる方が、いろいろな面で得策となることが多いものと思われる。

当該企業の法律案件を集中・専門的に扱う部署である「法務部」をもつ企業は徐々に増えていった。社団法人商事法務研究会と経営法友会を中心に、1965年以来5年ごとに法務部の実態調査を実施してきたが、2010年実施の第10次調査（別冊ＮＢＬ135号『会社法務部──第10次実態調査の分析報告』）では、法務専門部署の企業内での位置づけが益々上昇してきた状況が明確に抽出されている。

なお、企業では、法務部に限らず、知的財産関係の部署、審査部、総務部、といった部署でもおのおの固有の分野の法律案件を扱っていることも忘

れてはならない。

　【法務部の仕事】　法務部は各企業で急速に充実化しているが、企業によって、その位置づけ、組織編成、人員、そして名称も様々で個性的である。企業によって関係してくる法律分野は違うものであるから、おのずと法務部も効率的に対応できるように企業独自の現われ方になるのは自然である。ここでは、平均的な法務部像を示しておこう。

　当然、企業には様々な仕事があり、また法務部だけで成り立っているわけではないので、法務部が関与すると言っても、主管業務とする場合と他部署が主管の仕事に法務部が絡む場合とがありうる。どちらであるかは企業によって異なるであろうが、法務部が携わっている仕事の範囲がこれでほぼ確認できよう。ざっと、①契約の審査、②訴訟・紛争案件の管理、③弁護士管理、④独禁法関係、⑤社内向け法務情報・法務研修、⑥文書業務、⑦M&A関係、といったものであり、企業規模が大きくなるほど、国内案件だけでなく国際案件も多くなる。知的財産権関係は、近時は、知財部が別にある場合が多く、訴訟案件にならない限りでは、狭義の法務部の仕事に入ってこないようである。こうした仕事に携わっている法務部が、当該企業の組織上どこに位置づけられているかも重要なポイントであり、経営トップと近いところに置かれ、社運をかけた重要プロジェクトにも早い段階から法務部が関与するというビジネススタイルが確立しつつある。法務が経営の羅針盤となりつつある姿が見える。

　この法務部を支えるのは社員である法務スタッフであるが、紛れもなく法の担い手と言える。従来は、人事ローテーションでたまたま法務部に配属され、収益への貢献度が目に見える営業に比べて、あたかも左遷感覚でとらえられたこともあったようであるが、近時は、中途採用が多い部署として知られ、即戦力志向、スペシャリスト志向が強まっているとされる。アメリカでは多い「企業内弁護士」（いわゆる顧問弁護士ではなく、弁護士資格をもちながら正規の従業員となり法務に従事する）が、わが国でも増加の兆しを見せている。とりわけ、法科大学院が修了生を出すようになって以降は企業内弁護士の数が急増し、既に1,000人を超えたようである（これに海外の弁護士資格を

もつ者の数も増えている）。他方で、従来、法務スタッフと言っても格別な資格をもたない者が多かったが、近時は、研鑽と経験を積み、ビジネス法務検定（3〜1級、東京商工会議所）、ビジネス・キャリア検定（8部門の1つが「企業法務・総務」3〜1級、厚生労働省）などに合格してステップ・アップを図っているようである。

　今や法務部は、法学部生・法学系大学院生の進路先として定着したと言える。企業の抱える法務案件は最先端の問題であることも多く、今後は研究・教育面で産学が連携すべき場面も増えてこよう。

　【予防法務と戦略法務】　創成期の法務部は、企業内に生じた法律問題の事後的処理に対応を迫られる「臨床法務」が主であった。つまり、苦情処理、紛争の後始末、不良債権の回収といったふうに企業にしてみれば後ろ向きの部署という位置づけであった。

　しかし、その後、次第に守備範囲を広げ、同時に、その存在意義をも変えてきた。すなわち、発生した問題に対処していくのではなく、法務部の関与時期を早め、法令チェックをすることで紛争を予防する「予防法務」、ひいては遵法経営に寄与するというあり方（コンプライアンス）である。さらには、経営戦略と法務を一体化させる「戦略法務」も志向されるようになり、法的リスクをクリアし、法務部が下支えした企業の意思決定こそが企業価値を高めることになるという発想である。すなわち、企業も社会の一員であり、自社の利益だけを追求するのではなく、法的ルールを守り社会に貢献するＣＳＲ（Corporate Social Responsibility）の発想が根づき始めた。近視眼的には、法務はビジネス・ジャッジメントに水を差しているように映っても、最終的には法務に支えられないビジネス・ジャッジメントは社会の支持を受けられなくなってしまうのである。

　【行政機関の法務部門】　行政改革が進行しても、今日の社会の行政需要は相当のものであり、国政レベルではもちろん、地方自治体レベルでも、行政機関は複雑な法体系の中で仕事をし、かつ、国民生活の確保に向けた法の実現に寄与している。その意味で、行政機関の仕事は、多かれ少なかれすべ

てが法律事務につながっている。したがって、その職員は、すべてが法律を執行する存在なのであるから、公務員全般が法的素養を今まで以上に求められる時代になったと言える（→88頁）。本来、公務員の試験・採用もこうした意識をもとに進められなければならない。

さらに、こうした全般的なこととは別に、行政機関も、組織として、企業と同じような意味で、法律専門部署を必要とするようになってきた。すなわち、①不服申立てや訴訟関係の争訟事務（この場合、特定の職員が指定代理人として訴訟を担当することも多い）はもちろん、②文書審査や条例などの立法関係事務、③内部からの法律相談、等に独立した部ないし課で対応することが多くなってきた。ここでは、行政政策と法務をいかに結びつけるか「政策法務」の発想が、企業の「戦略法務」に対応する形で明確に意識されるようになってきた。とりわけ、立法センスの重要性は、法曹三者を凌ぐものであり、行政機関の法務担当者は専門性が高くなっている。企業における企業内弁護士の採用増加に同調して、中央・地方の行政機関に弁護士が任期付公務員として採用される例が急増している。

《参考文献》
泉　房穂「地方自治体における弁護士職員の積極的活用」法律時報86巻9号（2014年）
梅田康宏「企業内法務の役割と発展の動向」法律時報86巻9号（2014年）
兼子　仁ほか編『政策法務事典』（ぎょうせい、2008年）
小島武司＝米田憲市監修『会社法務部──第10次実態調査の分析報告』（別冊ＮＢＬ135号）（商事法務、2010年）

(2)　**警察官ほか**

警察官は、「個人の生命、身体及び財産の保護に任じ、犯罪の予防、鎮圧及び捜査、被疑者の逮捕、交通の取締その他公共の安全と秩序の維持に当る」公務員である（警察法2条1項）。警察の組織は、国に警察庁が置かれ、都道府県に警視庁（東京都）、道府県警察本部が置かれるという二重構造になっており、全国で25万人以上（2013（平成25）年度の警察法施行令による定

員で25万2,620人）の警察官がいる。

　警察官の仕事は、司法警察活動（犯罪の捜査）と行政警察活動（個人の保護や公共の安全の維持など）に分けられる。前者の活動は、刑事司法手続の最初の段階を担う。犯罪の捜査は、検察官（→第4章4）も行う。警察と検察の捜査における関係や役割の違いも問題となるが、通常の事件では第一義的な捜査機関は警察であり、検察官は補充的に捜査を行うにとどまる。捜査に高度な法律的知識を必要としたり、政治的中立性の観点から警察に捜査をゆだねることが適切でない政治家の汚職事件などは、検察官が主として捜査をすることになっており、警察と検察官の関係は、検察官が警察官に対して指示・指揮を行うという形で整理されている（刑事訴訟法193条）。

　後者の活動は、警備、交通取締り、警ら活動など多岐にわたるが、その中には市民からの各種相談に応じる業務も含まれている。例えば、大阪府警の例で見ると、全国どこでも受け付けている「警察相談専用電話♯9110」のほか、「駅、列車内における痴漢等の被害」、「児童虐待」、「少年の非行等」、「覚せい剤に関する困りごと」、「悪質商法、高金利融資その他悪質業者」、「ストーカー事案」、「サイバー犯罪」、「性犯罪被害」、「暴力団犯罪等」についてそれぞれ専用ダイヤルを設けて相談などに応じている。

　これらの警察の相談窓口での活動は、相談件数で見ると年間170万件を超えている。（平成26（2014）年版警察白書88頁）。警察による相談活動は、犯罪捜査を含む他の警察の活動のための情報収集手段という一面をもってはいるものの、相談者に対する指導や相手方に対する指導・警告などが実力を伴う警察官によって行われるため、市民が直面した紛争を解決するための一助となっていることは事実である。

　警察官は、法律の専門家ではないし、警察は少年や女性、高齢者のための福祉機関ではない。しかし、他の行政機関に比べて多数の人員を擁していること、少年非行や犯罪への対応といった警察本来の業務の周辺に各種の困りごとが生じており、児童相談所、市町村の窓口などでカバーできない部分があることから警察の窓口が利用されているという側面もある。

第5章 司法は専門家だけが担っているのではない

目隠しをした正義の女神像と目隠しをしない正義像。いずれも18世紀初頭の作で、リューネブルク市役所所蔵

透けて見える目隠しをした正義の女神。エムデン市役所のガラス絵。1576年の作

目隠しをしない顔と目隠しをした顔の2つをもつ正義の女神。1596年の作

目を開けていた正義の女神が、世俗の裁判権力者の目を塞いだ。ついで、公正さを強調する意味で目を塞がれた女神像が広がった。しかし、目隠しをしていない正義像も真理の一端を表現することに変わりはない。そこで、2つの要素をともに表す試みも登場する。

[上]リューネブルク市役所には、同一時期に作られた目隠しをしている正義の女神像とそうでない像の両方がおかれている。(107、108頁)
[下左]透けて見える目隠しは、2つの正義像の長所を混ぜ合わせようとするもの。(111頁)
[下右]同じように、2つの見方を一身に表現したもの。本のイラストである。(120頁)

1　裁判員（制度）とは何か

【**制度導入の経緯**】　裁判員制度は、市民から選ばれた裁判員と職業裁判官が一緒に合議体を構成して重大な刑事事件の有罪・無罪の判断と法令の適用および刑の量定を行う制度である。わが国では、第2次世界大戦前の一時期（1928年（昭和3）から1943年（昭和18）まで）に陪審制が一部の刑事事件で行われていたほかは、市民が直接裁判に参加する制度は存在しなかった（[**写真1**] わが国最初の陪審裁判の法廷風景参照）。戦後は、裁判所法3条に「この法律の規定は、刑事について、別に法律で陪審の制度を設けることを妨げない。」と規定され、戦争の激化によって停止された陪審制度を復活させる余地が残されたたものの、検察審査会（→259頁）による間接的な関与を除いて、具体的な市民参加制度の導入は行われなかった。日本国憲法の下で裁判は民事、刑事共に職業裁判官のみによって行われてきたのである。戦後も陪審制度の復活を目指す市民運動や研究者からの提言が行われ、あるいは陪審・参審制度の導入を検討すべきであるとの最高裁長官の発言（1988年、矢口洪一長官）を受けて、諸外国の制度の研究が行われたことはあったものの（各国に裁判官を派遣して行われた調査研究の成果として、最高裁判所事務総局刑事局監修『陪審、参審制度』の各国編がある）、実際の制度化には、「司法制度改革」の動きを待たなければならなかった。すなわち、刑事裁判への市民参加は、2001年6月の司法制度改革審議会意見書を基点とする「司法制度改革」の柱の一つとされたことによって実現を見たのである。

　司法制度改革審議会における議論を見ても、「司法の国民的基盤の確立」という抽象的な理念が語られているだけで、なぜ市民参加が必要か、そしてなぜ陪審制ではなく、裁判官と市民が構成する裁判体による裁判を選択したのか、という点については必ずしも明らかではない。しかしこの意見書で市民参加制度を導入することが既定方針とされたため、内閣に置かれた「裁判員制度・刑事検討会」における議論でも、市民参加制度導入の是非が正面から問われることはなく、裁判官と裁判員の数の問題や対象事件の範囲、裁判員裁判の前提として必要とされた「争点と証拠の整理」の手続のあり方が主

240 第5章1 裁判員（制度）とは何か

［1］ わが国初の陪審裁判（1928年（昭3）12月、東京地方裁判所。朝日新聞社提供）

たる議論の対象となった。検討会においては、現在の刑事裁判のあり方を肯定的にとらえる意見と否定的にとらえる意見との対立があったが、司法制度改革審議会意見書が示した参加制度を導入することを所与の前提として、妥協的に制度設計がなされたというのが実情であろう。この検討会における議論を踏まえて、2004年に「裁判員の参加する刑事裁判に関する法律（以下「裁判員法」と言う）」が制定された。その後も、施行前に裁判員法を改正して、審理に長期間を要すると考えられる事件を複数の裁判体に分割して審理を行うことを可能にする「区分審理」の規定が設けられる（2007年改正）など、制度の実施に向けた準備が進められてきた。そしていよいよ2009年5月から、裁判員制度の運用が始まったのである。

　以上の経緯からは、なぜ市民を裁判に参加させなければならないか、という根本的な問題の検討よりも、どのような市民参加制度であれば実現可能かという点を中心として制度設計が行われてきたことが窺える。そのことを象徴的に示すのが、異例の施行前の法改正をして規定された「区分審理」である。裁判員には長期にわたって協力を求めることができないという前提の下に、長い期日が必要な事件では、併合された事件を分割して審理することで、裁判員の負担を軽減しようとするものだからである。制度実施を目前に控えた時点でも、裁判員制度への反対論は根強くあった（例えば、西野）。制度施行後も、裁判員裁判のあり方に対して批判的な意見が出され続けている。その背景には、現在の刑事司法のあり方と市民参加制度の是非についての根本的な議論と合意の不足という問題があるように思われる。

　しかし、裁判員制度は、職業裁判官のみによる裁判実務の積み重ねの中

第5章　司法は専門家だけが担っているのではない　241

で、わが国の刑事裁判が胚胎してきた様々な制度の歪みを正す契機にもなりうる制度である。そのうちのいくつかをあげてみよう。

① 調書裁判の克服

従前の裁判では、捜査官が作成した調書が大量に検察官によって証拠請求されるのが通例であった。裁判官も捜査官の調書が詳細に事実を認定するための有力な資料となると考えていたから、書面を証拠とすることを原則として禁止する伝聞法則（刑事訴訟法320条以下）の規定は、例外を緩やかに認めるように解釈されてきたし、実際の事実認定も裁判官が法廷において心証を取るのではなく、法廷外で調書を読み込むことによって行われてきた。これが調書裁判と批判されてきたのである。しかし、裁判員の参加する裁判において、裁判員が法廷外で調書を読み込んで事実認定を行うことは、時間的な制約からも無理である。いきおい証拠調べは、口頭（証人尋問や被告人質問）で行われざるをえない。裁判員裁判は、真の意味での口頭主義の裁判を実現すると考えられる。

② 悪しき「実体的真実主義」の抑制

上記①とも関係するが、裁判官による裁判では、調書の中から真実を発見するという姿勢で事実認定が行われる傾向があった。確かに、調書を他の調書と比較検討することによって矛盾を発見し、無罪判決に至る事件も存在したが、多くの事件では、捜査官の描いた事件像を調書によって確認することに終わることが多かったように思われる（平野「現行刑事訴訟法の診断」参照――第2章5参考文献）。また、裁判官によっては、調書の中から自らの心証に合う記載を見つけ出し、検察官の主張を排斥した上で有罪を認定することさえあった。日本の刑事司法は、「精密司法」などと呼ばれ、実体的真実を詳細な証拠調べによって発見してきたかのように評されることがあるが、その実態は、調書による裁判にほかならなかったのである。裁判員裁判で口頭主義が徹底されれば、事実認定は実際に法廷で行われた証拠調べの結果に基づき、「検察官は挙証責任を果たしたか」という一点を問うものになり、裁判所が自ら証拠を精査して真実を発見するという姿勢で事実認定を行うことはできなくなるであろう。裁判員が審理に関与し、評議に参加することによって、調書による事実認定に馴らされてきた職業裁判官の事実認定に対する

③　裁判の迅速化

　従来の裁判官による裁判は、「歯科診療的」と揶揄された。次の期日は（あたかも歯医者さんの予約のように）3週間先、4週間先でないと入らないのが普通だったのである。しかも、従前は被告人側に対する検察官手持ち証拠の開示が十分に行われなかったために、1人の証人の尋問に数期日を費やすことも稀ではなかった。弁護人が反対尋問の準備をするために必要な証拠が開示されていない場合が多かったからである。これに対して、裁判員裁判では、必ず「公判前整理手続」が行われる。この手続では、検察官から一定の範囲の手持ち証拠が弁護人に開示されることになっているし、この段階で争点と証拠の絞り込みが行われるので、公判での証拠調べに何日ぐらいを要するかは予測可能となる。また、開示された証拠により、尋問の準備なども予め行っておくことができる。そして、一旦公判が始まれば、「連日的開廷」によって、結審まで続けて審理が行われるのが裁判員裁判の特徴である。公判前整理手続に時間がかかることが施行後の問題点として指摘されているものの、第一審だけで数年に及ぶような裁判はほぼなくなっている。また、裁判員裁判による手続の迅速化は、保釈率が低い中で、長期にわたって勾留されることが多かった被告人にとっても、勾留期間を短縮するというメリットをもたらす。

　導入の経緯にいささか疑問が残るとしても、以上のような効果があがるとするならば、裁判員制度が刑事司法全体のあり方を変えていくことに期待したいところである。

【裁判員制度の概要】　裁判員が参加する事件は、①死刑、無期の懲役・禁固に当たる犯罪、②短期1年以上の懲役・禁固に当たり、①以外で故意の犯罪行為によって被害者を死亡させた犯罪に係る事件である（裁判員法2条1項）。このように重大事件のみが対象事件とされたのは、重大事件ほど国民の関心が高いという側面と、対応可能な事件数の限界があるという考慮だったとされている（池田9頁）。ただし、裁判員等に危害が加えられるおそれがある事件については、対象事件であっても、裁判所の決定により、裁判

官のみで審理を行うことができることとされている（裁判員法3条）。

　裁判員は対象事件が起訴されるごとに、その事件だけについて選ばれる。その人数は、原則として裁判官3人に対して裁判員6人である。公訴事実に争いがなく、当事者にも異議がないときには、裁判官1人と裁判員4人からなる小規模の合議体で審理することもできることとされている（裁判員法2条2項以下）。検討会における議論の過程では、裁判員はなるべく多くし、裁判官は1人にするべきだとの意見や、逆に裁判官3人に対し裁判員2人程度にするべきだとの意見も示されていたが、裁判員法で採用されたのは、裁判官の倍以上の裁判員を参加させるという考え方だったのである。

　裁判員が行う職務は、事実の認定と法令の適用、および刑の量定である（裁判員法6条1項）。これ以外の訴訟指揮や法令の解釈に関する判断は、裁判官によって行われるから、裁判員には刑罰法令の解釈や刑事訴訟手続に関して特別な知識は必要とされない。証拠によってどのような事実が認定でき、それが何罪に当てはまり、有罪とする場合にはどれだけの刑に処するのか、ということについて判断するのが裁判員の役割である。これらの事項について、市民の常識的で合理的な判断を期待するのが裁判員制度だと言えよう。これらの事項については、裁判官も評議に参加して判断を行うが、その場合の発言や評決においては、裁判官と裁判員は対等である。また、裁判員は、審理中も裁判官に告げた上で、証人に対する尋問や被告人に対する質問等を行うことができる（裁判員法56条以下）。この点も従来の裁判官の裁判における補充尋問、補充質問と類似している（**[写真2]**、**[図]**）。

　評決については特別な多数決制がとられ、裁判官と裁判員の各1人以上を含む過半数（9人の構成では5票以上）が必要とされる。裁判官全員が有罪、裁判員全員が無罪というとき（あるいはその逆でも）有罪とすることはできないということである。量刑について意見が3以上に分かれた場合には、裁判官と裁判員の双方の意見を含む過半数になるまでもっとも重い意見から順次軽い意見を加えていき、そのもっとも軽い意見を裁判所の判断とする（裁判員法67条）。例えば、懲役10年とする裁判員1人、9年とする裁判員2人、8年とする裁判員2人、7年とする裁判官1人、裁判員1人、6年とする裁判官2人、という場合であれば、7年の刑が合議体の判断となる（重い

244　第5章1　裁判員（制度）とは何か

［2］　裁判員裁判用法廷（仙台地裁）裁判官と裁判員が区別なく同じ合議体を構成することは、法廷の配置からも分かる。従来の裁判官席よりも段を低くし、正面に9人の席を設け、机を弓形にすることで、どの席からも証言台に正対できるようになっている。

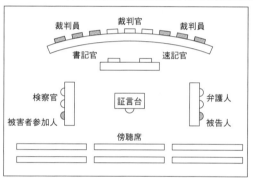

［図］　被害者参加制度・裁判員制度下の法廷見取図

刑から過半数になるまで下していくという評決の方法は、裁判官の合議の場合と同じである（裁判所法77条2項））。

　裁判員の参加した裁判における判決は、評議の結果を踏まえ、裁判官によって宣告される。裁判員も判決期日に出頭することとされているが、裁判員が出頭しない場合でも判決の言渡しは有効とされる（裁判員法63条）。判決書は裁判官によって作成され、判決書には裁判官名のみが記載されることになっており、裁判員の氏名は対外的に明らかにされることはない。判決に対しては、従来の第一審判決と同様、被告人側からも、検察官からも控訴が可能であり、控訴審では、従来と同じ裁判官による審理が行われる。

　裁判員には、一定の守秘義務が課される。従来の裁判官の裁判でも「評議の秘密」は守られなければならないとされてきた（裁判所法75条）。同様に、裁判員裁判においても、評議の秘密は守られなければならないとされている

（裁判員法70条）。この義務に違反して裁判員、または裁判員であった者が、秘密を漏示した場合には、罰則も設けられている（裁判員法108条）。

【裁判員選任までの手続】　裁判員の選任は、①予め各地方裁判所で翌年度に裁判員に選任する候補者を有権者の名簿から無作為抽出で選んだ名簿を作成しておき、②対象事件が起訴された場合に①の候補者の中から50人から100人程度の当該事件のための候補者を裁判所に呼び出し、③さらにその候補者の中から不適格、不選任、辞退などの対象となる人を除いて、くじで裁判員および補充裁判員（審理の途中で裁判員が欠ける事態に対応するため、途中から合議体に加わることが予定されている）を選び出すという手続で行われる。

　上記①の段階で、裁判員法が定める就職禁止事由（裁判員法15条、一定の範囲の公務員や法律の専門家である者等）や、1年を通しての辞退事由（裁判員法16条、70歳以上の人や学生、病気や障害などで出頭が困難な人など）のある人が裁判員候補者から除かれ、実際に裁判所に呼び出される可能性のある人が確定する（裁判員候補者名簿に登載された旨は、裁判員法25条により候補者本人に通知され、その年に裁判員になる可能性があることは、候補者本人も予測していることなので、ある日突然裁判所への出頭を求められて戸惑う、ということはないであろう）。この名簿に登載されなければ、その年に裁判員となることはないが、年度途中で候補者数が不足することが見込まれる場合には、追加の手続が行われることになっている（裁判員法24条）。

　③の具体的な事件における裁判員の選任は、上記②の通り、50人から100人という、実際に裁判員、補充裁判員に選ばれる人の数（10人以内の場合が多いであろう）に比べて多数の人を裁判所に呼び出して行われる。これは、呼び出された候補者のうち、当該裁判の期間における辞退事由がある人や、被告人や被害者と一定の関係があって、公平な判断が期待できない不適格事由（裁判員法17条）がある人を除かなければならず、無作為抽出で裁判員を選び出すために一定の人数が必要となるからである。

　裁判所における選任の手続としては、予め辞退事由や不適格事由の有無や、事件について予断を抱いていないか、などについて確認するための質問票に回答した上で、選任の可能性のある候補者を1人ずつ裁判官、検察官、

弁護人が立ち会う部屋に招じ入れ、そこで辞退事由についての判断や、不公平な裁判をするおそれがないかどうかを判断する質問手続が行われる。この質問手続の結果を踏まえて、検察官、弁護人は不公平な裁判をするおそれがある候補者について不選任を請求することができ、またそれぞれ4人を限度に、理由を示さないで不選任を請求することができることになっている（裁判員法34条～36条）。以上の手続を経て、不選任の決定を受けなかった候補者から裁判員、補充裁判員を選び出す方法は、くじ等の作為の加わらない方法による（裁判員法37条）。候補者として裁判所に呼び出されたのに不選任になった人は、迷惑に思い、あるいは徒労感を感じるかもしれない。しかし、裁判所に来たこれらの人が「ついでに」であっても、その日に行われる裁判を傍聴して帰る、ということもあるであろう。ある程度の数の候補者が裁判所に実際に行くことには、副次的には裁判をより身近なものにする効果があると言えるかもしれない。

　こうして選任された裁判員は、市民を代表して公平な裁判を行う任務を負う存在である。このことを確保するために、裁判員法は、不正な方法で裁判員となることを免れようとしたり（裁判員候補者の質問票への虚偽記入など）、裁判員に対して不当な働きかけをしたり（請託や威迫）することに対し、過料の制裁や罰則を定めている（裁判員法106条以下）。

　【諸外国の制度との違い】　市民が裁判に参加する制度としては、様々な制度が存在する。歴史的には、イギリスで発達した陪審制度が大陸法に移入され、参審制度に変形した形で各国に取り入れられていった、という経緯がある。すなわち、イギリスでは「同輩による裁判を受ける権利」が13世紀には確立しており（マグナ・カルタ）、この考え方はアメリカ合衆国にも引き継がれ、アメリカでは陪審裁判を受ける権利は憲法上保障されたものとなっている（このことから、アメリカの占領下の沖縄では、戦後日本への返還までの間、陪審裁判が行われていた。その一端については、伊佐『逆転――アメリカ支配下・沖縄の陪審裁判』参照）。また、イギリスの旧植民地などイギリスの法制度の影響を強く受けた国々では、現在でも陪審制度が採用されており、刑事裁判だけでなく、民事裁判で陪審制を採用している国もある。これに対し

て、参審制は大陸法系の国々で広く採用されており、対象となる事件も様々である。

① 陪審制

　国や時代により、若干の差異があるものの、陪審制度の特徴は、市民から選ばれた陪審員（12人が一般的な数）だけで審理が行われること、その評決が原則として全員一致制によること、陪審の判断対象は、被告人が有罪かどうかであること（陪審の答申は、GuiltyかNot Guiltyかだけである）、陪審員が事件ごとに選任されることにある。裁判官を含まない陪審員だけで判断するのは、陪審制度が国家の権限（刑罰権）に対して市民の自由を保障する制度としての意義をもっていたためである。全員一致制は、刑事裁判においては、誰もが納得する事実の認定が行われなければならないから、陪審員の1人でも有罪の結論に賛成しない場合には、有罪が証明されたとは言えず、合理的疑いが残る、とする考え方に基づくものであった（ただし、最近では、一定の時間議論を尽くしても全員一致の評決に至らない場合には、9人または10人の多数で評決することを認める制度もある）。事件ごとの選任は、被告人のために構成された陪審を保障し、かつ、より多くの市民が裁判に参加することを可能にするという意味をもつ。

　陪審が行う判断は、起訴・不起訴の決定を陪審によって行う制度（アメリカの大陪審）を除き、有罪・無罪の判断がその中心である。陪審制度をとっている国の多くは、陪審による有罪の評決があった後に、裁判官のみによる別の手続で量刑判断を行うというシステムを採用している。また、英米法系の国々では、陪審による有罪、無罪の評決があった場合には、それに対して、陪審の判断の誤り（すなわち事実誤認）を理由とする上訴を許さない。これは、市民から選ばれた陪審による判断に誤謬はないという考え方によるものである（ただし、実際には手続違反を理由とする上訴を許すことによって、事実認定の誤りを救済する可能性が残されており、上訴審で手続違反を理由に陪審による判決が破棄された場合には、新たに陪審員を選び直して再度陪審裁判（New Trial）を行うことがある）。

　なお、韓国でも司法制度改革の結果として、2008年から重大事件について陪審制度（国民参与裁判）が実施されている。ただし、韓国の陪審制度は、

陪審員のみで評決を行うものの、その有罪・無罪の評決は裁判官を拘束しない（わが国の旧陪審法もそうであった）こととされており、純粋な陪審制度とはやや異なっている。

② 参審制

参審制は、職業裁判官と参審員（市民）が共に合議体を構成して裁判を行う制度である。この制度は、労働事件や特殊な知識を必要とする民事の裁判において広く採用されているほか、刑事事件では、英米の陪審制度を変形させて受容した国々で行われている。

例えば、フランスでは現在、重罪事件について、裁判官3人と市民（その起源から、現在でも陪審員（juré）と呼ばれている）9人で構成する合議体で裁判が行われている。フランスでは、フランス革命期にイギリスの陪審制と同様の純粋な陪審制度を採用したものの、後に裁判官も加えられることになり、有罪・無罪の判断だけでなく、量刑についての判断も行うようになったものである。しかし、フランスの参審制度は、事件ごとの選任である点などに陪審制の影響を強く残しており、さらに最近、陪審員が参加した第一審判決に対して陪審員の人数を増やした控訴重罪院への上訴を認める制度が導入されたりしている。

ドイツでも、フランス革命の影響を受けて一部地方で陪審制度が導入され、後にこれが参審制に変容した歴史がある。19世紀に、フランス革命の強い影響を受けた地方（ライン左岸）で裁判官が加わらない純粋な陪審が有罪・無罪の判断を行っていたことがあり、これが他の地方にも影響を与えて陪審制度や参審制度が各地で行われるようになったのである。現在のドイツでは、3人の裁判官と2人の参審員からなる合議体（これもその起源から「陪審裁判所（Schwurgericht）」と呼ばれる）が重大事件の第一審の裁判を行っている。これに参加する参審員は、事件ごとに選任されるわけではなく、4年任期で任命され、有罪・無罪の判断も量刑に関する判断も行っている。

同様に、イタリアでも重罪事件について参審制度が採用され、裁判官2人と参審員6人（3ヵ月の開廷期ごとに選任される）が合議体を構成し、裁判官と参審員が対等の権能をもって裁判を行っている。イタリアの制度は、控訴審でも（第一審と同じ人数の）参審制がとられている点に特徴がある。ほか

にも、事件の種類によって裁判官と参審員の人数を変え、陪審制（3人の裁判官と12人の「陪審員」からなる）と参審制（裁判官1人と参審員2人）を併用しているデンマークなど、参審制度にも様々なバリエーションがある。

　以上の諸外国の制度と比較すると、わが国の裁判員制度は、比較的多数の市民が事件ごとに選任される点では陪審制の特徴をもち、裁判官と裁判員が同等に審理、評議に参加し、量刑判断まで行う点では参審制の特徴を備えた制度であると言えよう。

2　裁判員になるあなたのために

【法律家の常識と市民の常識】　裁判員制度に不安を覚える市民は少なくない。制度施行後においても、世論調査では、「できれば参加したくない」という意見が多数を占めている。ところが、実際に自分が裁判員に選ばれたら困る、と考えている人の声を聞いてみると、裁判員になることへの抵抗感は、「自分は難しいことはわからないから、裁判官と一緒に裁判をしろと言われても、役には立てない」といったものであることが多い。しかし、既に見たように、法の解釈や訴訟手続の進行は、裁判官が責任をもって行うのであり、裁判員は特に法的な知識がなくてもできる判断を求められるだけである。事実認定について言えば、過去のできごとを目の前にある兆表（証拠）から推論し、そのできごとが実際にあったのかなかったのかを判断するのである。これは人々が社会生活上日常的に行っていることである。また、事実認定について何が争点であって、証拠のどの部分に着目したらよいのかは、基本的に検察官と弁護人によって示される。裁判員は、自らの生活経験と常識とに従って、争点について判断すればよいのである。

　裁判官と裁判員が共に、同等の資格で審理や評議に臨むことは、既に指摘したように、裁判員のもつ市民的な常識が裁判官に影響を与えるという効果を期待できる。裁判員は、裁判官の2倍以上の数であること、多数決のルールから裁判官1人を説得できれば、裁判員の意見が通る可能性が高いことを考慮すると、裁判員による裁判官への影響は、決して小さいものではない。

　職業裁判官は、その大半が大学の法学部（最近では法科大学院）を卒業し、司法試験に合格して裁判官になり、そのまま裁判官としてのキャリアを積んできている。性格や個性の違いはあっても、職業裁判官は、多様な生活経験、社会経験があるとは言えない。そして、裁判官は、専門家集団としての裁判官たちが築き上げてきた方法によって事実を判断し、法を適用しようとする。例えば、事実認定について言えば、自白の信用性をどうやって判断するか、故意を認定するにはどうしたらよいか、犯人性が争われたときはどのような間接事実に着目して判断するか、といったことを、先例と裁判官と

しての訓練を通じて会得した方法によって判断しようとする。

　具体的な例をあげよう。被告人が殺意を争っており、故意を認める供述をしていない場合でも、殺傷力のある凶器で身体の枢要部を攻撃していれば故意を認める、とか、窃盗、強盗の事件で、被告人が事件発生直後に、盗まれた被害品を所持していた（これを近接所持と呼ぶ）ことが認められる場合には、被告人側が盗んだものではないことを合理的に説明できなければ被告人の犯人性が認められる、といった具合である。このような枠組みで判断するとき、被告人の真摯な弁解や否認供述があっても、裁判官であれば比較的簡単に有罪の認定をしてしまう可能性がある。また、裁判官の事実認定の手法は、検察官や弁護人にとっても、周知のことがらであるから、今までは、裁判官の事実認定の常識に従って、検察官も弁護人もその主張をしてきたのである。

　これに対して、裁判員には法律家には常識である従来の判断の枠組みに従って判断しなければならないという「先入観」はない。いきおい、検察官の主張や弁護人の主張も変わらざるをえない。裁判員裁判では、検察官は市民に通用する言葉と論理で、被告人が有罪であることを証拠から示そうとするであろうし、弁護人も無罪、あるいはより軽い犯罪が成立することを裁判員に向けて説得しようとするであろう。また、被告人も専門家である裁判官に対してだけでなく、同じ市民である裁判員に理解してもらえるように自らの主張や弁解を述べるであろう。これらに耳を傾けた上で、裁判員は被告人が有罪か、無罪かを判断しようとするはずである。そして、法律家の常識による判断と、市民の（人によって多様でありうる）生活体験に根ざした常識による判断が評議でぶつかり合ったとき、従来の裁判に比べて、誰もが納得しやすい結論が導き出される可能性がある。

【量刑への裁判員制度の影響】　量刑に関しては、問題は少し複雑である。従来の裁判官による裁判では、量刑は同種の他の事件と比較して一定の幅の中で決められていた（俗にこれが「量刑相場」と呼ばれていた）。刑事裁判の経験を重ねれば、あるいは過去の裁判例を調査すれば、裁判官にとって量刑相場はそう大きくぶれることがないのが常識である（検察官や弁護人にと

ってもこの点は同様である)。しかし、裁判員は、選任された事件についてしか知らない。刑罰を重くすべき事情、軽くすべき事情を証拠から取捨選択することはできても、それらをどの程度考慮するべきかについての基準は、裁判員にはないと言わざるをえない。さらに言えば、法律家が刑を軽くするべき事情として考慮してきた事実が、裁判員にとっては刑を重くすべき事情ととらえられる、ということも起こりうる。量刑相場という法律家の常識にとらわれない裁判員の量刑判断には、裁判員ごとのブレが避け難い。この点については、裁判員に同種事案の量刑についての資料を示す、という方策や、裁判官、検察官、弁護人が共通して利用できる量刑のデータベースを利用するという方法で、このブレを小さくしようとする運用が行われている。

　これに対して、そもそも裁判員が加わって量刑を決める以上、同種事案と比較した場合の妥当性を追求すること自体に意味がないという意見もある。わが国の刑法は、一つの犯罪類型に様々な態様の行為を含んでいることも手伝って、法定刑に大きな幅がある。例えば、殺人罪では、「死刑又は無期若しくは5年以上の懲役」である。下限の5年の懲役は、酌量減軽をすれば2年6月にまで下ろすことができるから、この場合は執行猶予も可能なのである。執行猶予から死刑までの幅の中で、被告人にどれだけの刑を科すべきか、これは裁判員によって大きく異なりうる。「人を殺した以上、原則は死刑で、軽くするべき事情があるときだけ懲役刑にする」と考える人もあるであろうし、「最低の刑を基準にして、どれだけ刑を重くする事情があるかを考慮する」という姿勢で臨む人もあるであろう。また、検察官よりも、被害者の意見を基準に考えるべきだと思う人もいるであろう。法律の認める幅の中であれば、たとえ従来の「量刑相場」や同種事案の量刑とは乖離が生じても、裁判員が加わってした常識に基づく量刑を妥当なものと考えようというのである。実際、裁判員裁判施行後の変化として、介護疲れの果てに家族を殺害したという殺人事件について、従来の量刑よりもはるかに軽い執行猶予判決が出されたり、逆に被害者に落ち度のない事件で従来の裁判官の量刑よりも重い判決が出されるという、二極分化が起こっているという指摘もある。

　ただし、刑事訴訟法は「量刑不当」を理由にする控訴を認めており(刑事

訴訟法381条)、裁判員が参加した第一審判決もこの対象になる。控訴審の裁判官が従来の量刑相場に基づいて第一審の量刑を見直すことも可能である。果たしてこのように市民が加わってした判断を裁判官だけで覆す事態を認めるべきか否か、意見が分かれるところであろう。

【裁判官との関係】　裁判員制度に対する批判の中には、裁判員が裁判に参加しても、専門家である裁判官が評議などをコントロールしてしまい、裁判員は裁判官が行おうとする判断の枠組みの中で、裁判官に説得されてしまうだけに終わる、というものがある。上述したような裁判員の常識による法律家の常識の是正ということは、理想論であって実際には起こらず、裁判員は裁判官の裁判を追認し、それを正当化するための「添え物」に過ぎなくなる、という批判である。

　確かに、裁判官が評議における議論の前提として、上述したような裁判官の事実認定の方式を示してしまったり、裁判員が意見を述べる前に、裁判官がその心証を明らかにしてしまったりすれば、裁判員が裁判官にコントロールされる事態は起こりうる。

　裁判員法は、裁判長が「必要な法令に関する説明を丁寧に行うと共に、評議を裁判員にわかりやすいものとなるように整理し、裁判員が発言する機会を十分に設ける」ことを求めている（裁判員法66条5項）。この規定から読み取ることができる裁判長の役割は、裁判員による議論が活発に行われるようにする司会者役であって、議論を自らの望む方向へ導く役割ではない。評議は、裁判官から裁判の仕方を教えてもらう場ではないのであるから、裁判官は、裁判員同士の意見の交換が十分に行われるように配慮しなければならない。また、とりわけ評議の最初の段階では、裁判官は発言をなるべく控えるべきであろう。このような裁判官の側の自制が働いて初めて、裁判官と裁判員が対等に評議に参加することが可能になる。本来は評議のルールは明示的に定められる必要がある。

　裁判員が専門家である裁判官の前で萎縮してしまう事態を避けるためには、現時点でもっとも有効なのは、当事者（とりわけ弁護人）が弁論などを通して、裁判官の論理に打ち勝つだけの力を裁判員に与えることである。そ

のための手法として、従来の個々の争点や間接事実に分解された事実を争う方法ではなく、証拠のすべてを矛盾なく説明できる被告人側のストーリーを呈示する、という手法（ストーリー・モデル）も呈示されている。裁判員が弁護人によって示された検察官が呈示したものと異なるストーリーに説得力があると感じれば、従来の判断の枠組みにとらわれない心証の形成や、裁判官と互角に渡り合うだけの意見の表明が可能になる、というわけである。

【踏み外してはならない法原理】　裁判員に期待されるのは、市民のもつ常識を裁判に反映させることである。しかしながら、市民が一般的にもっている常識と刑事裁判の原則とがずれてしまっていることがある。特にそれが被告人の基本的な権利に関することがらで生じている場合には、常識の方を優先するわけにはいかない。そこで、裁判員に対しては、手続の適切な段階で、裁判員が守るべき刑事裁判のルールについて説示することが必要になる。陪審制の場合であれば、説示は評議に先立って、評議には参加しない裁判長によって行われる。説示が裁判員に対して不当な影響を与えるものであるような場合には、手続違反として上訴の対象にもなる。

　ところが、裁判員法は、誰が、どのような事項について、いつの時点で説示を行うかについて、明確なルールを定めてはいない。わずかに裁判員法39条に裁判長による裁判員の「権限、義務その他必要な事項」についての説明が規定されているだけである。裁判所が示している「法39条の説明例」によると、「有罪とすることについて疑問があるときは、無罪としなければならない」旨の説明をすることになっている。しかし、審理の初めにこのような説明を受けただけでは十分ではない。当事者が弁論の中で裁判員に守ってもらうべきルールを事件に即して説明することや、評議の冒頭で裁判官から説明することなど、多様な方法で裁判員の心構えについて周知することが必要であろう。そこでここでは、特に誤解されやすい基本的な事項について、裁判員となる人が予め知っておくべきルールとして説明しておこう。

　① 「黙秘権」

　黙秘権とは、自己に不利益な供述をしなくてもよい、という権利である（憲法38条1項）。この権利は、被告人にとっては、裁判において「終始沈黙

し、あるいは述べたくないことがらについては述べない」権利としての意味をもつ（そしてこの権利は、審理の冒頭で必ず裁判官から告知される）。しかし、裁判員として参加した事件で、目の前にいる被告人が黙秘権を行使したら、どう思うであろうか。裁判では、検察官によって、被告人が犯人であることを証明しようとする証拠が必ず提出される。それにもかかわらず、被告人が被告人質問のときに黙して何も語らない、あるいは起訴された事件についてだけ供述をしない、といった態度を示したとき、「犯人でないのなら、なぜ自分の主張を述べないのか」と思うのが自然であろう。そしてこれを自分に都合が悪いから黙秘権を行使しているのに違いないと考えたり、あるいは被告人の不誠実な態度とみなしたりすることによって、有罪方向の、あるいは刑罰を重くする方向の事情として考慮したいと思うかもしれない。

しかし、黙秘権を行使したことを被告人に不利益な事情として考慮することは、憲法の趣旨に反する。黙秘したことが不利益な事情として考慮されるのであれば、被告人は無罪、あるいは軽い刑を獲得するためには、述べたくないことでも述べなければならない、ということになるからである。黙秘権を行使したことを「ふてぶてしい」とか「不誠実だ」と感じることがあったとしても、それを裁判の結果に反映させてはならないのである。

② 意見・主張と「証拠」との区別

裁判員裁判では、検察官も、弁護人も証拠調べを裁判員にとってわかりやすいものにするために様々な工夫をする。上述のストーリーモデルもその一例であるが、規定の上でも裁判員裁判においては、冒頭陳述において「証拠との関係を具体的に明示」すること（裁判員法55条）、弁論において争いのある事実については、意見と証拠との関係を具体的に明示して述べること（刑事訴訟規則211条の３）などが求められている。裁判員法廷には、複数のモニターが設置されている例が多いので、プレゼンテーションソフトを用いたり、映像や画像を説明のために使ったりすることもあるであろう。

しかし、この場合に注意しなければならないのは、映像や画像を使って検察官や弁護人がした陳述は、ほとんどの場合証拠ではない、ということである。実際の事件でもプレゼンテーションソフトを用いて冒頭陳述や弁論を行い、その際の画像や説明文をプリントアウトして裁判官、裁判員に配布した

例もある。しかし、冒頭陳述は、当事者の立証予定に関する意見に過ぎないし、弁論も証拠ではなく意見である。わかりやすく説明が行われると、それ自体に説得力を感じ、そこで述べられたことが真実だという錯覚に陥りやすい。しかし、当事者の主張は、事実認定や量刑を行う際のガイドに過ぎない。裁判官も裁判員も、あくまで公判廷で取り調べられた証拠に基づいて判断しなければならない（裁判員法62条）。説明のわかりやすさだけからどちらかに軍配を上げる、ということがあってはならないのである。

③　「疑わしいときは被告人の利益に」

この原則は、俗に「疑わしきは罰せず」と表現されることがある。そして、この表現から生じる誤解として、「『疑わしきは罰せず』だから、犯人に間違いない場合でも、証拠が充分でなければ無罪にする」のがこの原則であり、裁判の限界から犯罪者に利益を与える原則だと考えている人が多い。

この原則の本来の意味は、刑事裁判においては被告人が有罪であることは、訴追側（検察官）が証明しなければならず、検察官がその証明に失敗した（すなわち、被告人が有罪であることに疑いが残った）場合には、無罪とする、ということである。そして、その反面として、被告人側が自らの無罪を証明する必要はないことになる。別の言い方をすれば、被告人は判決まで無罪の推定を受けるので、被告人は無罪であることの証明責任を負わないということである（この考え方は、上述の黙秘権の考え方にも通じる）。

以上のような原則を踏まえた裁判員が裁判に参加することで、刑事裁判のあり方がわかりやすく、迅速で、その結論においても万人の納得できるものになること、そしてそれを通じて、裁判官の意識が変わっていくことを期待したいものである。

《参考文献》

杉田宗久『裁判員裁判の理論と実践〔補訂版〕』（成文堂、2013年）

後藤貞人＝村井敏邦編『被告人の事情／弁護人の主張──裁判員になるあなたへ』（法律文化社、2009年）

西野喜一『裁判員制度批判』（西神田編集室、2008年）

五十嵐二葉『説示なしでは裁判員制度は成功しない』（現代人文社、2007年）

伊佐千尋『裁判員制度は刑事裁判を変えるか』（現代人文社、2006年）

池田　修『解説裁判員法』（弘文堂、2005年）
青木英五郎著作集第3巻『陪審裁判のすすめ』（田畑書店、1986年）
伊佐千尋『逆転——アメリカ支配下・沖縄の陪審裁判』（文春文庫、1987年）
木佐茂男「名誉職裁判官」同『人間の尊厳と司法権』第6章（271頁以下）（日本評論社、1990年）
最高裁判所事務総局刑事局監修『陪審、参審制度』（米国編Ⅰ、Ⅱ、Ⅲ、英国編、ドイツ編、フランス編、スウェーデン編、デンマーク編、イタリア編）（司法協会、1992～2004年）
鯰越溢弘編『陪審制度を巡る諸問題』（現代人文社、1997年）
丸山　徹『入門・アメリカの司法制度』（現代人文社、2007年）
今井輝幸『韓国の国民参与裁判制度』（イウス出版、2010年）

3 裁判員以外の国民参加

【国民の司法参加の広がり】 他国と比べ、裁判員制度施行前のわが国は国民の司法への参加の機会は少なかった。すなわち、刑事事件の一部につき陪審制度が実施されていた一時期（1928年〜1943年）を除くと、国民が狭義の司法機能である訴訟手続における判断者となることは全くない状態であった。

しかし、国民の司法参加をもう少し緩やかにとらえれば、わが国でも、国民が司法制度に関わる機会はそれなりに存在していた。以下に説明する、検察審査員、調停委員、司法委員、参与員がそれである。一般の関心は低く、権限も限定的なものではあるが、制度としては定着を見たものである。これらの選任資格は、有権者の中から無作為に抽出された者（検察審査会法10条、裁判員法13条）、弁護士資格者ほか有識者（民事調停委員及び家事調停委員規則1条）、良識のある者その他適当と認められる者（司法委員規則1条、参与員規則1条）というふうに定められている。裁判員や検察審査員のように関与する者を選挙人名簿から無作為抽出するものではないが、国民参加の一種ではある。

すなわち、一般国民から無作為抽出する裁判員や検察審査員は、相当数の国民を確保しその総和として健全な社会常識を司法に反映させることを目的としていると言えるが、それ以外のものも、なんらかの形で司法制度に国民の声を反映させる要素が備わっていると言える。調停委員、司法委員、参与員の運用を理論的に整理すると、3つの機能に区別することが許されよう。第1は、その者の法的素養に期待するものである。弁護士や法学系の大学教授、その他の法律専門有資格者を選任する場合であり、裁判官の人数不足を補い、まさに裁判官の如く行動することが期待される（とりわけ、弁護士がパートタイム裁判官となる民事および家事の調停官がそうである、民事調停法23条の2以下、家事事件手続法250条以下）。第2は、各分野の専門家を登用する場合である。これは複雑かつ専門的な事件が増加する中で注目されるもので、こうした者が有する、裁判官が当然にはもち合わせていない、法律以外

の専門知識を活用し、事件の効率的な処理を狙うものである。これに対し、第3は、上記2つのような資格にはこだわらず、それ以外の適任の有識者をこれに充てる場合である。司法サービスに広く国民の良識を生かそうとするものであるが、無作為抽出というのではなしに、適任の者を戦略的に登用する場合がこれに相当する。もっとも、これらはあくまで理念的な区別であり、また、相互に排斥し合うものでもない。

とりわけ、上記の第3の方向は、その者の法的専門資格の有無を問わないという点で、陪審、参審、裁判員と通ずるものである。ただ、無作為抽出で足りるものではない。このことは、翻って考えてみると、最高裁判所と簡易裁判所の裁判官にも現れている。すなわち、狭義の法曹有資格者のみの構成を避け、広く人材を求めようとしているが（裁判所法41条・44条）、全くの一般人が選任されているわけではない（→112頁、188頁）。

国民の司法参加の重要さは、司法制度改革論議の中で、制度的基盤、人的基盤と並んで国民的基盤を確立するものという位置づけでより明確にされた。以下で説明する委員のほかに、裁判官の指名の諮問過程や裁判所の運営に関し、国民から選出された者が関与する機会の拡充が図られることになっている（指名諮問委員会、地・家裁委員会）。その実際的運用に注目すべきであるが、まだ目立った成果を実感できるまでに至っていない。

(1) 検察審査会

【その意義と実績】　検察審査会は、検察官の不起訴処分の当否を、国民から選ばれた者がチェックする制度である。正確に言えば、裁判制度そのものではなく検察行政に関わるものであるが、広い意味で刑事司法の監視役にもなっているもので、その実績から見ても国民参加の名に値するものである。すなわち、わが国の検察官は、起訴独占主義（刑事訴訟法247条）、起訴便宜主義（同248条）のもと絶大な公訴権限をもっているが、これを事後的にチェックしうるのが検察審査会である。具体的には、不起訴となった事件に限定されるが、被害者や告訴者など関係者の申立てまたは職権で、その妥当性を審査するというものである。そのほか検察庁の仕事で改善すべき点を

指摘することも期待されている。

　審査会は、有権者の中からくじで選ばれた審査員11人（任期は半年）で構成され、全国の地裁とその主な支部に設置されている（2014年現在、149ヵ所165会が設置されている）。1948年の発足以来2012年までで、補充員を含めて経験者の数は全国で55万人以上に上り、審議された事件数も累計16万件を超えている。審議の結果は、検察官の不起訴処分を相当とするのが56.9％（9万2,373件）、不起訴不当が9.5％（1万5,478件）、起訴相当が1.5％（2,392件）となっている（起訴相当には8人以上の多数決によることが必要である、検察審査会法41条の6）。審査会の議決は、該当地区の検事正に送付され、従前の不起訴処分の再考が促され、実際、その後起訴されるに至った事件も少なくなく、2012年までで1,436件となっている。それには社会の注目を集めた事件が多い。

　【検察審査会の課題】　このように検察審査会は、地味ながら刑事司法に民意を反映させうる、わが国独自のユニークな制度である。また、これまで検察審査会の議決を受け再調査後に起訴に至った事件の中では交通事故関係の致死傷（刑法208条の2・211条）事件が半数近くあり、被害者と加害者の意識が鋭く対立するなど、国民の処罰感情の斟酌なしには公訴権行使のバランスが取りにくいケースがあることを意味している。もっとも、この制度にも問題は少なからず存在する。

　第1に、審査会の議決と起訴権限を有する検察官の関係である。2009年5月以前は、検察審査会が行った議決に拘束力はなく、仮に起訴相当の議決であっても検察官が不起訴の方針を変えるとは限らなかった。しかし、この点には批判も多かったことから、改められることになった。すなわち、検察官が再考後も不起訴処分を改めない場合は、検察審査会は、再審査を行い、起訴すべき旨の議決をすること（起訴議決）ができることとなったのである（検察審査会法41条の6）。この起訴議決がされると、裁判所によって指定された弁護士が検察官の職務を行う形（指定弁護士）で公訴、公判がなされることになる。ある意味で待望の拘束力が付与されたことになるが、逆に新たな課題も浮かび上がってきた。

第2に、現行制度が不起訴処分のチェックに限定されている点である。つまり、不当な起訴処分について、非犯罪化・不処罰化の観点に立って公訴権の行使を打ち切るという方向での審査の可能性がないことを意味し、制度として重要な反面を欠いているようにも思える。

第3に、検察審査会の審査が非公開である点である。どういう結論になるにせよ、申立人や被疑者に納得のいくものとなるべく、審査の中立性・透明性が確保されているかどうかである。この点で、現在は審査の充実のため弁護士が補助員となって専門的な知見を補う工夫がされているが、依然として非公開には変わりがない。

第4に、新たに導入された起訴議決にかかる問題である。すなわち、民意の反映という意味で導入された起訴議決であるが、被疑者からすれば検察官が不起訴としたにもかかわらず素人の多数決の判断で不利益に晒されることへの批判であり、現に強制起訴されたものの無罪となるケースも現れている。

さらに第5として、発足後65年にもなる制度であるが、国民の間でなお十分に制度が知られていないという問題もある。制度の存在の認識はもちろん、仕事内容の周知もさほど進展していない現状が今も続いている。裁判員制度と同様、国民に負担・責任を課すものであり、正しく認識された上で今後の展開が議論される必要があろう。

(2) 調停委員

【調停制度と調停委員】　わが国では、裁判所の調停制度が民事事件でも家事事件でも大いに活用されている。すなわち、事件を訴訟によって決着をつけるのではなく、柔軟に折合いをつける裁判所の調停は、もっとも有効に機能しているADRとして知られている（→47頁）。

まず、民事調停は、原則的には、簡裁が管轄権をもっている（民事調停法3条）。地裁が民事調停を行うのは、合意管轄によるか、訴訟からの移行によるもの（いわゆる付調停処理、同20条）である。また、家庭関係の事件や少年事件を受けもっている家裁では、家事審判や人事訴訟による事件処理と共

に、それに前置される家事調停（家事事件手続法244条以下）が重要な役割を担っている。この調停制度を支えているのが調停委員であり、調停主任と民間から選任される調停委員２人とで調停委員会を構成し事件を担当している（民事調停法６条、家事事件手続法248条）。非公開の柔軟な手続で双方の利害を調整して事件を処理しており、裁判所付設のＡＤＲとして諸外国からも注目されている。

調停委員の任命資格は、規則により、①弁護士となる資格を有する者、②民事もしくは家事の紛争の解決に有用な専門的知識経験を有する者、③社会生活の上で豊富な知識経験を有する者、であって人格識見の高い40歳以上70歳未満の者、となっている。任期は２年で再任を妨げない。全国で、民事調停委員が約１万1,000人、家事調停委員が約１万2,000人任命されている（うち、併任者が約4,000人）。調停委員は、裁判所の非常勤職員となり、所定の手当てなどを受ける半面（民事調停法９条、家事事件手続法251条）、守秘義務等の制約も受ける。

調停委員の給源として従来から弁護士は重要な存在であったが、近時の改革により、経験の豊富な弁護士については、民事調停官、家事調停官という形で登用されうることとなった。いわゆるパートタイム裁判官（両者合わせて、全国で115人ほど）であり、この場合、調停官が調停主任の任務を担うことも可能となり、調停体制の充実につながることが期待されている。調停委員には、弁護士のほか、各種士業（→100頁）、医師、会社・団体の役員・理事などから選任されている。

【意義と実績】　調停制度そのものの意義と実績については、ＡＤＲのところでも言及した通りであり、事件数で見れば、裁判所としても訴訟に匹敵する重要な制度と言える。一般国民にとっては、調停は訴訟よりも利用しやすい裁判所サービスであるようであり、それだけでも民間人参加の意義は大きいと言える。もっとも、地域の名望家が選任されていることが多く、利用者に妥協を迫る面が現れることがないわけではない。

調停委員の任務は、調停委員会を構成して個々の事件に関与するほか、専門的な立場で意見を述べたり（その功罪はともかく、専門性をもった調停委員

の意見が簡易な鑑定に代わることがあった)、関係人の意見聴取を行ったりすることとされている（民事調停法8条、家事事件手続法264条）。現場では、調停委員の職業・資格、年齢、性別などを考慮することで、様々のパターンの調停委員会が工夫されているようだが、何よりも事件の個性に対応させることが望まれよう。また、導入された調停官がどのように機能していくか注目されるが、裁判所サービスの一環として調停の法律面のバックアップを確実にすることで、調停の質の向上につなげてほしい。調停委員の選任もオープンに議論されてよいだろう。さらに言えば、各事件を担当する調停委員がどのような人物であるのか当事者に示されて、責任をもって職務に当たってもらうことが望まれる。

(3) 簡易裁判所の司法委員

【司法委員の関与とその地位】　第2次世界大戦後、最下級の裁判所として全国に設置された簡易裁判所（現在、438ヵ所）は、争いの対象が金額にして140万円までの民事事件や罰金以下の刑の刑事事件といった軽微な事件を簡易・迅速に処理する、庶民の裁判所として構想された（→106頁）。そのため、裁判官の任命資格も緩やかにし（裁判所法44条）、国民になじみやすいものにしようとしている（もっとも、法曹人口が大幅に増加した際には、簡裁判事の位置づけは再検討を要しよう）。さらにその趣旨を生かすべく、簡裁では、民間人の中から予め候補者として選任しておいた者を随時、事件に関与させる司法委員の制度を設けている（民事訴訟法279条）。指定された司法委員は、当該事件につき、①裁判官の和解の試みの補助、②審理に立ち会い意見を述べる、などの形で関与する。その狙いは、簡裁事件の解決に国民の健全な良識を反映させることであり、国民の司法参加の形態としては、訴訟事件への関与である点で相当進んだものと評価することができる。もっとも、裁判所によって関与比率は違っていて必ずしも十分活用されているとは言い難いが、少額訴訟（民事訴訟法368条以下）については関与率が少し高い傾向にある。

　この司法委員は、毎年、地方裁判所が管内の簡裁ごとに10人以上を「司法

委員となるべき者」として選任しておき（司法委員規則3条・4条）、事件担当の裁判官が事件ごとに裁量で指定するものであり、調停委員と違い、個別の事件を離れて司法委員という身分が存在するものではない。それゆえ、無報酬が原則であり、事件を担当した際に、実費弁償の趣旨で、旅費・日当などを受けるにとどまる（民事訴訟法279条5項）。

具体的な司法委員の指定は、①予め作成された割当表によってする開廷日待機方式、②事件内容と委員の個性（職業・資格）とを考慮して決める事件指定方式、の2通りが使い分けられている。関与の実態としては、意見聴取型よりも、和解関与型（これを司法和解と呼んでいる）が多いようである。

【司法委員制度の問題点】　このように簡易裁判所の理念にマッチした司法委員の制度も、当初はあまり利用されず、名誉職的な選任にとどまっていた。ところが、消費者信用絡みの簡裁事件の増大を背景に、ようやく司法委員の活用が定着を見たというのが実情である。

今後重要なのは、こうした司法委員の候補者としてどのような人材を求め、そしてどの事件にどう関与させるかであろう。現在、全国で約6,000人が選任されており、その職業は、弁護士、公認会計士、不動産鑑定士、医師、裁判所職員OB、会社・団体の役員、農業者、個人企業経営者など多岐にわたっているという。選任基準が「良識者」とあるだけなので、誰を選ぶかは各地の運用にまかされているが、国民の司法参加の一形態にふさわしい運用が望まれる。もっとも、簡裁事件とはいえ、その機能から考えて、無作為抽出というわけには行かないであろう。いかに有能な人材を確保し司法委員の実働部隊を拡充できるかである。簡裁事件でも法的な解決を求めて国民は利用するのであるから、委員には最高裁の判例動向や最新の立法をフォローできていることが求められよう。

(4)　家庭裁判所の参与員

【家庭裁判所と参与員】　家庭関係の事件と少年関係の事件を扱う家庭裁判所（裁判所法31条の3）は、家庭に関する事件については、調停（家事調

停)、審判（家事審判）、訴訟（人事訴訟）の3つの方式を使い分ける。そして、一刀両断の解決より、事件の性質に照らし条理に適った将来の家庭関係の形成こそ望ましい解決であるとして、調停による処理を優先している（調停前置主義、家事事件手続法257条）。

これに対し、家事事件のうち所定のもの（審判事項、同39条・別表第1・2）について、裁判官が法に基づいて審理判断する手続が家事審判である。この家事審判では、民間から選任された参与員が立ち会い意見を述べるなどして国民の良識を反映させる、国民参加の制度が存在している（同40条）。調停委員や司法委員とほぼ同趣旨のものである。そして、この参与員の制度は、司法制度改革の一環をなす法改正によって、離婚などの身分関係の訴訟（人事訴訟）の管轄が地方裁判所から家庭裁判所に移管されたことに伴い、現在は人事訴訟にも拡張されている（人事訴訟法9条以下）。

【参与員の地位】　制度的には、司法委員と同じような立場に立つ。すなわち、毎年、家庭裁判所ごとに前もって選任しておいた20人以上の者の中から、事件ごとに適宜、裁判所が参与員を指定するのである（家事事件手続法40条5項、人事訴訟法9条3項）。司法委員とほぼ同じ6,000人強が全国で選任されている。やはり司法委員と同様に無報酬が原則であるが、実費弁償の趣旨で、旅費・日当などは支給される（家事事件手続法40条7項、人事訴訟法9条5項、参与員規則6条以下）。

参与員の役割は、家事審判や人事訴訟の審理・和解に立ち会いまたは意見を述べることである。家庭環境、家族状況の判断では、一般の良識や地域の慣習も踏まえることが必要なので、参与員の意見が参考とされるのである。しかし、参与員は評決権をもつものではなく、裁判官はその意見に拘束されるものではない。

参与員の選任基準は「徳望良識のある者」と述べられるだけにとどまり（参与員規則1条）、地域によって実情には差があるようである。家庭裁判所の性質に照らし、国民の家族観を吸い上げる意味でも多様な人材の登用が望まれる。というのも、家裁では、家裁調査官や医務室技官といった特有のマン・パワーも擁しているので、これらのサポートと合わせれば、幅広い層の

国民が寄与しうるように思えるからである。しかし他方で、複雑な戸籍事務、国際家族法（国際私法）、遺産分割、遺言、社会福祉、税務など、その分野に精通した専門家を必要とする事件も多いと予想されるので、専門的な参与員の確保も望まれよう。

(5) 新たな試み

【専門委員】　諸科学・技術の発展の目覚しい現代では、紛争の内容や争点を理解し、妥当な解決を図る上で、法律以外の専門的知識が必要となることが増えてきた。医療過誤事件、知的財産権事件、建築関係事件などがその典型である。裁判官がすべての専門領域に精通しているわけではないので、こうした事件は長期化する傾向にあった。こうした状況を打開する新たな試みとして、民事訴訟法の改正で専門委員制度が導入された（民事訴訟法92条の2以下）。外部から医療、知財、建築関係などの専門家を登用し、争点や証拠の整理、和解の場面に関与させ、専門的な事件の審理の充実・迅速に寄与しつつある。全国で1,900人ほどの専門家が専門委員となっている。専門委員は判断者となるのではなくあくまで裁判官を専門的知識でサポートする存在にとどまるが、事件の性質上、影響力が大きいので、適切な専門家が当てられているか、偏った選任になっていないか、の検証がいずれ必要であろう。

【労働審判員】　これも司法制度改革の審議から生まれた新しい試みである。従来、不当労働行為や争議などの集団的労働紛争には労働委員会の存在が知られていたが、近時増加している、解雇や賃金不払いなどの個別的労働紛争については、少なくとも裁判所は効果的な解決の場ではないとされてきた。そこで、裁判所（地裁）に、個別的労働関係の民事紛争について、調停をベースの原則3回の審判で決着をつける労働審判制度を導入した。ここでは、労働者側、使用者側双方を出身母体として選任された労働審判員が関与することになっており（労働審判法9条）、全国で1,400人余りが選ばれている。

以上に述べてきたように、いろいろな形で、法曹三者以外の国民が司法関係業務に従事する途は広がってきている。参加する国民にはこれを支える高い意識が必要であるが、参加する国民を安価な下請け機関としてしまうようなことはあってはならない。いくら有用な制度であっても、参加者が情熱を傾けられるようでなければ長続きしないのも目に見えているので、その役割にふさわしい日当・待遇も考慮すべきであろう。また、守秘義務との兼ね合いもあるが、いかに経験を蓄積するかという課題もある。

《参考文献》

石川　明『調停法学のすすめ』（信山社、1999年）

加藤慶徳『小説民事調停委員』（中経出版、1989年）

最高裁判所事務総局刑事局監修『検察審査会五〇年史』（法曹会、1998年）

佐野　洋『検察審査会の午後』（新潮文庫、1996年）

篠倉　満『起訴相当』（信山社、1988年）

杉山悦子「専門委員制度の現在と未来」松本恒雄還暦『民事法の現代的課題』（商事法務、2012年）

高橋宏志＝高田裕成編『新しい人事訴訟法と家庭裁判所実務』（有斐閣、2003年）

中島弘雅「市民の司法参加」『岩波講座・現代の法5』（岩波書店、1997年）

林　道晴「参与員の活用について」家裁月報42巻8号（1990年）

廣田尚久『民事調停制度改革論』（信山社、2001年）

三井　誠「検察審査会制度」法学教室160号（1993年）

横田康祐「司法委員制度の概要」市民と法26号（2004年）

4　訴訟を支援する人々

【裁判所に声を届けるには】　わが国では、事件が早い段階で司法的に解決されることが少ない。多くの事件は、あれこれの交渉などを経た後、事件が大規模化、複雑化した段階に至って初めて裁判所に来る。また、裁判が日常的に容易に提起できるものではないから、法廷に登場する事件は政策形成訴訟ないしは公共訴訟と言われるような影響の広範囲なものとなりがちである（環境・公害、薬害訴訟など）。また、声を大きくしなければ裁判官が事件を真摯に取り上げないという危惧もある（例、①ひき逃げを理由として起訴されたが上告審で無罪が宣告された遠藤事件では21万人余の公正判決要請署名が集められ最高裁に提出された。この判決は、最判平元年（1989）4月21日判時1319号39頁。②ある女性が原爆症である旨の厚生大臣の認定を裁判で求めた長崎原爆松谷訴訟。9,000人を超す市民からなる支援する会があり、最高裁の段階で53万人に近い個人・団体の支援署名が集められ、その影響は定かではないが、提訴後12年の歳月を経て2000年7月18日に最高裁で全面勝訴し、その後、同年12月には解散した）。重要事件にあっては、一方当事者が国や自治体、検察庁、企業などであって、原告、あるいは被告人との訴訟上の力のバランスが欠けていることも少なくない。理論構成の面からも、経済的な面からも、裁判当事者や1人の弁護士のみでは対応し難いことがある。また、支援活動は、当事者に対する精神的支援としての意味をももっている。

このような理由から、わが国では、訴訟支援活動が盛んであり、これは日本的特徴と言えよう。多数の弁護士からなる弁護団が結成されると共に、原告を支援するための組織が作られる。裁判の公正化のための一種の監視運動としての機能ももつ。日本でこれまで最大の弁護団は寺西事件（→159頁）で約1,200人の弁護士が支援した。オウム真理教事件で被告人弁護団長をした安田好弘弁護士が被告となった事件では、控訴審で2,100人の弁護団となった。アメリカでは、消費者団体などが消費者のための種々の活動の一環として裁判支援を行うことがある。しかし、欧米では一般に大弁護団や大原告団が作られることはあまりないようである。

こうした運動は裁判所に対して批判的な姿勢をとりがちであり、これが〈裁判の政治化〉として問題とされたことがある。しかしながら、裁判が国民から離反したものにならないためには、常に、個々の裁判事件や司法行政上のできごとが世論の積極的な批判にさらされている必要がある。欧米諸国でも司法は常にマスコミや世論の厳しい監視の対象となっている [知識1]。

　【訴訟を支援する組織】　〈裁判闘争〉を支援する組織は、非常に多かった。かつて最大規模であったのは、松川事件の支援組織である。最近のケースでは、各地に水俣病訴訟やじん肺訴訟の支援組織があり、全体では非常に大きな構成員を擁する。これまで、刑事、労働、公害事件などで支援組織が作られる場合には、労働組合や各種団体が組織として加入する場合が少なくなかったが、最近では、市民個人を会員とする形のものが増えてきている。この種の最大規模のものは訴訟が32年間も続いた家永教科書裁判の支援組織で会員数も2万人を超えた。先にあげた長崎原爆訴訟支援組織などもこれらに属する。なお、特定の事件を支援するためのものではないが、松川事件や死刑再審事件など市民的政治的権利に関する裁判を60年以上にわたり支援し、現在全国に4万6,000人（2014年現在）以上の会員を擁する市民組織として日本国民救援会がある。

　弁護士にも、正式の弁護士会のほかに、種々の組織がある。会員を弁護士

―― ワンポイント知識1 ――
〈裁判批判〉問題　　かつて1955年に、最高裁長官田中耕太郎が、裁判に対する批判を「雑音」であると述べたことがある。これは、国民が裁判に対して行う批判や提言に拒否的姿勢を示すものとして今日でも著名な発言である。しかし、国民による裁判批判は必要なことであって、裁判をめぐる議論が公の場で戦わされることは非常に重要である。裁判官は謙虚に耳を傾けるべきであろう。家永三郎『裁判批判』（日本評論社、1959年）参照。なお、この田中長官は、アメリカ軍旧立川基地の拡張をめぐるいわゆる「砂川事件」において、アメリカ側に、第一審判決を全くの誤りとし、最高裁判決の見通しを伝えていたことがアメリカ国立公文書館資料から明らかになった。「砂川事件」「最高裁長官」「アメリカ」などのキーワードでネット検索すれば多数の資料が見つかる。

に限らないものも含まれているが、例をあげると、経営法曹会議、自由法曹団、自由人権協会、社会文化法律センター、日本国際法律家協会、日本民主法律家協会、日本労働弁護団、青年法律家協会などがある。経営法曹会議（2014年現在、約620人。2008年には約450人）と日本労働弁護団（2014年現在、約1,600人。2008年は約1,400人）は、労働事件において対峙することが多い。

《参考文献》

新井　章『体験的憲法裁判史』（現代史出版会、1977年。1992年、岩波同時代ライブラリーに収録）

大塚一男『私記松川事件弁護団史』（日本評論社、1989年）

教科書検定訴訟を支援する全国連絡会編『家永教科書裁判十年史』（草土文化、1977年）

広津和郎『松川裁判（広津和郎全集第10巻）』（中央公論社、1973年）

5　裁判を監視したり、裁判の改善を目指す運動

【監視機能をもつ傍聴運動】　1990年代に入って市民の間で裁判傍聴（ウォッチング）運動が始まった。これは、裁判に対する不信に基づいて、裁判を監視しようとする行動である。司法書士や弁護士も積極的に援助・協力する傾向が見られ、全国に普及すると共に、ネットワーク化も進み、全国的な規模での交流集会も開催されるようになった。

傍聴活動には、弁護士会が主催するものや、「法の日」などに行われるものもあるが、ここで傍聴運動とは、主として市民が自発的に組織し、様々な工夫をして継続的に行っているものを言う。この運動は、やがて模擬陪審など国民の司法参加を実現する運動と結びついていったが、それらは、日弁連が進める運動、弁護士任官活動の取組み、司法予算拡大運動、法曹一元の実現に向けた運動、消費者等の権利を実効あらしめようとする各種の人権活動とも重なるものであった。

この運動は、裁判の中身を変えることに大きな意義を置いていたこともあって、裁判員制度が現実のものとなり、それが最高裁や法務省により大々的に宣伝されるに及んで、弁護士会主催のものなども含めて、次第に尻すぼみになっていった感がある。一部では、法律事務所が企画して長期にわたり、裁判員裁判事件ではないものに特化してウォッチングを継続している。

いずれにしても、こうした組織的な傍聴運動は、外国にほぼ例を見ないものであった。いわば裁判官が継続的に監視されることにより裁判所に民主性を吹き込む役割を担っており、ひいては、司法の独立、あるいは裁判官の独立を確保するための一里塚となる市民運動として評価することができよう。2009年5月に裁判員制度が発足して以降、2014年までの5年間に約5万人が裁判員になったという。裁判監視というウォッチング運動の役割の代替機能を果たしているか、検証を要する時期に来ている。

【市民と職業法曹との共同活動】　裁判官のみによる組織的活動は、戦前のさつき会、戦後の青年法律家協会（青法協）裁判官部会、宮本判事補再任

拒否事件を契機に始まった全国裁判官懇話会（→191頁。2008年に活動を事実上停止）があるが、その後、ネット社会の幕開きと共に始まる1999年発足の日本裁判官ネットワーク（→192頁）や、1997～1998年の寺西事件（→159頁）を契機に始まる自由で独立した裁判官を求める市民運動などは、それ以前の弁護士と市民の共同行動から、裁判官が市民と共に行動する時代への変遷を示すものとも言えよう。しかしながら、日本裁判官ネットワークに参加する新しい裁判官がほとんどいないことからも示されるように、裁判官まで含んだ市民による司法改革の芽はいまだ極めて小さいと言わざるをえない。

《参考文献》
池添徳明『裁判官の品格』（現代人文社、2013年）
裁判ウォッチング市民の会・10年史編集委員会『裁判ウォッチング　あれこれ10年』（裁判ウォッチング市民の会、2004年）
坂本　修＝坂本福子『格闘としての裁判』（大月書店、1996年）
佐木隆三『法廷のなかの人生』（岩波新書、1997年）
「特集／裁判を国民のものとするために――裁判ウオッチング運動のめざすもの」法と民主主義314号（1996年）
日本裁判官ネットワーク編著『裁判官だって、しゃべりたい！――司法改革から子育てまで』（日本評論社、2001年）

第6章　これからの司法のために

チューリッヒ区裁判所の正義像。1916年の作

フランクフルト裁判所庁舎Bにある正義像。1953年の作

ブラウンシュヴァイク地方検察庁外壁に掲げられている現代の正義の像。1956年の作

ザルツギッター・レーベンシュテット区裁判所の正義の碑。1983年の作

近代以降の大多数の〈正義の女神〉像は、剣と秤をもっている。もっとも、司法を批判的に描いたカリカチュアは別である。20世紀になってからは、さまざまの趣向に基づいて、正義の理想を表現しようとする半裸の女性像なども作成されている。
　戦後のドイツ社会では法治国家の復興がはかられた。正義像も少なからず作られたが、剣と秤をもった〈古典的〉女神像は稀である。今日の正義像は傾向を指摘できないほど多様であり、ナチス支配のもたらした惨禍を反省し追悼するもの、法治国家の期待を表すもの、司法の現状を批判するものなど、個性的な正義像や正義の碑が作られている。

[上]右手には秤をもっているが、左手には何ももっていない。顔は柔和な表情とヒューマニティをもった厳しい表情のいずれにも見えるように作られている。(47頁)
[左]座っており、明るい無色で、女性の姿である。作者は司法の開かれた様子をシンボル化しようとしている。(50頁)
[中]現代の正義は〈神〉によって実現されるのではない。この像は、司法に保護された人間の安心を象徴するとともに、神ならぬ人間が、両訴訟当事者の訴訟遂行能力のアンバランスを補い、〈武器の対等〉を保障して裁判を行うべきことを表している。両手に載せられているのも、生身の人間である。昔とはまったく変わった裁判の任務や内容を表現する。(51頁)
[右]現代の裁判官は、目を隠していてはいけない。訴訟の当事者の言い分を十分に聞き、しっかり目を開けて紛争の全体を見なければならない。ナチス司法を反省し、裁判官に戒めをする現代の正義の碑。(木佐撮影)

1　国際化の中の司法改革

(1)　比較してみる司法

【近代国家と司法】　裁判には古い歴史がある。その主宰者は、しばしば国王、君主や領主であり、人々に過酷なあるいは不利益な裁判が行われてきた。国家の建設や市民革命に際して、あるいは近代憲法が制定される際に、司法の内容をどのようなものとするかが一つの争点となったのは、当然のなりゆきである。イギリスを見ると、マグナ・カルタ（1215年）以来、権利請願や権利章典などが次第に裁判を受ける権利を充実させ、法の支配の確立に寄与してきた。スイスでは、13世紀末に3つのカントン（州）が集まって連邦を作る同盟がされた際に、裁判官を人々が選ぶ、という1項も入れられた。1848年の三月革命の後に制定されたドイツのフランクフルト憲法は、封建的な裁判を否定した上で、新しい裁判制度を、「国民の基本権」の中で詳細に規定した（法174条以下）。同年のフランス共和国憲法もいわば独立の裁判官による裁判を受ける権利を述べている（法4条）。アメリカでは、陪審裁判を受ける権利が憲法上規定された（修正5条～7条）。

　今日、主要な国々の憲法に定められている司法関係の条文は、国民の人権を扱った部分における裁判を受ける権利と、統治機構の部分に書かれた司法の組織や機能についての規定に大別される。現在でも、裁判の公開（例、スウェーデン憲法2章11）や陪審制が人権保障規定の中に見られることがあるが、これは歴史的に見てごく自然なことである。裁判を受ける権利の内容が、憲法上具体的にどのように成立してきたのかについても関心をもってよいであろう。

　市民革命を経た後、裁判は国民の名において行わなければならないとする憲法も少なくない。今日の憲法でそのことを宣言する国もあるし（イタリア憲法101条）、ドイツでも第1次大戦後のワイマール時代から、判決書の冒頭には「国民の名において」という文言が掲げられている。このように、歴史的に見るならば、しばしば独立戦争や市民革命を経ることにより、裁判権が

国民に由来することや、裁判は国民に身近なものであるべきこと、および裁判官は独立して職権を行使することなどが明確になってきていると言える。裁判所は基本的に国民の権利保護のための機関として発展してきた。

【司法制度の発展】　歴史的に様々な事情から、各国では、民事・刑事の通常裁判所、行政裁判所などの各種の裁判所があり、審級制度もまちまちであることが少なくない。また、連邦制をとっている国では、アメリカ合衆国が典型であるように、州ごとに裁判所制度が異なることも稀ではない。裁判官の任免方法や国民の司法参加も実に様々である。したがって、各国の司法制度とその実務を比較することは容易ではない。市民の目を基準にしたときには、司法制度がどのように改善されてきたか、裁判所が市民に身近な存在であるか、市民が裁判について満足しているか、裁判官自身が職務を独立に行うことができると感じているか、彼らが仕事に誇りをもっているか、といった観点から比べるのも一つの方法であろう。

　ところで、言うまでもなく、各国にも完成された司法制度と言えるものは存在しない。歴史的な事情に伴って生じた不備に対して、あるいは新たな問題の発生を前に、制度や運用に対しては常に批判がある。また、裁判制度の大幅な改革は、敗戦に伴って行われたイタリアや日本の大改革を別とすれば、各国にそうあるわけではない。特に、審級制度や裁判の専門別制度の改革、あるいは訴訟法の全面改正を平常時に行うことは極めて難しい。しかし、国民に身近な裁判を実現して＜裁判を受ける権利＞を保障したり、＜裁判官の独立性＞を確保するためには、決して大改革が一挙に行われる必要はない。民意に基づく目立たない小さな改革の積み重ねは比較的容易であるし、それこそが司法を国民のものとする着実な道であろう。そうした観点からわが国の歴史を振り返り、外国での改革と比較してみよう。

【日本の司法の特質】　わが国は、明治以来、常に先進ヨーロッパ諸国の法制度の受容につとめ、第２次大戦後は、アメリカの制度の強い影響を受けた。また外国の法理論も無数に紹介されてきた。明治憲法は、「法律ニ定メタル裁判官ノ裁判ヲ受クルノ権」（明治憲法24条）を認め、司法の章でも全５

条の規定を置いていたから、外形的には近代諸国家に似た司法制度が保障されたわけである。しかし、国民が戦い取った司法制度ではなく、上から官僚主導の下に設けられ、加えて、全国一律に適用された制度であったから、次のような弊害を伴いやすいものであった。第１は、諸外国の多くが、連邦制をとり地域ごとに異なった裁判制度をもち、また、しばしば専門別の裁判所を設けているのに対して、わが国の場合、司法制度がいろいろの意味で画一的なことである。第２の特徴は、制度の必然性を十分意識することなく上から導入された制度であるために、他にモデルがありうることなどには思い至らず、一旦定着すると、制度が見直されることなく停滞しがちであることである（この２つの点について、三ヶ月「裁判所制度」203頁以下も参照）。こうした一元的制度の下では、司法制度や訴訟実務を改革・改善するための競争が、異なる地域の間でも、裁判所相互の間でも働かないことになる。この事情は、戦前も戦後も基本的に変わっていない［知識１］。確かに、第２次大戦後の改革は、戦前における強力な司法省の権限を解体し、裁判官人事権を中心として多くの権限を最高裁に与えた。しかし、既に見てきたように（→115頁以下、140頁以下）、人事権が裁判官の独立性を失わせる結果となり、法務省と最高裁の間での司法政策の責任分配が不明確なものであり、また、

―― ワンポイント知識１ ――
世界の中の日本司法　三ヶ月章（当時東大教授）は、半世紀前に次のように述べている。「法の中枢機構としての司法制度もまた、時の流れに対応し、その間に不当に大きなギャップの生じないように努力し続けていかねばなら」ない。「日本の司法制度の様々な立ちおくれは、ほとんどすべて、世界に類のないほどの日本における司法制度の担い手の弱体と絡み合っている」。「日本の司法制度を担う人間の意識が旧態依然たるものであり、その陣容も現在のごとき弱体を克服しえぬ限り、日本の司法制度は、増大する課題の前に、これまでにもまして国民の期待を裏切り、日本特有の歪みを拡大再生産して行くだけであろう。こうしたぎりぎりの接点に立っているのが、正に、「現代」の日本の司法制度だと言うべきである」（「司法制度の現状とその改革」『岩波講座・現代法５』（1965年）41頁以下）。指摘された状況は今日でも基本的に変わっていない。

長く同一政権が続いたこともあって、諸外国に比べ、司法による権利保護制度の充実は遅々たるものであった。もっとも、能率的な司法は、臨時司法制度調査会意見書（→132頁）に見られるように、絶えず強調されてきた。

(2) 司法制度の分類？

【コモン・ローの国々】　英米諸国において戦後どのような司法改革が行われたのか、また、それらがどのような理念の下で行われたのか、さらに、司法省などの司法所管庁や現職の裁判官がどのような意識をもって裁判に携わっているのか、といったことをまとめて知ることは困難なようである。一見すると、これらの国々で戦後に裁判所組織や訴訟法の大改革はなかったように見える。しかし、英米ではもともと「身近な裁判所」の伝統がある上に、訴訟費用の扶助費が大幅に増額されたり、夜間法廷が開かれたり、その他裁判を受ける権利を保障する様々な改善・改革が行われている　**[写真1]**。

【キャリア裁判官制度の国々】　いわゆる法曹一元制が実施されていない国では、裁判の全体にとって裁判官のあり方が極めて重要である。わが国でも、明治期以来、法曹一元制こそ理想の裁判官任用形態であると考えられてきた。しかし、官僚裁判官制度であっても、その弊害を除くことができれば、決して悪い側面のみをもつものではない。ここでは、イタリア、スウェーデン、ドイツ、フランス**[写真2、3]**などキャリア制をとっている国々での司法改革をふりかえってみよう。

　裁判官の市民的自由や団体結成権については、既に外国の例を見た（→190頁）。キャリア制が消極的に評価されるのは、若いうちに裁判官に採用された後、官僚機構の中で生活を送るため、市民生活から遠ざかりがちであり、また裁判官としての独立性が侵害されやすいからである。裁判官の独立にとって危険な要素は、特に転勤、昇進、給与、研修、出向人事などである。先にあげた4ヵ国のすべてに共通というわけではないが、次のような方法によりキャリア制の弊害に対処する試みが、特に、ここ数十年の歴史の中で行われている。まず、人事一般が公募、応募者の公開、特別の選考委員会

[1] ロンドンのストランドにあるイギリスのロイヤル・コート（左）
[2,3] パリのシテ島にあるフランスの裁判所。破棄院のほかに控訴院・重罪院・大審裁判所が入っている。（撮影：湯川二朗）（中・右）

の設置、任用・昇進予定者の公開などの手続を経て行われるとき、人事の透明度が高くなる。わが国でも裁判官の勤務評定の客観化が司法制度改革の中で行われたが、これは一定の前進という評価も可能である。憲法において、やむをえぬ組織上の理由がある場合に裁判官の転勤を認めているスウェーデンでも、実際には本人の応募に基づいてのみ転勤が行われている。このように、転勤の禁止（不可動性とも言われる）はキャリア制にとって重要な要素となっている。言うまでもなく、キャリア制をとると本来は任期の観念がない。憲法裁判所などで任期制がある場合もあるが、これは種々の憲法的考慮に基づく例外である。昇進に際して、空席が生じたときに公募が行われることは上記の4ヵ国では常識である。給与を見ると、イタリアでは同じ勤務年数をもつ高裁長官と最下級裁判所判事の俸給が同額であり、スウェーデンでも高裁判事と地裁判事は同額である。ドイツなどでも、若い裁判官の給与は年齢により定まり、高裁裁判長以上の裁判官の給与はポストごとに定まっているので、給与の差別支給は生じないシステムである。裁判官が自主的に種々の職業を体験することも重要である。上記の4ヵ国では、比較的自由に、自分の意思で、短期的に別の職業を体験することができる。また、裁判官の研修も、日本では、おおむね一律的に企画され、勤務年数別や職務別にきめ細かく行われているが、上記の国々では強制的色彩のある研修はなく、

実際にはドイツが典型であるように、裁判官団体が参加して作られたプログラムに、長官も一裁判官もが自己の意思に基づき同じ資格で参加している。これらは、すべて、裁判官の独立性を侵害しないように配慮された改革の一環と言えよう。そして、裁判官自身が市民として自由を享受すると共に、団体活動を行うことも、キャリア制の下で十分に可能となっている。先の国々では若い裁判官や検察官が体制批判的論文を執筆しても、不利益を受けることはほぼないと言ってよい。

このように、キャリア制であっても、現在の日本の裁判官官僚制が必然的な形になるわけではないことを知っておく必要があろう。

【外国の司法を見る眼】　アジアの国々には、戦前・戦時中にもたらされた日本の法制度の影響がなお大きく残っており、このことは司法の領域においても同様である。また、今日でも、日本の新しい動向に大きな関心が払われている。しかし、同時に、韓国や台湾でも大幅な司法改革が進行した。これらの国々はいずれも法曹数を急激に増やす政策をとっている。韓国では憲法裁判所が設けられ積極的に違憲立法審査権が行使されており、台湾でも憲法裁判が活性化している。アジア諸国にはわが国の実務や立法が学ぶべき側面が既にかなり存在することに留意してよいであろう。

これまで、わが国の司法制度を外国と比較する場合に、戦前と戦後に大きな影響を与えたドイツ（木佐『人間の尊厳と司法権』第4章、終章を参照）、フランスおよびアメリカ［写真4、5］が主として取り上げられてきた。付随的にイタリアやオーストリアなどにも関心が及んできた。ドイツの司法改革は1960年代末から始まり、各国に影響を及ぼし、アジアの国・地域にも多大の影響を直接・間接に与えた。

社会主義体制が崩壊した1989年以降に制定された東欧諸国の大多数の国の憲法においては、前文などで「法の支配」の理念が欠如していたことを強く反省すると共に、憲法裁判所を設ける規定を置いたことが注目に値する。こうして、今日では、司法を比較検討する際の対象国は大幅に広げられるべきである。

第6章　これからの司法のために　281

［4］［5］　アメリカ合衆国最高裁の建物の内部（撮影：田村次朗）

(3) 独自の進化

【日本独自の法体系化？】　上述のように、かつて、法学のほとんどの分野において、そこで説かれる法制度や法理論が、大陸法系の影響を受けているか、英米法系の影響を受けているか、という議論があり、その議論には実益があった。多くの普通の日本人にとって「大陸」とはアジア側の大陸をイメージすることが多いようであるが、法学者が使う「大陸法」というのは、もっぱら西ヨーロッパ大陸のことであり、その際の「大陸法」は、ドイツ法とフランス法がイメージの中心にある。

さて、典型的に言えば、明治の初期の法制度は、当初フランスの影響を受けた後、プロイセン・ドイツの法制度の影響を強く受けて、明治憲法を頂点とする体系が作られた。第2次大戦後は、占領軍の中心であったアメリカの影響や、学説レベルでのイギリス法の影響を受けて、法律も法解釈も英米法の強い支配下に置かれることになった。法制度面においてはアメリカ法の大きな影響があったが、法理論面では研究者の留学先にも左右されて、ヨーロッパ諸国、とりわけドイツとフランスの影響は大きかった。

いずれにせよ、常に英米法と大陸法という二大別の分類基準の枠内において、様々な法的課題の位置づけが行われてきた。ところが、最近の日本の新立法を見たり分析したりすると、そのいずれの流れにも属しないと考えざるをえない独自の「法体系」ができつつあるように思われる。固有の法体系と

して著名であるのは、例えばイスラム法であるが、わが国の法も、次第に独自の、いわば第3なり第4の法体系の道に進みつつあるようにも見える。典型的であるのは、2000年4月1日に施行された地方分権関係の諸法令であるが、今回の司法制度改革関連の法律もそのような傾向を示している。

《参考文献》

大川真郎『司法改革——日弁連の長く困難なたたかい』（朝日新聞社出版局、2007年）

木佐茂男「（第4章）内からの司法改革」同『人間の尊厳と司法権』（日本評論社、1990年）

小林昌之＝今泉慎也編『アジア諸国の司法改革』（日本貿易振興会アジア経済研究所、2002年）

佐藤幸治＝竹下守夫＝井上正仁『司法制度改革』（有斐閣、2002年）

棚瀬孝雄編『司法の国民的基盤——日米の司法政治と司法理論』（日本評論社、2009年）

土屋美明『市民の司法は実現したか——司法改革の全体像』（花伝社、2005年）

東京弁護士会法友会『司法改革の現状と課題——法の支配の充実を目指して』（現代人文社、2008年）

デイヴィッド・S・ロー／西川伸一訳『日本の最高裁を解剖する——アメリカの研究者からみた日本の司法』（現代人文社、2013年）

ヴァサーマン「開かれた親切な裁判所と行動する裁判官——内からの司法改革の総括」ジュリスト973号（1991年）

萩原金美『スウェーデンの司法』（弘文堂、1986年）

三ヶ月章「裁判所制度」同『民事訴訟法研究　第4巻』（有斐閣、1966年）

宮澤節生＝熊谷尚之ほか編『21世紀司法への提言』（日本評論社、1998年）

『臨時増刊　司法改革と国民参加』ジュリスト1198号（2001年）

本林徹ほか編『市民の司法をめざして・宮本康昭先生古稀記念論文集』（日本評論社、2006年）

呂　太郎「台湾における司法権の独立と司法行政」月刊司法改革10号（2000年）

2　外国への法整備支援とその課題

【法整備支援とは】　1990年代の初頭から、政府開発援助（ＯＤＡ）の新しいあり方として、法整備支援が行われるようになってきた。これは、通常、先進国が、発展途上国等において行われる自国の法整備のための多様な事業をサポートすることを言い、具体的には、法令の草案作成を支援するほか、法令の執行や活用のための体制の整備、これらに従事する司法等の担い手である法専門家人材の育成に関する支援とその評価などを広く含んでいる。

　政府開発援助の予算が削減される中で、例えば、橋梁、道路、トンネル、空港等の施設など、いわばハード面のインフラ整備のための巨額援助には限界があり、むしろ、比較的少ない予算で受入国の「良き統治（Good Governance）」の形成に寄与できる未来志向の支援の重要性が、近年認識されつつある。これは、立憲民主政治や「法の支配」の実現、公正な裁判制度の構築、優れた法曹の育成、市場経済の基盤となる法整備の支援などのソフト面での支援の意義と可能性にも目を向けることを意味する。日本国憲法の理念である国際平和主義に基づく国際協調・国際貢献の具体的な現れであり、民主政治の実現、市場経済化の支援や優れた人材の育成などが、良好な国際関係の形成、市場経済の発展、さらには貧困者の減少につながるという、普遍的な人権意識に根差した理想を具体化するものと考えられる。

　支援国（ドナー）としては、例えば欧米の諸国が、国際経済戦略（海外市場の開拓による自国の国富の増大目的）の一環として、法整備支援を極めて積極的に行ってきたが、日本もこれまで、ベトナム、カンボジア、ウズベキスタン、ラオス、インドネシア、中国、モンゴル、ミャンマー、ネパールなどのために、様々なかたちで法整備支援を行ってきた。具体的には、日本における法務研修（「本邦研修」）の実施、日本において法曹資格を有する長期専門家や研究者教員などをも含む短期専門家の受入国への派遣、法令起草のための共同研究会、法執行のためのマニュアル作り、判決書の作成のための支援、判例集の公刊のためのサポートなど、多様な内容の支援が行われてい

る。

【法整備支援の課題】　法整備支援には、いくつかの課題もある。現在、①政府開発援助予算はピーク時の半分以下であるが、そのような財源の限界が存在する中で、いわば法的インフラ整備の実現にどの程度の重点を置くべきか、②日本における法曹三者の協力をより一層拡大すべきではないか（特に、法整備支援にはある程度の継続的関与〔とりわけ人的な信頼関係の形成、維持、発展〕が要請されるが、長期専門員でさえ数年間で交代する現状で、継続的な支援活動をいかにして行うか）、③法整備支援を担当できる人材育成をどのように行うか、④各支援国が同様な事項に関して個別的な支援を行っている現状で、支援国間の連携をいかにして図るか、⑤成果の評価が困難な法整備支援の領域ゆえに、日本国民の税金で賄われている政府開発援助活動の説明

---- ワンポイント知識1 ----

法律支援の具体像　法整備支援は、単なる法の整備をサポートするだけではなく、その実質化を図るための様々な方法を含んでいる。法律の制定のための支援について見た場合にも、その基本的なあり方としては、いくつかのタイプが見られる。典型的には、①先進国で用いられている法を制定し、その種の法を通じて受入国の発展を志向する、いわば「不磨の大典起草型」や、②従前から存在する法規等を修正・改善し受入国の実情に即した法の制定を目指し、将来的な改正をも視野に入れた法案等の提案等を行う、いわば「改正法案提示型」などがあり、また、受入国の視点から見た場合には、①一国に法案の起草をゆだねる場合もあれば、②複数国から法案に関する支援を受けた上で、最終的には受入国自身が、自国のニーズなどに即して、主体的かつ選択的に法案の起草を行う場合もある。

　法整備支援については、その基礎理論から、受入国のニーズの把握、具体的な支援のあり方、ひいてはその成果の評価などに至るまで、様々な課題がある。しかも、受入国の政治経済体制、歴史、宗教、文化、ものの考え方や国情等が、国やその地域ごとに多様であるために、支援国としては、受入国のニーズに配慮しその主体性を尊重しつつ、その国民が自らの手で活用し発展させることができ、かつ一定の水準を確保した法令の作成を支援し、その実務的な定着とより一層の発展をサポートすることが望まれるであろう。

責任をいかにして果たしてゆくか、さらには、⑥法整備支援という日本の司法資源や学術資源の輸出を通じて、人材交流を図ると共に、日本においても、法継受の歴史と伝統を踏まえ、常に内省的な視座をもちつつ、共に学び共に相互の法制度の向上を目指す基本姿勢をいかにして堅持し具体化してゆくかなど、その課題も少なくない。

　2001年6月に公表された『司法制度改革審議会意見書』は、21世紀の日本社会において司法や法曹に期待される役割の中に、法整備支援を位置づけた。日本が通商国家・科学技術立国として生きるために、法曹の役割が重要性を増すことを指摘し、国際貢献の一環として、アジア等発展途上国に対する法整備支援を推進すべきであると提言したのである。また、法科大学院との関係でも、司法の国際化への対応や諸外国の法整備支援を通じた国際貢献の具体化として、留学生の積極的な受入れなどには十分な配慮が望まれることも付言されていた。

　法科大学院制度が、危機的な状況に直面する中で、それでも、余裕をもちつつ長期的な視野の下で、日本の大学等におけるその実践が望まれる。

《参考文献》
香川孝三＝金子由芳編『法整備支援論』（ミネルヴァ書房、2007年）
松尾弘『良い統治と法の支配』（日本評論社、2009年）
松尾弘『開発法学の基礎理論』（勁草書房、2012年）
金子由芳『アジアの法整備と法発展』（大学教育出版、2011年）
鮎京正訓『法整備支援とは何か』（名古屋大学出版会、2011年）
川嶋四郎「法整備支援とそのプロセスを通じた内省的視座の獲得」ICD NEWS
　　48号1頁（2011年）

3 司法への関心をもとう
——司法は専門家だけのものではない

(1) 司法は専門家だけのものではない

【司法に関心をもつことはなぜ必要なのか】　本書の各章の扉には、様々な正義の女神像の写真が掲載されている。典型的な正義の女神像は、片手に剣を、もう一方の手に秤をもち、目隠しをしており、公平な正義＝司法（justice）の実現という司法の役割を表しているとされる。だが、本書で見てきたように、日本の司法は、市民にとって本当に使いやすく、また公平なものとなっているとは言い難い。

司法が使いにくい代わりに、裁判外紛争処理制度（ADR）が整い、ADRでそれなりに満足のゆく解決が図られてはいる（→26頁）。だが、そのことは、司法が市民にとって使いにくく、紛争の解決、権利の保護に有効な手段でなくてもよいということを意味しない。法律家に相談すれば、法的な観点から問題の解決が提示される。紛争を裁判で解決すれば、公開の法廷で第三者が観察可能な形で行われ、公平性も担保されやすいし、形成された判決は、類似の他の裁判の判決にも影響したり、社会変革に繋がることもある。このように、市民が司法を使うことの重要性は変わらない。

市民がトラブル解決のために司法に頼るようになるには、司法が市民にとって使いやすくならなければならない。そのためには、まず市民が司法に関心をもつことが必要である。手始めに、裁判所のホームページを見たり、裁判所に裁判傍聴（→287頁）に行ってみよう。

【裁判所のホームページを見てみよう】　裁判所がどこにあり、どのような裁判官がいて、どういう事件を担当しているかを裁判所のホームページで調べてみよう。URLはhttp://www.courts.go.jp/である。ここから最寄りの裁判所のページに容易に辿り着けるだろうか。各裁判所の民事部・刑事部ごとの開廷曜日や使用する法廷、担当する裁判官の氏名が掲載されているページもあるのだが、容易に見つけられるだろうか（→140頁）。

現在、ホームページを設けている団体は多い。それはホームページを通じて自分たちの活動を市民に広くアピールするためである。サイト内検索やサイトマップを使わなければ目的のページに辿り着けないようでは、利用者の立場に立ったホームページとは言えないのだが、裁判所のホームページは使いやすいだろうか。

日本に住んでいるのは日本人だけではない。公共交通機関や案内板などでは、日本語のほかに、英語や中国語、韓国語など、利用者の多い言語での説明も増えてきた。日本の裁判所のホームページは、日本語以外にどの言語で案内があるだろうか。

【裁判傍聴に行こう】　裁判所というと、敷居が高く感じられるかもしれないが、裁判は公開が原則とされており（憲法82条1項）、一部の例外を除いて誰でも気軽に裁判所に行って裁判を傍聴することができる。一度裁判傍聴をしたことがあっても、機会があれば、何度でも裁判を傍聴してみよう。

【裁判所の正面にきて】　日本の裁判所には、1つの裁判所の庁舎に複数の裁判所が入っていることが少なくない。例えば、1つの建物の中に高等裁判所と地方裁判所あるいは家庭裁判所と簡易裁判所が入っていることもある[写真1]。また、家庭裁判所は別の建物であることが多い。

身近な裁判所庁舎を訪ねてみよう。日本の裁判所では、庁舎の玄関近くに、裁判所庁舎内外における禁止事項を書いた掲示板が出されている[写真2] [写真3] [写真4]。外国の裁判所ではほとんど例がない。

【庁舎に入って】　庁舎の中に入ったら、できる限り内部を見学して、民間企業のオフィスや市役所などの行政機関の窓口と比べてみよう。庁舎の構造は、市民が利用しやすい造りになっているだろうか。案内板はどうだろうか。裁判所によっては、市民の利用しやすさを考慮した造りになっているところもある。例えば民間資金を活用して社会資本整備を行うＰＦＩという方式で建てられた東京簡易裁判所墨田分庁舎は交通裁判と民事調停を扱っているが、それぞれの利用者の玄関は別になっていて、建物の外に、それを示す

288　第6章3　司法への関心をもとう

［1］　東京地方裁判所・高等裁判所・知的財産高等裁判所庁舎（1983年建設）。下半分の窓のないところが法廷のある部分

［2］　裁判所構内の注意書き

［3］　「傍聴は自由ですから、自由に入廷して下さい」とある。

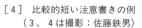

［4］　比較的短い注意書きの例
　　　（3、4は撮影：佐藤鉄男）

看板が立っている［**写真5**］。ＢＧＭ（バック・グラウンド・ミュージック）が流れていたり、事件別に廊下に色の異なるラインがひいてある裁判所もある。

　裁判所に行ったら、各種の案内パンフレットをもらって、どのような情報が載っているか見てみよう。サービスというものは、大まかではあれ事前に料金がわかるのが普通である。裁判を起こしたときに、弁護士費用なども含めて、どのくらいのお金と時間がかかるかについて、資料があるかどうか、窓口で聞いてみよう。

　【**法廷に入る**】　　法廷の入口に、その日に開かれる審理の掲示が出されて

第6章　これからの司法のために　289

［5］　東京簡裁墨田庁舎の案内板
（撮影：上石圭一）

いる。担当裁判官、被告人、弁護士の名前なども見ておこう。簡易裁判所では同じ時刻に10件もの弁論が入っていたり、5分刻みに事件が指定してあって驚くこともあろう。

　法廷の中に入ってみよう。各裁判所の法廷にはどの程度個性があるだろうか。多くの裁判所を訪ねて比べてみたい［**写真6**］［**写真7**］。いわゆる本庁（地方裁判所）とその小さな支部の違い、刑事事件の法廷と民事事件の法廷との違い、普通の法廷と交通事件を専門に扱う法廷の違いなどをじっくり見ておこう。わが国では、3人の裁判官が審理をする合議用法廷の法壇（裁判官の座る席）の高さは45センチ、裁判官が1人で審理をする単独法廷の法壇は40センチであった。裁判員裁判のために改修を行った法廷や、新たに建設中の裁判所の法廷では、法壇の高さは35センチになっている。当事者と傍聴者を隔てる柵には、どのような意味があるであろうか。法壇、窓、椅子、テーブルなどの素材や造りが裁判官、当事者席、傍聴席でどう違うかについても注意してみよう。

　大都市の裁判所では法廷に窓がないため、圧迫的な感じがする。土地が狭い上に、傍聴者用廊下と裁判官や被告人用の専用廊下を作って、傍聴者など

［6］　日本の裁判所の合議法廷の一例　　［7］　日本の裁判所の単独法廷の一例

との接触をなくそうとするために、多くの場合、物理的に窓がとれなくなるのである。

　裁判が始まるとき、裁判官や検察官はどこから入ってくるだろうか。裁判官が正面の法壇に座ることは日本では当然として、その他の職員や検察官、弁護士、訴訟の当事者がどこに座っているのかも確認しよう（[**図1**] 参照）。

　日本の民事事件の場合、原告本人や被告本人はしばしば傍聴席に座っている。裁判の＜主役＞が誰であるかを考えると、本人が当事者席に座って積極的に発言できるのが好ましい。当事者が、なぜ当事者席ではなく傍聴席に座っているのか、考えてみよう。

　刑事被告人は誰に付き添われてどこから入ってくるのであろうか。留置されている場合に、腰縄や手錠をしたままで法廷に入ってくるのであろうか。どこでこれらをはずされるのであろうか。無罪を推定された刑事被告人は自

図1　法廷の見取図

由な雰囲気の中で自由に発言できるのであろうか。証人尋問が立って行われるか、座って行われるかも確かめよう。

　【裁判官室や事務室】　わが国の裁判所は、極めて官僚主義的に構成されている。このことは、裁判官室のレイアウトにも現れている。日本の裁判官室はごくわずかの例外を除いて相部屋である。すなわち、通常は1つの裁判部の全裁判官が1つの部屋で執務する。裁判官の机の配置も、多くは官公庁でのライン制の組織と同じように島状であり、一種の官僚機構を象徴するレイアウトである。官公庁においてもスタッフ制の組織では必ずしもこうした配置でないことがある。先進国の裁判官は、相部屋で仕事をする日本の裁判官の様子を見て、裁判官としての自分自身の意見を形成できるのかと言って疑問を呈することがある。しかし、わが国の場合、多くの裁判官は相部屋の方が便利で好ましいと判断している。裁判官の独立性の確保という観点から、裁判官の執務スタイルを外国の例と比較してみることも必要であろう。なお、日本では長官室や所長室を豪華にする傾向があるが、外国では必ずしもそうではなく、意識的に質素にするように努めているところもある。

　裁判所事務室も職員が働きやすくなっているかどうか、あるいは、国民が利用しやすいものになっているかどうか、相談などをする際に、申立人や相談者のプライバシーが守られるようになっているかどうかも観察しよう。

(2)　裁判の公開

　【裁判公開の原則】　裁判はかつて非公開の場所で職権主義的に行われたことがあった。各国では、公開・対審の訴訟手続によって行われる裁判を受ける権利は、司法への国民参加などと共に、市民革命を経て憲法上の原則となっていく。現行憲法は、37条1項で、刑事被告人の権利として「公開裁判を受ける権利」を保障するほか、一般的に裁判の公開を定めている（憲法82条1項）。この原則は、憲法32条の定める「裁判を受ける権利」を支える重要な手続的要素である。裁判の当事者には公正な裁判を受ける権利が保障されると共に、主権者は司法を監視し批判するための基礎的な情報を得ること

ができるのである。憲法は、一定の場合に、裁判官全員一致の決定により非公開で審理することを認めているが、政治犯罪、出版関係犯罪、基本的人権関係事件については絶対的公開が必要であるとしている（憲法82条2項、裁判所法70条参照）。これは憲法の定める重要な原理原則が争点となっている裁判が秘密裡に行われないようにするためである。

このように、憲法は強い公開原則を定めているが、最近では、とりわけ裁判の当事者や証人などのプライバシーを保護する観点から、裁判の絶対的公開原則を緩和する傾向がある（国際人権規約B規約（＝市民的及び政治的権利に関する国際規約）14条1項も参照）。現行法でも、例えば民事訴訟のうちの弁論準備手続（民事訴訟法169条2項）や、夫婦間の協力扶助に関する処分（家事事件手続法90条）のように民事調停や家事審判は非公開とされている（家事事件手続法33条、非訟事件手続法30条）。最高裁は、固有の司法権の作用に属しない非訟事件であれば、非公開としても憲法に反しない、としている（最決昭40年（1965）6月30日民集19巻4号1089頁）。いずれにしても、非公開の措置は必要最小限度でなければならない。

【裁判の公開と法廷警察権】　裁判の公開は重要な原則であるが、それは、庁舎内への立入りや法廷での振る舞いが一切放任されることまで意味するものではない。傍聴人の所持品検査が行われたり、マスコミの写真撮影が制約されたり、傍聴人の退廷措置がとられることもある。

法廷でメモを取ることは、原則として自由に行える（最判平元年（1989）3月8日民集43巻2号89頁）。だが、審理の際の写真の撮影、速記、録音または放送は、裁判所の許可を得なければならないとされている（民事訴訟規則77条。ほぼ同旨、刑事訴訟規則215条）。現実には、報道記者による開廷前の撮影を除いてほとんど許可されることはない。訴訟当事者のプライバシーなど種々の保護法益に対する配慮が必要とされる場合は別であるが、撮影・取材が静かに行われるのであれば、多くの訴訟事件ではマスメディアによる放送などを拒む理由はないであろう。

裁判所法の定めるところによれば、法廷における秩序を維持することは裁判官の職権である（裁判所法71条）。法廷の秩序が維持できないために警察官

の派遣を要請するのも裁判官であり、派出した警察官は裁判官の指揮を受けることになっている（同71条の2）。他方で、裁判所の庁舎管理権に基づいて、裁判所傍聴規則（最高裁規則→114頁）、「法廷秩序維持に関する方針要綱について」（最高裁通達）、裁判所庁舎管理規程、法廷警備要綱などにより庁舎の立入りや傍聴人の規制について統制が行われている。

例えば傍聴人の規制について、裁判官の法廷警察権と裁判所の庁舎管理権の双方の対象となる場合も少なくない。憲法で保障された裁判官の独立性と、裁判所法の定める裁判官の法廷警察権は、原則として、庁舎管理権の行使よりも優先するものであり、このことに配慮した実務が求められる。

裁判の公開に限らず、一般に訴訟手続は違憲または違法でなければどのように厳格に運用してもよい、という考え方は禁物である。裁判を受ける権利を十全たらしめるように、可能な限り公開を充実するように、また当事者に主張を尽くさせるように、訴訟指揮は柔軟に行われなければならない。

なお、裁判所の法廷の内外において裁判所や裁判官の命令に従わず、または暴言をはくなど不穏当な言動をして裁判所の職務の執行を妨害したり裁判の威信を著しく害する行為があると、「法廷等の秩序維持に関する法律」により処罰を受けることがある。

(3) 外国の裁判所では

【各国の裁判所】　裁判所が市民にとって親しみやすく使いやすい存在になっているかどうかは、裁判所が実際に利用されるかどうかに関わる問題である。台湾の地方法院（地方裁判所）では、訴訟の受付・相談の窓口がにぎわっている。[**写真8**]は台湾の裁判所の窓口である。窓口担当者の上には、銀行や郵便局の窓口と同様、整理番号札の数字が表示されるようになっている。こうした光景は行政裁判所の訴訟受付・相談の窓口[**写真9**]も同様であり、民事事件、行政事件の訴訟受付・相談が市民によっていかに多く利用されているかを示している。

アメリカの最高裁[**写真10、11**]では、売店では人気のある最高裁判事のブロマイドがよく売れている。地下の廊下には法廷風刺のカリカチュアがパ

[8] 台北地方法院の訴訟受付・相談窓口。手前には裁判所に提出する書類の記載見本が置いてあるコーナーもあり、ボランティアから助言も得られる。(司法院資料より)

[9] 台北高等行政法院(行政事件の第1審)の訴訟受付・相談窓口。

ネルにして並んでいたりする。最高裁判事の椅子は本人の好みで高さはすべて異なっている。フランスのパリにある最高裁判所には下級審も同居しており、審理の最中にも外国人観光客を含めて絶えず人が出入りしている。

ドイツの連邦憲法裁判所は、文字通りガラス張りの裁判所である。裁判所の中で行われることは透視できるものでなければならないという思想を建築面でもいかしている。

これに対して、わが国の最高裁判所[**写真12**]では、中世ヨーロッパの山城をモデルにしたという石造りのもので、窓は極めて少ない。正面玄関とすべての裁判官室は皇居に向いている。

各国の裁判所の様子を知るには、各国の裁判所のホームページも役に立つ。韓国や台湾の裁判所のホームページには、英語で同国の司法改革や司法制度について紹介するページやファイルがある。日本の裁判所との違いを見てみよう。

【真に開かれた裁判所にするには】　各国の裁判所や法廷は、それぞれに長い歴史や法制度をもっており、その構造も一様ではない。ここでは1960年代の半ばから司法改革が行われ、種々の改善の見られたドイツの裁判所を見ておこう。

各地の裁判所は、市民に身近かであるように、マンションや商店などの雑居ビルに入ることも多い[**写真13**]。単独の庁舎の場合でも、全館吹き抜け

第6章 これからの司法のために 295

[10] アメリカ合衆国最高裁判所
（ワシントンDC 撮影：田村次朗）

[11] 観光客が気軽に座って説明を受けることのできるアメリカ合衆国最高裁。

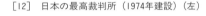
[12] 日本の最高裁判所（1974年建設）（左）

[13] 1階は商店街、3階以上はマンション。2階部分のみがハンブルク財政裁判所（下）

にしたりして[**写真14**]、透明度を増すようにしている。

　日本のように法廷が一律に設計されることがなかったり、裁判の種類に応じたものとするよう努力されていることも少なくない。シンポジウムのような雰囲気[**写真15**]で裁判が行われることもある。現場を見たり、地元の人の意見を聞くために出張法廷もよく開かれている[**写真16**]。

　裁判所が真に開かれたものであるためには、老若男女、障害の有無を問わず、誰もが容易に利用できる施設であると共に、少数者の意見であっても安

296　第6章3　司法への関心をもとう

[14]　ミュンヘン地方裁判所民事事件庁舎（左）

[15]　原告と被告が向かい合うことなくシンポジウムのような形で裁判官と討論する。ミュンヘン行政裁判所大法廷

[16]　現場検証をし地元の意見を聞くために中学校の教室を借りて行われる高等行政裁判所の口頭弁論。シュトゥットガルト市

心して聞いてもらえる雰囲気になっている必要がある。日本の裁判所は高齢者や車椅子利用者、目の不自由な者にとって使いやすい施設になっているだろうか。女性の意見が聞いてもらえるような雰囲気になっているだろうか。

このようなことも念頭において、法廷見学をした際には、傍聴席に座って、裁判とは本来どのようなものであったらいいのか、静かに考えてみたい。

《参考文献》
　井上　薫『はじめての裁判傍聴』（幻冬舎新書、2007年）
　井上　薫『法廷傍聴へ行こう〔第5版〕』（法学書院、2010年）
　最高裁判所「東京簡易裁判所墨田分室庁舎整備等事業民間事業者選定結果」

（2005年）(http://www8.cao.go.jp/pfi/pdf/170418senteikekka.pdf)
最高裁判所「東京地家裁立川支部（仮称）庁舎整備等事業実施方針の公表について」(2006年)(http://www.courts.go.jp/tyotatu/kozi_kohyo/kozi_kohyo_02_05_saiko_kohyo.html)
佐藤鉄男「裁判所の庁舎と配置をめぐる近時の動向」月刊司法改革3号（1999年）
塚原英治「裁判の公開と傍聴人の権利」法と民主主義163号（1982年）
バウンド編『裁判傍聴ハンドブック』（河出書房新社、2010年）
宮野　彬『裁判のテレビ中継を』（近代文芸社、1993年）

《参考映像》

記録映画「日独裁判官物語」製作・普及100人委員会・青銅プロダクション『記録映画　日独裁判官物語』（青銅プロダクション、1999年）

4 法教育に求められるもの

【裁判沙汰と法教育】 日本では、一般の市民の中に、裁判所に行くような法的問題や事件が生じても「裁判沙汰」にはしたくないという考え方が根強く存在する。そのような意味で一般の国民・市民、いわんや子どもにとって、「法」は遠い存在である。しかし、現在、「法」に関する知見や行動（法教育）が必要となっていることは既に本テキストの随所で述べてきたように自明のことであろう。

【法教育とは】 それでは、法教育とは何か。以下の定義的なものができあがる経緯は後で述べることとして、法務省・文部科学省や、裁判所、検察庁、弁護士会、司法書士会、法学者、教育学者、学校現場、民間企業、主婦連合会などで組織された法教育研究会（連絡先は法務省大臣官房司法法制部司法法制課）が2004年にまとめた「法教育」は、「法律専門家ではない一般の人々が、法や司法制度、これらの基礎になっている価値を理解し、法的なものの考え方を身に付けるための教育を特に意味する……。これは、法曹養成のための法学教育とは異なり、法律専門家ではない一般の人々が対象であること、法律の条文や制度を覚える知識型の教育ではなく、法やルールの背景にある価値観や司法制度の機能、意義を考える思考型の教育であること、社会に参加することの重要性を意識づける社会参加型の教育である」とされる。法教育の推進者、考え方、対象となる人の範囲は、その関心によりかなり異なっているが、現在、「法教育」と言ったとき、論議と実践は圧倒的に学校教育の一部としての法教育に焦点が当てられている。法教育に関しては、既に主要な考え方と実践の歴史があるが、ここでは、小中高校の児童・生徒向けの新学習指導要領（2008年以降）もこの考え方の延長線上にあるので、以下、この定義（的なもの）を中心に検討しよう。

【法教育の内容と課題】 日本の学校教育の中で、生きた素材で考えさせる法教育が模索されてきたことは特筆に値する。実際、文部科学省が改正し

た学習指導要領には、従来存在しなかった種々の項目が増えたことはある意味で前進である。ただ、現実には授業時間が取れない、適切な教材が乏しい、教師の経験や能力不足など、法教育の進展を妨げる種々の事情が法務省アンケート調査によっても明らかにされている。現在の初等中等教育で行われている実際の法教育は事件（事案）を前提とした討論や模擬裁判、市民の間での法教育も裁判員裁判を念頭に置いているものが多い。

　法教育を根本から考えると、それは、基本的には近代国家の成立ちを反映して、法は本来、主権者である国民が作るものであること、国民のために構成された国家のあらゆる活動には国民主権の理念が及ぶという思想が反映されるべきであろう。そのような意味において、個人（人間）の人権を理念に置き、それが侵害されたときに司法の救済が及ぶ統治構造が用意されているという根本理念の把握を行った上で、カリキュラム内容が考えられる必要があろう。

　ところが、日本で裁判員制度実施と前後して推進されているのはかなりの程度、模擬裁判や模擬弁論、ディベート（術・大会）であり、とりわけ刑事事件の中でも裁判員裁判が意識されているし、消費者法の教育なども重視されている。これらが重大テーマであることは否定できないが、一般に、子どもであれ成人であれ、さらに基礎となる知識・理念の重要性が伝えられるべきと思われる。

　その１は、証拠・資料・情報を作成・保管することである。「法に係わる基本的な知識」として、記録や証拠の保存の必要性・重要性が指摘されるべきであろう。様々な交渉、事件、対話、投稿などのすべてがある意味では法的なものであること、そして、最後には証拠というものが自らの主張を支えるに非常に重要であることなどを盛り込むことが、紛争解決の仕組みの勉強などとは別に肝要である。子どもはともかくとして、成人は、重要な交渉や交通事故などに際して録音を採ること（スマホを利用するなど）、支払いの事実や約束事は領収書や契約書という形で相当の期間は保存しておくこと、こうした日常的な備え（証拠を用意・保存しておくこと）についての教育や経験が法教育の最初の一部になりうるであろう。

　その２は、法を使えない本当の原因を共に考えることである。日本では、

「法に係わる基本的な知識、考え方」を身につけても、いかに理不尽な事件であれ、実際に裁判で勝つことは時間、費用、精神力において極めて困難であり、その原因・責任が、法教育の定義を作った人々にもあるということである。日本で裁判所が権利救済のための機構として機能するためには、裁判所や裁判官の努力が必要であることは言うまでもないが、司法の諸問題はしょせん社会の一現象であって、司法の機能不全は社会自身の法的機能不全とも無関係ではない。市民自身が自己の権利主張をもっと行うことが必要であるが、現在の法教育マニュアルにおいて、「もっと裁判を起こそう」とか、「裁判所は必ずや救ってくれるだろう」というメッセージを発することは不可能であろう。現実には、法を主張しても、救われることはどちらかと言えば珍しいことであることを率直に教育の中で伝え、その原因がどこにあるかを共に考える必要があろう。決して、きれいごとの教育で済まされてはならない深刻なテーマである。

　その3は、国際的視野をもった法教育である。裁判は、欧米のみではなく、アジア諸国をはじめ発展途上の多くの国々でももっと気軽に利用されている。日本のように司法が近寄り難い存在ではないことがきちんと示されていない。例えば、上記の法教育研究会は、諸外国の法教育の現状として、アメリカ、フランス、スウェーデン、フィンランドを取り上げている。これらの国々では人口当たりで日本と比べた場合、膨大な件数の裁判が提起されている。特に、北欧諸国での行政を相手方とする訴訟は日本の数百倍どころか千倍を超している。権力を相手方として裁判を気軽に起こし、国民の声が政府・裁判所のレベルで反映する仕組みが存在するのである。先進諸国の実際の教材が、どのような司法の現実、市民の常識的な理解を前提にして使われているのか、日本・外国の日常風景の中で検討した上で、日本で必要な教材・教育の順番が考えられるべきであろう。

　法教育のあり方、内容については、検討すべきことが多い。

《参考文献》
　Center for Civic Education著／江口勇治監訳『テキストブック　わたしたちと法——権威、プライバシー、責任、そして正義』(現代人文社、2001年)
　江口勇治「『法教育』とは何か」市民と法38号（2006年）

江澤和雄「わが国における法教育の現状と当面する課題」レファレンス756号（2014年）
大杉昭英『法教育実践の指導テキスト』（明治図書、2006年）
大村敦志監修／東京大学法科大学院・出張教室編著『ロースクール生が、出張教室。法教育への扉を叩く９つの授業』（商事法務、2008年）
北川善英「「法教育」の現状と法律学」立命館法学321・322号（2008年）
鈴木啓文監修／江口勇治＝渥美利文編著『「法教育」Ｑ＆Ａワーク　中学校編』（明治図書、2008年）
日本法社会学会編『法の教育』法社会学75号（有斐閣、2011年）
橋本康弘「「法教育」の現状と課題」総合法律支援論叢２号（2013年２月）
法教育推進協議会（連絡先：法務省大臣官房司法法制部司法法制課）『はじめての法教育Ｑ＆Ａ』（ぎょうせい、2007年）
法教育研究会（連絡先：法務省大臣官房司法法制部司法法制課）『はじめての法教育』（ぎょうせい、2005年）
渡邊弘「法を学ぶ者のための法教育入門」法学セミナー55巻２号（2010年）

5 司法改革の成果と新たな課題

【司法改革と司法「制度」改革】 このテキストでは、「司法改革」と「司法制度改革」の言葉が併存してきた。本来は、「司法改革」の語で一貫すれば足りるのが、諸外国のここ40年あまりの司法改革の歴史が教えるところである。ところが、わが国で1999年から行われたのは「司法制度改革」である。改革の根拠法は司法制度改革審議会設置法で、これにより設けられた審議会は、司法制度改革審議会である。

それでは、なぜ、「司法改革」と「司法制度改革」にこだわる必要があるのだろうか。

この理由ないし意味は、諸外国、ことにヨーロッパ大陸諸国やアジアの台湾や韓国で「司法改革」が行われたことと対比すれば明らかとなる。

司法「制度」改革が始まって、どのように司法改革の対象として論じられていたことが異なるものになったかは、おおむね1999年以前に出版された著作・文献と、現状を比較してみるのが有益である。

今回の司法制度改革は、日本の国民、政府、財界、労働界、最高裁や法務省、アメリカの政府や財界などが、それぞれに微妙に異なる思惑からなんらかの司法制度の改革を求める点で一定の合意が得られたところで推進された。もともとの思惑が異なるから、その改革の経緯も結果も、それぞれの期待とは異なるものにならざるをえない。実際には、本テキストで述べてきた日本の司法の暗い過去について、徹底した反省がほとんど行われないまま、現在の状況への対症療法として「制度」改革が行われたきらいがある。

司法制度改革で残された課題は後に触れることとし、実際に行われた改革を対外的な側面と国内の側面に分けて見ることにしよう。

【本来の「司法改革」の出発点】 今次の司法制度改革は政府文書では1999年に始まったとされる。それはあくまで政府レベルにおける改革のオフィシャルなスタートの年を言うに過ぎない。先行する一つの大きな契機は、1990年の日弁連司法改革宣言であるが、それに先立つ1980年代後半からの相

次ぐ司法批判、とりわけ平野龍一教授（当時・東京大学）が1985年に「我が国の刑事裁判はかなり絶望的である」と述べ（平野龍一「現行刑事訴訟の診断」422頁以下）、海外司法改革の比較実証研究論文やマスコミ報道（特に、『孤高の王国　裁判所』（朝日新聞社、1991年）、『検証・最高裁判所』（毎日新聞社）、『裁きを裁く──危機に立つ司法』（西日本新聞社、1992年））がきっかけになったことは疑いない。さらに言えば、それらの発言やマスコミ報道を導いたのは1980年代までに現れた種々の司法被害である。

　国民や弁護士会からの批判には、遅過ぎる裁判や裁判所の統廃合などもあったが、冤罪で死刑を言い渡された人（死刑囚）が相次いで無罪を言い渡される誤判問題が大きくクローズアップされたからである。そこで、陪審制導入の運動が起き、それと前後して、「裁判がおかしい」ということから、「裁判ウォッチング」や裁判傍聴運動という形で、わずかな数の市民ではあるが、裁判所に目を向けて、裁判監視のネットワーク化も進められた。したがって、日本の今回の司法「制度」改革の開始時期としては、少なくとも遡る10年間をカウントすべきであろう。

　【欠いたままの「過去」の反省と検証】　　より根本的に言えば、今回の司法制度改革は、他の大規模な改革と同様に、「過去」の反省や検証を根本的にできないという特質を伴っている。そのことと関わって、司法改革の課題をどうとらえるかは、今回の司法制度改革に何を求めていたかという点で、人により、組織により異なっていた。一方で、基本的人権を重視した判決を求める声があれば、他方で規制緩和に伴う迅速な国際的ルールに拠った紛争処理や財政危機への対応を求める声もあった。具体的に言えば、大多数の国民の側からは、ここ半世紀に近く、刑事事件での多数の冤罪の発生、非常識な裁判判決、環境・医療・福祉・都市計画その他の領域での権利保護の要請があり、また、身近なところでの迅速な裁判の要請もあった。しかし、法的紛争処理制度の充実の余裕のない国家財政の危機、そして裁判の使い勝手がよくなることに伴う紛争多発に対する政府や最高裁判所などの警戒感もあった。権利保護の要請の根本には、裁判所が裁判所らしく振る舞っていないことへの批判がある。中でも、国民の声に耳を傾けない裁判所ないし裁判官集

団への強い批判があったことを繰り返し想起すべきであろう。

【最高裁判所のあり方】　そうだとすれば、もっとも最初に、三権分立の建前の下で国民の声が届く裁判所をどう構築していくかが課題になるべきであった。司法制度改革審議会も、当初、最高裁判事の選任問題も課題に含めようとした。最高裁判所判事の選出方法、その構成は世界に例を見ない仕組みになっている。法律審であるにもかかわらず、15人の裁判官のうち法律専門家は少なくとも10人で足りることになっている（裁判所法41条）。条文上は、最高裁長官も職業法曹の経歴は要求されていないようである。最高裁判事の国民審査制度の形骸化ないし制度設計の悪さも指摘されて久しいが、改革の動きは見えない。

【強固な司法行政機関】　日本の裁判が全体として統一性・匿名性・非市民的基盤を特徴としているところから、裁判のシステム全体が、個々の事件の解決に資するもの、国民に身近なもの、利用しやすいものに作り替えられる必要性があった。この統一性・匿名性・非市民的基盤の象徴が最高裁判所であり、とりわけ裁判官が独立した判断をすることを妨げているその事務総局であるとすれば、問題は、ここから演繹的に解きほぐしていくのが順序であったと言えよう。

しかし、法務省と最高裁判所は強い絆で結ばれ、人的にも組織的にも極めて密着した機構となっている。第2次大戦後の最高裁発足時に多数の官僚が法務省から移ったことも一因である。最高裁とその事務総局のあり方、最高裁と法務省の関係も改めて比較法的視点から根本的な吟味を必要としよう。

最高裁は情報公開制度の対象機関になっていない。今日に至っては手遅れの感もあるが、最高裁の司法行政文書の公開法制が整備されなければならない（2001年より「最高裁判所の保有する司法行政文書の開示等に関する事務の取扱要綱」により文書開示がなされており、現在は、2006年制定の同名の要綱による開示が行われている）。また、近時著しい司法統計データの非公開事項の拡大も、各方面からもっと指摘、批判されなければならないであろう。最高裁判所事務総局が発行する『司法統計年報』は、1999（平成11）年度から極端

新旧の司法統計年報

に薄くなった [**写真**]。Ｂ５判がＡ４判に替わったとはいえそれ以前は、「民事・行政編」を例にすると1998年版の302頁から1999年版は65頁にまで情報量が減り、激減である。この1999年は、司法制度改革審議会が設置された年である。裁判所ホームページ上にも司法統計が紹介されているが、そのデータ量は限られたもので、しかも非常に見づらい。裁判所のホームページの構成全体も含めて、改善の必要が大きい。アジアの国・地域と比べても見劣りが顕著である。

　裁判所のホームページについて述べれば、韓国の最高裁判所ホームページには韓国語版と英語版のいずれにおいても、2000年前後のトップ・ページには、もっとも目立つ中央に「自由・平等・正義」という言葉があった。

　この点で、今日でも日本の裁判所のホームページは非常に無味乾燥である。ホームページという広報手段であっても運営主体の思想が反映する。裁判官の就任時の写真、司法統計グラフやパワーポイントによる司法改革の画面を載せる台湾や韓国の最高裁・司法院のホームページと比べて、日本の裁判所のホームページがヒューマンなセンスをもつまでにはまだ相当の年月が必要と思われる。韓国の最高裁ホームページにはかつてかわいいマスコット人形が付いていた。

　2008年9月26日に、韓国の司法制度が確立されて60周年を迎えた式典で、韓国の最高裁判所の李容勲長官が、過去の政権が体制維持のために民主化運動家や一般市民を拷問するなどして多数の事件をでっち上げたことに裁判所

が加担した責任を認め、司法機関トップとして初めて国民に謝罪したという。同長官は、過去に裁判官が「正しい姿勢を保てず憲法の価値に反する判決を出した」ことを率直に認めたのである。この悪しき判決自体に、今の裁判官は責任を負わないはずである。しかも、2008年2月に保守政権に替わった半年後のことである。日本の最高裁と比較して、裁判所や裁判官の独立性意識にも注目したい。

【原点としての「裁判官の独立」】　このテキストでは、一貫して、個々の事件で裁判の任に当たる「裁判官の独立性」が重要であることを指摘してきた。その意味において、司法制度改革の残された一切の課題は、「裁判官の独立性」の確保という視点を据えつつ、多くの技術的・制度的な側面に至ることが理解できよう。

日本では約40年にわたり「ヒラメ裁判官」という言葉が使われている。2004年10月18日に、当時の最高裁の町田顕長官が「上ばかり見る『ヒラメ裁判官』はいらない」、「神髄は自分の信念を貫くことにある」と新任裁判官の辞令交付式で述べたことが話題となった。いわば、裁判所内部に様々な視点をもった裁判官が必要であることを指摘したものでもある。

裁判官人事制度は少しずつ透明度を増している（→157頁）としても、一層の透明化充実策が要る。その際、評価基準が単に事件処理の迅速さ、処理数の比較など、計数的なものが重点となるのは問題である。キャリア・システムをとり続ける以上、人事の透明化に向けた監視は引き続き重視されなければならない。

【司法制度改革による3大改革に伴う課題】　1999年設置の司法制度改革審議会（→1頁、135頁～、302頁、313頁）は主要な10項目をあげて議論を行い意見書にまとめた。その後、2001年12月に、内閣の下に、3年間の期限を付して設けられた司法制度改革推進本部が、司法の各分野に応じて11の検討会を設置した。労働検討会、司法アクセス検討会、ＡＤＲ検討会、仲裁検討会、行政訴訟検討会、裁判員制度・刑事検討会、公的弁護制度検討会、国際化検討会、法曹養成検討会、法曹制度検討会、知的財産訴訟検討会である。

これらの検討会で行われた結果、制定・改正された法律数は、新法律の件数はともかく、改正法律件数については改正内容に大小があるため正確には言えないほど多数である。

この司法制度改革の「3本柱」は、①国民の期待に応える司法制度の構築、②司法制度を支える法曹の在り方の改革、③国民的基盤の確立（国民の司法参加）であり、その結果としての「司法制度改革のめざす大きな目標」は、「国民に、より身近で、速くて、頼りがいのある司法」であった。これにより生まれたもっとも重要な制度は、①に対応するのが「司法支援センター（法テラス）」の設置、②のための制度としての法科大学院（ロースクール）の創設、③の実現のための裁判員制度の創設であった。

①の司法支援センター（→97頁）は、従来、弁護士会が主導して弁護士の拠出で行っていた多くの事業を引き継ぐと共に、新たな業務を行うこととなった。弁護士会内部には、そこで働く弁護士等が国（法務省）の一種の監督下に置かれる、報酬引き下げ効果が生ずるなどという理由で、幾多の課題がある。今後、様々の軋轢を乗り越えて、国民主導と言える立場での活動を普及していくという課題が残されている。新人弁護士の中には積極的に同センターの一員となり弁護士過疎地のみならず都市部でも大きな活躍をするなど、新しい芽も見られる。

②の法科大学院（→205頁）は、既に説明したところである。法学部および法科大学院の今後については多難が待ち構えている。司法試験合格者数との関係で触れるべきことに、簡易裁判所判事と副検事の資格の問題がある（→188頁、196頁）。彼らが、裁判官や検察官の役割を果たす以上、職業法曹としての法的素養や法曹倫理の具備という観点からしても、司法試験合格者でなければならないであろう。ドイツの司法改革では、日本の簡易裁判所に当たる区裁判所の裁判官はまっさきに司法試験合格者（法曹有資格者）に変えられた。司法制度改革審議会ではおよそ検討課題になっていないが、司法試験合格者増という観点からも重要課題である。

③の裁判員制度も、同様に今後の発展あるいは推移について予測の難しいものである。詳細は、既述（→239頁）の通りであるが、世論、識者と言われる人々、そして弁護士の中にも、この制度の否定的側面を強調して断固反

対し、現代の赤紙とまで言いきる人々がいる。しかしながら、裁判所の、しかも裁判官の密室の合議しか存在しなかった空間に市民が入ることの価値は大きく、論者によっては、裁判官の合議に立ち会う市民がいるだけでも透明化の意味があると言う者もいる。現在でも様々な問題点が噴出し続けているが、それらについては議論を尽くし、制度上の問題点は逐次、法改正と運用の改善によって克服していくべきであり、やっと実現した市民の司法参加の芽をつぶすことは許されないであろう。労働審判制度は、両当事者間でも比較的評価が高いものの、無数にある労働事件のうちのごく一部しか審判事件になっていない。制度の存在についての普及と共に、実績の積み重ねが求められる。

【その他の重要課題】　確かに司法制度改革は進行している。しかし、(ア) 当初からの改革理念の段階で存在した一定の矛盾、例えば迅速な裁判と市民にわかりやすい裁判は、一方の理念を優先するとかえって改革を阻害する。(イ) そもそも、今回の改革理念にあげられていなかった課題が依然として積み残されるという問題もありうる。(ウ) 法科大学院教育が技術偏重に過ぎたものになったという懸念もある。

まず、(ア) について一般の民事事件を例に考えてみる。他国とは異なり裁判官が自己紹介をしたり、法壇にネームプレートが置かれていることもない。ラウンドテーブル法廷で書記官も同席すると、裁判官が誰かさえわからないこともある。合議事件であるのに、名前も名乗らない1人の裁判官が弁論兼和解室で専門用語が飛び交う中で手続を進める、執行停止事件で決定書を見て初めて本案事件とは異なる合議法廷の構成になっていたことがわかるなど、他の先進国ではあまり考えることのできない「匿名裁判」にぶつかる。初回の口頭弁論後、直ちに弁論準備手続に入るため、その時点から最後の段階で証人尋問が行われるまではほぼすべて密室でのやりとりになるケースがある。原被告である当事者さえ全員は入れない。迅速な裁判の名の下に、公開裁判の原則や当事者の納得のいく裁判は飛んでいく。これらについては、弁護士会にも責任があるが、外国の司法に学ぶことも含めた裁判官の自省がもっと必要とされよう。

（イ）の点で論ずべきことは多い。いずれにせよ、旧・西ドイツで始まった1960年代末以降の司法改革の際に、法壇の高さ、裁判官の法服の要否、裁判官と当事者の対話などが真剣に論じられ、裁判官集団によって内部から改革が行われたが、このような事態は、現実の日本においては個々の裁判官の実践事例はある程度報告されているものの、全体としてはほとんど意識もされていない。裁判員制度は重大な刑事事件に限られているので、1990年代に広まった裁判ウォッチング運動のような司法監視活動がさらに続けられ、その意見・意向が下級裁判所裁判官指名諮問委員会や高裁管内の地域委員会に伝えられるような仕組み作りも必要であろう。

（ウ）従来の大学の法学部教育において実務的側面が弱かったことから、現在の法科大学院では要件事実教育が重視されている。このことは基本的に是としなければならない。しかし、行き過ぎた場合の弊害も指摘しておく必要があろう。

最近の民事事件では、裁判官が、訴訟に当たって、＜要件事実＞なのか＜事情＞なのかを振り分けする訓練を受け過ぎて、＜要件事実＞だけで判断する傾向が見られ、事件のウラにある背景をよく見て、「正義とは何か」という根本問題を考えないという危険性が指摘される。そこでは、＜正義＞、＜衡平＞や真の＜公益＞といった発想が出なくなる危険性がある。専門家養成教育は、全人格的教育たるべきことが、さらに自覚される必要があろう。

裁判は正義を実現する場のはずである。とりわけ代表制民主主義は、多数者の意見を反映して立法活動を行う。その結果、少数者の基本的人権その他の権利が無視、あるいは過小評価されることがありうる。裁判、あるいは裁判官は、現実に生起した問題について、個々具体的な事件に即して正義を実現するのが任務であって、多数者が定めた基準（規範）を杓子定規に適用することが任務なのではない（木佐『人間の尊厳と司法権』389頁参照）。このことは、ドイツの裁判官にあっては共通認識である。その根本的な裁判官の役割認識が発揮されれば、真の法治国家ないし法の支配が実現する国家になることも不可能ではない。

こうした観点に立てば、名誉毀損による損害賠償額を、被害者の肩書きや収入によって自動計算機のようにして算出することの愚も容易に理解でき

であろう。

【＜裁判官の独立性＞と＜司法改革＞】　11の検討会で行われた議論のうち、今次の改革において不十分なままに残った課題は少なくない。ただ、日本で実質的に「裁判官の独立性」が保障されていたのであれば、今回のような大きなエネルギーを使った司法「制度」改革ということではなく、もっと淡々と、個別の問題への対応、あるいは、個々の事件に関する裁判判決という形、さらには法務省が民意に基礎を置く改正法案を出すということで多くは足りたはずである。

これまで、ヨーロッパや英米の司法改革との比較で日本の遅れが議論されることが多かったが、身近なアジアの中で比べても、どれほど発想、考え方、裁判官の構成、出自、経験、意識、法廷の造り、裁判所の窓口などが違ってきているのかを認識しなければ、アジアの法曹との対話自体も成り立たなくなる可能性を否定できない。

日本でも、個々の部分を取り上げると、アジア諸国・地域より先んじて作られる制度や運用もある。当番弁護士制度や被疑者国選弁護制度は誇るべきものであろう。しかし、わが国の官僚主義化した裁判所運営は、アジアの一部諸国との比較ではほぼ間違いなく遅れをとったと言える。

以上のことを前提に考えてみると、日本の場合、本来は「司法改革」になるべきものが、実は、「裁判官の独立性」がなかったために、未完のままに店ざらしになっていることがわかるし、店ざらしになっていること自体が各界の法曹にそもそも十分には認識されていないように思われる。

先に述べたように、今回の司法「制度」改革の契機は、遅くとも1980年代末にあった。その頃から少なからぬ日本の裁判所庁舎は建築コンセプトを変えた。裁判所の中のラウンド・テーブル、植物、絵画、ＢＧＭ、訪問者のための廊下の色付きラインなども小さな改善の一つである。しかし、それから20年以上経った現在、40歳代半ば以上の裁判官も、設備面や裁判所の庁舎内環境が変わってからの任官者である。いわば裁判官の中堅世代が１世代前の裁判所庁舎・設備改革の節目について事実を知らないほどの時間が経ったのである。裁判官も、自らが勤務する裁判所という組織や庁舎、内装の歴史ま

第6章　これからの司法のために　311

で、自己の力で学ばなければならないであろう。

【司法改革の継続】　「終了しつつある」と考えられている今回の司法制度改革を前向きに継続させることは、この「平和時」において至難の課題である。残された課題は、民事・刑事の訴訟法的なレベルにはとどまらない。そもそも、世界的な傾向である憲法裁判所の設置の是非、といった憲法改正問題に発展する課題もある。他の先進諸国で比較的うまくいっている制度が、日本に持ち込まれると、全く別の守旧的制度として運用されがちなこともあって、今後も法制度設計は難渋しよう。

《参考文献》
浅見宣義『裁判所改革のこころ』（現代人文社、2004年）
磯村健太郎＝山口栄二『原発と裁判官――なぜ司法は「メルトダウン」を許したのか』（朝日新聞出版、2013年）
井上達夫「まず裁判所から変えよう――裁く者たちの人間的解放のために」井上達夫＝河合幹雄『体制改革としての司法改革――日本型意思決定システムの構造転換と司法の役割』（信山社、2001年）
大川真郎『司法改革――日弁連の長く困難なたたかい』（朝日新聞社出版局、2007年）
木佐茂男「司法改革と司法制度改革――『制度』という言葉があった意味」月報司法書士443号（2009年）
小林昌之＝今泉慎也編『アジア諸国の司法改革』（日本貿易振興会アジア経済研究所、2002年）（ただし、韓国と台湾の司法改革は扱われていない）
佐藤幸治＝井上正仁＝竹下守夫『司法制度改革』（有斐閣、2002年）
瀬木比呂志『絶望の裁判所（講談社現代新書）』（講談社、2014年2月20日初刷刊行）
高村三郎『普通の国への司法改革』（産経新聞出版、2009年）
但木敬一『司法改革の時代――検事総長が語る検察40年』（中公新書、2009年）
土屋美明『市民の司法は実現したか――司法改革の全体像』（花伝社、2005年）
東京弁護士会法友会『司法改革の現状と課題――法の支配の充実を目指して』（現代人文社、2008年）
西川伸一『日本司法の逆説――最高裁事務総局の「裁判しない裁判官」たち』（五月書房、2005年）

西川伸一『裁判官幹部人事の研究——「経歴的資源」を手がかりとして』(五月書房、2010年)

西野喜一『司法制度改革原論』(悠々社、2011年)

日弁連司法改革実現本部編『司法改革——市民のための司法をめざして』(日本評論社、2005年)

「特集／司法改革のこれまで、そしてこれから」法律時報80巻4号(2006年7月)

森　炎(もり　ほのお)『司法権力の内幕(ちくま新書)』(筑摩書房、2013年)

平野龍一「現行刑事訴訟の診断」平場安治ほか編『団藤重光博士古稀祝賀論文集第四巻』(有斐閣、1985年)

終章　あるべき司法実現のための課題は何か

　【司法制度改革の目的を振り返る】　司法制度改革審議会は、21世紀の始まりの年である2001年6月に、『司法制度改革審議会意見書――21世紀の日本を支える司法制度』をまとめた。その中で、改革の根本的な課題として、「法の精神、法の支配がこの国の血肉と化し、『この国のかたち』となるために、一体何をなさなければならないのか」と問い、「法の精神、法の支配がこの国の血となり肉となる、すなわち、『この国』がよって立つべき、自由と公正を核とする法（秩序）が、あまねく国家、社会に浸透し、国民の日常生活において息づくようになるため」に検討を行い、種々の提案を行った。意見書のこの部分は、正当なスタートの視点であった。問題は、その目的がどの程度実現し、何が積み残されているかの検証である。

　【司法制度改革の成果検証の時期に】　本テキストブックの前6章においてわれわれ共同執筆者が関心をもつ日本の司法の現状と課題を相当広範囲におおむね執筆者共通の意見・見解として述べてきた。とりわけ、第6章の最後の節では、司法改革と司法制度改革の違いについてもやや詳しく言及した。その結果、終章においてさらに敷衍すべきことは残っていないようにもみえる。しかし、それにもかかわらず、「あるべき司法」実現のために、本書の締め括りとして若干の残っているテーマを取り上げておくことにしたい。それは、本書執筆者全員の思いである。

　既述の通り、司法制度改革は「ひとまず終わった」という声が圧倒的に多い。本テキストは、第6版であり、その前の第5版は、2009年の刊行であった。原稿が実質的に書かれたのは2008年である。その時点では、執筆者のほぼ全員が、所属する法科大学院の新しいカリキュラムや日々生ずる問題や事件に追われ、司法制度改革の成果と問題をじっくり考える余裕はなかった。例えば現在の法科大学院（ロー・スクール）が置かれている激変はその時点

ではいまだ十分には予測できず、そして司法制度改革の全体の総括もいまだ時期尚早という感じであった。その結果、第5版は、いまだ司法の改革の途上にあるという判断をして、2000年に刊行した第4版を大きく修正することができなかった。しかし、司法制度改革審議会の発足（1999年）から15年も経ってみると、2000年前後における「期待」と、現在の「実情」との間になにがしかの落差を感じざるをえない状況にある。加えて、本書執筆過程においても、1980年代半ばから2000年頃までと比較して、まとまった司法制度・司法改革について論ずる書籍が少なくなっていることに執筆者全員が気づかざるをえなかった。今世紀初頭の司法制度改革の十全な評価は、いまだ実証研究成果がない段階ということもあり、性急過ぎるかもしれない。しかし、すでに司法制度改革自体を総合的に振り返る時期が来たことも間違いない。具体的に言えば、複数の要因がある。司法改革を唱えた多数の市民やマスコミ関係者、そして弁護士たちにあっても、高齢化という要因が加わって、1990年代以降の改革論議のヒアリングや資料に基づいて検証を行うことも難しい上に、とりわけ改革を主張した陣営、ことに改革派弁護士たちは四分五裂の状況となっている。一見すると、司法改革の徹底を阻止し、司法制度改革という枠組みに押し込めた最高裁判所や法務省が勝者のようにみえるが、本書で紹介したように、古い官僚制体質を残したままの最高裁判所事務総局主導は続き、裁判官らの様々な不祥事や内部告発が続発している。やはり、人間の身体と同じで、体内の悪しき部分は、いずれ、より大きな綻(ほころ)びとなって、外から目に見えるようになろう。また、法科大学院を経て法曹となった者が、現在、司法改革の基盤を担えているかと言えば、ここ20年余の司法改革史の知識も乏しく、必ずしも十分ではないように思われる。

【真に国民のための司法制度へ】　もともと、司法改革は、法曹人口の少なさや、刑事事件での相次ぐ誤判、容易に裁判を受けることができず費用も高くて時間もかかる民事裁判の改革を目的としていた。

　確かに、弁護士については、いわゆるゼロ・ワン区域がほぼ解消し、一応、全国各地で勤務するようになった。そして、今次の司法制度改革により実現に移された成果は少なくない。だが、「国民の日常生活」において「自

終章　あるべき司法実現のための課題は何か　315

由と公正を核」にする社会が多少実現したのであろうか。真に国民・市民に距離的にも経済的にも身近で、頼りになる法曹が満遍なく存在するようになったかと言えば、まだ、それには程遠い状況である。一般の庶民に身近なケースを挙げれば、納得のいかない交通違反取締りによる検挙、数十万円の訴額にまではならない連帯保証債務の支払請求や消費者の無知に付け込んだ各種名目の金銭請求、パート勤務の主婦やアルバイト学生に未払いのままの賃金や超過勤務手当、些細なことによる組織内での懲罰など、弁護士に依頼して戦うには額が小さな事件は、その圧倒的な数が、弱者側の「諦め」で終わっているのではなかろうか。改革の３大テーマであった裁判員制度、法テラス、法科大学院の各設置は、十分に上記の「小さな事件」に応えるものかと言えば、まだ、正義が容易に実現されるシステムにはなりえていない。

　本書ですでに語ってきたことであるが、改革され、充実されてきたはずの数々の仕組みも、理念通りに運用されているかどうか、真剣な検討をすることが今後の課題である。

　特に普通の庶民の目線からすれば、全国のすみずみまで法による権利保護を行き渡らせるという理念も、人々の間で共有されているとは思えない。ほとんどの市民は、裁判所や弁護士と関わりをもつことは、生涯に一度もないはずと考えている。また、実際に、弁護士とのやりとりを経験した市民も、弁護士に日常的に気軽にアクセスすることの難しさを味わっている。庶民は、数十万円以下の事件など、具体的に弁護士に接する前に弁護士費用を考えて割に合わないと感じ取ってしまっている。弁護士側も小さな事件は経営の上で割に合わない。そうであれば、「あまねく国家、社会に浸透し、国民の日常生活において」公平・中立な第三者による、しかも実効性のある救済制度はどうあるべきか、まさに、日本の司法は、瀬戸際のところに来ている。日本では風邪のようなちょっとした病気でも医療保険を使って医師の診断をうけることができる。これと対照的に、現に外国で長く暮らす日本人が、日本に帰ったり、一時滞在したりして不便だというのが、法の領域での保険制度の不備である。小さな法的事件にも対処できるようにするためには、複数の対策が考えられる。医療保険と類似の仕組み、すなわち、弁護士保険（権利保護保険）の導入などは弁護士の生活保障のためにも必須と思わ

れる。さらには、別の策として、弁護士が専業であることも、いずれ改めて議論の対象になるであろう。極端に言えば、別の自営業をしつつ、副業的に小さな事件を受任する弁護士という姿も考えなければ、庶民の小さな事件について、正義に適った解決をもたらさないようにも思える。

【最後に、もう一度、周りをみてみよう】　法が、本当に、国民・市民のものとなるためには、国民・市民自身の努力も必要である。あなた任せでは、結局のところ、自らも救われることはない。その意味で、子どもからおとなに至るどの世代の「われわれ」も、自分たちが接する社会現象を「それでいいのだろうか」という問題意識をもって考えることが必要であろう。
・自分の身近な地域社会を見回してみよう
・近い外国、遠い外国のことも考えてみよう
・歴史を振り返ってみよう
・自分の置かれた家族、学校、会社組織などの環境を考えてみよう
・加害者と被害者がいるが、加害者は被害者ではなかったか考えてみよう
　いずれも、抽象的な表現であるから、具体的なイメージはわかないかもしれない。だが、このテキストブックは、そのような問題意識に立って書かれている。
　上記の中から、1つだけ、例を挙げよう。決して、法律的な問題からのみ重要であるということではないが、最後に挙げた加害者・被害者関係についてである。法、そしてそれが裁判所で争われるときは、一般的には、民事法上で有責であるかどうか、刑事法上有罪か無罪かというように、黒白の決着を付ける場面である。しかし、加害者・被害者の関係も相互に入れ替わることが珍しくないし、民事事件でも類似のことは起きる。
　悲惨な殺人事件や虐待事件について、われわれは、マスコミの情報で、罪を犯した者を一方的に加害者と決め込みがちである。しかし、彼らも、どこかの段階でそのような行為に至るしかない状況に追い込まれた被害者である側面もあるケースが稀ではない。
　加害・被害の関係も一様ではない。例えば、一戸建ての民家の前に小さなマンションが建つと、前者は最初の日照被害者となるが、その南側にさらに

終章　あるべき司法実現のための課題は何か　317

少し大きなマンションが建てば、最初のマンション住人・建設業者は被害者側に回る。さらに、その南側に大型マンションが建てば、第2次の加害者側が被害者になる。この場合には、被害者と加害者は一方向で連鎖している。逆に、見ず知らずの人との間でも、さらに夫婦相互、兄弟相互、教師と生徒の間でも、加害者と被害者の関係はしばしば入れ替わる。

　法が働く部分は、このような連鎖の中の「一部」に決着を付けることが多い。裁判所などで言う「争点整理」がなされるが、法を真に生きたものとして、紛争の解決手段として使うためには、法だけの知識にはとどまらない広い知見が必要となる。読者には、こうした相互の立場の入れ替わりということをも、意識していただきたいと思う。

　この第6版の出版時期は、20世紀末に「司法改革」を求めたものが何であり、21世紀に入ってからの「司法制度改革」後の今がどうなっているのかを必然的に問う時期と重なってきた。直近でも1980年代半ば以降の司法改革論の経緯や歴史に立ち返る必要がある。ただし、1980年代以降の「司法改革」論でも抜けていた論点もあるはずである。司法改革推進論者においてもいまだ意識されていなかった日本の法化社会の進展の度合い、すでに生じている欧米の法意識との違い、さらに言えば、いわゆる発展途上国においても日本よりは気軽に裁判所に駆け込むことができていることが多い理由の解明も必要である。裁判所が国民の権利救済に役立っている度合い、手続上の負担、救済の質など、より根本的なところから、再度、いわゆる欧米先進諸国以外の多くの国々との比較検証が求められるであろう。

　本テキストブックの読者は、今後、日本の外に出かける機会が益々増えるであろうし、外国の人や企業と交渉をする人、外国で暮らす人も増加の一途であろう。そのような時代に、日本とそれ以外の国・地域の人々がもっている法感覚、弁護士や裁判所の利用感覚の違いを意識せざるをえなくなるであろう。外国の法制度や外国の弁護士や裁判所のあり方がすべてよいというわけではない。しかし、少なくとも、わが国において、どのような法の運営・運用、すなわち「司法」が存在しているのか、常にこの点に本書執筆者とともに関心を寄せてほしいと願う。

現代司法年表

　本年表は明治初年から最近までの司法制度の変遷・推移および主要な裁判事件などを概観するものである。「年代」には西暦を表記し、適宜年号を記した。「長官」には、大審院長（心得含む）・最高裁長官の氏を記載した。「司法の動き」には裁判所関係の主な法令、主要な裁判所規則類、憲法判例を中心とした主要判決、および司法行政の動向を特徴づける事項、「社会の動き」には、主要な立法、主な内閣の成立、後年において司法過程に影響を与える事件、さらに当該年度を想起しうる特徴的な内外の事件を採録した。

年代	院長・長官	司法の動き	社会の動き
1868			明治維新
1871 （明4）		7・9　司法省設置 12・26　東京裁判所設置	7・14　廃藩置県・官僚制の編成
1872 （明5）		3・24　各区裁判所章程制定 8・3　司法職務定制制定（検事の職を置く） 10・10　白洲における身分による席の区別の廃止 11・27　監獄則制定	4・27　江藤新平、司法卿就任
1873 （明6）		2・24　断獄則例制定 6・18　代人規則制定 7・17　訴答文例並附録制定	7・1　地租改正
1874		1・28　検事職制章程司法警察規則制定	4・13　江藤新平刑死
1875 （明8）	玉乃 5・12	4・4　裁判所傍聴規則制定 4・14　大審院・元老院設置 5・24　大審院諸裁判所職制章程制定 6・8　裁判事務心得制定	6・28　新聞紙条例制定
1876 （明9）		2・22　代言人規則制定 8・28　自由心証主義採用 9・13　地方裁判所を23ヵ所に設置	
1877 （明10）		6・28　判事・判事補の制度を採用 10・8　太政官布告により拷問廃止 12・24　司法省附属代言人規程制定	西南戦争
1880 （明13）	岸良＊1 1879	5・13　新代言人規則公布 7・17　旧刑法制定・治罪法制定	4・5　集会条例制定
1885 （明18）	玉乃 1881 7・27		12・22　内閣制度創設 伊藤内閣成立
1886 （明19）		5・5　裁判所官制公布 8・11　公証人規則公布	
1889 （明22）	尾崎 8・12		2・11　帝国憲法発布 2・11　皇室典範制定

年　表　319

年		月日・事項	月日・事項
1890(明23)	西 8・21	2・10 裁判所構成法公布 4・21 旧民法公布（不施行）・民事訴訟法公布 6・30 行政裁判法公布 10・4 非訟事件手続法公布 10・23 判事検事裁判所書記及び執達吏制服制定	10・30 教育勅語発布
1891(明24)	南部＊2 児島＊3	5・27 大津事件判決・大審院	5・6 松方内閣成立 5・11 大津事件発生
1893(明26)	名村＊4	3・4 弁護士法公布 4・5 弁護士の職服の制定	
1894	三好 3・3		8・1 日清戦争勃発
1897	南部 1896 10・7	2・15 日本弁護士協会創立	
1898		6・21 人事訴訟手続法公布	
1901		6・21 星亨、東京市参事会にて刺殺される	
1902		5・12 足尾鉱毒兇徒事件判決・大審院	
1904			2・10 日露戦争勃発
1907	横田（國）1906 7・3	4・24 刑法公布（旧法の全部改正）	
1908		4・14 公証人法公布	
1911		1・18 大逆事件判決・大審院	
1914			7・28 第一次大戦勃発
1917		7・21 裁判所の設立に関する法律公布	
1918			8・3 米騒動始まる
1919		4・9 司法代書人法公布	
1921(大10)	富谷＊5 平沼 10・5	5・18 裁判所構成法改正法公布 8 この頃、自由法曹団設立	11・13 高橋内閣成立
1922(大11)		4・11 借地借家調停法公布 4・25 破産法公布 5・5 刑事訴訟法公布 11・10 少年審判所設置の件公布	6・12 加藤（友）内閣成立
1923	横田（秀）9・6	4・18 陪審法公布	9・1 関東大震災
1925		4・22 治安維持法公布	5・5 普通選挙法公布
1926		4・24 民事訴訟法改正法公布	1・30 若槻内閣成立
1928(昭3)	牧野＊6 1927	10・1 陪審法施行	2・20 第1回普通選挙実施（有権者は成人男子）
1929(昭4)			10・19 N.Y.市場暴落を契機に世界大恐慌
1930(昭5)			11・14 浜口首相、東京駅で狙撃される
1931	和仁 12・21	4・2 刑事補償法公布	9・18 満州事変勃発
1932		9・7 金銭債務臨時調停法公布	5・15 五・一五事件発生

年		事項	関連事項
1933（昭8）		5・15 新弁護士法公布。女性に弁護士職を開放	3・27 国際連盟脱退通告 5・25 滝川事件
1934			天皇機関説事件
1936	林 *7		2・26 二・二六事件発生
1938（昭13）	池田 1936 3・13	5 この月、東京の地裁・区裁の裁判官のみにより「さつき会」結成 この年、内地・外地の裁判官会議において丁野暁春判事が軍国主義迎合反対発言	4・1 国家総動員法公布
1939（昭14）		7・6 司法研究所官制公布 10・31 大日本弁護士会連合会設立	この頃、内閣頻繁に変る
1941（昭16）	泉二 2・15	3・10 治安維持法改正	10・18 東条内閣成立 12・8 太平洋戦争勃発
1943	長島 1・31	4・1 陪審法の停止に関する法律公布・施行	
1944（昭19）	霜山 9・15	3・18 東条首相の司法権独立を侵害する訓示に対し、細野長良広島控訴院長が意見書提出	7・22 小磯内閣成立
1945（昭20）		3・1 翼賛総選挙無効判決・大審院 10・11 マッカーサー、秘密審問司法制度の廃止等の五大改革指令 11・16 司法制度改正審議会発足	8・14 ポツダム宣言受諾 8・15 太平洋戦争終結 10・9 幣原内閣成立 10・24 国連発足
1946（昭21）	細野 2・4	2・8 司法権独立を主張する人々が大審院長、検事総長、東京控訴院長、司法次官になる	4・10 婦人参政権 5・3 東京裁判始まる 5・22 吉田内閣成立 11・3 日本国憲法公布
1947（昭22）		4・16 裁判所法公布 4・16 検察庁法公布 5・3 最高裁判所発足 　　　司法研修所設置（旧司法研究所を改称） 6・17 裁判官任命諮問委員会規程公布 8・4 最高裁判所長官・判事の任命・認証式 10・11 山口良忠判事、配給食料のみの生活で栄養失調死 10・29 裁判官分限法公布 11・10 下級裁判所の裁判官を任命 11・20 最高裁判所国民審査法公布 11・20 裁判官弾劾法公布 12・1 司法研修所規則公布 12・6 家事審判法公布 12・9 第一回全国高裁長官・地裁長官会同	3・12 トルーマンドクトリン発表 4・20 社会党第一党に 5・3 日本国憲法施行 5・24 片山内閣成立 12・22 改正民法公布（家制度廃止）
1948（昭23）	三淵 8・4	1・1 裁判官任命諮問委員会廃止 2・15 司法省廃止、法務庁発足 3・12 死刑合憲判決・最高裁大法廷 5・26 天皇プラカード事件・最大判 7・10 刑事訴訟法改正 7・12 検察審査会法公布 8・18 下級裁判所事務処理規則公布	1・26 帝銀事件発生 3・10 芦田内閣成立 10・15 吉田内閣成立 12・29 免田事件発生

320

年表

年		事項	事項
		11・26 浦和充子事件問題化	
1949 (昭24)		1・1 家庭裁判所発足 1・23 第一回最高裁判所裁判官国民審査 3・22 法曹懇談会発足 4・1 裁判官の制服に関する規則公布 5・31 司法試験法公布 6・1 法務庁、法務府と改称 6・10 弁護士法公布 8・31 裁判所職員レッドパージ免職14名 9・1 日本弁護士会連合会解消 9・1 日本弁護士連合会発足	7・6 下山事件発生 7・15 三鷹事件発生 7・19 新潟大でGHQイールズ声明 8・17 松川事件発生 8・27 シャウプ勧告
1950 (昭25)	田中 3・3	2・1 下級審の違憲審査権を認める判決・最高裁大法廷 5・4 民事上告事件特例法公布 5・22 司法書士法公布	2・28 財田川事件発生 6・25 朝鮮戦争勃発 8・10 警察予備隊令発令
1951 (昭26)		2・22 行政書士法公布 6・9 民事調停法公布 10・19 藤本事件（第1次事件）、ハンセン病国立療養所菊池恵楓園内の特設法廷で開廷。（1953.7.27以降は同園内の菊池医療刑務支所内の特設法廷で実施）	9・4 サンフランシスコ講和会議 9・8 日米安保条約調印
1952 (昭27)		1・24 日弁連、法律扶助協会設立 7・31 法廷秩序維持法公布 7・31 内閣法制局設置法公布 8・1 法務府、法務省と改称 9・1 法廷秩序維持規則、裁判所傍聴規則公布 10・8 警察予備隊違憲訴訟判決・最高裁大法廷	4・28 平和条約及び日米安保条約発効 6・24 吹田事件発生 7・7 大須事件発生 7・21 破壊活動防止法公布
1953 (昭28)		6・9 司法修習生の規律等に関する規程制定 9・26 最高裁、吹田黙禱事件で「法廷の威信について」の通達	3 ハンセン病患者のみ対象の熊本刑務所菊池医療刑務支所完成 12・9 日本、国際司法裁判所に加盟
1954 (昭29)		3・17 最高裁、昇給引き替えに全司法労組の解消を申し入れ 3・20 日弁連・法曹一元要項発表 4・21 犬養法相、造船疑獄事件で指揮権発動 4・24 青年法律家協会（青法協）創立	3・1 第五福龍丸、ビキニ島で被爆 3・10 島田事件発生 6・9 自衛隊法公布 9・26 洞爺丸事故 12・10 鳩山内閣成立
1955 (昭30)		3・19 日弁連、弁護士倫理制定 5・26 最高裁、裁判批判に「耳をかすな」と訓示 11・17 下級裁判所事務処理規則改正 11・17 最高裁事務処理・法廷処理能力評定の裁判官考課表実施	この年、スモン事件 9・19 原水爆禁止日本協議会結成 10・18 松山事件発生 11・15 自由民主党結党
1956 (昭31)		3・1 民事訴訟規則公布 4・9 大阪地裁裁判官会議、下級裁事務処理改	5・1 熊本水俣病問題化

		正規則に抗議決議	6・11	憲法調査会法公布
1957(昭32)		3・13 チャタレー事件判決・最高裁大法廷 5・1 判事補職権特例法改正	2・25 7・8	岸内閣成立 砂川事件発生
1958(昭33)		5・6 蒲田公安条例事件判決・東京地裁	10	警職法案で国会混乱
1959(昭34)		3・30 砂川事件伊達判決・東京地裁 7・22 最高裁、一審強化と審理促進を通達 10・1 検察長官会同、大衆運動へ厳格対処を訓示 10・2 最高裁、あらゆる裁判批判からの裁判所の威信確保を求める訓示 12・16 砂川事件判決・最高裁大法廷	11・2 11・21	水俣で漁民1700名チッソ工場の操業停止で実力行使 三井三池炭鉱、大量解雇（三池争議）
1960(昭35)	横田(喜)10・25	6・8 苫米地事件判決・最大判 7・20 東京都公安条例事件・最大判 10・19 第三者没収事件・最大判 10・19 朝日訴訟判決（生活保護基準の違憲性認める）・東京地裁	1・19 6・15 7・19 11・16 12・27	新安保条約署名 国会デモで死亡者 池田内閣成立 田中耕太郎、国際司法裁判所判事当選 池田首相、所得倍増計画閣議決定
1961(昭36)		8・8 松川事件差戻審判決・仙台高裁 10・7 日本民主法律家協会創立		
1962(昭37)		5・11 臨時司法制度調査会設置法 5・16 行政事件訴訟法公布 5・30 全逓中郵事件無罪判決・東京地裁 9・1 臨時司法制度調査会設置 9・15 行政不服審査法公布 10・30 吉田石松の再審決定・最高裁 11・28 第三者没収違憲判決・最高裁	10・22	キューバ危機
1963(昭38)		2・28 吉田岩窟王事件無罪確定 5・22 東大ポポロ事件判決・最高裁大法廷 6・26 奈良県ため池条例事件・最大判 9・12 松川事件再上告審判決・最高裁 12・26 砂川事件再上告審判決・最高裁	11・22	ケネディ米大統領暗殺
1964(昭39)		8・28 臨時司法制度調査会、意見書提出 9・28 「宴のあと」事件・東京地判 12・19 日本弁護士連合会、臨時司法制度調査会意見書に反対決議	10・10 11・9	東京オリンピック 佐藤内閣成立
1966(昭41)	横田(正)8・6	7・1 執行官法公布 10・26 全逓東京中郵事件判決・最高裁大法廷		米合衆国、情報自由法制定
1967(昭42)		3・29 恵庭事件判決・札幌地裁 5・24 朝日訴訟判決・最高裁大法廷 9 この頃より、雑誌「全貌」、「日経連タイムス」反青法協キャンペーン	6・12 8・3 9・1	新潟水俣訴訟提起 公害対策基本法 四日市ぜんそく事件提起
1968(昭43)		3・25 猿払事件時国判決・旭川地裁 4・20 最高裁判所事務総局等職制規程制定	3	この月、カネミ油中毒事件

年			
		6・10 最高裁、裁判所の庁舎管理規程制定(法廷内への旗持ち込み等規制) 12・2 最高裁首席調査官規則公布	5・30 消費者保護法公布 6・15 安田講堂占拠事件 12・10 三億円事件発生
1969 (昭44)	石田 1・11	4・23 最高裁、裁判の独立を遵守するとの談話 5・28 最高裁、長谷川茂治判事を不再任の決定 9・1 平賀札幌地裁所長、長沼訴訟担当判事に書簡(平賀書簡問題) 9・20 最高裁、平賀所長を注意処分 10・1 飯守鹿児島地裁所長、平賀事件について所見発表 11 この月、最高裁、青法協会員裁判官へ脱会工作開始 11・26 博多駅テレビフィルム提出命令事件判決・最大判 11・29 平賀裁判官の訴追請求	1・18 安田講堂警察突入 6 この月、欠陥車問題、メーカー、欠陥車回収 7・20 アポロ月面着陸 12 この月、大阪国際空港公害訴訟提起
1970 (昭45)		1・14 判事補10名、青法協へ退会届け 4・1 最高裁、青法協会員修習生2名と女性1名任官拒否 4・8 最高裁、「公正らしさ論」発表 4・13 「エロス+虐殺」事件・東京高決 5・2 石田長官、軍国主義者・共産主義者等は裁判官としてふさわしくないと記者会見談話 6・24 八幡製鉄政治献金訴訟判決・最高裁 7・17 教科書検定違憲判決(杉本判決)・東京地裁 10・19 裁判官訴追委員会、平賀不訴追・福島訴追猶予の決定 10・24 訴追委員会、裁判官213名に青法協退会の有無で照会状送付 10・25 札幌高裁、福島判事に注意処分を決定 11・7 札幌高裁、福島判事に注意処分	3・31 よど号ハイジャック事件 3・31 八幡・富士合併(新日本製鉄) 6・23 日米安保条約自動延長
1971 (昭46)		1・21 自民党、裁判官の青法協加入を厳しく非難 1・22 最高裁、司法行政協議会開催(青法協会員裁判官の加入問題について協議) 3・31 最高裁裁判官会議、熊本地裁の宮本判事補を再任拒否、23期修習生7名任官拒否 4・12 最高裁、阪口修習生罷免 5・8 日弁連臨時総会、新・再任拒否及び、阪口罷免につき最高裁を批判する決議を採択 5・14 津地鎮祭訴訟違憲判決・名古屋高裁 6・22 大内兵衛・我妻栄ら154名「司法の危機に際し国民に訴う」声明発表 10・2 裁判官200名、司法の独立と再任問題について東京で集会	8・28 日本円、変動為替相場制へ移行
1972 (昭47)		1・7 全国公害弁護士連絡会結成 4・1 新任判事補研鑽制度実施	2・19 浅間山荘事件

年	長官	主な出来事	社会情勢
		4・5 最高裁、24期修習生のうち青法協会員2名を含む3名につき任官拒否 7・6 刑事裁判官会同で石田長官が「法廷秩序の無視に断固たる措置を」と挨拶 9・13 最高裁裁判官会議「地方裁判所における審理に判事補の参与を認める規則」決定 11・20 最高裁、参与判事補制度実施 12・10 裁判官国民審査、対象7判事全員が罷免可1割をこえる 12・20 高田事件で、著しい裁判の遅延が迅速な裁判を受ける権利の侵害にあたるとして免訴・最高裁	5・15 沖縄施政権返還 7・7 田中内閣成立 9・29 日中国交正常化（日中共同声明調印）
1973 (昭48)	5・21 村上	3・21 田中二郎最高裁判事、定年を待たずに退官 4・4 尊属殺重罰違憲判決・最高裁大法廷 4・25 全農林警職法事件判決・最高裁大法廷 9・7 長沼ナイキ基地訴訟判決・札幌地裁 12・12 三菱樹脂事件判決・最高裁大法廷	10 この月、石油ショック
1974 (昭49)		1・31 外務省機密漏洩事件訴訟判決・東京地裁 3・28 最高裁と法務省、判検人事交流に合意 4・4 公務員ストの刑事免責否定・最高裁大法廷 5・23 最高裁判所庁舎落成式 7・16 第一次家永教科書訴訟判決(高津判決)・東京地裁 11・16 猿払事件判決・最高裁大法廷 12・9 在宅投票制廃止事件判決・札幌地小樽支判	2・15 石油ヤミカルテル事件提起 12・9 三木内閣成立 12・28 雇用保険法公布
1975 (昭50)		3・24 法曹三者協議会、初の協議会 4・7 最高裁、弁護士会推薦者を研修所教官に不採用決定、27期修習生4名の任官拒否決定 4・30 薬事法訴訟判決・最高裁大法廷 5・20 白鳥事件決定・最高裁	4・30 サイゴン政府無条件降伏、ベトナム戦争終結
1976 (昭51)	藤林 5・25	4・14 衆議院定数訴訟判決・最高裁大法廷 5・1 最高裁、裁判官の事件処理報告制度を導入 5・21 学テ旭川事件判決・最大判 8・4 鬼頭判事補事件発生（三木首相に指揮権発動を促すニセ電話）	2・4 ロッキード事件発覚 7・27 田中前首相逮捕 12・24 福田(赳)内閣成立
1977 (昭52)	岡原 8・26	1・18 司法書士の業務に関する判決・松山地裁 2・17 百里基地訴訟判決・水戸地判 3・23 鬼頭判事補罷免判決・裁判官弾劾裁判所 5・4 名古屋中郵事件判決・最高裁 7・13 津地鎮祭事件判決・最高裁大法廷	10・29 東京スモン訴訟和解成立
1978		3・7 弁護人抜き裁判法案を国会に上程	

年	最高裁長官	司法関係事項	一般事項
(昭53)		5・31 沖縄密約電文漏洩訴訟判決・最決 6・23 司法書士法改正（国家試験の導入） 10・4 マクリーン事件判決・最大判 10・15 横川札幌高裁長官、最高裁のあり方を批判	8・12 日中平和友好条約調印 12・7 大平内閣成立
1979 (昭54)	服部 4・2	3・12 司法研修所教官31期任官志望者に内容証明郵便で青法協脱退勧告 3・22 自衛隊合祀拒否訴訟判決・山口地裁 6・1 財田川事件の再審開始決定・高松地裁 6・11 司法書士の業務に関する判決・高松高裁 9・26 免田事件の再審開始及び死刑執行の停止決定・福岡高裁 12・6 松山事件の再審開始決定・仙台地裁	1 イラン革命、第2次石油ショック 3・20 民事執行法公布 9・15 スモンの会と国・製薬会社の和解成立 9・21 国際人権規約批准
1980 (昭55)		1・17 在宅投票訴訟判決・札幌高裁 10・17 最高裁、裁判官の綱紀粛正を求める訓示 11・28 四畳半襖の下張事件判決・最判 12・13 徳島ラジオ商事件再審開始決定・徳島地裁	7・17 鈴木内閣成立
1981 (昭56)		4・7 板まんだら事件判決・最判 4・16 月刊ペン事件判決・最判 7・17 ヤミカルテル灯油訴訟判決・東京高裁 12・16 大阪空港公害訴訟判決・最高裁大法廷	10・16 北炭夕張炭鉱ガス爆発
1982 (昭57)	寺田 (治) 10・1	2・17 最高裁、不祥事対策として、研修所で専属教官による裁判官研修開始決定 3・24 箕面忠魂碑訴訟・大阪地判 7・7 堀木訴訟上告審判決・最高裁大法廷 9・9 長沼ナイキ事件・最判 9・13 新聞社派遣等の中堅判事研修開始 12・10 長良川水害安八訴訟判決・岐阜地裁（住民勝訴） 12・20 梅田事件再審開始決定・釧路地裁網走支部	2・8 ホテルニュージャパン火災 2・9 日航機羽田沖墜落 3・19 山形県金山町、全国初の情報公開条例公布 11・27 中曽根内閣成立
1983 (昭58)		2・25 隣人訴訟判決・津地裁 4・6 最高裁、35期修習生5名任官拒否 7・15 免田事件再審無罪判決・熊本地裁 9・29 徳島ラジオ商殺し再審開始（死後再審としては初）	9・1 大韓航空機撃墜事件
1984 (昭59)		1・26 大東水害国賠訴訟判決・最高裁 5・29 長良川水害墨俣訴訟判決・岐阜地裁（住民敗訴）	3・18 グリコ社長誘拐事件発生
1985 (昭60)		7・17 衆議院定数訴訟判決・最高裁大法廷	7・1 豊田商事事件
1986 (昭61)	矢口 11・5	1・4 中曽根首相、「司法にオーバーランはないか」の発言 5・23 外国弁護士特別措置法公布	この年、地価高騰始まる

年					
		6・11	北方ジャーナル訴訟判決・最高裁	6・1	男女雇用機会均等法施行
		6・12	長官所長会同、事件処理を急ぐあまり適正な判断をおろそかにすべきでないと長官訓示	12・4	国鉄の民営化決定
1987 (昭62)		2・18	最高裁、民間企業等への若手判事補の長期研修派遣制度実施決定		
		4・22	森林法訴訟判決・最高裁大法廷	5・3	朝日新聞阪神支局襲撃事件
		4・27	法務省に司法試験改革等を目的に法曹基本懇談会発足		
		6・2	刑事確定訴訟記録法公布		
		9・2	有責配偶者離婚訴訟判決・最高裁大法廷		
		11	この頃、判検交流による裁判統制問題となる	11・6	竹下内閣成立
1988 (昭63)		5・2	矢口長官、国民の司法参加の検討を示唆		
		6・1	自衛隊合祀訴訟判決・最大判	6	リクルート事件発覚
		7・15	麹町中学内申書事件判決・最判		
1989 (平元)		1・9	平賀書簡問題の福島重雄判事、定年前に退官。その後、公証人に	1・7	昭和天皇逝去
				4・1	消費税導入
		2・7	総評サラリーマン税金訴訟・最判	6・3	宇野内閣成立
		3・8	法廷メモ訴訟判決・最高裁大法廷	8・10	海部内閣成立
		6・20	百里基地事件訴訟判決・最判	11	この頃、坂本弁護士一家失踪
		12・22	民事保全法公布		
1990 (平2)	草場 2・20	3・15	第二東京弁護士会、仲裁センター設置		
		4	日弁連、刑事弁護センター設置		
		5・25	日弁連、司法改革宣言	8	イラク軍、クウェートに侵攻
		9・14	大分弁護士会による当番弁護士制度発足		
		12・25	日弁連、弁護士の懲戒理由の公開を決定	10	東西両ドイツ統一
1991 (平3)			この年、弁護士あいついで恐喝・汚職などで逮捕される		この年、バブル経済破綻
		1・10	岩手靖国神社公式参拝・玉串料訴訟控訴審判決・仙台高裁	1	中東湾岸戦争勃発
			この年、市民の裁判ウォッチング運動各地に広がる		
		10	弁護士任官制度スタート	11・5	宮沢内閣成立
1992 (平4)		4	各地の裁判所でラウンド・テーブル法廷設置		
		5	第二東京弁護士会、公益活動参加に向け会則改正	6・15	PKO協力法成立
		7	日弁連、最高裁判事推薦方式の見直しへ	9	佐川急便事件発覚
		10	全国52弁護士会に当番弁護士制度の体制完了	10・17	日本人留学生服部剛丈君射殺事件（米国ルイジアナ州。翌年、刑事無罪評決）
		12・18	国際法曹協会（IBA）が日本政府に対して代用監獄廃止の要請		
1993 (平5)		3	日弁連による新しい選考・推薦手続を背景として2名の最高裁判事内定		この年、死刑執行相次ぐ
					この年、ゼネコン汚職摘発
		6・29	株主権強化へ、商法一部改正法公布。この年、代表訴訟増加	8・9	8党連立による細川内閣誕生

年		法曹・司法関連	一般・社会
		11・12 行政手続法公布	11・1 EU発足
1994 (平6)		この年、検察官と弁護士の不祥事相次ぐ 1・27 知事の交際費の全面公開を認めた大阪高裁の判決を破棄・最高裁(1小) 2・18 大阪府水道部会議費訴訟で情報全面公開を支持・最高裁(3小) 2・19 初めて女性の最高裁判事任命 4・2 少年事件にも当番弁護士制度を導入・東京3会 4・6 7年ぶりに修習生一人を任官拒否 6 法曹3者による世論調査で、30万円なら弁護士頼まぬという結果。 11 司法試験改革協議会で、1,500人合格・受験資格制を含む案を法務省が提示	4・25 羽田内閣成立 5・22 国連児童の権利に関する条約を批准 6・27 松本サリン事件発生 6・30 自社さ連立で村山内閣成立 9・15 服部君事件、民事損害賠償請求勝訴
1995 (平7)	三好 11・7	1 陪審法廷廃止決定(横浜地裁・京都地裁) 2・22 ロッキード事件丸紅ルート判決・最高裁大法廷 2・28 最高裁、憲法は定住外国人に地方参政権を禁じていないと判断 3 刑務所の規則に国際人権団体「ヒューマンライツ・ウォッチ」が改善勧告 5・2 最高裁長官「裁判の迅速化に裁判官増も必要」と談話 6・1 口語化された刑法施行 8 東京簡裁、電話・FAXで裁判手続きの24時間案内開始 11・14 司法試験改革協議会、日弁連反対のまま1,500人案を採択 12・14 オウム真理教に破壊活動防止法の団体規制の適用を決定・公安調査庁	この年、金融破綻相次ぐ 1・17 阪神淡路大震災発生 3・20 地下鉄サリン事件発生 3・22 オウム真理教一斉捜査・その後、松本サリン事件、坂本弁護士一家失踪事件もオウム真理教幹部の犯行と判明 7・1 製造物責任法施行 10・3 O・J・シンプソン裁判、被告人無罪の陪審評決 10・30 オウム真理教に解散命令・東京地裁
1996 (平8)		3 大阪地裁 裁判長選挙廃止 3・8 最高裁、信仰を理由とする授業拒否で退学を違法と判決(神戸市立高専訴訟) 3・14 HIV訴訟、被告4社と国が原告と和解 4 判事補任官拒否1名、その後訴訟になるも最高裁は上告棄却 5 合格優遇枠制の下で初の司法試験 5・23 水俣病和解、16年ぶりに訴訟終結 6・26 新民事訴訟法公布 9・11 参議院定数格差訴訟で、6.59倍に「違憲状態」との判示・最高裁大法廷 10・20 最高裁判事の国民審査で、沖縄県では3人に1人が不信任	薬害エイズ問題で、政・官・業の癒着構造に対する非難が高まる 1・10 橋本内閣成立 6・21 住専処理法公布 7・8 国際司法裁判所が核兵器使用は一般的に人道に関する法の原則に反すると意見 7・26 住宅金融債権管理機構設立 9・10 CTBT(包括的核実験禁止)条約採択
1997 (平9)		2・28 新年度より速記官募集の取りやめを発表・最高裁	2・4 O・J・シンプソン氏、民事裁判で多額の賠償評決

年				
			4・2 愛媛玉串料訴訟上告審で知事の公費支出に違憲判断・最高裁大法廷	4・23(現地22) ペルー国リマの日本大使館公邸人質事件、突入解放
	山口 10・31			11 三洋証券・北海道拓殖銀行・山一証券が経営破綻
1998 (平10)			4・24 日弁連法務研究財団発足 7・24 組織犯罪対策法案に反対する集会に参加・発言した寺西裁判官に対する戒告処分決定・仙台高裁 7 この頃、交通死亡事故の警察・検察庁による事件処理方法（不起訴など）が問題化 12・1 寺西判事補分限裁判の即時抗告棄却・最高裁大法廷 12・6 麻原公判の主任弁護人、強制執行妨害罪で逮捕	3 政府が大手銀行に公的資金導入 6・19 愛媛県で情報公開条例成立（全都道府県に制定） 7・25 和歌山で毒物カレー事件発生 7・30 小渕内閣成立 10・16 サービサー法公布 この年、自己破産の申立件数が10万件を突破
1999 (平11)			2・9 法務省が犯罪被害者への通知制度を新年度から実施の通達 この夏に、各大学法学部でロースクール構想について公開討議がなされる。 7・27 司法制度改革審議会設置 9・18 裁判官20人が日本裁判官ネットワークを結成 9・29 甲山事件（殺人）第2次控訴審判決で検察側控訴棄却（3度目の無罪判決で確定へ）・大阪高裁 10・29 司法試験合格者1,000人の実現（合格率2.94％） 11 日弁連が地域司法計画プロジェクトを組織化 12・22 民事再生法公布	1・14 自民自由2党連立内閣成立 2・28 臓器移植法施行後、初の脳死臓器移植 4・1 整理回収機構発足 5・14 情報公開法公布 5・15 全国被害者支援ネットワークが犯罪被害者の権利宣言 6・23 男女共同参画社会基本法公布・施行 8・18 組織的犯罪対策3法公布 9・30 茨城県東海村のウラン加工施設で臨界事故発生 10・5 自民自由公明3党連立の小渕改造内閣成立
2000 (平12)			3 京都弁護士会が「京都地域司法計画」作成。以後、各地の弁護士会で地域司法計画作成 4・28 民事法律扶助法公布 5・19 犯罪被害者保護法公布 6・9 司法制度改革審議会設置法公布 6・12 ひまわり基金法律事務所開設(石見)。以後、各地に設置される。	この年、生命保険会社の破綻相次ぐ 2・6 大阪府において全国初の女性知事（太田房江）当選 4・5 森内閣成立 5・24 児童虐待防止法公布

年			
		10・1 弁護士広告解禁	
		12・8 尼崎大気汚染訴訟で和解成立・大阪高裁	
2001 (平13)		1・1 裁判文書A4判横書きへ 2・1 福岡県弁護士会、当番付添人制度発足 2・3 福岡地検で福岡高裁・古川判事への捜査情報漏洩が発覚 5・11 らい予防法違憲国賠訴訟・熊本地裁判決 6・12 司法制度改革審議会、最終意見書提出 7・16 最高裁、裁判官の人事評価の在り方に関する研究会を設置 10 大阪地裁平野哲郎判事、男性判事初の育児休暇取得 11・16 司法制度改革推進法公布 12・1 司法制度改革推進本部が発足	1・6 中央省庁再編 4・1 オランダ、世界初の同性婚姻法施行 4・26 小泉内閣成立 9・11 米国同時多発テロ発生 10・7 アメリカ、アフガニスタンに侵攻 11・2 テロ特措法公布
2002 (平14)	町田 11・6	3・19-20 政府、日弁連、司法制度改革推進計画要綱を公表 9・11 郵便法違憲判決・最高裁大法廷 11・25 裁判官の俸給を引き下げる内容の裁判官俸給法改正法公布 12 裁判官、検察官の俸給、戦後初の減額（4月以降の俸給の差額を期末手当より控除） 12・6 法科大学院の教育と司法試験等との連携等に関する法律公布 12・6 司法試験法改正法公布	10・15 北朝鮮拉致被害者5名帰国 11 名古屋刑務所で刑務官による受刑者への暴行が明るみに
2003 (平15)		2・12 最高裁、下級裁判所裁判官指名諮問委員会規則制定 4・1 国選弁護人報酬基準、戦後初の減額 4・14 司法制度改革推進本部「ADRの拡充・活性化のための関係機関等の連携強化に関するアクションプラン」発表 5・1 最高裁、下級裁判所裁判官指名諮問委員会設置 7・16 裁判迅速化法公布 7・16 人事訴訟法公布 7・25 外国弁護士法改正法公布 7・25 非常勤裁判官制度創設 7・28 司法書士、簡易裁判所訴訟代理関係業務を開始（法務大臣の認定が要件） 8・1 仲裁法公布 10・24 日弁連市民会議設置 12・3 検察官・公証人特別任用等審査令公布 12・10 最高裁の下級裁判所裁判官指名諮問委員会、初答申。裁判官6名を再任不相当	この頃から、振込め詐欺が社会問題になる 3・19 イラク戦争開始 5・30 個人情報保護法公布 7・16 性同一性障害者特例法公布 7・17 政府、「電子政府構築計画」決定 8・1 イラク特措法公布
2004 (平16)		1・7 最高裁、裁判官の人事評価に関する規則公布 1・14 参議院定数格差訴訟で裁判官出身の判事	1・19 陸上自衛隊、イラク派遣開始

年				
			1名が違憲判断・最高裁大法廷	4・1 国立大学独立行政法人化
		4・1	法科大学院スタート	
		4・1	人事訴訟手続法廃止、人事訴訟法施行。人事訴訟等が家裁に移管	
		4・1	弁護士報酬標準規定廃止	
		5・12	労働審判法公布	
		5・23	裁判員法公布	
		6・2	総合法律支援法公布	6・2 新破産法公布
		6・18	判事補及び検事の弁護士職務経験に関する法律公布	6・16 公益通報者保護法公布
		6・18	知的財産高等裁判所設置法公布	6・13-18 有事法制関連7法公布
		7・1	裁判所オンライン申立てシステム稼動（札幌地裁本庁）	7・28 性同一性障害者に戸籍上の性別変更を認める・那覇家裁
		10・15	関西水俣病訴訟判決・最高裁第2小法廷	
		12・1	ADR基本法公布	12・1 口語化民法公布
		12・8	犯罪被害者等基本法公布	
2005年（平17）		4	国際的大規模法律事務所リンクレーターズ、国内の大規模法律事務所を吸収（改正外国弁護士法適用第1号）	戦後初、日本の人口減少
				2 この頃から生保・損保各社の保険金不払い事案が大量に発覚
		4・1	知財高裁、東京高裁内に設置	
		4・1	日弁連、弁護士職務基本規程施行	4・1 個人情報保護法全面施行
		5・25	刑事収容施設法公布	6 アスベスト被害社会問題に
		7・26	改正商法、会社法公布	
		9・14	在外邦人選挙権を否定する公職選挙法違憲判決・最高裁大法廷	9・11 衆院選挙で与党が3分の2超の多数を獲得
		10・25	旧植民地のハンセン病患者に対する東京地裁判決。韓国人患者原告敗訴、台湾人患者原告勝訴と分かれる	10・1 日本道路公団分割民営化
				11・16 耐震強度構造計算書偽装事件が発覚
2006（平18）		4・10	日本司法支援センター（法テラス）設立	1 ライブドア事件
		5・19	第1回新司法試験実施	
		6・7	消費者契約法改正法公布。消費者団体訴訟制度導入へ。	
		6・21	薬害肝炎大阪訴訟判決（国と企業の責任を一部認める）	9・16 安倍内閣成立
	島田10・16	10・2	法テラス業務開始（被疑者国選弁護開始）	12・1 被害回復給付金支給制度開始
		10・2	即決裁判手続導入	
2007（平19）		2・23	志布志事件無罪判決・鹿児島地裁	2・17 年金記録問題明るみに
		5・18	憲法改正手続法公布	5・13 日本初のPFI刑務所美祢社会復帰促進センター供用開始
		5・27	橋下弁護士、光市事件被告人弁護士に対する懲戒請求をテレビ番組で呼びかけ（8,000件以上の懲戒請求あり）	
				6・20 ミートホープ牛肉偽装発覚。以降、食
		6・1	監獄法廃止	

年		月日	事項	月日	一般事項
		6・27	刑訴法改正法公布・刑事裁判に犯罪被害者参加認める		品偽装発覚相次ぐ
		10・10	富山連続婦女暴行事件再審無罪判決・富山地裁高岡支部	7・29	参院選で野党が過半数を占める
		10・12	日本弁護士会連合会、司法試験合格者数を削減するよう決議。他の弁護士会に同様の動き広がる	9・26	福田(康)内閣成立
				10・1	郵政民営化
		10・19	鳩山法相、就任演説で新司法試験合格者数見直しに言及		
		11・1	日弁連、弁護士情報提供サービス「ひまわりサーチ」運用開始	11・1	テロ特措法失効。インド洋展開の自衛艦撤収
2008 (平20)		2・29	新潟県弁護士会、裁判員制度実施の延期を決議	1・11	新テロ特措法、参院で否決後、衆院で再可決、公布(衆院の再議決権行使は51年振り)
		4・1	検察庁、裁判員裁判対象全事件の取調べの一部録画開始		
		4・17	自衛隊イラク派遣違憲判決・名古屋高裁 (裁判長は直前に退官)		
		4・30	砂川訴訟大法廷判決直前に最高裁田中長官と米駐日大使の密談が明らかに	4・1	法務局、登記簿等公開事務の民間委託を開始
		6・4	外国人との婚外子に関する国籍法規定違憲判決・最高裁大法廷		
		6・18	少年法改正法公布・被害者の審判傍聴を認める	9	アメリカ、金融危機発生。世界に拡がる
		7・1	弁護士への依頼に身元確認が必要に		
		7・18	日弁連、新司法試験合格者数見直しの意見書発表	9・24	麻生内閣成立
	竹崎 11・25	12・1	刑事裁判への被害者参加開始		
2009 (平21)		1・23	被害者参加制度に基づき被害者が公判に初参加		この年、新型インフルエンザ、世界的大流行
		3・18	日弁連、「当面の法曹人口のあり方に関する提言」を採択	1・20	バラク・オバマ、アメリカ大統領に就任。初の非白人大統領
		4・17	中教審大学分科会法科大学院特別委員会、『法科大学院教育の質の向上のための改善方策について(報告)』を報告		
		5・21	裁判員制度開始	1・26	国際刑事裁判所、設立初の公判開始
		8・3	初の裁判員裁判開始	8・30	衆院選で、民主党が圧勝
				9・16	鳩山(由)内閣成立
2010 (平22)		1・20	砂川空知太神社訴訟違憲判決・最高裁		この年、中国のGDPが日本を抜いて世界2位に
		1・27	明石市花火大会歩道橋事故につき、検察審査会が4度目の起訴議決。初の強制起訴へ	1・19	日本航空、東京地裁に会社更生法申請
		3・26	足利事件再審無罪判決・宇都宮地裁		
		4・27	凶悪犯罪につき公訴時効を廃止する改正刑事訴訟法公布	3・9	核持ち込みに関する日米密約調査結果公表
		5・27	姫路獨協大学法科大学院、新年度学生募		

年		出来事	社会情勢
		集停止を発表（初の法科大学院閉鎖） 9・10　凜の会事件で無罪判決・大阪地裁 11・1　司法修習、給費制から貸与制へ 11・10　検察のあり方検討会議設置 12・24　最高検、「いわゆる厚労省元局長無罪事件における捜査・公判活動の問題点等について」公表	6・8　菅内閣成立 7　　 高齢者所在不明問題、社会問題に 12・18-　チュニジアでジャスミン革命；アラブの春始まる
2011 （平23）		この頃、弁護士人口3万人台に 3・11　供述と異なる調書作成の指示を受けたことがあると26.1％の検事が回答。最高検調査 5・13　法曹の養成に関するフォーラム設置 5・15-10・30　第1回司法試験予備試験実施 5・18　法制審議会、新時代の刑事司法制度特別部会設置 5・24　布川事件再審無罪判決・水戸地裁土浦支部 5・29　適性試験管理委員会による第1回法科大学院全国統一適性試験実施 6・21　千葉地裁、公判中に居眠りをした裁判員を解任 12・18　弁護士ゼロワン地域解消	この頃から、日本は人口減少社会へ 2・11　エジプト革命でムバラク大統領退陣 3・11　東日本大震災 3・12-3・15　福島第1原発水素爆発 7・24　テレビ放送が地上デジタル放送に移行（東日本大震災の被災3県を除く） 8・30　日債銀粉飾事件無罪判決・東京高裁 9・2　野田内閣成立
2012 （平24）		3・15　日弁連、「法曹人口政策に関する提言」で司法試験合格者数を1,500人に減少させるよう提言 5・10　法曹の養成に関するフォーラム、「論点整理」を公表 5・25　非訟事件手続法、家事事件手続法公布 8・21　法曹養成制度検討会議、法曹養成制度関係閣僚会議設置 11・7　東電OL殺人事件再審無罪判決・東京地裁 11・12　陸山会事件無罪判決・東京地裁	この年、芸能人生活保護不正受給問題が発生 2・29　東京スカイツリー竣工（5・22開業） 4・1　国家公務員、検察官、裁判官の俸給を臨時特例的に引き下げ（～2014年3月） 5・5-7・5　国内の全原発停止 12・16　衆院選で自民党単独過半数確保 12・26　第2次安倍内閣成立
2013 （平25）		1・1　家事審判法廃止 3・25　2012年末衆院選につき、一票の格差に違憲無効判決・広島高裁 3・26　最高裁判事、女性3人に 3・14　成年後見選挙権回復訴訟で違憲判決・東京地裁 6・17　島根大学法科大学院、平成27年度からの学生募集停止を発表。国立大として初 6・26　法曹養成制度検討会議、「法曹養成制度検討会議取りまとめ」を公表 7・16　法曹養成制度関係閣僚会議、検討会議の	3・15　安倍首相、環太平洋戦略的経済連携協定（TPP）への参加を表明 4・26　改正公選法公布。インターネット選挙活動可能に 5・31　マイナンバー法公布 5・31　改正公選法公布。成年被後見人の選挙

年 表　333

		提言を決定。司法試験合格者3,000人目標を撤回	権回復
		8・20　山本最高裁判事、就任会見で、集団的自衛権行使は改憲が必要と発言	6・26　米連邦最高裁、婚姻を異性婚に限る「結婚防衛法」に違憲判決
		8・21　菅官房長官、集団的自衛権を巡る最高裁判事の発言を批判	7　　カネボウ化粧品による白斑事件が問題に
		9・4　婚外子相続差別規定違憲判決・最高裁大法廷	
		9・19　阪田雅裕元内閣法制局長官、集団的自衛権行使は憲法9条の法規範性を損なうと批判	
		9・26　出生届に嫡出／非嫡出の記載を不要と判決・最高裁（1小）	
		9・27　受刑者選挙権制限違憲判決・大阪高裁	10・1-16　アメリカ政府、新年度予算成立せず、一部政府機関閉鎖
		11・28　2013年参議院選につき、一票の格差に違憲無効判決・広島高裁岡山支部	12・13　特定秘密保護法公布
		12・10　性同一性障害で性転換した男性が精子提供を受けてもうけた子供につき、嫡出子と判断・最高裁（3小）	
2014 (平26)		2・25　風俗案内所条例違憲判決・京都地判	3・24　ハーグ条約（国際的な子の奪取の民事面に関する条約）署名
		3・27　袴田事件再審決定・静岡地裁	
	寺田 (逸) 4・1	3・31　竹崎最高裁長官・定年前に退官	
		3・31　国際司法裁判所、日本の調査捕鯨を条約違反と認定する判決	
		5・21　厚木基地夜間飛行差止訴訟で自衛隊機の夜間飛行差止めを認める・横浜地裁	
		5・21　大飯原発3・4号機運転差止訴訟で、運転差止めを命じる・福井地裁	
		6・4　改正司法試験法公布。司法試験受験回数制限3回を撤廃	7・1　臨時閣議で集団的自衛権を認める憲法解釈変更を決定
		7・17　DNA鑑定だけでは父子関係は取消せないと判示・最高裁（1小）	
		7・18　生活保護法、外国人は適用外と判断・最高裁（2小）	
		7・24　求刑の1.5倍の判決を下した裁判員裁判を破棄・最高裁（1小）	
		12・9　在特会のヘイトスピーチを人種差別と認める・最高裁（3小）	

＊1岸良10・25　＊2南部1891,4・8　＊3児島1891,5・6　＊4名村1892,8・12　＊5富谷1921,6・13
＊6牧野1927,8・19　＊7林1935,5・13

（本年表（初版）は、東海大学大学院博士課程（当時）・岡田好弘氏の協力を得て作成した。第3版は、神戸大学法学部講師（当時）・米田憲市氏の、第4版は広島大学教育学部講師（当時）・畑浩人氏の協力を得て改訂した。第5版と第6版は上石圭一が改訂した。）

〈第6版追録〉

年代	長官	司法の動き	社会の動き
			12・24　第3次安倍内閣
2015 (平27)		3・9　富山地裁、氷見事件冤罪被害損害賠償訴訟判決	1・7～1・9　シャルリー・エブド襲撃事件（パリ）
			3・30　住基ネットに全自治体が繋がる
			6・19　改正公職選挙法公布・選挙権年齢18歳に
			6・26　アメリカ連邦最高裁、同性婚を合法化
		9・11　犯罪被害者等基本法公布	8・11　九電川内原発1号機、新規制基準に則った初の再稼働
		12・16　再婚禁止期間訴訟違憲判決・大法廷	10・4　名張毒ブドウ酒事件死刑囚、病死
		12・16　夫婦同姓規定訴訟合憲判決・大法廷	
2016 (平28)		4・22　朝鮮学校への適正な補助金交付を求める会長声明・東弁　以降、弁護士会による同様の声明相次ぐ	1・4　マイナンバー制度開始
		4・25　最高裁、ハンセン病特別法廷につき謝罪、同日調査報告書発表	2・4　TPP署名
		6・3　改正刑事訴訟法公布・一定事件の取調べ録画、刑事免責など導入	8・8　天皇、生前退位の意向を示す
		8・10　東住吉事件再審無罪判決・大阪地裁	11・8　米大統領選でトランプが次期大統領に
2017 (平29)		3・31　最高検、ハンセン病特別法廷につき謝罪	この年、森友学園問題、加計学園問題が明るみに
		4・12　金田法相、NHK受信料訴訟につき、受信料徴収は合憲との意見書を最高裁に提出。国が当事者以外で意見提出は戦後2回目	
		6　この頃から、弁護士会の朝鮮人学校補助金支給要求声明を巡り特定弁護士に懲戒請求相次ぐ	6・1　札幌市、LGBTのパートナーシップ制導入。政令指定都市で初。
		6・2　改正民法（債権法）公布	6・16　皇室典範特例法公布
		6・23　性犯罪関連事案についての改正刑法施行	6・26　エアバッグ・メーカー最大手タカタ、民事再生手続を東京地裁に申請
			7・7　国連本部で核兵器禁止条約採択

〈第6版追録〉 335

年			
			7・11 改正組織的犯罪処罰法施行、これを受け国際的な組織犯罪の防止に関する国連条約受諾を閣議決定
		10・10 福島地裁、福島第一原発を巡る集団訴訟で、国の賠償責任を認める	10 #MeToo運動、米で始る。世界的拡がりに
		12・6 NHK受信契約を義務付ける放送法規定を合憲と判断・大法廷	11・1 第4次安倍内閣
		12・13 伊方原発運転差止決定・広島高裁（高裁として初）	
2018 (平30)	大谷 1・9	弁護士数4万人台に この年、弁護士懲戒請求事案が12,684件に（朝鮮人学校補助金支給問題を巡る懲戒請求が大半）	
		2・7 第48回衆院選の最大1.98倍の一票の格差につき違憲判決・名古屋高裁	4・4 大相撲舞鶴場所にて土俵上での女性看護師の救命措置を巡り「女性は土俵から降りてください」騒動
		2・7 福島第1原発をめぐり東電に損害賠償責任を認める・東京地裁	4・28 松山刑務所大井造船作業場から受刑者が脱走
		6・20 改正民法公布・成年年齢18歳に引下げ、婚姻年齢18歳に統一	7 医学部が浪人生・女子受験生を不利に扱っていたことが発覚、社会問題化
		7・13 改正民法（相続法）公布・配偶者居住権創設	7・6 働き方改革関連法公布
			7 オウム真理教の一連の事件に携わった13人の死刑囚に対する死刑執行
			7・27 統合型リゾート実施法公布
			10 築地市場を閉じ豊洲市場に移転
		11・19 日産会長・カルロス・ゴーン有価証券報告書不実記載で逮捕	12・30 CPTPP発効
2019 (平31) (令元)		1・8 韓国大邱地裁、徴用工訴訟問題で新日鉄住金の資産差押を認める	
		1・11 フランス、竹田JOC会長を五輪誘致を巡る贈賄容疑で捜査開始	
			4・30 天皇明仁退位
			5・1 天皇徳仁即位
			10・31 首里城で火災発生
		12・31 カルロス・ゴーン無断出国発覚	12 中国武漢でCOVID-19確認される

年		
2020（令2）	1・31　黒川東京高検検事長の定年延長を閣議決定	COVID-19世界的流行に
	2・26　ハンセン病特別法廷（菊池事件）につき違憲判決・熊本地裁	3　この頃、トイレットペーパーとマスクが品不足に
	4・1　民法（債権法）改正、相続法の配偶者居住権の部分が施行	3・24　COVID-19流行で東京オリンピック・パラリンピック延期決定
	4・1　法学部に法曹コース設置始まる	
	5・21　黒川東京高検検事長、賭け麻雀報道を受け辞任	4・7～5・25　COVID-19蔓延で一部都道府県に緊急事態宣言発出
	6月中旬　佐々木さやか文科政務官出産、政務三役で初	7・1　レジ袋有料化
		9・16　菅（義）内閣成立
		10・1　日本学術会議会員候補6名を政府任命拒否
	11・25　岩沼市議会事件訴訟判決・大法廷	11・4　愛知県知事リコール署名偽造事件発覚
2021（令3）	1・8　明石市、パートナーシップ・ファミリーシップ制度開始。LGBTとその子を家族と認める	1・6　トランプ支持者による連邦議会襲撃事件
		1～2・7　2度目の緊急事態宣言発出
	2・24　孔子廟違憲訴訟判決・大法廷	1・20　米大統領ジョン・バイデン就任、副大統領はカマラ・ハリス（女性・黒人・アジア系初）
	3・17　同性婚を認めないのは憲法違反と判断・札幌地裁	
	7・14　黒い雨訴訟で原告全員を被爆者と認定・広島高裁	7・23～8・8　東京オリンピック
	7・16　畝本直美、広島高検検事長就任、女性初の検事長	8・24～9・5　東京パラリンピック
		9・1　デジタル庁設置
		10・4　岸田内閣成立
		11・10　第2次岸田内閣成立
2022（令4）	2　衆院選の最大2.08倍の格差に対する高裁判決相次ぐ（合憲／違憲が分かれる）	
	2・15　ヘイトスピーチ抑止条例につき合憲判断・最高裁（3小）	
	2・22　旧優生保護法による強制不妊手術につき、損害賠償を命じる・大阪高裁	2・24　ロシア、ウクライナ侵攻

		4・1 改正民法施行、成年年齢を18歳、女性の婚姻可能年齢を18歳に	
		5・25 改正民事訴訟法（民事手続のIT化等）公布	
		5・28 改正少年法公布	
		5・25 在外日本人の投票を認めない最高裁裁判官国民審査法違憲判決・大法廷	6　この頃急速な円安進む
		6・1 改正消費者裁判手続法公布	
		6・17 改正刑法公布（拘禁刑創設等）	
	戸倉 6・24	7・13 福島第1原発事故を巡り株主代表訴訟で東電幹部に賠償命令・東京地裁判決	7・8 安倍元首相、奈良市で銃撃され死去
		10・11 国を被告とする労働裁判の弁論準備手続で国側指定代理人による無断録音が発覚	
		10・11-24 知財高裁、東京地裁知財部、商事部、倒産部を移転させたビジネス・コート開庁	
		10　重大事件につき裁判所の事件記録廃棄が問題に	
		10・31 判検交流は公平な裁判を妨げると約330名の弁護士が最高裁と法務省に抗議書提出	
		11・1 参院選一票の格差最大3.03倍に違憲判決・仙台高裁	
		12・5 不許可後に法廷録音試みた国選弁護人解任が明らかに・大阪地裁	
		12・16 再婚禁止期間廃止し嫡出推定見直す改正民法公布	
2023 (令5)		1・10 畝本直美、東京高検検事長就任、女性として初	

《本書全体の参考文献》

【外国の司法】
木佐茂男『人間の尊厳と司法権』（日本評論社、1990年）
畑尻剛＝工藤達朗編『ドイツの憲法裁判［第2版］』（中央大学出版部、2013年）
山本和彦『フランスの司法』（有斐閣、1995年）
白取祐司『フランスの刑事司法』（日本評論社、2011年）
中村義孝『概説フランスの裁判制度』（阿吽社、2013年）
田中英夫『英米の司法』（東京大学出版会、1973年）
浅香吉幹『現代アメリカの司法』（東京大学出版会、1999年）
幡新大実『イギリスの司法制度』（東信堂、2009年）
相馬達雄編『中国の司法制度と裁判』（朱鷺書房、2010年）
小林昌之＝今泉慎也編『アジア諸国の司法改革』（アジア経済研究所、2002年）
敷田稔編『アジアの検察』（信山社、1999年）
広渡清吾編『法曹の比較法社会学』（東京大学出版会、2003年）

【司法一般】
末川博＝浅井清信編『裁判の独立』（法律文化社、1971年）
西日本新聞社社会部司法取材班『裁きを裁く』（西日本新聞社、1992年）
渡辺洋三＝江藤价泰＝小田中聰樹『日本の裁判』（岩波書店、1995年）
小田中聰樹『現代司法と刑事訴訟の改革課題』（日本評論社、1995年）
伊佐千尋＝渡部保夫『日本の刑事裁判』（中央公論社、1996年）
岩村正彦ほか編『岩波講座　現代の法5〔現代社会と司法システム〕』（岩波書店、1997年）
大出良知＝水野邦夫＝村和男編『裁判を変えよう』（日本評論社、1999年）
民事訴訟実態調査研究会編『民事訴訟の計量分析（正・続）』（商事法務、2000年、2008年）
木佐茂男編『地方分権と司法分権』（日本評論社、2001年）
産経新聞司法問題取材班『司法の病巣』（角川書店、2002年）
西野喜一『司法過程と裁判批判論』（悠々社、2004年）
林屋礼二＝菅原郁夫＝林真貴子編『統計から見た明治期の民事裁判』（信山社、2005年）
D・フット（溜箭将之訳）『名もない顔もない司法』（NTT出版、2007年）
本林徹＝大出良知＝石塚章夫編『市民の司法をめざして〔宮本康昭先生古稀記念論文集〕』（日本評論社、2006年）
棚瀬孝雄『司法の国民的基盤』（日本評論社、2009年）
棚瀬孝雄『司法制度の深層』（商事法務、2010年）
川嶋四郎『日本人と裁判』（法律文化社、2010年）
菅原郁夫＝山本和彦＝佐藤岩夫編『利用者が求める民事訴訟の実践』（日本評論社、2010年）
林屋礼二ほか編『統計から見た大正・昭和戦前期の民事裁判』（慈学社出版、2011年）

民事訴訟法制度研究会編『2011年民事訴訟利用者調査』（商事法務、2012年）
司法アクセス学会編集委員会編『司法アクセスの理念と現状』（三和書籍、2012年）
市川正人＝酒巻匡＝山本和彦『現代の裁判［第6版］』（有斐閣、2013年）
D・ロー（西川伸一訳）『日本の最高裁を解剖する』（現代人文社、2013年）
森炎『司法権力の内幕』（筑摩書店、2013年）
佐藤嘉彦『刑事裁判覚書』（成文堂、2014年）
尾形誠規『袴田事件を裁いた男』（朝日新聞社、2014年）
川嶋四郎＝松宮孝明編『レクチャー日本の司法』（法律文化社、2014年）
瀬木比呂志『絶望の裁判所』（講談社、2014年）
瀬木比呂志『ニッポンの裁判』（講談社、2015年）

【弁護士】
潮見俊隆編『岩波講座　現代法6〔現代の法律家〕』（岩波書店、1966年）
石井成一ほか編『講座現代の弁護士1〜4』（日本評論社、1970年）
E・チーサム（渥美東洋ほか訳）『必要とされるときの弁護士』（中央大学出版部、1974年）
小島武司『弁護士』（学陽書房、2004年）
松井康浩『日本弁護士論』（日本評論社、1990年）
宮川光治ほか編『変革のなかの弁護士（上・下）』（有斐閣、1992年、1993年）
日本弁護士連合会編『21世紀弁護士論』（有斐閣、2000年）
立花正人『行政書士という法律家の世界〔改訂版〕』（恒友出版、2000年）
川口由彦編『明治大正　町の法曹』（法政大学出版局、2001年）
須網隆夫『グローバル社会の法律家論』（現代人文社、2002年）
インハウスローヤーズ・ネットワーク編『インハウスローヤーの時代』（日本評論社、2004年）
和田仁孝＝佐藤彰一編『弁護士活動を問い直す』（商事法務、2004年）
橋本誠一『在野「法曹」と地域社会』（法律文化社、2005年）
芦原一郎『社内弁護士という選択』（商事法務、2008年）
日本弁護士連合会弁護士業務改革委員会21世紀の弁護士像研究プロジェクトチーム編『弁護士改革論』（ぎょうせい、2008年）
本林徹ほか編『市民と司法の架け橋を目指して』（日本評論社、2008年）
日本弁護士連合会編『裁判員裁判における弁護活動』（日本評論社、2009年）
日本弁護士連合会編『法廷弁護技術［第2版］』（日本評論社、2009年）
日本弁護士連合会公害対策・環境保全委員会編『公害・環境訴訟と弁護士の挑戦』（法律文化社、2010年）
長島安治編『日本のローファームの誕生と発展』（商事法務、2011年）
東京弁護士会弁護士研修センター運営委員会編『企業法務と組織内弁護士の実務』（ぎょうせい、2011年）
大澤恒夫『対話が創る弁護士活動』（信山社、2011年）
日本弁護士連合会編『法律家の国際協力』（現代人文社、2012年）
後藤昭＝高野隆＝岡慎一編『弁護人の役割』（第一法規、2013年）
金子武嗣『私たちはこれから何をすべきなのか』（日本評論社、2014年）

古賀正義『現代社会と弁護士』（信山社、2014年）

【検察庁・検察官・検察審査会】
大野達三『日本の検察』（新日本出版社、1992年）
藤永幸治『現代検察の理論と課題』（信山社、1993年）
産経新聞特集部『検察の疲労』（角川書店、2002年）
D・ジョンソン（大久保光也訳）『アメリカ人のみた日本の検察制度』（シュプリンガーフェアラーク東京、2004年）
渡邉文幸『指揮権発動』（信山社、2005年）
読売新聞社会部『ドキュメント検察官』（中央公論新社、2006年）
郷原信郎『検察の正義』（筑摩書房、2009年）
但木敬一『司法改革の時代』（中央公論新社、2009年）
大島真生『特捜検察は誰を逮捕したいか』（文藝春秋、2012年）

【裁判所・裁判官】
家永三郎『司法権独立の歴史的考察〔増補版〕』（日本評論社、1967年）
林信雄編『裁判の危機』（時事通信社、1969年）
飯守重任『教育と裁判の危機』（有信堂、1972年）
宮本康昭『危機にたつ司法』（汐文社、1978年）
潮見俊隆『司法の法社会学』（勁草書房、1982年）
丁野暁春＝根本松男＝河本喜与之『司法権独立運動の歴史』（法律新聞社、1985年）
大塚一男『最高裁調査官報告書』（筑摩書房、1986年）
中村治朗『裁判の世界を生きて』（判例時報社、1989年）
毎日新聞社会部『検証・最高裁判所』（毎日新聞社、1991年）
札幌弁護士会編『市民と歩む裁判官』（北海道大学図書刊行会、1993年）
矢口洪一『最高裁判所とともに』（有斐閣、1993年）
朝日新聞「孤高の王国」取材班編『孤高の王国裁判所』（朝日新聞社、1994年）
高橋利明＝塚原英二編『ドキュメント現代訴訟』（日本評論社、1996年）
山本祐司『最高裁物語（上・下）』（講談社、1997年）
小田中聰樹ほか編『自由のない日本の裁判官』（日本評論社、1998年）
木佐茂男監修／高見澤昭治『市民としての裁判官』（日本評論社、1999年）
日本裁判官ネットワーク『裁判官は訴える！』（講談社、1999年）
井垣康弘ほか『裁判所の窓から』（花伝社、2000年）
日本裁判官ネットワーク『裁判官だって、しゃべりたい！』（日本評論社、2001年）
安倍晴彦『犬になれなかった裁判官』（NHK出版、2001年）
秋山賢三『裁判官はなぜ誤るのか』（岩波書店、2002年）
読売新聞社会部『ドキュメント裁判官』（中央公論新社、2002年）
高橋宏志ほか編『新しい簡易裁判所の民事司法サービス』（判例時報社、2002年）
萩屋昌志編『日本の裁判所』（晃洋書房、2004年）
浅見宣義『裁判所改革のこころ』（現代人文社、2004年）
加藤新太郎編『ゼミナール裁判官論』（第一法規、2004年）
全国裁判官懇話会全記録刊行委員会編『自立する葦』（判例時報社、2005年）
西川伸一『日本司法の逆説』（五月書房、2005年）

滝井繁男『最高裁判所は変わったか』(岩波書店、2009年)
日垣隆『裁判官に気をつけろ！』(文藝春秋、2009年)
守屋克彦編『日本国憲法と裁判官』(日本評論社、2010年)
阿部泰隆『最高裁上告不受理事件の諸相2』(信山社、2011年)
藤田宙靖『最高裁回想録』(有斐閣、2012年)
泉徳治『私の最高裁判所論』(日本評論社、2013年)
【裁判傍聴】
阿曽山大噴火『裁判狂時代』(河出書房、2007年)
北尾トロ＝下関マグロ『おっさん傍聴にいく！』(ジュリアン、2007年)
井上薫『法廷傍聴へ行こう〔第5版〕』(法学書院、2010年)
【その他の法律家・法律家一般】
宮澤節生『海外進出企業の法務組織』(学陽書房、1987年)
大矢息生＝小林俊夫『会社法務部の研究』(経済界、1988年)
植村秀三『日本公証人論』(信山社、1989年)
青年法律家協会弁護士学者合同部会『青法協』(日本評論社、1990年)
江藤价泰編『司法書士の実務と理論』(日本評論社、1991年)
松井康浩『法曹一元論』(日本評論社、1993年)
三木常照『行政書士の役割』(西日本法規出版、2004年)
新藤宗幸『司法官僚』(岩波書店、2009年)
阿部泰隆『行政書士の業務』(信山社、2012年)
江藤价泰『司法書士の社会的役割と未来』(日本評論社、2014年)
【陪審制・参審制・裁判員制】
日本弁護士連合会編『沖縄の陪審裁判』(高千穂書房、1992年)
齋藤哲『市民裁判官の研究』(信山社、2001年)
三谷太一郎『政治制度としての陪審制』(東京大学出版会、2001年)
『刑事司法への市民参加〔高窪貞人教授古稀祝賀記念論文集〕』(現代人文社、2004年)
鯰越溢弘編『裁判員制度と国民の司法参加』(現代人文社、2004年)
丸田隆『裁判員制度』(平凡社、2004年)
日本弁護士連合会編『裁判員制度と取調べの可視化』(明石書店、2004年)
石田竹松＝土屋公献＝伊佐千尋編『えん罪を生む裁判員制度』(現代人文社、2007年)
小田中聰樹『裁判員制度を批判する』(花伝社、2008年)
土屋美明『裁判員制度が始まる』(共栄書房、2008年)
西野喜一『裁判員制度批判』(西神田編集室、2008年)
藤田政博『司法への市民参加の可能性』(有斐閣、2008年)
柳瀬昇『裁判員制度の立法学』(日本評論社、2009年)
小早川義則『裁判員裁判と死刑判決〔増補版〕』(成文堂、2012年)
最高裁判所事務総局『裁判員裁判実施状況の検証報告書』(2012年)
青木孝之『刑事司法改革と裁判員制度』(日本評論社、2013年)
杉田宗久『裁判員裁判の理論と実践〔補訂版〕』(成文堂、2013年)

【紛争処理】
M・カペレッティ＝B・ガース（小島武司訳）『正義へのアクセス』（有斐閣、1981年）
芦部信喜ほか編『岩波講座　基本法学8〔紛争〕』（岩波書店、1983年）
棚瀬孝雄『紛争と裁判の法社会学』（法律文化社、1992年）
吉田勇編『法化社会と紛争解決』（成文堂、2006年）
吉田勇編『紛争解決システムの新展開』（成文堂、2009年）
廣田尚久『紛争解決学講義』（信山社、2010年）
廣田尚久『和解という知恵』（筑摩書房、2014年）

【訴訟行動・法意識】
川島武宜『日本人の法意識』（岩波書店、1967年）
小島武司＝C・アティアス＝山口龍之『隣人訴訟の研究』（日本評論社、1989年）
高橋眞『日本的法意識論再考』（ミネルヴァ書房、2002年）
E・フェルドマン（山下篤子訳）『日本における権利のかたち』（現代人文社、2003年）
D・フット＝太田勝造編『裁判経験と訴訟行動』（東京大学出版、2010年）
松村良之＝村山眞維編『法意識と紛争行動』（東京大学出版、2010年）

【裁判外紛争処理（ＡＤＲ）】
小島武司編『調停と法』（中央大学出版部、1989年）
第二東京弁護士会編『弁護士会仲裁の現状と展望』（判例タイムズ社、1997年）
小島武司＝伊藤眞編『裁判外紛争処理法』（有斐閣、1998年）
井上治典＝佐藤彰一編『現代調停の技法』（判例タイムズ社、1999年）
廣田尚久『紛争解決学〔新版増補〕』（信山社、2006年）
山本和彦＝山田文『ＡＤＲ仲裁法』（日本評論社、2008年）
日本弁護士連合会ＡＤＲ（裁判外紛争解決機関）センター編『紛争解決手段としてのＡＤＲ』（弘文堂、2010年）
吉田勇『対話促進型調停論の試み』（成文堂、2011年）
入江秀晃『現代調停論』（東京大学出版会、2013年）

【司法制度改革】
東京大学社会科学研究所編『戦後改革4〔司法改革〕』（東京大学出版会、1975年）
A・オプラー（納谷廣美ほか訳）『日本占領と法制改革』（日本評論社、1990年）
佐藤鉄男「等身大の裁判(1)〜(17)」法学セミナー549〜565号（2000〜2001年）
新堂幸司『司法改革の原点』（有斐閣、2001年）
浜辺陽一郎『司法改革』（文藝春秋、2001年）
司法制度改革推進本部事務局参事官『司法制度改革概説1〜8』（商事法務、2004〜2005年）
佐藤幸治＝竹下守夫＝井上正仁『司法制度改革』（有斐閣、2002年）
川嶋四郎『民事訴訟過程の創造的展開』（弘文堂、2005年）
土屋美明『市民の司法は実現したか』（花伝社、2005年）
日弁連司法改革実現本部編『司法改革』（日本評論社、2005年）
大川真郎『司法改革』（朝日新聞社、2007年）

髙地茂世ほか『戦後の司法制度改革』(成文堂、2007年)
西野喜一『司法制度改革原論』(悠々社、2011年)
鈴木秀幸ほか『司法改革の失敗』(花伝社、2012年)
岡田和樹＝斎藤浩『誰が法曹業界をダメにしたのか』(中央公論新社、2013年)

【法曹養成】
日本弁護士連合会編『西欧諸国の法曹養成制度』(日本評論社、1987年)
柳田幸男『法科大学院構想の理想と現実』(有斐閣、2001年)
宮川成雄編『法曹養成と臨床法学教育』(成文堂、2007年)
米倉明『法科大学院雑記帳Ⅰ・Ⅱ』(日本加除出版、2007年・2010年)
河井克行『司法の崩壊』(ＰＨＰ研究所、2008年)
川嶋四郎『アメリカ・ロースクール教育論考』(弘文堂、2009年)
柳田幸男＝Ｄ・フット『ハーバード卓越の秘密』(有斐閣、2010年)
下森定『法学教育とともに』(信山社、2010年)
萩原金美『法科大学院・法曹養成制度を中心に』(中央大学出版、2013年)

＊以上のほか、司法に関わる様々な団体がホームページを設けている。
最高裁判所　http://www.courts.go.jp/saikosai/
検察庁　http://www.kensatsu.go.jp
日本弁護士連合会　http://www.nichibenren.or.jp/
日本裁判官ネットワーク　http://www.j-j-n.com/
日本公証人連合会　http://www.koshonin.gr.jp/index2.html
日本司法書士会連合会　http://www.shiho-shoshi.or.jp/
青年法律家協会　http://www.seihokyo.jp/
自由法曹団　http://www.jlaf.jp/
自由人権協会　http://www.jclu.org/
日本民主法律家協会　http://www.jdla.jp/

＊なお、海外の司法関連団体のホームページも、日本との比較という点で参考になる。
ドイツ連邦憲法裁判所　http://www.bundesverfassungsgericht.de/
ドイツ連邦通常裁判所　http://www.bundesgerichtshof.de/
フランス破毀院　https://www.courdecassation.fr/
アメリカ連邦最高裁判所　http://www.supremecourtus.gov/
イングランド最高裁判所　https://www.supremecourt.uk/
大韓民国大法院　http://eng.scourt.go.kr/eng/main/Main.work
大韓民国憲法裁判所　http://eng.ccourt.go.kr/eng/main/Main.work
中華民国（台湾）司法院　http://www.judicial.gov.tw/en/
シンガポール最高裁判所　http://app.supremecourt.gov.sg/

●事　項　索　引●

＊重要な箇所はページ番号を太字にした。

《あ　行》

違憲立法審査権 … 90, 113, 129, 130, 134, 136, 160, 189, 280
イソ弁 …………………………… 182, 183
インターネットホットライン連絡協議会
　………………………………………… 49
エクスターンシップ ………………… 208
江藤新平 …………………………124〜126
冤罪 ……………… 22, 69, 77, 125, 136, 303
大岡裁き ……………………………123, 124
大津事件 ………………………126, 127, 130

《か　行》

かいけつサポート ……………………… 50
外国弁護士 ……………………………… 180
外国法事務弁護士 ……………………180, 190
会社法務部 ……………………………… 231
下級裁判所（下級審）裁判官…110, 111, 141, 142, 160, 186
下級裁判所裁判官指名諮問委員会
　………………………… 111, 161, 185, 309
家事審判 …… 27, 37, 61, 261, 263, 265, 292
家事調停 ………… 27, 37, 47, 61, 262, 264
家事調停官 ………………………… 172, 262
家庭裁判所（家裁） …… 28, 37, 47, 75〜77, 106, 107, 131, 196, 261, 265, 287
家庭裁判所調査官 … 38, 76, 109, 229, 230
家庭裁判所調査官補 ………………… 109
簡易裁判所（簡裁） …… 28, **30**, 47, 75, **106**, 130, 216, 261, 263
簡易裁判所（簡裁）判事 … 111, 183, 185, 188, 189, 307
企業内弁護士 ……………………… 232, 234
如月会 ……………………………………… 191
規則制定権（最高裁判所） ………… 114

起訴便宜主義 ………………………197, 259
起訴猶予率 ……………………………… 198
起訴率 ……………………………………… 198
義務付け訴訟 …………………………… 87
キャリア（官僚）裁判官制度（キャリアシステム）… **109**, 119, 158, 171, **189**, **190**, 278
行政型ＡＤＲ …………………………43, 44
行政裁判 ………………………… 82, 83, 86, 87
行政裁判所 …………………………83, 276, 293
行政裁判事件数 ………………………… 86
行政事件訴訟法 ………………… 82, 86, 148
行政書士 …… 100, 167, 218, 224, 225, 228
強制捜査（強制処分） ……………… 69, 70
行政争訟 …………………………………85〜88
行政相談 ………………………………… 85
行政訴訟 ………… 30, 82〜87, 136, 148
行政不服審査 ……………………………83, 85
行政不服審査法 ………………………… 85
盟神探湯 ………………………………… 122
区検察庁 ………………………………… 196
公事師 …………………………………… 175
虞犯少年 ………………………………… 76
刑事仲裁 ………………………………… 42
刑事和解 …………………………………41, 42
検察官 ……… 16, 66〜69, 71〜73, 75〜78, 146〜148, 167, 171〜173, 183, 186, **196〜204**, 235, 241, 244〜246, 250〜252, 254〜256, 259, 260, 290
検察官同一体の原則 …………………197, 204
検察権 ………………………… 197, 199, 200
検察事務官 ……………………………196, 219
検察審査員 ……………………………… 258
検察審査会 ………107, 202, 239, 259〜261

事項索引　345

検事正 ……………175, 196, 197, 200, 260
検事総長 ………………147, 196, 197, 199
憲法訴訟 ………………………………113
抗告訴訟 …………………………82, 148
公証人 ……………………218, 226～228
公正証書 ……………………… 226, 227
公訴権濫用論 …………………………203
高等検察庁 ……………………………196
高等裁判所（高裁）…… 28, 106, 107, 117, 196, 287
公判前整理手続 ………………………242
拷問 …………………………70, 71, 129, 305
国際裁判官連盟 ………………………193
国際人権規約Ｂ規約 ……………105, 292
国選付添人 ……………………………78
国選弁護人（制度）…71, 72, 98, 178, 310
国民審査 ………………… 114, 115, 304
国民生活センター ………………… 44, 49
国民の司法参加 …… 136～138, 258, 259, 263, 264, 271, 276, 307
児島惟謙 ………………………………127
国家賠償訴訟 …………… 82, 83, 136, 149
国家賠償法 …………………………82, 149

《さ　行》
最高検察庁 ……………………………196
最高裁判所（最高裁）……… 23, **106**～**121**, 128, 131～137, **141**, 302～304, 314
最高裁裁判官（最高裁判事）……… 109～ 112, 115, 142～144, 186, 304
最高裁事務総局…84, 110, **114**, 120, **141**～ 144, 154, 187, 304, 314
最高裁事務総長 ………109, 114, 141～144
最高裁調査官 …………………………145
再審 ………………17, 22, 68, 74, 136, 203, 269
埼玉訴訟事件 …………………… 222, 223
再任拒否（裁判官の）………117, 135, 156, 161
裁判員 … 2, 18, 239～246, 249～256, 258, 259, 271
裁判員裁判 ……2, 18, 120, 239～242, 244, 251, 252, 255, 271, 289, 299
裁判員制度 ……18, 74, 138, 239, 240, 242, 249～251, 271, 299, 306, 307, 315
裁判員制度に対する批判 … 240, 253, 307
裁判員の選任 …………………………245
裁判員法 …… 240, 243, 245, 246, 253, 254
裁判員法廷 ……………………………255
裁判外紛争処理 ……………… 92, 97, 286
裁判官 ………21, 90, **105**～112, **116**～120, 130～136, **140**, 142, 144～147, 149～ 151, 167, 171, 173, **185**～194, 278～ 280, 286, 292, 306～310, 314
裁判官会議 ……… 107, 108, 111, 114, 118
裁判官会同・協議会 …………………153
裁判官任命諮問委員会 ………………110
裁判官の経歴と判決行動 ……………145
裁判官の再任 ………… 134, 156, 157, 187
裁判官の市民的自由 … 121, 159, 189, 192
裁判官の種類 ………………………109～111
裁判官の人事 …………………86, 118, 147
裁判官の人事評価 ……… 161, 187, 188
裁判官の定年 …… 116, 135, 150, 152, 156, 186
裁判官の独立 … 105, **116**～118, 128, 130, 154, 157～160, 189, 275～278, 291, **306**, 310
裁判官の内部統制 ………… 134, 135, 159
裁判官の任期 ……116, 117, 151, 153, 156, 160, 172, 187, 278～
裁判官の任命…109～112, 115, **117**～120, 161, 171, 263
裁判官の任用 ………… 132, 171, 185, 278
裁判官の配置転換 ………… 142, 144, 151
裁判官の身分保障 …… 116, 117, 151, 187
裁判官不再任 …………………………134
裁判官分限法 ………………116, 117, 159
裁判公開の原則 … 2, 101, 275, 287, 291～ 293, 308
裁判事務（司法書士の）………………221
裁判所（各国の）………………………293

裁判所機構図 …………………… 107
裁判所見学 ……………… 2, 287, 296
裁判所事務官 ………… 109, 188, 219, 229
裁判所書記官 ………… 108, 109, 229, 230
裁判所速記官 ………… 109, 229, 230
裁判所調査官 …………………… 109, 133
裁判所のホームページ…23, 24, 140, 286, 287, 305
裁判所のホームページ（各国の）…… 294
裁判所の窓口 …………… 288, 293, 310
裁判所ＣＩ作戦 …………………… 157
裁判迅速化法 ………………………… 29
裁判手続の効率化 ………………… 159
裁判手続の非公式化 ……………… 159
裁判闘争 …………………… 131, 269
裁判費用 ……………………………… 93
裁判傍聴 ………… 2, 32, 80, 246, 286, 287
裁判傍聴（ウォッチング）運動 …… 271, 303, 309
裁判を受ける権利…88～90, **95**, **275**, 291, 293
裁判をしない裁判官 …………… 142, 145
さつき会 …………………………… 271
参審員 …………………… 248, 249, 259
参審制 ………… 120, 136, 239, 246～248
三方一両損 …………………… 123, 124
参与員 ………………… 38, 258, 264～266
指揮権（法務大臣の）……………… 199
私人訴追主義 ………………………… 201
辞退事由（裁判員の）………… 245, 246
自治体の相談窓口 …………………… 7, 8
執行官 ………………… 108, 229, 230
実体的真実主義 …………………… 241
事物管轄 ………………… 28, 133, 221
司法アクセス検討会 …………… 91, 306
司法アクセス第１の波 ……………… 95
司法アクセス第２の波 ……………… 96
司法アクセス第３の波 ……………… 97
司法委員 ……………… 32, 258, 263～265
司法改革…37, **91**, **128**, 130, **275**, 278, 280,
294, **302**, 307, 309～**311**, 313, 314, 317
司法過疎 ………………… 91, 98, 223
司法行政 … 105, 106, 108, 109, 114, 116～118, 135, 136, 187, 304
司法研修所 ……… 171, 185, 207, 212, 213
司法権の政治的中立性 ……………… 158
司法権の独立 … 105, 117, 126～128, 130, 132, 187, 192, 271
司法試験の合格者数…167, 168, 170, 182, 183, 208, 209, 211, 214, 228
司法修習 …… 185, 196, 207, 210～212, 228
司法修習生 ………… 134, 155, 171, 186
司法書士 ………… 31, 167, **216**～**225**, 229
司法書士会 …… 219, 220, 222, 223, 298
司法書士試験 …………………… 218, 219
司法書士の地位 …………………… 218
司法書士法人 ………………… 219, 220
司法制度改革 …… 42, 49, **60**, 74, 86, 122, 138, **159**, 162, 185, 214, 218, 230, 239, 265, 279, **302**, 303, **306**～**308**, 311, **313**, 314, 317
司法制度改革審議会 … 1, 42, 60～62, 92, 160, 228, 229, 302, 304～307
司法制度改革審議会意見書 … 91, 95, 97, 110, **135**, **137**, 168, 170, 172, 187, 205, 239, 240, 285, 313
司法制度改革推進本部…1, 43, 48, 87, 91, 306
司法ネット ……………………………… 49
司法のＩＴ化 ……………… 97, 100, 101
司法の危機 ……………………… 128, 132
司法へのアクセス … 90～92, 94～97, 216
司法へのユビキタス・アクセス ……… 91
事務総局…114, 134, 141～144, 151, 153～158
事務総長 ………… 114, 133, 142～144
事務総長の経歴 …………………… 143
社会保険労務士 ………………… 100, 228
就職禁止事由（裁判員の）………… 245
受験回数制限 …………………… 206, 214

準備的口頭弁論 …………………………34
少額訴訟 ……………………25, 100, 263
少額訴訟手続 ……………… 131, 137, 189
証拠収集処分 ……………………………35
証拠収集手続 ……………………… 35, 137
証拠保全 …………………………………35
少年院 ………………………………77, 78
少年鑑別所 ………………………………76
少年事件 …… 24, 37, 42, 75, 106, 131, 261
少年法改正 …………………………77, 78
消費者契約法 ……………………………96
触法少年 ……………………………75, 78
職権特例判事補 ………………………111
処分権主義 ………………………………33
書面による準備手続 ……………………34
新司法試験 … 86, 182, 183, 205, 206, 207, 208, 209, 210
新司法試験合格率 ………… 206, 208, 213
審判（少年） ……………………… 37, 75〜78
審判不開始 ………………………………76
吹田黙禱事件 …………………………131
正義の総合システム …………………97
政策法務 ………………………………234
製造物責任法 ……………………………44
青年法律家協会（青法協） …… 133〜136, 153, 156, 191, 270, 271
説示（裁判員裁判での） ………………254
ゼロ・ワン地域（地区） ……………91
全件送致主義 ……………………………76
全国裁判官懇話会 ………… 153, 191, 272
選定当事者制度 …………………………96
専門委員 ………………………………266
専門委員制度 ……………………… 36, 266
戦略法務 ………………………… 233, 234
総合法律支援法 ………… 49, 97, 216, 222
捜査 …… 16, 66, 68〜70, 78, 79, 197, 199〜202, 234, 235
争点整理手続 ……………… 33, 34, 159
訴訟支援活動 …………………………268
訴訟上の救助 …………………………95

訴訟代理（簡裁での） …… 216, 218, 221, 229
訴訟費用 …………… 59, 92〜94, 132, 278
即決和解 …………………………………47

《た 行》

代言人 …………………………………175
大陪審 ……………………………201, 247
タク（宅）弁 …………………………183
単位弁護士会 ………… 133, 175, 176, 179
弾劾裁判 ………………… 22, 116, 117, 187
団体訴権 …………………………………96
地域司法計画 …………………………99
小さな司法 …………………………90, 91
知的財産高等裁判所 …………………106
地方委員会 ……………………………111
地方検察庁 ………………………… 196, 197
地方裁判所（地裁） … **28〜31**, 106〜111, 266
仲裁 ………………………23, 26, 45〜47
仲裁法 ………………………… 23, 43, 48
懲戒処分（弁護士の） ………………181
懲戒請求（弁護士に対する） …………181
庁舎管理権 ……………………………293
調書裁判 …………………………… 74, 241
調停 …… 14, 38, **45〜49**, 62, **261〜266**
調停委員 ……… 38, 47, 229, 258, 261〜265
調停制度 ……………………… 48, 261, 262
ディバージョン（Diversion） ………42
廷吏 ……………………………… 109, 229
適性試験（法科大学院の） …… 170, 209
登記・供託事務 ………………………221
当事者照会 ………………………………35
当事者費用 …………………………93, 95
当番弁護士制度 ………… 71, 179, 310
特定調停 …………………………………47
特別裁判所の禁止 ………………………130
土地家屋調査士 …………………… 100, 228
取調べの可視化 ………………… 71, 72, 78

《な 行》

長良川水害訴訟 ……………………… 149, 150

事項索引　347

日本裁判官ネットワーク…153, 157, 192, 272
日本司法支援センター…56, 97, 138, 222, 307
日本司法書士会連合会 ……… 220, 221
日本スポーツ仲裁機構 ………………50
日本弁護士連合会（日弁連）…133, 172, 175, 176, 178～181, 302
二割司法 ……………………………… 90
任意捜査 ………………… 69, 70, 199
任官拒否 ……………… 135, 156, 172, 185
認証ADR ……………………… 48, 51
認定司法書士 ………… 216, 221～223
ノキ（軒）弁 …………………… 183

《は 行》

陪審員 ………………………… 247～249
陪審制 ……… 58, 120, 136, 239, 246～249
陪審制（戦前の）…………………… 239
判検交流 …… 135, 136, 146, 148～151, 172
犯罪少年 ……………………………… 76
犯罪被害者支援 ………… 79, 96, 98, 99
犯罪被害者等基本計画 ………………80
犯罪被害者等給付金 ……………… 79
犯罪被害者保護基本法 ………………80
犯罪被害者保護2法 ………………… 80
判事補 ……… 111, 145, 156, 160, 185, 188
判事補による他職経験 ……… 161, 172
被害者参加 ………………… 41, 80
被害者参加人 ……………………… 80
被害者支援員 ……………………… 79
被害者等の審判傍聴 ……………… 78
微罪処分 ……………………… 16, 42
非司法書士の取締り ……………… 220
非常勤（パートタイム）裁判官 … 90, 172, 258, 262
非常勤裁判官制度 …………… 161, 172
必要的弁護事件 ……………………… 178
評決（裁判員裁判の）……… 243, 244
平賀書簡事件 ……… 118, 130, 133, 155
不起訴処分 ………… 42, 202, 259～261

副検事 …………… 183, 188, 196, 307
不処分 …………………………… 42, 76
不適格事由（裁判員の）………… 245
不利益処遇と判決行動（裁判官の）… 152
プロセスによる（を通じた）法曹養成 ……………………… 170, 205, 214
分限裁判 …………………………… 116
文書提出命令 ……………………… 35
弁護士 … 29, 31, 55～57, 71, 90～96, 98～100, 161, 167～169, 171, **175～183**, 209～211, 234, 261, 262, 268, 289, 314～317
弁護士会 …… 71, 98～100, 161, 171, **175**, **178**, 222, 271, 298
弁護士過疎 …………… 99, 211, 215, 307
弁護士自治 …… 175, 176, 180, 181, 220
弁護士任官 …………… 161, 172, 271
弁護士任官推進センター ………… 172
弁護士の役割 ……………… 167, 176
弁護士法 …………………… 175, 176
弁護士法72条 ………… 176, 224, 229
弁護士報酬 ………… 36, 93, 94, 132, 178
弁護士報酬の敗訴者負担 ………… 94
弁護士倫理 ………………… 178, 180, 181
弁護人の立会権 ………………… 71, 72
弁理士 ………… 100, 167, 176, 228, 229
弁論主義 ………………………… 33
弁論準備手続 ……………… 34, 292, 308
法学教育 …………………… 205, 207, 298
法科大学院 …… 138, 167, 171, 181～183, **205～215**, 285, 307～309, 313～315
法科大学院構想 ……………… 210
法教育 ……… 10, 41, 99, 138, 298～300
法整備支援 ………………… 283～285
法曹一元 … 117, 119, 159～161, 171, 172, 190, 271, 278
法曹人口 …… **91**, **168**, 169, **182**, 183, 205, 223, 228
法曹人口の増加率 ………………… 167
法曹の数の歴史的変遷 ………… 167

事項索引   349

法曹養成 …… 169, 205, 207, 211, 215, 306
法曹倫理 ……………………… 181, 208, 307
法壇の高さ ……………………… 289, 309
傍聴人 …………………………… 292, 293
法廷 ……………… **288～290**, 292～296, 308
法廷警察権 ……………………… 292, 293
法テラス … 13, 49, 56, 95～100, 138, 222, 307, 315
法テラス法律事務所 …………………… 98
法務博士 …………………… 170, 205, 230
法律家の数（外国との比較）………… 167
法律家の常識 …………………… 250～253
法律扶助 …………… 57, 95, 96, 99, 222
法律扶助協会 …………………… 56, 95, 98
保護処分 ………………………………… 76, 77
本人訴訟 ………………… 94, 177, 178, 216

《ま　行》
宮本判事補再任拒否事件 … 134, 156, 157, 271
民間型（民間の）ADR ……… 14, 48～50
民間相談機関 …………………………… 7, 8
民事調停 …… 14, 27, 47, 61, 261, 287, 292
民事調停官 …………………… 172, 262
民事法律扶助法 ………………………… 95
民事法律扶助 ………… 56, 96, 98, 222
無罪の推定 ……………… 148, 256, 290
黙秘権 ……………… 67, 70, 71, 254～256

《や　行》
要件事実教育 ……………………… 309
要保護性 ………………………………… 76
予備試験（新司法試験の）……… 86, 171, 182, 183, 206, 209, 211～214
予防法務 ……………………………… 233
ヨーロッパ司法官組合協会（MEDEL） ………………………………… 193

《ら　行》
ラウンドテーブル法廷 …………… 308
リーガル・サービスの国際化 ……… 181
略式手続 ……………………… 16, 75
量刑 …… 80, 120, 243, 247～249, 251～253

臨時司法制度調査会 …………… 132, 160
臨時司法制度調査会意見書
 ………………………… 132, 160, 278
臨床法務 ………………………………… 233
隣接法律専門職 ……51, 96, 216, 218, 224, 228～230
令状主義 ……………………………… 69, 70
労働審判 ………………………… 43, 266, 308
労働審判員 ……………………………… 266

《わ　行》
和解 …… 29, 30, 32～34, 43, **46**, 47, 58, 59, 183, 216, 221, 263～266

《A－Z》
ADR …… 14, **26**, **41～51**, 96～98, 262, 286
ADR基本法 …………………………… 26
ADRポータルサイト …………………… 49
ADR Japan ……………………………… 49
CSR …………………………………… 233
e-（サポート）裁判所 ……………… 100
Family Court ………………………… 38, 131
MEDEL ………………………………… 193
People's Court …………………………… 48
PL訴訟 ………………………………… 44

●テキストブック現代司法〔第6版〕——執筆分担一覧

序章　本書における「現代司法」の意味	佐藤
第1章　紛争は市民の身近にある	
1　紛争は誰でも経験する	上石
2　私たちは紛争にどう対処しているのか	
(1)　民事の紛争解決	佐藤
(2)　犯罪が辿る様々なルート	水谷
第2章　日本の司法を考える	
1　いろいろな裁判	木佐
2　民事の裁判	
(1)　民事司法の状況	佐藤
(2)　民事司法の基礎としての民事訴訟	佐藤
(3)　民事訴訟の概要	佐藤
(4)　民事訴訟の実務	佐藤
(5)　家庭事件の処理	川嶋
3　裁判外の紛争解決	佐藤
4　民事事件における日本人の法行動と法意識	宮澤・上石
5　刑事の裁判	(渡部)・水谷
6　行政関係の裁判	木佐
7　司法へのアクセスの課題と対策	佐藤・川嶋
第3章　司法の現状はどうなっているのか	
1　司法権の位置づけと仕組み	木佐・上石
2　日本の司法制度の来し方	川嶋
3　裁判官の置かれた状況と統制	宮澤・木佐
第4章　司法を担う人々には、どのような人がいるか	
1　日本の法律家	木佐・上石
2　弁護士	木佐
3　裁判官	木佐・上石
4　検察官	(渡部)・水谷
5　法曹養成制度	宮澤・川嶋
6　隣接法律専門職	
(1)　司法書士とはどのような人か	川嶋
(2)　行政書士とはどのような人か	川嶋
(3)　公証人とはどのような人か	佐藤
(4)　その他の法律専門職	佐藤
7　司法を担っているその他の人々	
(1)　組織内の法務スタッフ	佐藤
(2)　警察官ほか	水谷
第5章　司法は専門家だけが担っているのではない	
1　裁判員（制度）とは何か	水谷
2　裁判員になるあなたのために	水谷

	3　裁判員以外の国民参加 ……………………………………	佐藤
	4　訴訟を支援する人々 ………………………………………	木佐
	5　裁判を監視したり、裁判の改善を目指す運動 …………………	木佐

第6章　これからの司法のために

1	国際化の中の司法改革 ………………………………………	木佐
2	外国への法整備支援とその課題 ……………………………	川嶋
3	司法への関心を持とう──司法は専門家だけのものではない ……	木佐・上石
4	法教育に求められるもの ……………………………………	木佐
5	司法改革の成果と新たな課題 ………………………………	木佐

終章　あるべき司法実現のための課題は何か──────────────　木佐

現代司法年表 ………………………………………………	上石
本書全体の参考文献 ………………………………………	川嶋
各章の扉解説、各章扉正義像および撮影者明示分を除く写真の撮影 …	木佐

（渡部）は、初版〜第4版の執筆者たる故人であるが、現状に合う部分について遺稿を生かしたことから、ここにその旨を表記させていただいた。

●執筆者紹介●

○**木佐茂男**（きさ・しげお）　1950年島根県生まれ
1973年　島根大学文理学部卒業　1978年　京都大学大学院法学研究科博士課程修了　博士（法学）（北大）　北海道大学法学部教授を経て、現在、九州大学大学院法学研究院主幹教授・北海道大学名誉教授・弁護士
主　著　『人間の尊厳と司法権』、『豊かさを生む地方自治』、『国際比較の中の地方自治と法』（以上、いずれも日本評論社）、『自治体法務入門』（共編著、ぎょうせい）、『Internationalisierung von Staat und Verfassung』（共編著、Duncker & Humblot）

○**宮澤節生**（みやざわ・せつお）　1947年新潟県生まれ
1970年　北海道大学法学部卒業　1972年　同法学研究科修士課程修了　1985年　イェール大学社会学研究科修士課程修了　Ph.D.　法学博士　北海道大学助教授、神戸大学・早稲田大学・大宮法科大学院大学の教授を経て、現在、青山学院大学法科大学院教授・カリフォルニア大学ヘイスティングス校教授・神戸大学名誉教授
主　著　『ブリッジブック法システム入門〔第2版〕』（共著、信山社）、『プロブレムブック法曹の倫理と責任〔第2版〕』（共編著、現代人文社）、『法過程のリアリティ』（信山社）

○**佐藤鉄男**（さとう・てつお）　1955年北海道生まれ
1980年　中央大学法学部卒業　1982年　法政大学大学院修士課程修了　1986年　東京大学大学院博士課程修了　法学博士　北海道大学法学部助教授、同志社大学法学部教授等を経て、現在、中央大学法科大学院教授
主　著　『取締役倒産責任論』（信山社）、『現代倒産手続法』（共著、有斐閣）、『担保権消滅請求の理論と実務』（共編著、民事法研究会）ほか

○**川嶋四郎**（かわしま・しろう）　1958年滋賀県生まれ
1982年　早稲田大学法学部卒業　1987年　一橋大学大学院法学研究科単位修得退学　博士（法学）　一橋大学、小樽商科大学、熊本大学、九州大学での職歴を経て、現在、同志社大学法学部・大学院教授
主　著　『民事訴訟法』、『差止救済過程の近未来展望』（以上、日本評論社）、『民事訴訟過程の創造的展開』、『民事救済過程の展望的指針』（以上、弘文堂）、『日本人と裁判』（法律文化社）ほか

○**水谷規男**（みずたに・のりお）　1962年三重県生まれ
1984年　大阪大学法学部卒業　1989年　一橋大学大学院法学研究科博士後期課程単位取得退学　三重短期大学助教授、愛知学院大学法学部教授をを経て、現在、大阪大学大学院高等司法研究科教授
主　著　『疑問解消・刑事訴訟法』（日本評論社）、村井敏邦・川崎英明・白取祐司編『刑事司法改革と刑事訴訟法（下巻）』（共著、日本評論社）、『冤罪を生まない刑事司法へ』（共編著、GENJINブックレット）ほか

○**上石圭一**（あげいし・けいいち）　1964年兵庫県生まれ
1988年　大阪大学法学部卒業　1999年　神戸大学大学院法学研究科博士後期課程満期退学　新潟大学教育学部准教授を経て、現在、追手門学院大学教授
主　著　『社会構築主義のスペクトラム』（共著、ナカニシヤ出版）、『紛争行動調査基本集計書』（共著、有斐閣学術センター）、『ブリッジブック法システム入門』（共著、信山社）ほか

●テキストブック 現代司法〔第6版〕
1992年2月20日　第1版第1刷発行
1994年4月20日　第2版第1刷発行
1997年4月20日　第3版第1刷発行
2000年4月20日　第4版第1刷発行
2009年5月20日　第5版第1刷発行
2015年3月20日　第6版第1刷発行
2023年3月10日　第6版第2刷発行

著　者──木佐茂男・宮澤節生・佐藤鉄男・川嶋四郎・水谷規男・
　　　　 上石圭一

発行所──株式会社　日本評論社
　　　　 〒170-8474　東京都豊島区南大塚3-12-4
　　　　 電話03-3987-8621（販売：FAX-8590）──8631（編集）
　　　　 振替00100-3-16

印刷所──株式会社　平文社
製本所──牧製本印刷株式会社

Ⓒ S. Kisa, S. Miyazawa, T. Sato, S. Kawashima, N. Mizutani,
　 K. Ageishi

装幀／銀山宏子　　Printed in Japan
ISBN978-4-535-51987-9

JCOPY 〈(社)出版者著作権管理機構 委託出版物〉
本書の無断複写は著作権法上での例外を除き禁じられています。複写される場合は、そのつど事前に、(社)出版者著作権管理機構（電話03-5244-5088、FAX03-5244-5089、e-mail：info@jcopy.or.jp）の許諾を得てください。また、本書を代行業者等の第三者に依頼してスキャニング等の行為によりデジタル化することは、個人の家庭内の利用であっても、一切認められておりません。

◆ テキストブック
シリーズ

テキストブック 国際人権法 [第3版]

阿部浩己・今井 直・藤本俊明／著

国際人権法上の人権保障システムに関する基本的な知識と理論の全体像。新設された人権理事会はじめ、新たな動向を入れて全面改訂。

◆定価3520円（税込）ISBN978-4-535-51636-6 A5判

テキストブック 消費者法 [第4版]

伊藤 進・村 千鶴子・髙橋岩和・鈴木深雪／著

消費者法の基礎的知識を提供する消費者法テキストの決定版。2012年までの法改正や新制度、新たな消費者問題に対応した最新改訂版。

◆定価3080円（税込）ISBN978-4-535-51935-0 A5判

テキストブック 現代の人権 [第4版]

川人 博／編著

企業社会、環境問題、医療、刑事手続、報道被害など、弁護士・ジャーナリストの経験をもとに問いかける。最新事例をもとに改訂。

◆定価2530円（税込）ISBN978-4-535-51725-7 A5判

日本評論社　https://www.nippyo.co.jp/